士承东林 著

# 半壁残明——南明那些事儿

中国大百科全书出版社

**图书在版编目（CIP）数据**

半壁残明 / 士承东林著. —北京：中国大百科全书出版社，2021.4

ISBN 978-7-5202-0912-0

Ⅰ. ①半…　Ⅱ. ①士…　Ⅲ. ①中国历史—南明—通俗读物　Ⅳ. ①K248.409

中国版本图书馆CIP数据核字（2021）第018317号

作　　者　士承东林

出 版 人　刘国辉
策　　划　刘　嘉
责任编辑　陈　光
责任印制　邹景峰
装帧设计　今亮后声
出版发行　中国大百科全书出版社
地　　址　北京阜成门北大街 17 号
邮　　编　100037
网　　址　http://www.ecph.com.cn
印　　刷　北京君升印刷有限公司
开　　本　710 毫米 ×1000 毫米　1/16
字　　数　404 千字
印　　张　21.25
版　　次　2021 年 4 月第 1 版
印　　次　2021 年 4 月第 1 次印刷
定　　价　68.00 元

# 目录

# 第一章　新的开始

## 结束了？没有！

崇祯十七年（1644）三月十八日，已经换代升级成为大顺国皇帝的闯王李自成终于攻破了北京城，一路上过关隘，收降将，现在全都结束了？

不，没有！还有一个极其重要的人物没有找到，那就是被他老人家强迫下岗的崇祯帝。

大顺军自攻下紫禁城开始，就发疯般寻找崇祯，找了半天最后才在煤山（今称景山）发现了朱由检和王承恩的尸骸。李自成虽然够猛，但玩政治却不是二杆子，他并没有像朱先生想象的那样摧残尸体，反而寻找到周皇后的尸体，挖开田贵妃的墓，又找明朝的大臣们筹了点款，把崇祯帝后葬在了一起，这就是今天的明思陵。

明朝终于灭亡了，当李自成长舒了一口气时，命运之神却早已在暗中编排好了一场更惨烈更精彩的大戏。

纵观中国古代史你就会发现，真正灭掉一个王朝，真的好难。你看，犬戎灭了西周就蹦出个东周，金人踏平了北宋就跳出个南宋，至于汉朝就更称得上不死的小强，出了王莽就来了刘秀，出了曹操又来了刘备，由汉到后汉到后后汉（蜀汉），那真是野火烧不尽，春风吹又生。即使是少数民族政权，也是如此。大辽之后有西辽，大元之后有北元。一切都是本着折腾到底的原则，能在舞台上挺多久就挺多

久。所以现在摆在李自成面前的就是这么个情况：打下京城又怎么样？各地的大批明军正向着京城开过来，特别是吴三桂率领全部的关宁铁骑，一日可行数百里，机动性极强，战斗力更强。若要跟所有的勤王军打起来，既是个体力活儿又属于高危行为。因此，李自成做出了决定，开个会先。

会议在热烈友好的气氛中开始，与会的大顺军领导们经过充分的民主集中和举手表决后，做出了三个重要决议：一、尽快稳定京师治安，解决明朝下岗公务员的再就业问题，并宣布大顺公司即日起开始招聘工作。二、火速派人前去招降还在奔波劳苦地赶路的吴三桂，收编让闯王直流口水的关宁铁骑。三、搜索全城，抓人。具体有三个人，且包含如下特征：性别为男，年龄大概在七至十五岁之间，皮肤白皙有光泽，气质良好，举止得体。嫌疑人可能佩戴特殊饰物，但身穿普通民家衣装，明显与造型不匹配，知情者请速与大顺军联系，如有藏匿，后果自负。

之所以要找这三个人，是因为他们有一个共同点——姓朱。对了，他们都是崇祯帝的遗孤。

崇祯帝一共有过七个儿子，但长大成人的只有三个，即周皇后所生的长子朱慈烺，三子定王朱慈炯，及田贵妃所生的四子永王朱慈炤。

崇祯帝在城破之前派人叫来三个儿子，亲自为他们换上民间旧衣裳，在对他们进行必要的社会关系学教育后立刻命太监护送三位皇子出宫逃生，以期重整山河、光复朱家基业。于是当大顺军攻进内城后，便发现这三个要命的孩子跟他们玩起了躲猫猫。

官方正史上是这样记载的：大顺军进城后，负责护送太子的太监就翻了脸，把三个孩子献了出去，而李自成先生也很厚道地没有斩完草顺便除一下根，马上封太子为宋王，为了让太子顺便体验下精彩的军营生活，体贴地将朱慈烺交由手下大将刘宗敏悉心照顾，从此太子真正开始了随军旅行的生活，直至一年后在战乱中失踪。不过大家对这段记载似乎并不买账。而关于太子的行踪也有多个版本，众说纷纭。之所以提一下这件事，是因为它不仅与日后的南明三大案之一的真假太子案有直接的关系，还极大地影响了历史的进程，改变了无数人的命运。

老朱家自打朱重八先生风里来雨里去艰苦奋斗创建了大明集团之后，朱家人还没这么惨过。这两年确实是背到底了，光一个李自成就把家里人都折腾完了，大当家自挂东南枝，法定继承人则被一网打尽，几个重要的藩王也遭了殃，倒霉的人实在太多了。其中有一个人大概最不爽，他的生活完全因此而改变。他就是福王朱常洵的世子朱由崧。

三十四岁之前的朱由崧是相当幸福的，鉴于他爹和他爹的爹关系过硬，打一出生就成为中原地区乃至全国最大的财主加地主的法定继承人，过着衣来伸手、饭来张口、醒了就玩、累了就睡的超豪奢的天堂般的生活。

可惜，出来混迟早要还的。

如果你还记得的话，关中地区在崇祯元年、二年、三年、四年……接连发生旱灾，紧接着就是中原。闹了灾后，自然没粮吃，当时有人曾劝富甲天下的朱常洵先生捐点钱，发点粮，赈赈灾，积积德，虽然那时大家早就知道，朱富翁是个铁公鸡，但朱富翁却用事实告诉大家，你们想错了。

朱先生并不是铁公鸡，而是不锈钢鸡，想从他身上刮点铁锈下来都是不可能的，更别提捐钱了，人家连理都没理就接着去玩了。玩啊，玩啊，终于玩出火来了。不久陕西闯出个李自成，闯进了福藩洛阳，开进了福王府，竟把老福王给煮了，这下胖老头真的进了天堂。

此时的福世子估计运气太好，竟然和母亲邹氏一起从几万大军中逃了出来。虽然朝廷看在好歹是亲戚的面子上给了抚恤金，让自己袭了王爵，但毕竟老爹挂了，家产丢了，生活比起之前的锦衣玉食还是差得远呢。因此小福王常暗自叹息，哎呀老爹啊老爹，咱爷俩咋就这么惨呢。

其实不用叹气。祸兮福之所倚，福兮祸之所伏。朱由崧，你的好日子还没到头呢！

转机将在三年后来临。

## 南京，南京

六朝古都，东南胜地，自打朱棣革命成功搬到北京后，南京就真成为“剩”地了。因而在明代，无论是官宦还是宦官，只要把你打发到南京，如无特殊情况，那么连瞎子都能看出来从此你在政治舞台上基本没戏了。所以南京官员的工作基本是养老。

不过事随世易，既然作为首都的北京顺天府已经归“顺”，那作为陪都的南京应天府自然就必须应天而起发挥一下余热了。

虽说南京的政府机构是给北京当备胎的，没啥实权，但兵部是一个例外。南京兵部尚书又称南京守备，掌管兵权，负责南直隶的防务，权力不小，能量极大。而当时坐在这个位置上的人叫史可法。

史可法字宪之，号道邻，祥符（今河南开封）人。崇祯元年进士，历任陕西西安府推官、江西右参议、都察院右佥都御史、户部侍郎、总督漕运等。

记得我上高中时学过一篇文章《左忠毅公逸事》，是清代桐城派代表作家方苞写的，讲的就是史可法先生和他著名的硬汉老师左光斗之间的故事。有兴趣的朋友

可以找本收有这篇文章的书来看看，重温一下，这里就不多说了。

有人曾说史可法并不懂兵法，就其扬州保卫战时打仗的水平，可见一斑。我觉得说这话的人要么是太拥护清朝，是清丝，要么是在说风凉话。因为在崇祯八年史可法遇到第二个影响他一生的人并随其一起对抗民军，这个人就是卢象昇。古人说过取法其上，得乎其中；取法其中，得乎其下。照这样来看，跟卢猛人混过的史先生至少也是半个猛人。

参加过军事实践之后的史可法，仕途是相当顺利。先是崇祯十年被张国维推荐升任都御史，巡抚安庆、庐州、太平、池州及河南、江西、湖广部分府县。到崇祯十四年升总督漕运，最后在崇祯十六年七月官拜南京兵部尚书，参赞机务。从此兴亡的大任将降临到他的肩上，这一年他四十二岁。

崇祯十七年（1644）四月初，史可法听到崇祯殉国的噩耗，痛彻肺腑，立即会同南京户部尚书高弘图、兵部侍郎吕大器、南京翰林院詹事姜曰广等人，"誓告天地，驰檄勤王"。勤王是必然的，但问题在于以谁的名分去勤王。

中国素来号称礼仪之邦，干什么都要合乎礼仪。说白了，就是你要有名分，孔圣人很早以前说过：名不正，则言不顺；言不顺，则事不成；事不成，则礼乐不兴；礼乐不兴，则刑罚不中；刑罚不中，则民无所措手足……而古人也说过兵出无名，事故不成。既然是勤王就要出兵，要出兵就免不了要打仗，但是大家都是有身份的人，不能只因为你是史尚书参赞了军务，你说打大家就跟你上，你没那个号召力，所以要人人听你的，除非你是朱重八的后人，当然最好是皇帝。那么再立一个皇帝的事就不得不立马提上议事日程了，这是当时的大势所趋，民心所向。但后世的许多人都认为，这是一着儿臭得不能再臭的棋，本来好好的半壁江山就是这样玩完的。

有的人认为史可法这事做得忒不地道，崇祯兄怎么说也是您的老上级，对您又有知遇之恩，咱不能喝完水就摔茶碗，吃饱饭就骂厨子。老史应该找人，把继承了崇祯兄深重苦难的儿子找回来，至少登个寻人启事什么的或者先等一段时间，看看北京那边有什么关于太子的新消息，最好把人家等过来。话虽如此，不过在当时那个用信鸽发短消息的时代，找人这事基本是不可能的。那么我们再来分析一下等人回来的可行性有多少呢？答案是没有。因为孩子们的下落大致有三种情况：一是跟可怜的崇祯兄一道去见了列祖列宗，二是被大顺军俘虏并成为要挟南方明军投降的底牌，三是就此流落民间，什么时候到南京子承父业做皇帝，从此成为连老天爷都不清楚的未知数。有些人可以等，但其他人等不及，譬如大明天下角角落落里的那些有名无实却蠢蠢欲动的藩王们，当然还有盯着他们的军阀野心家。

史可法是个政治家，知道漫长的等待意味着什么。现在他头顶上的那个不是空着的皇帝宝位，而是拿发丝吊起的宝剑。如果不早点解决掉问题，不知什么时候就被问题解决掉了。

不过在崇祯诸子全部失踪的情况下立谁做皇帝，这又是个问题。按照国人的习惯，当然是血缘关系近的优先入选。而说到血统亲近，福王、桂王、惠王成为不二人选。又由于福王在三藩中年龄最大，加上正好跑到南京附近的淮安，比其他两个远在广西的藩王自然更是近水楼台先得月。如无意外，福王朱由崧将坐上老爹那未能坐上的皇位成为新一任的大明天子，自己的好日子就要来了。

遗憾的是，意外总是有的，因为史尚书还有一个身份——东林党人。作为在朝廷里混了几十年的老牌政治组织，东林党人可不是吃素的，朱由崧上台了，哪还有兄弟们的好果子？想当年，忆往昔，大家就是先跟成哥（顾宪成）后跟才哥（李三才），力挺太子，死磕你爹，硬是逼着老爷子（万历皇帝）搞了妥协，从此东林党才声威大振且和你家结下了梁子。又鉴于大伙都知道老朱家向来有秋后算账的习惯，若朱由崧真当了皇帝，那东林党不是作死嘛。所以大家一合计，找来了我们的老朋友，东林党的老领导钱谦益。

要说老领导就是老领导，那真是既有斗争经验又有斗争水平。老前辈的一番教导为后生们指明了道路：圣人说立子以嫡不以长，以长不以贤。既然太子三兄弟失了踪，咱又不能坐以待毙，那就打立贤牌。随后钱谦益推出了自己早已物色好的候选人——潞王朱常淓。

朱常淓，字中和，号敬一主人、敬一道人，明代杰出的音乐家和书法家。明太祖朱元璋十世孙，潞简王朱翊镠第三子，万历皇帝的亲侄子。朱常淓早在万历四十六年就从老爹手里接过潞王爵位，平时没事就爱搞些艺术（不是像今天某些人玩的什么行为艺术，而是真艺术）。他在绘画、音律、书法等方面都有不错的造诣。史书中说他"善竹石"，卫辉市博物馆至今还保存着刻有其所画"月外兰"的石碑一块。在音律方面，朱常淓深入研究古代音律，写出了一部音律专著《古音正宗》。该书由潞王府于崇祯七年刻印，共七册，书中收有朱常淓自己创作的琴曲和古琴曲共 50 首。据说该书销量还真不错，倍受广大音乐发烧友的热情追捧。

他不仅会玩音乐，还能自己动手投入到伟大的音乐实践中，所以他还有一手绝活儿——制琴。由他亲自设计、制作的琴称为"潞琴"。潞琴制作精良，批量生产，张张附有编号（很注重保护知识产权）。早在明朝还没下课的时候，潞琴就已十分名贵了，崇祯帝把潞琴视作珍品，曾作为赏赐给诸王的礼物。现在看来，书画大师兼音乐才子这种人生，在今天就算不当王爷也是饿不死的，即使开个潞琴工厂几年下来也该能腰缠百万了，所以朱常淓绝对是个人才。不过有一个问题，这个艺术天才真的会是个贤君吗？艺术搞得好的，国家很少搞得好，这有李后主、宋徽宗为例。可是东林党的弟兄们暂时也顾不得这么多了，因为朱常淓当候选人还有一个优势。

上文说过卫辉市博物馆有朱先生的画作，这并没什么特殊的原因，只不过人家的根据地原先正是在河南卫辉。同为河南的藩王朱常淓也被大顺军一路送出中原，一路跑，跑到了杭州才安顿下来。因此离南京近的优势朱常淓也是有的。

有了理论依据又有了够格的候选人，东林党人们个个像吃了一剂猛药，腰不酸了，背不疼了，工作也有精神了，晚上都不失眠了，大家一致认为明天会更好。看到同道们生机勃勃的样子，史尚书也决定激动一把，于是他写了篇文章，从理论的角度彻底地批驳福王继承帝位的观点（一说是张慎言等人原创，史可法认可后再加工创作）。文章较长，但观点清晰，主旨鲜明，分论点大致有七个：不孝、虐下、干预有司、不读书、贪、淫、酗酒，即是著名的“七不可立”。

记得有一年中央电视台春节联欢晚会上产生过一句年度流行语，非常经典：冲动是魔鬼。这话史可法肯定是没听过，因而当他兴奋地写下第一个字时他根本没有料到，他已经为自己的人生悲剧写上了第一笔。

煮熟的鸭子也是会飞的，而且乘的还是火箭——这就是朱由崧听到风声后的第一感觉。为了避免悲剧再次发生（像他爹一样没能当上皇帝），朱由崧决定去找一个人，因为他知道，只有这个人才能力挽狂澜。好了，你终于该上场了，马士英同学。

马士英，别字瑶草，贵州贵阳人。万历四十七年进士。《明史·奸臣传》最后两个人物之一。说起这个人，争议不是一般的多，而是相当多。有人说明朝之所以彻底玩完儿，就是他老人家的功劳，又加上当时的人还有这么个评价：“士英一庸才，不过大铖之傀儡耳！以为执政，犹沐猴而冠也。”这个祸国殃民的奸臣帽子本来已经扣定了。不过现在有些人却认为他是明末著名能臣，被冤枉为阉党余孽的著名反东林人物。是是非非太多，而我既没时间也没兴趣请这两拨人上来打场辩论，所以我只好继续写下去，相信大家自会有一个答案。马士英是挺福派的，朱由崧知道这一点，但他却不知道其实还有一个人也知道这一点，而这个人正是史可法。就在不久前，史可法偷偷前往浦口约见了马士英，作为拥福派和拥潞派代表人物的两人进行了密议，究竟密议了什么，别问我，史书上没写，我也不知道。

不过结果是很清楚的，“以亲以贤，惟桂乃可”。翻译一下就是，无论是说到贤德还是说到与崇祯帝的血缘关系，只有桂王才是最合适的（桂王即是南明最后的皇帝永历帝朱由榔）。和议达成了，大家皆大欢喜，马士英很高兴，在凤阳喝了这么多年的风，终于能进入大明的政治核心了。东林党人也弹冠相庆（不怕新皇帝算账了）。史可法对这个两全其美的结果也很满意，经过几天的苦思冥想自己终于做到了，既避开了矛盾的焦点，使南京的官绅没有意见，又争取了掌握军队的凤阳总督马士英的支持。把本有可能形成党争的立亲与立贤两派合二为一了。真是你好我好大家好。史可法兄心情挺好，所以第二天贴了个告示告知诸臣："迎桂者何？以福、惠之有遗议也，乃舍而立桂也。其潞藩，则仿古兵马元帅之制，暂借统兵马。"意思是大家都别吵了，我和小马已经谈妥了，福王、惠王有争议，那就搁置争议，迎接桂王当皇帝，让潞王当大元帅，没事全回家洗洗睡觉去，等好消息吧。看似海上风平浪静，其实之下暗流涌动。东林党此时已注定了败局，事态即将迅速逆转。

马总督把事办成后，高兴得不行，于是他打算办个宴会，邀请东林党骨干们好好庆祝一番，顺便和大家交个朋友，以后一道混时好有个照应。宴会在江浦举行，马大人老早就来了，然后就一直坚持做一件事——等人。从早上等到傍晚，等到菜都凉了，花都谢了，连人影都没一个，不要说大腕如南京户部尚书高弘图、兵部侍郎吕大器之流，就连南京翰林院詹事姜曰广这种小弟型人物都没露面。马大人很生气，后果很严重，正所谓人要脸树要皮，你不给我脸，我就扒你皮！马大人怒发冲冠地回到了凤阳，开始准备自己的复仇计划。马大人要报"不见"之仇，就必须先搞定两个人——二刘。

马大人先向瓜洲（今扬州南）派出了使者，在那里使者将见到"一刘"，驻扎在江淮间的另外一支军队的总兵官刘泽清。

刘泽清，字鹤洲，山东曹县人。此人出生年月不详（死期却十分清楚），家庭成分不详，早年干过什么也不详。不过据说出身很低（天启年间户部尚书郭允厚的家奴），后来不知出于什么原因当上辽东宁前卫守备，又升官做了山东都司佥书，崇祯五年（1632）加总兵衔。六年（1633）二月明军克登州以后（打孔有德叛军的那次），正式迁总兵。十二月，又叙功加左都督（一品大员）。崇祯十七年（1644）三月，加封为东平伯。在不到二十年的时间里，刘泽清真正地实现了由奴隶到将军的转变，甚至在大明集团倒闭前还有幸拿到了一张高级长期饭票。从刘大人的升官速度来看简直就像坐上火箭筒，而刘伯爵也很引以为傲，他曾在一次宴会上对客常说："我二十一投笔，三十一登坛，四十一裂土。"

这么看来，刘大人应该算是个猛人吧。但很遗憾，南明的猛人本来就很少，怎么轮也轮不上他。而超级猛人却有两个，只不过一个刚刚成年不久还没有机会上台崭露头角，而另一个虽然也很年轻却已初露锋芒，但现在却正站在南明政权的对立面上。刘大人虽然牛皮吹得够大够响，其实能力嘛……史可法曾对刘将军的才干有过评价，原文是：此人之无能，法亦深悉。即刘将军是个草包，这个我很清楚。不过，在明末那个混乱的时代，有兵的就是牛人，而刘将军手下的大兵数目却相当可观，所谓草包无妨，有料即可，是也。

刘大人是当时南京附近几支军队中的拥潞派。马大人派使者来找他，刘将军可

能预料到了，不过马大人的使者能带这么多金银财宝来找他，这可远远超出了刘伯爵的心理预期。在成堆的礼品和坚持立贤的信念的选择题面前，刘伯爵坚定地且毅然决然地扑向了有钱又善解人意的马总督的怀抱。坚持信念不重要，重要的是能够获得利益，这就是刘大人始终信奉的人生哲学。刘大人或许并不会预料到，就在五年后，他将以自己的性命为代价来彻底地否定自己的金科玉律。

第一个人物成功搞定，马大人很兴奋，这样江东几支重要的武装就都是拥福一派的了。

接下来该刘氏二号了。说到这个“二刘”，说实话在历史也就是个二流人物，但他却比刘泽清更牛。“二刘”既没有上过战场，真刀真枪地拿刀砍人，也没有守过边疆的炮楼，喝西北风，不过人家却也是伯爵。同在一个时代混的人，差别咋就这么大呢？刘泽清同学你也不用眼红上火，“二刘”的出身确实太高了。因为他的祖上是大名鼎鼎如雷贯耳的大明开国元勋，老百姓心目中排第二位的智慧化身（排第一位的人叫诸葛亮）。大家应该猜到了，对，“二刘”的封号是诚意伯，而他的祖先就是受万人敬仰的刘基刘伯温。

这一届的诚意伯叫刘孔昭，官拜操江总督，提督留都兵马。也就是说，老马找他，是因为他实际掌管南京城的军队。刘孔昭其实原本就是潜伏在南京的挺福派，只是鉴于城里的文臣们都拥潞，而自己虽为伯爵，却是武将，按照明朝以文制武的习惯，说话基本没人听，所以一直按兵不动，现在说了也白说的日子终于将一去不复返了。四月二十六日，得到马士英外约总兵黄得功、高杰、刘良佐、刘泽清护送福王朱由崧已到达龙江关的准确消息后，病猫决定发威了。不过在此之前，还必须先做一件事才行。

南京的各位大臣们在两天前就得到了一个路边社的新闻快递：福王朱由崧在凤阳总督马士英的紧急部署和刘泽清、黄得功、刘良佐、高杰四位将军数万军队的陪同兼监护下，乘着漕运总督路振飞的漕运快船，已经到达距离南京很近的仪真（今仪征）。这时就连忘戴眼镜的高度近视眼也看得出，很明显这帮大人加大兵绝不是来南京旅游的，于是大臣们也决定使出撒手锏——召开紧急会议，集中商讨拥立一事。这次会议上，“挺福派”在安生了老长一段时间后也雄起了，和“挺潞派”展开了激烈争论，把一个紧急会议从当天早晨一直延续到了中午，搞成了持久战，真正让大家体验了一次什么叫没有最长只有更长。

大家七嘴八舌讨论了半天，也没有讨论个结果出来。胆壮了的刘孔昭当即怒了，拿出一副在道上混过的姿态敲定成交的一锤：立福王，不然老子收拾你（福王按序当立，有异议者死）。在场的诸位大臣都是文化人，什么刀枪剑戟十八般兵器也就打过几个照面，现在突然蹦出个刘流氓，当时就怂了（当时史大人在外出差，未参加该会议）。看看刘伯爵杀气腾腾的脸，又瞅瞅卫士们闪着寒光的刀，大家很快达成共识，同意福王当选第十八任大明帝国皇帝，并且当即起草了一份迎立福王就任的公启。

签了合同，就得按约办事。

据从官方高层不愿意透露姓名的人士处得到的消息，经由激烈讨论后，帝国的新任皇帝已经选出，现在记者守候在朝内紧急会议的会场外，为各位观众带来最新的报道。

“史大人，您好，我是路边社的记者。请您就一向呼声甚高的潞王殿下落选、福王殿下继承皇位一事发表一下您的看法！”

史可法：“对不起，我能说脏话吗？”

“……不能，这是直播。”

“不能啊，那我就没什么好说的了。”

“……”

梁子就此结下了。

## 弘光帝

四月二十七日，南京礼部官员捧着百官公启，拜见了福王，向王爷表示南京诸臣的热切期盼，恳请他老人家即刻出面主持国政，驾临南京，拯救黎民于水火之中。二十八日，福王访问团到达浦口，受到了以魏国公徐弘基为首的官员们的热烈欢迎。第二天，福王一行乘坐船只横渡长江，中午时分停泊于南京燕子矶。在城外完成了对新老朋友的接见后，五月初一，漂泊大半生的朱由崧终于要从南京西南的水西门登陆陪都。他将在这里开始新的生活。

要重振大明，这个由父祖开创传承的基业将得到复兴——怀抱着壮志雄心的朱由崧昂首阔步走进了皇城的大门。

朱由崧是个好王爷，不是小好，是大好，而且除此之外他还是个政治家。至少从他入城之初的行程和表现来看，他是相当懂政治的。五月初一，朱由崧进入南京城。在此之前他在南京城大小官员的陪同下拜谒了孝陵，并特意拜谒大明懿文太子朱标的陵寝。休息一天后，朱由崧不顾车马劳顿，在五月初三暂领监国，并立刻为自己亲爱的堂弟、大行皇帝崇祯举行了隆重的追悼会和悼念活动。

五月初五，吏部草拟了入阁的备选人员名单，上面有四个人：兵部尚书史可法、礼部尚书高弘图、凤阳总督马士英、詹事府詹事姜曰广。除了马士英外其他三个全是东林党，朱由崧最后选出了三个人入阁办事，姜曰广除外。

这份提名名单其实是东林党成员精心挑选规划的，目的就是为了试探一下朱由崧对“倒福派”的态度。没想到朱由崧不负众望，果然把曾坚决反对福王上台的姜曰广踢了出去。大家很慌张，看来朱家传统的反攻倒算就要开始了。正在诸位大人担心明天是否该倒霉的时候，监国大人就此事给吏部放了一句话：“我是按规矩办事的。现在诸臣推荐的入阁名单，在翰林院干过的咋只有姜曰广一人呢？再多推选点其他贤人来！”看到这条谕令，“倒福派”这才松了一口气，于是又草拟了一份阁臣名单，推选了五人。为首的仍然是姜曰广，其次是礼部尚书王铎、礼部右侍郎陈子壮、詹事府少詹事黄道周、詹事府右春坊右庶子徐汧，而他们都有一个共同点——得罪过朱由崧。

这次朱由崧没有犹豫，立即擢升姜曰广和王铎二人俱为吏部尚书，并加东阁大学士，入阁办事。此外，对于名单上的另外三个落选者，朱由崧也加以重用：陈子壮升为礼部尚书，徐汧升为詹事府少詹事，黄道周先升为吏部左侍郎，旋即又擢为礼部尚书。看来朱由崧也不是白给的，在长达十来天的实习生涯后，监国的业务素质有了明显的提高，转正的日子终于到来了。

崇祯十七年（1644）五月十五日，大明监国福王朱由崧在南京宫城的武英殿向天地、宗庙、社稷祇告即皇帝位，改年号为“弘光”。福王朱由崧终于成为大明帝国的第十七位皇帝——弘光帝。

弘光帝刚即位就开始好好治国，天天向上。他发布推行了一些符合时代要求的政策，史称“国政二十五款”。这二十五条都是什么，这里就不一一介绍了，估计大家也没兴趣听。不过这里只说一条，就是对“附贼从逆”原明朝官员“暂开一面”，同时对于能够“返邪归正者，宽其前罪”，对于“能杀贼自效者，以军功论”。本应赶尽杀绝，却又宽大处理。这并不是因为弘光帝心太软，而是因为这时北方的形势已经发生了剧变，黄河流域再次陷入战乱，大顺军正被打得四处乱跑。这一切的始作俑者，说来只因一句承诺。

# 第二章　昏着儿

## 一句承诺引发的血案

在这个世界上，无论在什么时候，无论干什么大事，宣传总是少不了的。不然，谁知道你要干点啥？志同道合的同志又怎么找到你一道干？所以说宣传很重要。不过要把宣传搞好，就必须有一个能发动群众的响亮口号。这一点，自古以来成大事的起义军都做过，毕竟造反是个高危行业，没有点暴利谁敢跟你干。崇祯十四年在李自成猛捶西安的时候，一个响当当的宣传标语腾空出世——“均田免粮”。不过这是正式版，流传更广的应该还是它的通俗童谣版：“杀牛羊，备酒浆，开了城门迎闯王，闯王来时不纳粮。”这句口号的效果那是相当的好，因为史料上出现了这么一句话：“复造谣词曰：‘迎闯王，不纳粮。’使儿童歌以相煽。从自成者日众。”

任何一件事我们都要一分为二地看，这是唯物辩证法教给我们的。宣传很成功，闯王很高兴。然而自从打进北京城，闯王就渐渐高兴不起来了，因为大顺军快要揭不开锅了。从大顺军由西安到北京这一路来，我简单算了一下人数，大致已经激增到六十万至八十万人。再加上民军打仗一直有一个优良传统——带家属，所以这时在北京的大顺军民总人数使劲往少了数也得有百万。要养活这么多的人，没钱不行，没粮更不行。这下就出问题了。李自成早就向老百姓承诺不纳粮，而且更早

的时候又跟军中的兄弟们说，跟我混，有饭吃（不是没饭吃，谁跟你造反）。这下子矛盾出来了，随着时间的推移也越来越严重（天天得吃饭，那年头阎王家也没余粮啊）。这个棘手的问题，必须马上解决，否则后果将不堪设想！

此时李自成可以有两个选择。要么是裁军，先把家属找个地儿安置了，然后把能打的留下，让不能打的各回各家，各找各妈。要么是爽约，对外发个告示，就说三年免征这话呢，其实是某天俺和老牛老刘喝高了随便说的，您别在意，就当逗你玩，还请大爷大妈父老乡亲们该交啥还交啥。很明显，上面的两招都不行，不是寒了兄弟们的心，就是得挨群众的板砖，万万不可。

人心散了，队伍就不好带了，李自成早知道这个理儿。所以要另想办法。

看到这儿，有脑瓜活泛的大概就会问，为什么不拿钱买粮？

问得好。不过希望你还没有忘记，李自成们为什么要革命？

李自成们要革命，是因为家乡遭灾，活不下去了。家乡闹灾，为什么政府不解决？很简单，没钱。为什么没钱？如果你记性够好，应该记得当年明月同学解释过。政府部门都没有钱，你还找李自成这帮穷兄弟要，这诚心不是恶心人家嘛。所以还得另想他招。

李自成兄不愧为猛人，没想破头，还真想到了——咱没钱，有人有嘛。

史上由政府组织的规模最大的慈善募捐活动即将开始。

> 活动策划兼组织者：李自成和他的朋友们。
>
> 受赠者：大顺军全体将士及其家属。
>
> 捐赠人：原明朝政府在职公务员，离休人员，外戚贵族。

活动通知贴出去几个礼拜了，但除活动策划兼组织者和受赠者兴奋地忙活外，活动的第三方也是最重要的参与者连理都没理。

要说在政府干过的人就是不一样，至少见过世面，因为这种类似的活动前明的大人们早就见识过，且还不止一次。所以现在见新政府用了这招，也不觉得新鲜，都懒得搭理你。而曾经用过这招的人大家都很熟悉——崇祯帝。

崇祯十二年（1639），有大臣上报说咱没钱了。崇祯不相信，但清理了一下思路，信了。

由于去年清兵入关逛了一圈，附近地区被破坏得很严重，又加上来一次也很不容易，勤劳的皇太极先生把所到之处的财宝和百姓统统打包带走了，因而到今年你就没钱收了（人都被带到辽东了，找谁要去）。但是虽然遭了抢，日子该过还得过，银子该用还得用，不过不能再加租了。因为前几年征辽饷、剿饷、练饷时，广大群众大家就携手并肩找闯王去也，这回再搞，估计不用两天京城民众就该率先起义了。

所以崇祯要另辟蹊径：找民要不了，那就找官要。

崇祯先叫来了武清侯李国瑞。他知道这小子富得流油，也就不含糊了，直截了当地说：咱家公司不行了，你得先捐点钱，为国分忧，不多要，白银四十万两就行。

没想到李国瑞回答得更直截了当，没钱。

崇祯怒了，知道你有，别在这儿装穷，赶明儿把钱送来，回家好好琢磨一下。

李国瑞也不敢跟皇上顶，就回家了。

第一天，照常，没事。

第二天，反常，出事了。

京城里出了个爆炸性新闻：武清侯李国瑞在旧货市场搞起了大促销，标价出售的商品繁多，种类齐全，房屋、家具、餐具、厨房用品、珠宝首饰，等等等等，可谓是真正履行了凡所应有、无所不有的承诺，来了个砸锅卖铁除了老婆孩子外随便看，随便买，弄得比超市还超市。

这么一弄，崇祯脸上挂不住了。崇祯一听到消息，龙颜大怒，一怒就把李国瑞送到监狱里体验生活了，还顺带剥夺了他的荣誉称号（爵位）。可能是因为李国瑞一出生就是皇亲国戚，天天锦衣玉食，对于监狱这种恶劣环境缺乏免疫力，或者是以前太牛在外面得罪了人，反正是一进去就没能出来，竟死在里面了。

如此一来，皇帝的亲戚们集体发了怵，大家毕竟都是同病相怜（皇亲国戚，家里有钱），谁敢保证自己不是下一个李国瑞？于是大家既为给李国瑞讨个说法又为避免悲剧的再次发生，纷纷跑去抱怨崇祯不顾恩义亲情，手段残忍，令人发指，并团结一致联合起来抵制募捐。

崇祯本人也有点后悔了。不管怎么说，大家都是亲戚，就像某首歌里唱的那样，我们是一家人，相亲相爱的一家人。搞成这样，何必呢？所以在强大的舆论压力下，崇祯让步了。不久，崇祯加封李国瑞七岁的儿子李存善为侯，所得的这四十万两白银也悉数退还。各位大臣跟着一起哄，你亲戚都没有钱，我们这些大明公司的打工仔怎么会有？加上崇祯也有些心烦意乱，第一次崇祯募捐就这样无疾而终。

凡事有了第一次就会有第二次。但崇祯知道不到万不得已之时，募捐的事绝不能再搞。

崇祯十七年正月，万不得已之时来临。

此时李自成已兵抵宣府，京师告急。而京城这边要兵缺兵，要粮少粮。崇祯只

好决定再次募捐。

干什么事情都要讲点技巧，哪怕是去要饭。听别人说，有的乞丐每天出去乞讨之前会在自己的破碗里事先放上几元钱，为什么呢？其实目的很简单，就是为了给过往的行人制造一个假象：之前有几个善良的人从我身边走过，看到可怜的我，发了善心给我捐钱了，而如果你也打这走过但瞅了我一眼却没放钱，就说明……

我曾系统学习过心理学，并以身边人为对象做过相关调查，最后经过分析与综合，发现我们中国人大都有一种从众心理，见大家都这样做了自己就会不由自主地跟着做相同的事。

虽然崇祯没有参加过丐帮的专业培训也没有研究过心理学，但很明显，他是比较了解这一点的。在吸取了上次的教训并认真总结了经验后，这次他先遣太监徐高去通知了一个人，因为他认为这个人绝对没有拒绝的理由。

这个人就是周皇后之父，自己的岳父嘉定伯周奎。崇祯决定把牵头倡导这份光荣的使命交给这个可以信任的人，让他做个表率。

国丈大人真不愧老泰山之名，在得知好女婿的意思后，表现得像泰山一样稳定。周老国丈委婉而坚决地拒绝了崇祯的无理要求，并表示这事自己实在干不了（坚谢无有）。徐高也不好意思揭开国丈大人假穷的面纱，只好再三说明这是皇上的意思，您就为难一下自己，配合一回得了。周奎却仍坚持表示自己真是没钱。这下把徐高给气哭了：您可是皇后她爹，与皇家关系最亲的人都这样，看来大明公司真要破产倒闭了（愤泣曰：“后父如此，国事去矣。”）。周奎一见把人气哭了，又见徐先生打出了亲情牌，更怕得罪了崇祯，一怒之下再把自己的闺女废了，于是赶忙改口答应捐献一万两白银。这才把徐高劝了回去。

徐高回去后一报告，崇祯认为有点少，便又派人找到周老国丈，让他出二万两。周奎有些不高兴了，本来没想给的，一咬牙一跺脚狠下心说给一万，您还嫌少，这么着可不行！为了降低损失，他决定找个垫背的分摊一下费用。于是他写封密信，给周皇后送去。

周老国丈在信中先向女儿详细说明了家中困难的经济状况，在表示自己如何热爱国家，如何想为国分忧后，恳求女儿的帮助。皇后看完信后很是感动，当即表示要拿出自己所有的私房钱也就是五千两白银，帮助可怜的老父亲，并劝他尽可能满足崇祯要求的数额。

榜样的力量是无穷的。在京的各位大人在李国瑞和周奎两位重量级榜样的模范带头作用下，发挥出了巨大的力量。首先是被批准退休的内阁首辅陈演专程入宫，为陛下做了精彩的专题演讲报告《陈首辅的廉洁岁月》。然后是一些官员积极学习好榜样李国瑞的先进事迹，并立即付诸实践，在自家门上写着“此房急卖”，又拿出一些破铜烂铁摆在市上叫卖。最后则是朝野官员叫穷声响成一片，哭声震天，比死了全家还痛苦。这样一来二去，崇祯受不了了：打正月以来一群官员就天天上朝天天哭，要知道李自成的军队还没打过来呢，大明还没亡国呢，皇上还是年富力强，每天能坚持批改文件到大半夜，你们却日复一日，哭完再哭，这叫什么事？

鉴于影响太过于劣，收效太过微薄，朱董事长不得不叫停了募捐项目。至此，历时近一个多月轰轰烈烈的崇祯二次募捐活动终于画下了不完美的句号。

对于本次募捐，崇祯是寄予厚望并下足本钱的，承诺捐款达到规定数目者可以实现荣誉称号的更新换代，比如你祖上传下来的是伯爵，但这次你捐足规定的钱，为国家做出应有的贡献，你以后就是侯爵了。不过大家反响平平，在这些人眼里，还是真金白银比什么都实在。

不过总算筹到点钱，一笔巨款：二十万白银。似乎也不是很多。

募捐活动中表现出彩的人物大致有以下几位，在李自成组织的募捐中也将成为主角的大致也就是他们啦。

光荣榜如下：

周奎（国丈），三千两；

魏藻德（首辅），五百两；

王之心（宫里最富的太监），一万两；

王永祚、曹化淳，三万至五万。

朝廷里捐得最多的人是太康伯张国纪，一人出到二万两白银，但这也还是未达到崇祯规定的个人的最高限额（三万两白银）。唯一值得一提且让人感动并非是那些官员，而是一个普通的老人。

一个住在彰德门外的六十多岁的老汉，一个不肯做亡国之民的人，将自己平生所得——四百两白银全部捐献给朝廷，充作军饷。——在我的祖国遭遇危难的时候，我尽我所能，伸出援手，哪怕这是微不足道的，我也会备感欣慰。为国尽忠，别无他求，如此而已。

面对老人的慷慨，我无语；面对官员的拮据，我无语。

文臣个个可杀，这句话或许并非毫无道理。

所以，在得知李自成的募捐活动后，各位大人并不慌乱：当年我们连皇帝都搞定了，这次还摆不平你吗？三个回合内定见分晓。

前明大臣首发，先使出必杀技第一招：哭穷。

这招可把李自成给气乐了，我们民军没钱，老百姓更没钱，你们也说自己穷，

那白花花的银子都哪去了？别跟我玩这套。

第二天，群臣得到回复，其实说得更准确点应该是指标。李自成体贴地按照大小官员的等级，给出了相应的捐款价码。根据相关史料，具体是：

内阁大学士，十万；各部院部长（包括都察院）、副部长，锦衣卫长官，七万或五万、三万；道科吏部，五万，三万；翰林，三万，二万，一万；其余小官千两。备注：多多益善。

大家本以为李自成刚进城，属于那类没见过世面的乡巴佬，糊弄一下就过去了，可是谁也没有料到其实李自成是有过实践经验的。崇祯十六年十月，在自成兄攻克西安时就搞过相关活动。

正在大家合计要出第二招时，李自成这边已经没多少时间陪群臣玩拆招的游戏了（是真要没粮了），于是直接出了绝招。

各位大人们从一开始就走入一个致命的认识误区，认为无论是李自成还是崇祯，实行的募捐活动是大致相同的。而正是这个误区，给他们带来毁灭性的后果。

具体说来，是因为这两个人是不同的。相比而言，崇祯是个文明人，只是偶尔野蛮一会儿；而李自成兄是个野蛮人，只是偶尔文明一会儿。

三月二十七日，惊悚片就此上演。

影片上映之初，导演李自成把两位男主演李过、刘宗敏叫来，嘱咐了一句：那些官员中，有罪的直接干掉，贪污的予以收拾，以廉洁著称的就不要打扰了（各官罪者杀之，贪者刑之）。

李过、刘宗敏两位主角听完，立即表示绝对认真办理，不会出任何差错。李导很高兴，回家睡去了。不过他要是能知道这俩哥们儿将要做的一切，肯定不会去睡觉，而是先把演员换了再说。

大片开播，史称“追赃助饷”。

片子上映后，各位大臣显然对这部国产大片不太感冒，大家商量了一下还是坚持老原则，要钱没有，要命一条。——那就要你命吧，跟我玩，玩死你！

追赃第一天，处死官宦五百名。主要演员前大学士魏藻德交出万两黄金赎身，大顺军说，不行，还有。魏大学士说，我穷。结果被处死。其余配角：襄城伯李国祯受刑不过，自缢而死；英国公张世泽（就是靖难第一功臣张玉之后）没凑够数额，全家死光光；非著名演说家、大学士陈演交黄金四万两，骆养性交三万，赎身成功，暂免一死。追赃助饷首映告捷，票房收入过百万两（银子），从没见到过这么多钱！大顺军全体官兵们都兴奋了。

于是，一场大规模、有组织、有纪律的追赃，慢慢变成了一场更大规模的、有组织、无纪律的抢劫，还顺道实现了效益扩大化，见谁抢谁，范围由北京扩大到地方。

这时，在家睡了几天安生觉的李自成再也睡不着了。看到手下人全抢疯了，演员们都不按剧本演了，李导很生气，找人叫来了男主角兼执行导演刘宗敏。李导责备他说，为何不按剧本拍，这么一顿乱搞，让我怎么演个好皇帝？

刘宗敏这几天估计也抢疯了，竟不把李老大放在眼里，耍起了大牌，很牛地回答了大哥的问话：你该咋演咋演，我该咋搂钱咋搂钱，少跟我废话，耽误了老子发财（皇帝之权归汝，拷掠之威归我，无烦言也）。

听了刘兄弟的发言，李大哥惊了，随即很担心，最后终于出离愤怒——几天不见就敢这样和我说话，再让你抢几天，说不定顺手连我也抢了，这还行？

这不行！

李导终于决定叫停。

所谓叫停，得先把人叫回来，才能让他停。据说因为此次活动办得很成功，人人很兴奋，有个别抢红了眼的大顺军都快抢过黄河了，照这个趋势估计，渡海抢到澳大利亚都有可能。

四月八日前后，所有大顺官兵陆续回归原有岗位。历时一个月的大乱终于平息。随后有关负责人等把这次活动的相关过程与丰硕成果汇报给闯王。

追赃活动中，共有一千多名前明官员因涉嫌窝藏赃款、拒不缴纳而受刑致死，收缴赃银近四千万两。其中为助饷事业做出巨大贡献的，当然还是那几个老朋友。

嘉定伯周奎被抄家后，被人将现银五十二万两统统拿走，当然家中的奇珍异宝和价值数十万的绫罗绸缎也没了影。这会儿正如他给女儿的信中所说，真是一贫如洗。

明末最富的太监王之心也被人揭发了，揪出来就是一顿暴揍，最后追出十五万白银和均为上品的家藏金银器物。

当然还有其他人，以前就没露过面，这里就不说了。

杀了贪官，抢了一把，发了点财，大顺军官兵觉得很实惠。

记得我曾看过一篇对监狱犯人的专题报道，其中有一个抢劫惯犯的话用在这儿，似乎恰到好处：抢劫就像嗑药，慢慢便上瘾了。

是药就有副作用，吃多了则副作用更明显。追赃助饷也是如此，而且其副作用还是两个。

一个是对李自成未来影响不大的大事。鉴于大顺军抢得热火朝天，在见识到投降闯王的前明官员的悲惨结局后，那些原本准备投顺的官员和地区纷纷拿起事先放

下的武器，要和大顺军死磕到底，或大批南逃，前去投奔未来的南明政权。

一个是对李自成未来影响不小的小事。在大顺军于京城内追赃的过程中，一支队伍攻入前总兵吴襄的府邸。在他们把吴家人全抓起来、财产全拿去充公时，一个家丁趁乱逃了出来，但他并没有过于慌乱，而是找了一匹快马疾驰向东北方向。他的目的地十分明确——山海关。

有明一代，登上历史舞台的人物不少，有名的很多，没有名的更多。纵观这许许多多的人物，各有其不同的经历、不同的喜怒哀乐，看上去似乎没什么相同之处，但在明末却出现了极为相似的两位。

他们的共同之处在于，在一定程度上说，都是因为一个女性而在生命轨迹上发生了本质的转折。而令人玩味的是，其中一个由令人景仰的抗清英雄变为臭名昭著的卖国汉奸，另一位却是由一个臭名昭著的卖国汉奸变为令人景仰的抗清英雄。这会儿，他们中间的一个要上场了。

在今天，当有人提到大汉奸这个词，人们的脑海中可能浮现的多是汪精卫这个名字（没办法，候选人太多）。不过如果你在清朝提到同一词汇，大家的脑海里会不约而同地搜索出同一个标准答案——吴三桂，继而口腔唾液腺急速分泌，呸出一口浓痰来。反清复明，誓杀吴三桂。要是评选一下明清之际叫得最响、最能激励人心的十大口号，这句起码能进前三名。

世上没有永恒的真理，所以任何时候我们都要具体问题具体分析。倘若再换个环境，你在大街上痛骂一遍吴三桂，你就会发现有越来越多的人向你聚拢过来，然而很遗憾他们不是听你骂完来给你鼓掌的，相反，是来收拾你小子的。至于原因，在那个时间段上吴三桂确是个英雄。

吴三桂是个好人，截止时间为崇祯十七年。

## 一个好人

吴三桂，字长白，辽东人，但他不是东北纯爷们儿，因为他祖籍江苏高邮，所以据说长得不高但挺白，而且相当帅，在今天能去拍偶像剧。他母亲叫什么姓什么没人知道，但他继母有点名，因为继母有个相当有名的哥哥，锦州总兵、辽东名将祖大寿。当然他爹也不太逊，名叫吴襄，也有个很牛的称号——“辽右巨臂”。

有这么猛的舅舅再加上这么牛的老爹，想不牛都不行。可是是否真的够猛够牛，似乎也很难说，因为吴三桂并不是独生子，在家里面他排老二，有个哥哥叫吴三凤，还有个弟弟叫吴三辅。骁勇善战的基因传谁身上了，这个只有老天才知道。

是猛人就一定会出头的，终于一个意外的发生让大家对这个吴老二有了新的认识。

崇祯三年（1630），吴襄带领五百骑兵外出巡逻兼侦察敌情，要说这也是老工作了，平常有点时间就转转也挺好，有利于身心健康。但这次吴襄出门可能忘记看皇历了，逛着逛着就遇见了老朋友——后金的军队，有上万人。虽说这也算是他乡遇故知吧，不过吴襄不怎么激动。有点肝儿颤是可能的，因为以往和后金军打两个拼一个还差不多，今天就几百人还不够给人家塞牙缝的，一句话，挂定了。吴襄郁闷了，正当他抱定信念要在此为国捐躯时，他惊奇地发现后金军竟没有要冲过来的意思。

其实后金军的将领也是很郁闷的。好不容易能带上万余人出来转转，本想着打回明军，打个劫，却才碰上这么点人，还不够兄弟们冲一把的，于是他决定，要抓活的，俘虏一批更好报功。因此后金军采取了围而不攻的计策，要充分做到只围不打，投降拉倒。

这个时候，在城里的祖大寿也接到消息说，吴襄被万余后金骑兵围困。救还是不救，这是个问题。经过深思熟虑后，祖大寿下了决断——不救。眼看父亲就要英勇殉职了，吴三桂立即赶到舅舅的营帐，请他发兵。祖大寿已经认定这事根本不靠谱，出去就是嫌命长了，现在能做的就是开始安抚家属。正好吴三桂来了，就先解释：国家把守城的任务交给我，就不能瞎折腾，一旦去救人有点闪失，那么这个大黑锅找谁背（吾以封疆重任，焉敢妄动！万一失利，咎将安任）？

吴三桂挺知趣，看到老舅也不靠谱，又不能强迫他发兵，就走了。

祖大寿一看外甥走了，也没多想。虽然人走的时候情绪不太稳定（大哭而去），但他认为该不会有啥岔子的，毕竟事态已经发展到这种地步，还能咋地。

很显然，作为职业文盲的祖大寿并不知道，世上有一种东西被称为奇迹，而能创造奇迹的人，我们叫他猛人。而吴三桂正是这种人。

吴三桂回家后，没有开始整理老爹的遗物，而是立即召集二十名家丁，偷偷溜出城去。既然谁都靠不住，那就只能靠自己。

出城之后，吴三桂提刀上马，亲自居中，左右各置家将一人，其余十八骑分作两翼，一直冲进了包围圈。后金军队突然见到二十余骑明军冲来，一时没反应过来。带兵的那位兄弟正发愣，吴三桂拈弓一箭，把他从马上射了下去。

也许是在军队里待的时间太久，养成了职业习惯，吴三桂想也没想就奔那兄弟的首级去了（过去打仗凭首级记功）。估计是箭法还没练到家，没能一击毙命，他刚从马上下来，那个将官就从地上跳起来了，用短刀给吴三桂的鼻梁来了一下子。

吴三桂一看头没割下来，还叫人家毁了容，很不爽。猛人一不爽的结果通常是让敌人更不爽，带兵的那位兄弟不如小吴猛，短兵相接几个回合后就被废掉了。在

场的后金士兵们亲眼目睹了这恐怖且血腥的一幕，当场全呆掉了，遇到过狠的，还没遇到过这么狠的。于是怂了。

趁你怂，我们撤。吴三桂紧接着与父亲吴襄兵合一处，迅速率众突围，回家去也。后金士兵们一看，这二十个人竟这么能打，难不成是关宁铁骑的威力加强版？再加上认为明军在玩诱敌深入之计，怕有伏兵，所以没追就撤了。

当吴三桂率领二十来个人一举突破重围、救父回到宁远时，祖大寿已得知吴三桂出去玩命了。他正着手筹备吴氏父子两人的追悼会，突然听说小吴回来了，还顺便把老吴救回来了，那是相当高兴。夸奖完了，就回去给皇帝陛下写报告。

崇祯帝看到报告后很激动，马上提升十八岁的吴三桂为游击将军。"吴三桂可以大用"这个观念从此深深地印在他的心中。

此外还有一个人也很激动，但他不是朋友，因为他是皇太极。据说皇太极听到消息后，感叹道：好汉子！吾家若得此人，何忧天下！

这次战斗震惊全军，从此少年英雄吴三桂"勇冠三军，孝闻九边"的大名在辽境无人不知，无人不晓。这是好结果。

还有坏结果，经历了这件事后，吴三桂心里有了阴影，变得难以信任他人，包括至亲的人。

此外，由于吴三桂在这次战斗中鼻子受伤并留下了轻微疤痕，虽然因年轻力壮恢复得很快，疤痕也不那么显眼，但也深深地影响了他。以后每当与人谈话不投合时，就用手摸摸鼻子（自扪其鼻），最后成了习惯，直到他死也未改变（金庸先生的小说《鹿鼎记》中有相关的细节，有兴趣的可以看看）。

虽然这时几乎全国人民都记住了英雄吴三桂的名字，但没有一个人料到，这个名字将影响并改变他们的未来，乃至这个民族的历史。

因为一个传奇女性的出现。

吴三桂自从十八岁救父以来，在真爹吴襄、假爹高起潜（辽东监军，当红太监）和舅舅祖大寿三大巨头的力挺下，在皇帝陛下的悉心培养下，以坐火箭的速度迅速升迁，那真是非一般的快。崇祯七年，二十岁的吴三桂就子承父业，接替老爹吴襄担任宁远总兵，成为担任总兵的将领中最年轻的一个。

崇祯十二年，洪承畴决定再给已经很火的吴三桂加上一把火，就荐举他担任辽东总兵。崇祯也觉得不错，大笔一挥就同意了。崇祯相信，这个人十八岁时领着二十个家丁就威震辽东了，再过几年，如果给这孩子二十万人，他必定能横扫中国（后来吴三桂差一点就做到了）。

到了崇祯十七年，吴三桂已经是辽东提督、总领关外军事的平西伯，是当年万千少女崇拜的对象，比华仔还华仔。

能让猛人心动的女性当然是有的。我们通常称这类女性为奇女子。

不过这位让吴英雄心动的人在当时就已经很有名了，这是因为她跻身当时的一群传奇女性中，并有幸成为其中一员。这群传奇女性一共有八位，全部被载入史册，后人统称她们为秦淮八艳。

虽然她们也是在娱乐圈混的，不过鉴于那时候还没进入全民娱乐的时代，曝光率不够，这是可以理解的。这里挑出几位常露面的，帮大家温习一下。

首先要为大伙儿隆重介绍的是柳如是。这是位很有气节的爱国女性，后来清兵南下攻陷南京城时她曾毅然决定与丈夫一同投湖殉国，不过没殉成。原因是在他们夫妻二人准备跳的时候，当丈夫的先去摸了摸水，然后就拍拍屁股向家的方向跑去了。柳如是见丈夫要走，马上把他拦下来，问他为何不殉国了。没想到丈夫回答了一句，差点让柳如是崩溃：不是我不爱国，而是因为今天水太冷了，下回吧。唉，那就下回吧，柳如是只好陪怕冷的丈夫回家了。之后当丈夫的再也没提这茬，这个事也就不了了之。顺便说一下，其实柳如是的丈夫也是我们的老熟人了，就是那位东林党领袖、弘光朝的礼部尚书钱谦益。

再后来，柳如是尽全力资助、慰劳抗清义军，把下半生的大部分精力用在反清复明的大事业上。在她资助的人里成就最高、最为人熟知的那个叫郑成功。

接下来出场的人更有名，因为她的爱情故事被人记录下来并搬上戏台。写她故事的人叫孔尚任，记录她爱情的传奇剧本叫《桃花扇》。对了，她就是对爱忠贞不二的李香君。

最后是董小宛，又名白，字青莲，别号青莲女史。看到青莲两字，大家应该觉得很眼熟吧，没错，因为她很仰慕李白，所以为自己起了这个名字。也许正是因为对李白的仰慕，董小宛的命运便像李白的诗歌一样传奇且浪漫。

小宛姑娘先是和明末四才子之一的冒辟疆谈恋爱，后来由于清军南下便失踪了。有人说她死于战乱，还有人说她只是暂时与冒家离散，后来又回到冒家并终老于那里。

但民间的大多数人似乎更认可这样一个说法：清军南下后董小宛不幸流落到北方，当了一名可怜的北漂，不过上天似乎也懂得怜香惜玉，让董小宛幸运地遇上一个比冒辟疆更爱她的男人。这个人对董小宛一见钟情并发誓要永远爱着她，两个人随后一起生活了很是幸福的一段时间，直到董小宛香消玉殒。董小宛去世后，这个男人便毅然放弃了他所拥有的一切，出了家。当然，此时的董小宛已经不再叫董小宛，而有了新的称呼——董鄂妃，那出家的痴情男子则叫福临，又被称为顺治帝。

福临与董小宛的故事也许只是个传说，但吴三桂与陈圆圆的故事却是真的传奇，货真价实，如假包换。

其实陈姑娘的命是很苦的。陈圆圆本姓邢，名沅，字畹芬。小时候家里就挺穷，父亲是卖货郎，母亲早早去世，所以从小就长在姨姨家，因为姨夫姓陈，后来邢姑娘就改叫陈姑娘了。没成想好景不长，陈姑娘没多久就被拐卖了，卖来卖去就不知何时有了陈圆圆之名，还一跃成为苏州名妓。陈圆圆这时已经出落得相当漂亮了，史料上说但凡见到她的人，无论男女老少都留下同样的后遗症——失魂症，像丢了魂一样（观者为之魂断）。当然除了长得耐看外，陈姑娘也很有才，虽然不能说是琴棋书画样样精通，但也算达到一个相当的高度，唱歌跳舞更是一流。

因此，陈圆圆的艳名很快便传遍了大江南北。这时，一个远在北京的人也听说了她的名字。崇祯十四年秋天，这位北京人以高价买下陈圆圆，想借这位美女的温柔美丽去安慰一个人并打击另一个人，当然说不定还能捞点好处，这样更好。这个人已经跑过不少次龙套了，这次有幸因陈美女再跑一次，确实很幸运。好了，您可以出来了，国丈周奎大人。

周国丈花天价买美女，当然是有很强的目的性。他要用陈圆圆来安慰每天被军国大事搅得头昏脑涨的崇祯，顺便打击一下与自己女儿争宠的田妃。不过，他的如意算盘落空了。

究其原因，还是因为周国丈太不了解女婿了。崇祯本来就不太好色（也没时间），再加上内忧外患，事事闹心，所以陈圆圆被送进宫里三个月，连皇帝究竟长啥样都没搞清楚，就被皇帝遣还周府了。周奎一见皇帝陛下不感冒，基本上也开始对陈圆圆爱搭不理了。不久，田妃的父亲田畹听说苏州名姬陈圆圆在周府，便登门求购。周国丈本来想借陈美女发点财，谁知没发成，所以为小赚一笔（至少不赔本），就很高兴地把陈圆圆转手给田国丈了。从此，陈圆圆开始居住在田府且一住就是三年，直到那个人的到来。

崇祯十七年，被民军加清军折腾得焦头烂额的崇祯终于决定攘外必先安内，因此他把吴三桂大老远地从辽东叫来开会。说到开会，其实就一个内容：随时做好放弃关外所有土地、回师扫平民军的准备。当然，要想让别人卖命还得来点实惠的，崇祯当即加封吴三桂为平西伯，顺便让因犯错误在家面壁反省的吴襄担任京营提督，整顿京城军队。

老子管首都的兵，儿子领关外的兵，这种情况在大明的历史上是非常少见的，因此一时间老吴和小吴都成了京城里的热门人物，尤其是小吴。吴三桂已经成为大家眼中唯一的朝廷支柱。

众所周知，松锦之战后，明朝方面凡是能打的将领基本都废了，不是被清朝抓后收编（如祖大寿之流）就是被俘后干掉了（如曹变蛟）。在这种情况下，广大家住北京的大人们也只能靠他了。所以在吴三桂要离京回宁远时，京城里的各位大人纷纷出动，死乞白赖地非要设宴为他饯行。看到大家如此热情，吴三桂也没好意思拒绝，只好一家一家去赴宴。当吴三桂整整吃了一天的宴席，拍拍鼓鼓的肚子准备回家休息时，一个人上前拦住他说，您还没赏脸光临寒舍呢。

老子吃了一天了，还让我赴宴，想撑死我咋的？吴三桂本想发火骂骂街，但等一看清了说话的这位的脸，就生生把火气压了下去。谁都能得罪，唯独这位不行，因为他是皇帝陛下最最喜欢的田妃她爹——田畹。

于是，吴三桂老老实实地与田畹一同回到田府，开始喝酒。就中国人的传统习惯来看，一般酒喝到兴致最高的时候，要么是开始说正事儿，要么是要发生点什么特殊的事儿。但田府的酒宴很特殊，不是因为上面的事儿都没发生，而是都发生了，以一种天衣无缝的形式。

宴会上具体是怎么个情况，向来有许多版本，但还好大致流程是一致的。先是哥俩一块喝酒，接着田畹兄拍拍手，陈圆圆就率歌舞队进厅堂表演。一群漂亮妹妹又唱又跳，表演是相当卖力。不过吴三桂打表演一开始，眼睛就再也没离开过那个领舞的。不用说大家也知道，领舞的是陈圆圆。歌舞表演结束，歌舞队下场休息。然而吴三桂还没回过味儿来，那叫一个神驰心荡，便乘兴要让陈圆圆陪酒。田畹兄也不见外，就又把陈圆圆叫上来陪着喝酒。田畹看小吴喝得差不多了，就开始扯正事了。一场载入史册的有名对话就此展开。

田畹先是和小吴探讨了一下国内外局势，然后就双方共同关心的国际和地区问题深入交换了意见。最后在谈到李自成的事业不断做大做强，已经给大明公司的经营带来了严重挑战时，顺便问了一句：如果李自成率军打进北京，咋办（寇至，将若何）？吴三桂估计酒量好，还没喝太高，立马回答：能以圆圆见赠，吾首先保护君家无恙。田畹虽然不想把陈美女送给吴三桂，但考虑到圆圆事小，性命事大，也就同意了。于是当晚小吴就把陈圆圆娶为老婆了。

第二天，吴三桂启程返回宁远，不过没带老婆。

悲剧由此正式拉开帷幕。

崇祯十七年（1644）三月初一，大同总兵姜瓖投降李自成，京师震动，人心惶惶。因为大同是京畿西边门户，大同一陷落，北京就没几天蹦头了。此时皇帝陛下很着急，因为他在等人，等驻守宁远的吴三桂和他的关宁铁骑赶紧开过来入卫京师。不过不幸的是吴三桂也要等，而且等的还不是一个人，是一群人。

经过从孙承宗到祖大寿几代抗金将领的苦心经营，此时的宁远已不仅是辽东军事重镇，还发展成为一座比较繁华的大城市。不但大兵多，老百姓也不少，所以当吴三桂接到放弃山海关以外土地的命令后，一回到宁远就立即着手带领宁远地区几十万辽民内迁。平常人搬个家还得用几天的时间，更何况是几十万人呢？没办法

了，也只能等了。

直到三月十六日，吴三桂才带着关外的百姓全部进入山海关。在安顿好移民后，吴三桂二话不说，便率兵西进，赶赴京畿。要说十七世纪谁最命苦最倒霉，如果崇祯排第二，恐怕还真没人能排第一。在崇祯光荣殉职的三月十六日那天，其实跑来救火的关宁铁骑已经距北京城不远了。

但事情的不同发展走向往往就差那么一点点时间。时机已过，便不可逆转。

三月二十二日，吴三桂与军队到达距京师不远的丰润一带。这时，他们一行人几乎同时获得两个准确的消息：第一，京师陷落，皇帝陛下自缢。第二，居庸关总兵唐通投降大顺，并奉李自成的命令乘虚而入，占领了山海关。

火没灭成，还把根据地丢了，这回真是进退两难了，因此在之后的很长一段时间里，吴三桂就带着几万人在永平、玉田一带瞎转悠。不过，吴三桂还是决定全速奔回山海关，在路上就遇见了唐通、白广恩的军队。一顿猛捶之后，唐通的军队就被打跑了，一回去还好，发现山海关没被占，于是大家又有了落脚的地方。

不过守着山海关，也就是干待着。清军忙着抢占关外，大顺军忙着收拾京城，曾经备受瞩目的关宁铁骑此时似乎是被冷落了。

王牌毕竟是王牌，始终会有人惦记的。

终于有一天，吴三桂把将士们都召来开会。会议在平常的气氛中开始，按照平常的程序进行。先是分析了我军当前的处境（断饷），然后感慨国家的灭亡，最后就差为大家指出一个光明的前途时，吴三桂问出了一个不平常的问题：现在闯王的使者已经来了，我们是杀了他们还是欢迎他们呢（今闯王使至，其斩之乎，抑迎之乎）？

面对突然踢过来的皮球，大家当即就傻了。但经过一段时间的考虑，各位心里都有了自己的答案，不过没有一个人积极主动地发言，因为人人都知道，如果这个问题答不好，会有大麻烦的。于是现场陷入出奇的平静中。大兵们决定用沉默的回答代替回答后的沉默，把皮球踢回去。

吴三桂见没人答话，就开始自问自答了：报使于自成，卷甲入朝。一句话，我们降了。见主将都说投降了，大兵们也很难想出更好的办法，于是一致表态：今日死生，惟将军命。

好了，见上下各级表决通过投降闯王的议案，李自成的使者很高兴。既然人家已经表示诚意了，使者自然也要多少表示一下，展示一下李先生也是相当有诚意的。使者立即将携带的四万两白银分发给已经十四个月没有军饷的大兵们，又把万两白银和千两黄金送给吴三桂，并取出李自成的聘用书，表示将正式封吴三桂为侯。

这些是软的。当然还有稍微硬一点的，具体表现形式是一封信，不是李自成的亲笔信，而是他老爹吴襄的。吴襄在信中充分表达了对英明神武的李自成的崇敬心情，并明确指出投降的前途是光明的，道路是不曲折的。如果不投降的话，后果自然也要谈一下，你爹和一家多少口将会怎么怎么样……总之，千言万语汇成一句话，你快回来（北京），我的心快承受不了。

李自成对待吴三桂真正做到了又打又拉，佩服，佩服。

在大棒和胡萝卜的双重影响下，三月二十三日，吴三桂正式宣布归顺大顺政权。在把山海关移交给前来接收的大顺军将领后，吴三桂带着他的部队赶赴北京，觐见李自成。

当吴三桂领兵前进到永平（今河北卢龙县）时，在路上碰到从北京城逃出来找他的吴府家丁。家丁很着急，一见到吴三桂就马上告诉他说，你爹在北京让人给抓了，现正在牢里蹲着呢。没想到吴三桂表现得却很淡定，笑了笑说，这就是为了逼我投降，没事的，我一到北京就放人了。家丁又说，还有咱家让人给抢了。三桂回答，进城之后追讨回来就是了。家丁看到吴三桂听说老子被逮了、府邸被抄了都能面不改色心不跳，着实很钦佩，所以这时候也不怎么急了。

就在这时，吴三桂开始问，家里除此之外还出啥事了？家丁想了想，似乎没啥大事了。对了，还有一件事，您的侍妾陈圆圆被李自成的大将刘宗敏带走了。

没等把话说完，吴三桂就急了。按史书上的说法是矍然而起，拔剑掷案，大喊："大丈夫不能保一女子，何面目见天下人？逆贼如此无礼，我吴三桂堂堂丈夫，岂肯降此狗子！"拿桌子先小发泄了一番的吴三桂立即决定，反他娘的。

不过吴三桂虽然决定与李自成翻脸，有一件事还是要考虑的——毕竟自己一家十几口人的性命还捏在李自成手里，如果太冲动，就只能等着全家被撕票。因此在气愤之余，吴三桂写了一封信，主要内容是骂人外加指责，然而收信人却不是李自成而是他爹吴襄。在信中，儿子痛斥了吴老头的种种不道德的行为，并提出要断绝父子关系（父既不能为忠臣，儿亦不能为孝子矣）。但是连傻子也能看得出，这是为了救吴襄。所以正是这封信，彻底坚定了后来李自成杀掉吴襄的决心。托人送出信后，吴三桂再次动身返回山海关。

崇祯十七年四月四日，吴三桂一到达山海关，立刻向唐通部发动袭击。而唐通的表现也是相当稳定，被关宁铁骑又是一顿闷揍，唐通仅带几个随从逃回北京。

打完唐通出了口恶气后，吴三桂也知道以李自成的性格是绝不会放过自己的，但山海关的兵力确实有限。虽然此时的关宁铁骑已经达到创纪录的四万人，再加上辽民七八万（民兵），撑一阵子还行，时间长了肯定全完蛋。

吴三桂猜得没错。吴三桂反水的事在北京确实引起轩然大波。大顺军的兄弟们

立马分成两派，针锋相对，天天在李自成面前搞辩论，把李自成搞得头都大了。当时一派是以刘宗敏、李过为代表，意见是立即予以征讨，所谓不打不服，打服为止。另一派的坚定支持者是李岩、牛金星、宋献策，这几位搞谋略的认为不宜大举征伐，应以继续招降为上，接着给吴三桂喂胡萝卜，实在不行再加点白菜，总之要兵不血刃把他拿下。

可能李自成当年听过说书的讲《三国演义》，所以力排众议，决定来次“亲射吴，看孙郎”，下令亲征。四月十三日，李自成率精兵三十万，号称五十万东出京师。

吴三桂得到消息后，也觉得受不了。本来是打算跟李自成死磕，这下磕是肯定磕不过，死那是肯定的，几十万人不用打，光靠挤就能把山海关挤塌。因此吴三桂想到一个方法。

二百多年后清政府打不过太平军时就用了这招——拉外援，请由外国人组成的洋枪队帮忙一起打，还美其名曰“借师助剿”。因为当年他们老祖宗就是靠这昏着儿入主中原的。

四月十五日，吴三桂派出了奔赴沈阳的使者，不过他不是前去投降的，至少当时不是。

这时候清政府的领导已经换人了。满洲资深折腾专家皇太极于前一年，也就是崇祯十六年（1643）八月九日在沈阳皇宫东暖阁寝宫突然中风，因病医治无效，提前去努尔哈赤那儿报到，享年五十一岁。皇太极闹腾了十来年还是那样，一辈子都没能突破老爹当年倒下的那道线——关宁防线。说实话到那边还真不好交代。所以为了以后能给老爸和老哥一个交代，清廷方面的实际掌权人多尔衮先生决定要想一个办法，实现由山海关进京的伟大突破。

就在这时，多尔衮得到了一个特好的消息，辽东地区最牛的钉子户吴三桂已经主动搬迁，撤回山海关了。但为了谨防有诈，睿亲王多尔衮决定再等等先，于是等了几天后，幸运的多尔衮又等来了一个更好的消息，闯王李自成闯到造反游戏的最后一关，攻下京师，逼死了终极 boss 崇祯，整个关内地区彻底乱掉。

真是想什么就来什么，运气能好到这个分儿上，如果不去赌一把或买个彩票就真没天理了。所以在老牌铁杆汉奸范文程的煽风点火和广大游牧民族群众想要进关抢一把的激情感召下，多尔衮做出了他这一生中最正确的一个决定：入关拼一把。

崇祯十七年（1644）四月，多尔衮下令男丁七十以下、十岁以上全部进军营报到，能上马砍人的干先锋，不能上马砍人的搞后勤，又命人联络蒙古方面前来随从作战，凡是能动的基本都叫来了。四月九日，多尔衮以大将军职率阿济格、多铎等所有最能打的将领和孔有德、耿仲明、尚可喜等最忠诚的汉奸，统领满、蒙、汉军十余万，誓师伐明。刚走到山海关东边的威元堡，多尔衮就遇到了自己这辈子见到的最大的一个馅饼——吴三桂的使者。

多尔衮一听说是吴三桂的人，十分高兴，马上请进营里。谈了几句，睿亲王的脸色就变了。

因为多尔衮本以为吴总兵穷途末路，是来投降的，没成想吴三桂压根就没降清的意思。使者先生带来的不是降书，而是一份合同。

吴三桂在合同中明确表示，我们大明与北朝（清朝）通好二百余年，现在家里无故闹灾，希望北朝能厚道一点，拉兄弟一把（今无故遭国难，北朝应恻然念之），然后是提出帮忙的具体方式：速选精兵，三桂自率所部，合兵以抵都门，灭流寇于宫廷，示大义于中国。当然报酬也是少不了的，还很优厚，引用原句是：我朝之所报北朝者，将裂地以酬。具体是割黄河以北的土地给清朝，从此我们玩南北朝并立，世代友好相处，共建和谐世界。

面对吴三桂描绘的美好光明的未来世界，多尔衮没有陷入无限的憧憬之中，而是直截了当地批示，没门。

借兵就像借钱，有钱的是大爷，没钱的是小弟。今天换我当大爷了，你还敢这么横，你大爷！于是多尔衮面带微笑，将吴三桂的使者赶了回去，临了撂下一句话：想谈判，显点诚意行不？

这边吴三桂也没别的办法了。李自成已亲自带领三十万大军，以及吴三桂亲爹吴襄和明朝太子与永、定二王，向山海关而来。四月十八日兵临山海关城下，李自成命士兵们列阵山海之间，并令大将唐通带兵五万绕道进攻关外要塞九门口（又名一片石）。这回孙子当定了，跑也跑不掉了。

为了表现诚意，吴三桂第二次使清的使者身份也升级了，这回来的是副将杨坤。找多尔衮只为办成两件事：乞兵外加请降（排名分先后）。多尔衮这才令多铎与阿济格率军兼程赶赴山海关。

四月二十一日黄昏，清军在距离山海关十五里处驻营休息，那意思是不赶时间，因为大家已经做好准备看好戏。这出戏演了千百年，却依旧经久不衰，常演常新，戏名叫“鹬蚌相争”。扮演鹬的是从北京飞奔过来的李自成，吴三桂这次演蚌，主要工作是严防死守，等清军出手帮忙。当然清军大老远赶来，也不能不上台秀一把，因此睿亲王多尔衮拍板，演渔夫。

四月二十二日，戏剧正式拉开帷幕，舞台设在山海关，分剧场是一片石。

但这出戏打开始就是悲剧，当然除了渔夫外。

其实即便是到这个时候，吴三桂也依旧没有当汉奸的打算。因为按照吴编剧的剧本，接下来的故事应该是这样发展的：清军按约定从喜峰口入关，并和李自成碰

头，双方展开大规模遭遇战，最好打他个十天八天。等到两拨人马基本上打光或者再也打不动时，自己率关宁铁骑从山海关出发，一举消灭清兵和李自成军。然后顺便夺回北京，光复大明。

吴总兵的剧本是坐山观虎斗，坐收渔翁之利，但没想到人算还是不如天算。李自成太积极，想早点收拾掉吴三桂回北京休息，来早了；多尔衮不想演鸟只想演人，要了大牌，来晚了。所以吴三桂被迫接演了自己原来要留给多尔衮的角色。

# 第三章　争斗，斗争

## 一片石之战

九门口（今属辽宁绥中）是关内外交通的重要门户。因为其过河城桥下的河床全部用方整的大石块铺成，石与石间又用铁腰咬合，形成规整的石铺河床，望去犹如一片石，所以又被称为“一片石”。这里正是战火初燃的地方。

四月二十一日，唐通率骑兵两万、步兵三万绕道长城一片石，与关内李自成的大顺军夹击关宁军。李自成再次起了模范带头作用，亲率精骑由正面攻关，在东、北、西三面开始合攻。

守城的关宁军也不是吹的，不但打野战有一套，搞坚守更是没话说，在城上架起大炮就往城下轰，大顺军顿时死伤惨重，被迫暂时后退。不过就在守城明军想要休息一下的时候，却惊奇地发现，大顺军竟然又像打了鸡血一样冲了上来。

这里有必要说明一下，此次李自成所带来的士兵全部都是精兵，具体表现是：作战勇猛，不怕死，敢冲锋，再加上在东边指挥的唐通在两个月的时间里被吴三桂猛揍了两回，受到极大的刺激，所以今天干起架来也是只为荣誉不要命了。

在不要命的将领和不要命的士兵的打击下，石河防线告破。与此同时，进攻北翼城的大顺军则利用居高临下的有利地形，发起多次强攻。守城明军在负责指挥北翼城防守的山海关副总兵冷允登的带领下，屡次击退大顺军，但与东边的情况相

同，大顺军又屡次再攻。激战到第二日黎明，大顺军直扑城下，有爬得快的已经登城与城上明军展开肉搏。眼看北边要守不住了，冷允登率亲兵拼力堵击并急请吴三桂拨兵支援。好在援兵及时赶到，才把已爬上城的大批大顺军击落城下。

虽然打退了大顺军的进攻，暂时保住了山海关，但是作为一个有着丰富战斗经验的将领，吴三桂已经清楚意识到，如果明天继续像今天一样与大顺军死磕，那么死的人一定只会是自己。于是吴三桂决定再次派遣使者，一定要尽早把大牌多尔衮请来。四月二十一日一夜之中，急疯了的吴编剧连续多次派使者至清营，敦请多尔衮尽速入关（三桂遣使者相望于道，往返凡八次）。

此时，多尔衮才不紧不慢地率领清军向山海关移动，于黎明时推进到离山海关只有四五里的欢喜岭。然后，多尔衮再次命令部队停下进军脚步，驻扎在欢喜岭继续看戏。

多尔衮本人应该是很讲情调的。为了收到良好的视听效果，多尔衮与诸王进驻岭上的威远台，继续观察动静。又遣使前往山海关，找吴三桂继续谈条件。吴三桂得知清军到达欢喜岭就又不动窝了，急忙派出冯祥聘、佘一元等五个山海关民意代表前去请兵。

五名山海关民意代表的到来受到了多尔衮的高度重视，多尔衮决定立即在威远台接见，负责陪同的还有范文程。当然，老牌汉奸范文程的舌头向来是清军里最好使的，几句话忽悠下来就使佘一元五人深信不疑，倍加感激。会见结束后，多尔衮派范文程随同佘一元五人返回山海关，接着去忽悠吴三桂顺便“晓谕军民”，通告清军即刻入关。

范文程的到来，让吴三桂很兴奋。救兵终于来了。

范文程一到山海关，又是一番煽呼。至于他跟吴三桂说了些什么，史书上没有写，我也不知道。但范汉奸煽呼的效果还是立竿见影的，吴三桂当即拍板决定亲自去见多尔衮。

人既然到了，就接着谈吧。首先甲方大明公司的代表吴三桂再次向乙方大清公司的多尔衮提出立即出兵支援的要求。吴三桂表示：倘若清军不愿助山海关明军，老子也就不回山海关督战了，到时候李自成大军攻陷山海关后，一鼓作气跟你拼，咱俩一块完蛋。

听完这番威胁，多尔衮也不急，表示就是不出兵，看谁先完。

在这种情况下，既然来硬的不行那就来软的。吴三桂对此立即做出反应，具体形式是跪求多尔衮出兵。

中国人历来强调男儿膝下有黄金，多尔衮一看吴三桂都下跪了，随即表示帮你忙也不是不可以，不过有个条件。

这时的情节就比较老套了。吴三桂马上表示，别说是一个条件，就算是一万个我也答应。

好，要的就是这句话。多尔衮开始摊牌了：别的咱不要，要的就是你这个人。

吴三桂崩了。土地送你了，人口送你了，现在连我你也要，穷疯了是吧？

不过现在这个情形，正是传说中人为刀俎我为鱼肉的时候，特殊时期特殊对策吧。吴三桂表示：行，只要你出兵，爱咋咋地。

同意投降，好，那把头发剃了先。

躲不过去了。

“微管仲，吾其被发左衽矣。”这句话是孔老夫子说的。意思是如果没有管仲尊王攘夷的话，那么现在咱们都要披头散发，穿少数民族服装了。这事在今天看起来似乎没什么，不过在古代，这却是一件要命的事。因为当一个民族改换衣装和发型时，就意味着这个民族开始消失了。而汉族传统应该是戴发束冠的，让吴三桂剃成前秃瓢后马尾，你还不如杀了他。

然而吴三桂很淡定，欣然就刀。多尔衮见吴总兵挺听话的，就做主了：要不咱们结成亲家吧。

多尔衮当时就决定，把他哥皇太极的女儿建宁公主嫁给吴三桂的儿子吴应熊。

该办的都办好了，你先回去守关吧。

好，那我就等您的好消息了。

自此，吴三桂已经踏上了汉奸的起跑线，但等待他的不是中途弃权退赛，而是不归路上的一路狂奔。

天亮了，又该继续打了。为了早点拿下山海关，李自成命令二十万大军全线出动，总之就算是用手刨也要把城给我攻破。当然，为了能够充分鼓舞士兵们的士气，这回李自成也亲赴前线，指挥攻城。

然而，当李自成到达战场时，却看到了令他十分惊奇的一幕。

大顺军所面对的不再只是高大坚固的城池。因为城下多出一支军队，吴三桂和五万整装待战的关宁铁骑。

放着坚城在那不好好守，竟跑出来打野战，莫非吴三桂昨晚脑子进水了不成？李自成觉得这么大的便宜如果不占，就太对不起自己了，更对不起辛辛苦苦发癔症的吴三桂，于是向自己的士兵们发出总攻的命令。

对面的关宁铁骑面对着一拥而上的大军，并未显出丝毫慌乱，而是严格按照程序办事。关宁铁骑先把统一装配的三眼火铳掏出来，向着奔过来的大顺军骑兵就是一阵扫射，射完了，马上举起铁榔头朝敌人抡过去。

两拨人马从日出打到辰时（上午九点），基本上是个平手。李自成早年是养马

的，多年来与马匹之间培养出很好的感情，以至于后来和明军对战时用的大多也是骑兵，所以这次带来二十万精兵打关宁铁骑，基本上没吃什么亏。

而相对来说，吴三桂这边就有点惨了。虽然关宁铁骑都是身经百战，但五万人打二十万不只是个时间问题，还有一个体力问题。三眼火铳本身就不轻，还要连续抡上三四个小时，只要是个人就会受不了，所以关宁铁骑是越抡越累，部队伤亡也越来越大。吴三桂和关宁铁骑也渐渐被李自成军重重包围。

优势正在逐渐向着李自成靠拢。不过，老人们经常告诫我们，便宜占多了，终究是要吃亏的。我不太清楚李自成他爷爷有没有给他讲过相关的道理，反正李自成终于吃亏了。

眼看吴三桂要归西，李自成要成功完成任务，就在这关键时刻，大风突起，扬尘蔽天，把大顺军的士兵吹得睁不开眼睛。不幸的是，大风带来的并非只有沙子，还有随风而来的清军骑兵。

多尔衮估计是看得差不多了，终于肯出场参演了。

此时清军分三路进关。左翼是阿济格率万余骑，从北水门入；右翼是多铎率万余骑，从南水门入。多尔衮亲率主力三万余，从关中门入。

清兵一进关，见到大顺军就用马刀招呼。李自成投入全部兵力精心布置的一字长蛇阵霎时就被冲乱了阵脚，大顺军伤亡惨重。这下李自成蒙了，你一开门就冲进来，一冲进来就砍人，为什么还一砍就是我的兵，连一个误伤的都没有？

关于这个问题，多尔衮是可以给出合理解释的。昨晚打发吴三桂回城之前，多尔衮吩咐了这么一句：明日决战，明军务必在肩上系一白布以免误伤。

大顺军阵型被冲乱后，虽然李自成极力重整军队再次反击，但也很难再翻盘了。李自成见败局已定，无奈只好下令撤退。

山海关一战，李自成的大顺军全面溃败。刘宗敏中箭，几乎挂掉。大顺军死者数万。

吴三桂方面似乎也好不到哪儿去。建立近二十年的关宁铁骑被打残，伤亡过半，短时间内已经无法再形成战斗力。这也标志着吴三桂假投降的本钱基本赔光，以后不得不听任多尔衮摆布。而大明在北方的最后一支军队也从此消失了。

对于清军而言，结果真是好得不得了。清军此战大获全胜，一举消灭了大明、大顺两大竞争对手最强大的军事力量。清朝方面的人员损失也很小，究其原因，这还是个技术问题。鉴于十二年前跟袁崇焕打仗时阿济格坐骑被射死、阿济格本人差点当场完蛋的惨痛教训，清朝军备部门对军队的铠甲进行了全方位、立体式的改进，因而今时今日多尔衮统领的满洲铁骑不仅战斗力最强，而且兵马都披着甲胄，防御力极强，百步之外无法洞穿，成为十七世纪名副其实的装甲部队。

在入关的当天，多尔衮封吴三桂为平西王，命他作先导，一路追杀李自成。多尔衮则亲自率领骑兵（清军占多数），直扑京城。

李自成大败后，心里本来就不爽，又听说吴三桂带兵紧追着自己不放，一怒之下在范家店这个地方于马前砍了吴襄，并将吴襄的首级悬挂在高竿上示众。等回师京城后，又立马下令将吴家老少三十八口一起杀掉。

不过值得大家注意的问题还是有的——李自成并没有杀掉吴三桂全家。个中原因在于，有的杀不了，有的不能杀。先说杀不了的。李自成对这部分人确实是有心无力，因为这其中包括吴三桂他哥吴三凤、他舅祖大寿等一干人，现在正跟着多先生混，距离远，只能干瞪眼。再说不能杀的，具体说来这不是一部分人，而是一个人。

李自成打了大败仗奔回京城不久，就立刻开始行动了，大致干了这么几件事。首先是马上登基，正式即大顺皇帝位，算是终于把正式手续办了。然后，烧房子。当然，李先生现在不是一般人了，所以他烧的也就不是一般的房子，而是世界上最大的房子——紫禁城，眼看烧得差不多了，自成兄一声令下，闪人。大顺军开始有条不紊地撤离这个他们曾向往许久、曾住上一段好日子的城市。

四月二十九日称帝，次日就烧房子离开北京，向西安撤退。李自成的这一系列举动显然不是因为山海关战败、精神受了极大刺激而导致的心理扭曲，也不是单纯的发泄行为，这么做是有一定的目的的。当然就像吃药一样，效果要稍后才能见到。

就在收拾好包袱准备转移的这天，李自成破天荒地抽出时间见了一个人，一个他认为能挡住吴三桂追兵并为此没有杀、一直留到现在的人——陈圆圆。据说当时李自成第一眼见到陈圆圆，就决定带她一起跑路撤回陕西老家。但临走时陈姑娘的一句话打消了李自成的念头："我如果随大王西行，只怕吴将军为了我会穷追不舍。不如将我留在京师，作为缓兵之计，让大王顺利跑路。"

李自成听了觉得有道理，那就麻烦你了。所以四月三十日大军撤退，陈圆圆就留在北京，顺便帮李自成拖延时间。

但是李自成这时却忽略了一个重要的问题，鉴于当时的通信技术手段极不发达，要传个信最快还得靠信鸽，所以到吴三桂接到老婆安好的消息并停止追人还要耽搁一段时间。所以，大顺军这就惨了，由北京开始就被一路追一路打，一直被追杀到山西绛州才算消停。

吴三桂得到已在京城寻获到陈圆圆的消息，那是相当高兴的。因此，吴三桂暂时放了李自成一马，立刻停兵绛州，并火速派人前去接陈姑娘来绛州相会。至此，这一对改变无数人命运的人终于又聚到一起，从此再也未分开过。

见面了，团圆了，然而陈圆圆似乎并不高兴，因为当时她已经获得一个更加响亮的称号——红颜祸水。陈姑娘显然不太喜欢这个新绰号，决定摘掉这顶帽子，于是她找到自己的老公吴三桂，说出自己的请求，也是今生唯一的请求：弃清返明，以尽忠义之道。

申请提出了，吴三桂翻脸了。

此时的吴三桂已经不再是当年那个精忠报国的小吴总兵了，即便弘光帝派遣特使前往绛州，封他为蓟国公，并运米三十万担、银五万两犒劳吴军；即便自己心爱的女人流着眼泪苦苦哀求；即便他身边的将士也屡有暗示，但今日之吴三桂已不再是昨日之吴三桂。

他已经是受封于清廷的平西王，他已经是决心彻底归附满清的忠心奴仆。

陈圆圆在几次哀求后，也终于认清了眼前的这个男人。

在吴三桂欲将她立为正妃时，陈圆圆借故推辞。之后她不顾吴三桂的再三劝说，毅然到洪觉寺出家，蓄发为尼，法号“玉庵”。再后来吴三桂专门为她修了一座“金蝉寺”。陈圆圆由玉林国师赐名“寂静”，又转到金蝉寺带发修行。摒弃了富贵荣华，伴随着青灯古佛，陈圆圆从此开始了长达数十年的出家生活，只为了哀悼惨遭战火的生灵，为自己和丈夫忏悔，直到二十多年后的那天。

康熙十八年（1679），在湖南衡阳称帝的吴三桂偶感风寒，就此一病不起，五个月后结束了他备受争议的一生。不久清军很快消灭了吴军并攻下云南全境，将吴三桂全家抄斩。

此时陈圆圆因已出家，虽不在抄斩之列，但却径自走向池塘，投入荷花盛开的莲花池中。女为悦己者容，亦为知己者死，大致如此吧。

在这不久之前已经有一篇长诗《圆圆曲》在民间广为流传，作者名叫吴梅村。或许这首诗是对二人爱情最中肯的评说。

## 党争，又见党争

在北方，李自成、吴三桂、多尔衮你来我往，打得不亦乐乎。南方相对也不安生，因为强大的东林党再次遇上了强劲的对手，不得不再努把力，把敌人打倒。

此时的东林党很强大。这句话你没有看错，而我也没有写错，虽然按照某些史料上的说法，弘光朝一建立，东林党人就很惨，什么史可法被马士英抓住小辫子撵到扬州喝西北风；什么东林人士纷纷被打压，被迫辞职的辞职，退休的退休；依然硬挺着的也马上就要遭到人道毁灭这类事。那真是要多惨有多惨，甚至该叫声“谁能比我惨”来发泄一下心中的种种愤懑和不平。

这一类的史料我看到很多，但评语只有一句话，三个字：瞎扯淡。

东林党很强，相当的强，我再说一遍。

至于具体强到什么程度，我可以负责任地回答，这是东林党自建立后第二次走向事业的高峰。因为放眼望去你就会发现，无论是在职的、待业的还是退休的，无论是在朝的、在野的还是家里蹲的，处处都有东林党人的身影。

在朝的就不用说，有现任东林党首领史可法亲自压阵，发动和领导党员，指哪儿打哪儿。在野的诸如比较老牌的东林战士钱谦益，虽然已经被退休了，但仍继续奋斗在第二战线上，从事舆论工作，打造声势，引导公论。除老一辈优秀党人老当益壮外，东林党的后期接班人培训工作也搞得有声有色，当时在江南极负盛名的复社（还有后来的几社）就为东林党锻炼和输送了一大批热衷于政治的有志青年。

当然，东林党还吸取上次斗争失败的惨痛教训，积极吸纳各派杰出人才加入组织，展开了卓有成效的拉人和挖墙脚工作。例如原来齐党的骨干高弘图后来成为东林党的得力干将，就是拉人活动的成果之一。

人够了，实力加强了，那就着手准备掌握政权，大干一番吧。于是问题就出现了。毕竟能掌权的位子太少，抢位子的人太多，你想上位，我还想呢，凭什么让给你!

不谦让难免会有纷争，有纷争难免会打破头，但谦让是绝对不可能的，那就只有开打了。

说实话，东林党人压根就没把马士英放在眼里。马士英也就是个文盲，靠打打杀杀起家，整天除了军营就是疆场，总督个凤阳也是个穷地方，既没见过世面又没受过训练，和久经考验的东林党人搞政治，基本上就是抓瞎。

人们常说，不要在自己不擅长的领域和人竞争，原因很明显，必输无疑，外加丢人现眼。东林党是搞政治出身的，马总督是砍人出身的。这么个搞法，你能行吗？然而，马士英却用实际行动告诉了东林党人：我行。

崇祯十七年五月二日，东林党代表人物悉数登场，不为别的，只为做一件事：开会。之所以大家都到场了且没有一个迟到的，是因为这是一次十分重要的会议，而会议的主要内容也只有一个，那就是为新的内阁推选成员。应该说，其实东林党人到不到得全，也没什么不同，凭借东林党的强大实力，即使没人到场，也会有人顺理成章地被请出山来。今天这么给皇帝陛下面子，目的无非只有一个：不是我们一伙的候选人就让他滚蛋。

当时史可法是吏部尚书（代理），推选的事本来可以内部讨论决定的，但史可法考虑到新内阁的重要性，认为还是搞个公开推选更有说服力，因此邀请魏国公徐弘基（徐达的后代）等一干重臣来共商国是。

会议伊始，大家就踊跃发言，各抒己见。虽然人多口杂，但群众的要求确实比较一致，一轮下来史可法、高宏图、姜曰广就毫无悬念地被选出来了。不过选三个似乎不够，于是大家接着想，继续选，又把东林党的老干部张慎言选举做吏部尚书，到此选举结束。

从结果上看，很圆满。内阁成员清一色东林党骨干，还顺道掌握了吏部，真正实现了很好很强大的愿望。

东林党很满意，徐弘基也满意，于是开始做会议总结，准备早点回家休息。就在这时，一件意外事件的发生搅乱了徐弘基休息的美梦。

“我要入阁！”有人举手发言，自荐者虽然不是毛遂，但也是个熟人，十七世纪流氓的典型刘孔昭伯爵。

“本朝无勋臣入阁例。”回绝者是史可法。

刘孔昭没词了。

徐弘基正急着要继续办完闭幕式，刘孔昭又吼了一声打断了他：“我不可以入阁，马士英为什么也不可以？”

会场随即陷入沉静之中。这次是其余的人没词了。开国功臣的子女不能入阁，这是祖上的规定。马士英不能入阁，这是大家的意愿。不过为不让马士英入阁而找个好借口实在太难，于是大家不得不表示马士英拥护有功，应予以入阁作奖励，因此同意马总督入阁。

好不容易控制了内阁，却又搞出个马士英。没辙，那就再多拉几个东林党的兄弟入阁吧，老马不听话就用唾沫淹没他。于是在大家的苦心思索下，刘宗周、徐石麒等对东林党十分友好的官员也有幸进入名单中。

徐石麒这种小人物都进了内阁，那咱也不能落后。刘孔昭再接再厉，推出新的候选人。一言既出，唾沫四溅。刘孔昭虽然为人够狠，脸皮够厚，却也没再敢多说一句话——在场的是个人就指责他，你小子什么意思？群情激愤了。

在场的所有人从大脑接收刘先生的讯息到团结一致、众口一词地共同反对，才不过几秒钟的工夫。只因为他隆重推荐的这个人名声实在太臭，据说苍蝇、老鼠跟他做邻居，都怕玷污了自己的名誉，得马上搬家。实在是没有最臭，只有更臭。

这个人就是不仅在当时恶名远扬，而且在后来又吸引了众人骂声长达数百年的阿当。

无数的事实告诉我们，要做成一件事很难，要做成一连串的事更难。马大人虽然官至凤阳总督，但搞政治确实如同东林党人判断的那样，基本上是抓瞎。然而从迎接福王、糊弄史可法到护送并拥立福王为帝，几件事办得一路顺风，滴水不漏，连久经政治风雨的许多东林党老前辈们都被涮了。只因为老马有个专门帮他搞策划的军师，为一切的一切做好了准备。而这个幕后的推手就是阿当。

阿当这个名字听起来是个很普通的小名，不过叫阿当的人却是大有来头。

十几年前，时任吏部尚书王绍徽精心编写了一本书，恭恭敬敬地送给他的上级，并得到领导的高度评价。随后此书在王尚书的直属领导的夸奖下也得以大量发行，到最后竟成了当时在朝大臣人手一本、久翻不厌的必读物。

一本书能有如此大的由高级知识分子组成的读者群，在当时看来是一件不得了的事。不过更不得了的是它的内容。

这本必读物本人也有幸看过，因此可以向大家保证，此书不属于任何科普读物、励志故事、最新研究成果，只是密密麻麻地列出百十来个人名和相应的绰号且除此之外别无其他。谁要说它是畅销书，估计没出版商会信。当然，我仍要告诉各位，我说的都是事实。

其实王尚书的那位直属领导并不是皇帝陛下，而是个挺有名的太监，因为王大人还有另外一个特殊身份——阉党。王大人是个体贴的人，我们不得不承认这一点。为帮助整日忙于整人的魏太监能够有效地记住政敌的名字，王大人苦心经营，终于写出了这本畅销书——《东林点将录》。书中创造性地将《水浒传》一百单八将的绰号与反对魏公公的各位大臣（主要是东林党）相结合，方便文化水平长期处于文盲阶段的魏公公加深记忆。

这份黑名单确实够黑，因为在它问世不久，名单上的大多数人就一个接着一个地被魏太监黑掉了，可谓是按图索骥，一黑一个准。

《东林点将录》虽在厚黑史上留下了相当黑的一笔，但它有一点确是应该得到肯定的，那就是实事求是，不搞忽悠。书里的排名绝对是按综合实力排的，童叟无欺。它绝对不像水泊梁山排座次那样，不仅靠能力还得靠关系（谁和宋公明哥哥铁谁就排前面）。

在这份黑名单里，还健在的东林党资历最老的元老级人物是钱谦益，绰号浪子（还挺适合）；而在这上面也有阿当的正式用名和他的外号——没遮拦。如果本人没记错的话，没遮拦排名是第二十二位，浪子是天罡之末第三十六位。二十二到三十六中间差一大票人呢，东林党的仁兄们在三十六号的带领下打输，可以理解。

好了，不卖关子了，该让阿当正式登场了。

阿当者，阮大铖也。

阮大铖这个人的先前经历我们不用了解太多，因为他的前半生几乎没对历史的轨迹产生多大影响，所以在这用一份人事档案的简历大致就能搞定，内容如下：

姓名：阮大铖（字集之） 免冠照片：暂无

性别：男 民族：汉 血型：未知

籍贯：安徽怀宁（今安庆市）

主要经历：万历四十年进士，天启初升任给事中，因为有个老师叫高攀龙，又有个老乡兼老友叫左光斗，故而加入东林党。曾在打击东林党的老对头方从哲的铁杆史继偕等人的斗争中立下大功，从此成为骨干。天启四年，由于组织内部出现分歧，丧失出任吏科都给事中的资格，愤而脱离组织，与东林决裂。不久在魏公公四处挥舞橄榄枝时，投奔阉党成为太常少卿，"弃暗投明"的反东林楷模。

崇祯二年（1629），执法人员朱由检查封阉党。阮大铖由于在工作上的出色表现和曾起到的有效的模范作用，被皇帝陛下亲自授予第六级荣誉奖励，回家凉快，永不叙用。自此开始在家待业并从事戏剧创作，写下了《燕子笺》《春灯谜》等四五个传奇剧本且大多深受好评。几百年后，一位知名学者看完了阮大铖闲着没事时写出的《春灯谜》《燕子笺》后，认为这是明清时期难得一见的佳作。顺便说一句，这位学者名叫陈寅恪。

阮大铖的往事大致如此。

按理说一般人被退休了，就该在家里好好休息，没事看看书，喝喝茶，写写作，小日子过得也是可以很滋润的。但是阮大铖不是一般人，所以除了搞搞戏剧创作的副业，发展一下业余爱好外，还干了些正事，比如说拥立首辅。崇祯十四年（1641）九月，在阮大铖强有力的经济支持下，老滑头周延儒得以再次重回北京城并成为首辅兼吏部尚书、中极殿大学士。

收了人家的钱，上台后自然得帮人家办点事，否则良心还真过不去。因此，周延儒在不久后的一天找到了阮大铖，亲切地问：有什么我能帮上忙的吗？阮大铖答：起用我。

周延儒复任首辅，在很大程度上是靠了东林党的力量，所以周首辅不敢为阮大铖而招惹这帮大爷。于是周首辅只好回复：这个真不行。

不行归不行，不过恩还是要报的。周首辅虽然老了，但好在脑子还好使，直接报恩搞不定，咱曲线报答还不行吗？于是周延儒再次找到阮大铖问："谁跟你最铁？"

阮大铖也充分理解了周首辅的苦衷，当即回答："马士英。"

这就好办了。周延儒当时就拍板表示，我马上起用马士英，之后让马士英转荐你。

阮大铖也表示同意。就这样，阮大铖万历四十四年的会试同年、因贪污公款而下岗十年的马士英终于实现了再就业，于第二年接替了被张献忠打得很惨的高斗光，被起用为凤阳总督。

你曾经在我最凄凉的时刻，向我伸出了援手，今天我终于进入内阁，到了报答你的时候了，阮兄。马士英已经决定不惜任何代价起用这位恩人，哪怕身败名裂！

要让阮同学的政治生命得以复活，这确实是件难事。先前刘孔昭只不过在会上顺口提了一句，就被一帮人骂到崩溃，现在如果贸然给弘光帝上奏章要求起复阮大铖，那接踵而来的肯定是在朝大臣们暴雨般的口水，这事不能干啊。

但是不干又不行，起复阮大铖是当前一切工作的重心，而起复也不是不可能的，只要能压制一下东林党或者是控制吏部，事情基本就成了。于是马士英与阮大铖开始寻找一个合适的突破口。不久，阮大铖终于找到了，这个人就是张慎言。

弹劾张慎言对于马士英一党来说是最合适不过的了，因为张大人是新任的吏部尚书，而且张大人还有一个众所周知的身份——东林党人。可是尽管攻击对象找到了，马士英和阮大铖却没有下手。不是不敢下手，而是真的无处下手，因为他们发现要整一个人，有时真的好难。

张慎言字金铭，号藐山，山西阳城人。万历三十八年进士。张慎言这个人，人如其名，慎言慎行，平时做人相当低调且在工作中一丝不苟，是个老实人外加老好人，既没有生活作风问题也没任何工作失误，要找他的把柄简直比从海里捞针还难。

那就只好等待时机，见机行事了。机会只要肯等，总是有的嘛。

不知是幸运还是不幸，上天并没有让阮大铖和马士英等太久，机会随即出现了。

五月十六日，弘光帝召开了登基以来的第一次朝会。史可法是个很负责的大学士，皇帝陛下一示意奏本，史可法就马上发言表示要北伐中原收复故都。皇帝听完史大人的一番讲解马上也激动起来，立即回复，先生讲的很有道理，故都是一定要收复的，不过现在军务混乱，仍需准备，着明日再议。

因此第二天大臣们再次朝会，讨论北伐及出镇督师的人选。

这时大太监韩费周首先发表意见，马相国宏才大略，堪任督师，史相公安一宁静，可任居守。这句话的意思是马士英擅长军事实践；史可法善搞政治工作，因此应该让马大人出去带兵打仗，让史大人在朝中处理政务（内史外马，两得其长）。

韩公公一说完，马上就得到了大家的一致响应，不论是皇帝还是大臣都同意这个安排。但有一个人不愿意，他就是马士英。

自己出去卖老命，再不小心送了老命，岂不是得不偿失？因此老马极不想去。但不去总得给个理由先，于是马先生开始装起了孙子。

马士英说，吾当年擒刘超，平老回回，多负勤劳，如今老矣。史阁部镇抚皖城，败张献忠、李自成，屡建奇功，督师者非公而谁？这句话翻译过来就是，想当年我抓刘超，搞定老回回确实很牛，但现在老了，估计还有骨质疏松，干不了这事了。不过不要着急，史大人也是懂业务的，打过张献忠、李自成，还屡建奇功，可以让这年轻人去嘛。

史可法一见皮球给踢过来了，就知道老马是在装熊而不是真熊。但史大人不想在朝堂上与马大人玩传球游戏，再看看周围也没合适的人选，只好表示：还是我去吧（诚如公言，毋过其实也。不敢私尺寸，愿受命）。

弘光帝见史可法积极主动，十分高兴，马上任命史可法为太子太保、兵部尚书兼武英殿大学士，代天巡狩，督师淮扬，驻守扬州。

五月十八日，史可法离开南京，赶赴扬州。

史可法这一走，标志着党争即将正式拉开帷幕，从此局势将再也不可收拾。

史可法的离去将意味着什么，当时在场的大多数人似乎并不太清楚，虽然下朝后也有人责怪史大人这事儿干得有点糙，不过也就是口头上埋怨两句而已。但明白人还是有的。就在消息传出来不久，有人向朝廷上了一份奏疏表示强烈的反对：“秦桧在内，李纲居外，宋终北辕。”

确切地说，上疏的并不是官员，而是一个在国子监就读的太学生，名叫卢渭。这位卢同学的政治敏感度和政治远见还不是一般的强，他在奏疏中深入且详细地指出了这次人事安排的隐患以及应该采取的适当安排。总之，千言万语汇成一句话就是，分配很失策，后果很严重。然而不知道出于什么原因，卢同学的奏疏虽然搞得尽人皆知（朝野传诵，以为名言），但却没啥实际效果，史大人还是按日程安排去了扬州。

东林党的领袖史可法总算离开了，那就可以动手了。机不可失，失不再来！

五月二十三日早朝，总攻开始。

在张慎言张尚书身上实在是难找到把柄，所以马士英方面决定要特事特办，以颠覆传统的斗争方式打响第一枪。因而被派出的不是言官，而是老先锋刘孔昭。

刘孔昭为把事情办好，也破天荒地认真了一把。据说早在二十二日晚上，刘孔昭就在家里备好相当丰盛的酒菜，请了灵璧侯汤国祚、忻城伯赵之龙等勋臣，大家聚在一起为整人工作商议一个晚上。

三个臭皮匠赛过诸葛亮，本人原先觉得这句话是很不靠谱的，但当我多年前翻开历史书看到这次由业余政客发动的攻击的结果时，我信了。

按照史书的记载，在遭到这几位突如其来的攻击后，张慎言的反应是——没反应，因为张大人很可能真没见过街上流氓挑衅的气势，所以竟然被吓得说不出话来。

其实说不出话来可能还有一个原因，那就是不好说。

刘孔昭这次找到的攻击漏洞是一个叫吴甡的人。吴甡曾在崇祯朝当过大学士，后来李自成进北京后就随大流投降了大顺军，不过刚降了没多久就听说弘光在南京成立了新公司，于是就马上赶来投奔。对于这种人，张尚书的处理方式还是很开明的，往往是不计前嫌，量才适用。

当然，如果不经皇帝陛下审批就直接用这些有前科的人，很明显就是找不自在，好在弘光帝一登基就下了一份称为国政二十五款的公告，在这里面明确表示欢迎各地贤才来效力，其中当然也包括曾在北方投降农民军的明朝官员。

所以一听见刘大人给扣上的“排忽武臣，专选文臣，结党行私。所荐吴甡，有悖成宪，真奸臣也”的罪名时，张慎言一下就晕了：这是按陛下的意思办的事，现在竟然说我的不是，你咋不敢找皇上去？

眼看战友愣那儿了，大学士高弘图马上出面叫停：“吏部用人自有本末。此事何必在大殿之上吵闹！”弘光帝也看出事情不对，马上让底下的大臣都别闹腾了。

然而接下来发生的事却出乎了所有人的意料。

刘孔昭再显流氓本色，突然从怀中抽出一把小刀，奔张大人就去了。这时候张慎言总算醒过味来了，见刘流氓恶狠狠地扑上来，赶紧从朝列里跑出去。但没想到刘恶霸还紧追不舍，一边追杀一边叫嚣要做掉张慎言。

看到这一幕，在场的所有人都愣住了。

不过好在有见过世面的人在，张大人的命还是保住了。眼见朝堂之上要变命案现场，一个尖锐的吼声把刘孔昭震住了：从古无此朝规！

事实证明，还是有能把刘流氓镇得住的人的。这位该出口时就出口的就是前边跑过龙套的司礼太监韩赞周。

听到韩公公的话，刘孔昭这才住手了，老老实实地站回原位。

就这样，这次史无前例的朝会就此结束了。

不久，弘光帝就收到几份辞职报告。申请辞职的是高弘图、姜曰广，还有张慎言。

在南京的内阁成员本来就这几个人，现在一下子有一半要求回家，这留下的活谁干？于是弘光帝拒绝批准。但考虑到张大人确实在精神上受到了伤害，不给点安慰是不行的，所以皇帝特地派遣鸿胪寺官员前往这些人的家里传谕挽留，以表达诚挚的敬意和深切的歉意。

五月十六日，弘光帝为了前几天出的事儿召见内阁的辅臣高弘图、马士英、姜曰广。弘光帝一上来就表现得很谦卑，一见面就亲热地叫先生并表示深深的歉意。

慰问完了，皇帝陛下深情地表达了他本人和朝廷对内阁几位大臣的倚重、信赖，然后提出了希望：以后不要轻言辞官，没你们在，我一个人真不行啊！

看到弘光服了软，东林党的几位也不能再玩硬的了。高弘图首先出来接话："对于用人的问题，我们这些人说可，勋臣们就说不可。像这样是非混淆，我们这些大臣是很难做的。"

弘光马上回复："朕刚刚登极，对于国家行政，尤其是用人问题，几乎是完全不懂且毫无经验，所以一直很倚重你们这些大臣，希望你们对我不要有所误解！"

高弘图一看皇帝陛下还算好说话，于是接着倒苦水，以刘孔昭为首的勋臣老是对朝廷用人工作挑三拣四，希望陛下也能理解我们下面干活的人的辛苦。弘光表示，理解理解，您提的问题很有道理，我会尽快解决的。

说来说去，总之理解万岁吧。谈话在极其和睦的气氛中结束了，皇上很高兴，东林党也很高兴，但有一个人不高兴，当然就是我们的马先生。

一旦皇帝与东林党达成了谅解备忘录，那么阮兄弟复出的事就彻底黄了，所以为今之计是要离间一下双方的关系。

于是就开始有人跑到皇帝陛下跟前唠叨，希望陛下追究一下那些曾经主张拥立潞王的官员的责任（主要是东林党）。没成想，弘光听了这话既不激动也不愤慨，只用了一句话就让对方说不下去了："潞王是朕的叔父，即使他被立为皇帝，也是应当的嘛。"

马士英听说皇帝陛下是这反应，当下也没辙了。不过这时阮大铖笑着走了出来说，打小报告、玩暗的不行，那我们就明着提出来。

马士英很吃惊，以为这位同年兼老友由于长期不能回归政治舞台已被憋屈疯了。唉，可怜的老阮。

五月二十八日，太常寺少卿李沾上疏，详细叙述了南京官员拥立争论的全过程，攻击以吕大器、张慎言为首的某些极个别的人主张拥立潞王，反对并坑害当今圣上的事。这篇中篇纪实报告文学有上千字，洋洋洒洒，只为说明一件事：现在陛下身边很不安全，有些人真是太邪恶了，为了您的人身安全和家庭幸福，还是趁早除掉为好。

然而弘光帝似乎对这种文学题材不太感兴趣，当即回复："我起初运气不好，没了老爹又没了君主，从来没想过能当皇帝。现在既然转运称帝，就该继承遗业，老实干活。其他的就甭再提了！"这句话的深层意思其实就是：我知道你这么干是什么意思，现在国家很不稳定，我都老老实实干活，所以你们也都给我老实点！

看来弘光还不是个糊涂人。说他糊涂的人，不是真糊涂就是装糊涂。

阮大铖并没有疯，派李沾去上疏不过是为探探弘光的口风。没想到事情竟会出奇的顺利，探道的李沾既没有被惩罚，阮大铖也如意地号准了皇帝陛下的脉。

从弘光的回复中，阮大铖发现皇帝对自己并不感到厌恶，而且陛下也只有一个要求，手下的人必须老实干活，当然能干的更好。好了，这条路走得通。

六月六日，再次有人上疏要求起复阮大铖。不过，这次上疏的不是别人，是“东阁大学士兼兵部尚书右都御史、凤阳总督、臣马士英冒罪，特举知兵之阮大铖，当赦其往罪，即补臣部右侍郎”。

弘光答复：同意。内阁回复：赐冠带陛见。

消息一出，朝野鼎沸。

需要说明的是，当时执掌内阁的高宏图出差去了（督漕未入），而史可法还在扬州，所以内阁里就马大人最大，捎带着就把自己的奏折给批了。

尚在外面的高宏图听到消息，肠子都悔青了，没想到你趁我不在玩这一手，于是马上往回赶。一到内阁，连水都顾不上喝，就奔马士英去了。

高宏图知道皇帝都同意了，内阁也过了关，如果想反悔是没可能了，但阮大铖是不能任用的，就准备想点特殊办法：“大铖可用，必须九卿会议。”马士英见招拆招：“开会行，这样大铖一定能被起用。”

高宏图见马大人没啥特殊反应，就接着来：“我并不是阻止起复阮大铖，只是按规矩办事。经过会议，才显得起复程序更光明。”马士英怒了：“我又没受过他的贿赂，有什么不光明的？”

高宏图缓缓说出本次谈话的最后一句：“何必受贿？一旦交付廷议，大家都说好才是真的好，然后再用才行。”说完，扬长而去。

接下来的几天里，朝廷又开始热闹起来。先是高大人回家后马上写了封辞职信，要求回家养老。接着内阁的另一位大臣姜曰广也挥就大作“辞归疏”，请求回家并暗讽马士英的无耻行径。然后就是马士英为阮大铖辩护顺带揭露高宏图、姜曰广、吕大器等人结党营私。

两派的大人物们都亲自光膀子上阵了，底下的小弟们如果再闲着，就说不过去了。于是户科给事中罗万象，御史左光先、王孙蕃、詹兆恒，吏部侍郎吕大器、应天府丞兼御史郭维经、兵部职方司郎中尹民兴等先后上疏反对起用阮大铖，痛斥马士英。

在这些人当中，最为激动的恐怕要数御史左光先了。大家对这个名字可能没什么印象，但要是提起他哥哥，大家肯定耳熟能详——大名鼎鼎的硬汉左光斗。因此一提到阮大铖，左先生就跟见了仇人一样：“阮大铖依附逆党贼子傅应星，杀臣兄光斗及魏大中、杨琏；士英冒罪特举，明知道不该起复有罪的人。皇上不改先帝之政，臣忍忘不共之仇耶？”几句话说得要多动情有多动情。可他这一激动不要紧，

没想到一下子就把话题扯偏了方向，讨论的重点也由该不该起用阮大铖变为要不要部分推翻由崇祯钦定的逆案。

六月十八日，弘光帝让詹兆恒把钦定逆案的原始记录拿来看看。

这一举动马上引起了大臣们的强烈反弹。御史陈良弼立即劝谏皇帝陛下不要推翻逆案。怀远侯常廷龄、太仆少卿万元吉、御史王孙蕃等也纷纷上疏，强调逆案不可翻，阿当不可用。与此同时，马士英也上疏为自己辩护，并重申阮大铖是个不可多得的人才。

不久，沉默了很长一段时间的弘光帝终于发话了。他抚慰了马士英并严厉责备科道的言官。

不过，还有一点是很值得东林党欣慰的，那就是虽然闹了这么大的动静，阮大铖依旧没能再次回归政治舞台。

这是东林党与马士英、阮大铖之间第一次正面交锋。东林党严防死守，看似取得了阶段性的胜利。然而，看似取得胜利，实际上就是没有取得。

东林党虽然成功阻止了阮大铖东山再起，但自身也蒙受了巨大的损失。六月十日，东林骨干、吏部尚书张慎言致仕；六月十七，吏部左侍郎吕大器引疾去职，非东林派的顾锡畴代理行使吏部尚书的职权。自此，东林党在吏部的阵地全部沦陷。

对于张慎言的离去，大家还是有一定的心理准备的。毕竟先前曾被人身威胁过，后来在双方的骂仗中又成为政敌重点进攻的对象，张大人再怎么强悍也是奔七十的人了，长期处于巨大的工作和精神压力下，撑不住是迟早的事。再加上我们有理由相信以刘孔昭的人品，平时什么张大人代我问候你家人身体健康，别出意外；最近兵荒马乱希望您小孙子在外玩时不要被拐跑了之类的话，肯定没少说，所以张慎言终于受不了了，向朝廷一再要求退休。弘光帝一看他这么坚决，就批准了。

但是这位吕大器大人的做法就有点欠考虑了，一没受人威胁，二是还不太老，居然没经住骂，闪人了。不过鉴于这位仁兄在几年之后还会出场，这里先简单介绍一下他的情况。

吕大器，字俨若，号先自，遂宁县北坝人（今属四川）。崇祯元年进士，历任吏部稽勋主事、右佥都御史、南京兵部右侍郎，在六月的那场骂仗中专攻马士英。只是没想到马大人太受皇帝照顾，愣是一点事没有。然后马大人一反攻，吕大器就被皇上撤销了一切职务，回家养老去了。

但从吕大人后来的发展来看，我们不得不说起一个好名字其实是很重要的。后来弘光的南京政权灭亡，吕大器和一些人拥立永明王朱由榔监国并成为永历朝的重臣，终成大器，此是后话。

人走便走了，日子还要照常过，东林党和马阮派还得接着死磕，这些是不能停的。

六月二十日，一位地方官的奏疏再次拉开了战斗的序幕。

这个地方官叫黄澍，不久前同承天守备太监何志孔一同入朝面见圣上。这次来本来应该是做地方例行的述职报告的，没想到黄大人苦大仇深，讲着讲着就开始控制不住自己的情绪了，声泪俱下地控诉马士英的种种罪行，到最后竟几度哽咽，泣不成声（既入见，澍面纠马士英权奸误国，泪随语下）。

皇帝陛下听后也十分感动，回头就对身边的大学士高宏图说："你看看，黄澍句句有理！"随即就让黄澍走近点，黄大人就说得更带劲了（澍益数其罪）。

马士英当时就在旁边，但估计黄大人抖搂出来的这些事儿马大人不小心都干过，所以马士英一时之间竟无话可说。

马大人没话说，但别人有话说。这时与黄澍一同参见的承天守备太监何志孔走上来说话了：据我所知，马大人并没干这些事。

何太监不是来一块踩马大人的，相反他是想拉马大人一把。但话还没说完，秉笔太监韩赞周打断了他："御史言事是本职工作，你一个内臣（太监）掺和什么，赶紧退下。"

马士英当即吓得跪下，请求皇帝陛下给予处分。可他跪哪儿不好，偏偏跪在了黄澍的斜前方，这下又有好戏了。

黄大人本来骂骂马权奸还觉得不过瘾，没想到马权奸竟主动送上门来了。正应了人民群众一句耳熟能详的歇后语，背着萝卜找擦床——找呲呢。于是义愤填膺的黄大人更来劲了，抄起手里的玉笏（朝堂上实在没啥合手的兵器）就朝马大人的后背玩命地招呼，一边打还一边喊道：和你小子同归于尽（愿与奸臣同死）。

马大人好歹也是带兵打过仗的，今天竟在朝堂之上、众目睽睽之下被一个文臣狠剋，传出去实在太丢面子。虽然如此，马士英还是很冷静，知道自己不能还手，公堂之上被告兼犯罪嫌疑人如果当场攻击原告，在今天下场都会很惨，更别说在至高无上的天子面前了。但是就这样放任不管，似乎也不是办法。虽说马大人身体倍儿棒，且出手的只是一个手无缚鸡之力的文官，不过乱拳打死老师傅的前车之鉴也不是没有。所以在紧张之时、危急之刻，马大人还是做出了比较恰当的反应。

马大人在挨了几下后，马上大声惨叫并喊道：陛下，你看他！

每次看到此处马大人的表现，我都会不由自主想起当代小学生的课堂打闹行为。这种情况下，一般受欺负的都是女生（偶尔也有比较老实的男生），而动手的多是班里最调皮的男生。老师在此时一般是面朝黑板、背朝同学们的（提供时机），这时受害人为中止继续被侵害，只需大喊一声"老师，你看，某某又欺负人啦"，

引起老师的注意，这事基本就结了。之后是批评、罚站抑或是叫家长，就按情况来了。

看来马士英要么是接受过初级教育，要么是有过类似经验，反正是拿来就用上了。

可惜的是效果不太理想。朱老师可能是听完黄同学打的报告后，对马同学已经非常失望了，所以压根不想插手这件事，摇摇头，没说话（上摇首不言）。等黄同学再也打不动时，朱老师这才发话：你先退下吧。随即皇上身边的韩公公也命人把乱说话的何志孔先控制住了。

不过虽然皇帝没说什么，但对马士英还是有感情的，于是私下让韩赞周传话说：马阁老宜自退避！

皇帝陛下都这么吩咐了，马大人只好照办，利利索索地从办公室（内阁值班室）里取出了私人物品，跑回家里，对外宣称受了风寒，要调养一番。

阮大铖先生的复职航路，就此再次搁浅。

同样是弹劾马士英，吕大器被撤职查办，赶回乡下种田；而黄澍不仅骂了人，还动了手，却安然无恙，毫发无伤，大摇大摆地回到了工作岗位；反而是马士英倒了霉下了台。因此大家不得不发出感慨：同是做一件事的人，差别咋这么大呢？

其实说穿了原因无非一点：黄大人的后台够硬，牛到连皇帝陛下都不得不给他三分薄面。不过黄大人的后台到底是谁，要知道这一点并不太难。前面说过了，黄澍是个地方官，说得具体点，他的职务是御史，专门负责巡按湖广。但这个职务并非最要命的，更厉害的是后边的那个，监左良玉军。

没错，黄大人之所以够牛，就是因为他和一个更牛的人很铁，而这个人正是我们的老朋友，左良玉。

# 第四章　四镇

崇祯殉职的时候，左良玉正带兵在南方打民军，后来突然听说北京沦陷，就在武昌就地驻扎下来。武昌是一个地理位置极其重要的战略要地，扼守长江且位于南京上游，可以说是关乎弘光政权存亡的关键。所以弘光帝一即位就马上派使者去封左良玉为宁南侯，可没想到左将军压根不想买弘光的账。

左将军其实是个很恋旧的人。换句话说，左良玉深知一点，滴水之恩，当涌泉相报。老领导（崇祯）虽然走了，但领导的儿子们还在，嫡系亲属没拿到遗产竟让你小子霸占了，你算哪根葱！所以当左良玉听说朱由崧当上皇帝后，心里的火腾就上来了。按照左大人的思维，把崇祯的太子找来当皇帝才是正道，否则，老子一个不认。

当然，左大人敢亮出狠话，是有一定本钱的。因为据史料记载，这时左良玉的兵有近十万之众，且势力遍及整个湖广地区。总之一句话，当时这片地区只有左大人说的话才算数。

历史上凡是不听招呼的地方势力，不管是手上有多少人的，中央政府向来会做出相同的决定，派兵灭掉就是了。原因是不管你有多少兵，反正是杀一个少一个，以全国各地调来的无限大军打你某个地方的有限军队，你能赢才怪。可是对于不听话的左良玉，弘光不是没想过要通过武力手段解决，之所以这么没做，原因很简单：做不了。

纵观明末，能打的明军部队确实不少，按照战斗力排序，最强的当然是辽东的

关宁铁骑，其次则是孙传庭的秦兵，再次是卢象昇的天雄军，排第四位的是洪承畴的洪兵，而左良玉的军队大约只能排到第五。可是，时光飞逝，今非昔比。到了南明初年的时候，情况已然大不相同。虽然这时辽东的关宁铁骑依然保持着战斗力最强的明军的殊荣，但却远在东北，远水救不了近火。而二到四名，什么秦兵、天雄军、洪兵，不是因主将战死而解散，就是主将换了老板而不复存在。

不够牛不要紧，只要比你牛的都挂了，你就是最牛的。所以南方战斗力最强的军队就非左良玉的部队莫属。而相对于这支打过李自成、张献忠等猛人的军队来说，其余的明军水平基本上也就是打打不拥有大规模杀伤性武器的小股土匪的水平。

明知道战争会打输，还要去打的人，我们一般称其为疯子或傻子。而弘光既不疯也不傻。他知道对付这种脾气比较暴躁的带兵的，只能来软的，玩绥靖政策。因此，在看到黄澍暴打曾积极拥护自己的马士英时，他没有说话，只是平静地等到一切结束，还在之后把马大人撵回家。弘光做足这一切，无非是为表达一个意思，我很重视你且给足你面子，所以你怎么也要把我当回事！

但弘光或许不知道，在这个世界上并非所有的妥协都可以换来相应的回报。尽管如此，得知弘光态度的左良玉还是稍微收敛了点，至少承认了弘光的合法地位，并开始有选择地执行朝廷的指令，虽然只有短短一年的时间。

阮兄还没被推上台，自己就被迫下了野，实在是倒霉到极点。不过，马士英既没灰心也不气馁，微笑着掸去衣服上的尘土，准备迎接新的一天。因为他知道，陛下是不会让自己赋闲太久的。

果然不出所料，不久弘光就下旨召回在家休养的马大人，让他火速回到内阁，处理积累下来的政务。

按照某些史料上的说法，马士英为了得以复出，是下足了本钱的。据说马大人不惜投入血本，重金贿赂早在福王府时就贴身照顾弘光帝的太监田成、张执中，希望两人能在弘光帝面前为他说点好话。

拿人钱财，替人消灾，这是自古以来的传统美德。两位公公刚一收了钱，就信誓旦旦地保证，一定圆满完成任务。于是，在弘光帝心情不错的某个时机，两位收了钱的公公就一同前来拜见，一上来就为马士英被人陷害下台的悲惨处境鸣不平，且说着说着，话到伤心处竟哭了起来（真哭是个技术活儿）。

“皇上没有马公的帮助，就当不上皇帝。如果您真的将马公逐出朝廷，那么全天下的人都会认为皇上是个忘恩负义的人啊。”

“况且马公在内阁时，无论遇到什么事都不会劳烦皇上，这样您才可以悠闲自在啊。”

“马公一旦离去，还有谁会这样顾念皇上呢？”

听完两位长年伺候自己的老太监的话，弘光帝陷入了沉默。随即，发布上谕：何志孔（替马士英说话的那个）本当重处，首辅亟为求宽，具见雅度。姑饶他为民。

第二道指令，传谕马士英马上入直内阁，不得有误。

就这样，下台不到一个月的马士英又回来了。

然而对于这段史料的真实性，本人觉得还是值得商榷的。因为综合各种史料（包括官方史书和私人笔记），我们只要简单分析一下就不难发现，弘光其实是个权力欲望很强的人，但却并非像某些史书上所说，是个昏庸无能、只会吃喝玩乐的纨绔子弟。他知道想要真正地控制朝政，就要适当打压势力无比强大的东林党，而打压对方的最好工具正是马士英。

所以，这或许才是马士英屡遭弹劾而不倒的真实原因。

所谓南明第一权奸，不过是一个工具而已。

和所有的前任们一样，至高无上的权力是弘光最渴望得到的，任何想超越我的权威的行为都绝对不可饶恕！反正还是那句老话，谁敢分我的权，我就要谁的命！

于是弘光开始了自己的揽权之路。

想要掌握住所有的权力，其实也并非易事。当弘光昂首挺胸准备踏进绝对权力的大门时，一个小门槛就把他绊了个大跟头，虽然没有鼻青脸肿，却也是吃了一鼻子灰。

这个小门槛的名字叫内阁。

为了摆脱被他人操纵的命运，就要学会去操纵他人的命运。对于弘光而言，在这个世界上除此之外不会再有第三个选项。于是，摩拳擦掌的弘光开始了小心翼翼的尝试。

七月二十四日，弘光突然再下中旨，要求任命吏部右侍郎张有誉为户部尚书。这里之所以要用“再”字，是因为弘光曾在不久之前用过一次，那次中旨指定要提拔的人是阮大铖。其结果不问而知，中旨刚下，大臣们就一拥而上，强烈反对，给予他们所能给予的最彻底的否定。而且各位大人不止否定了内容（召见阮大铖），还否定了形式（中旨）。因为他们深知弘光的这一举动并非是一次简单的头脑发热，错出昏着儿，而是一次赤裸裸的挑衅！

熟悉明代历史的朋友应该知道，早在一百五十多年前明朝就已经形成一个极其坚固且特殊的权力体系——三权分立。

当然，这跟西方资本主义社会推崇的立法权、司法权、行政权的三权分立，既互相独立又互相牵制的分权体制并没有一点干系。两者虽然没有血缘关系，但又一

个共同点，那就是被分配出的三种权力都是处在互相制约、互相维持的运动关系中，并借此保证国家这个庞大的政治机器的正常运转。因而可以说是一个国家不可或缺的支柱。

用政治学术语讲，在明代始终存在的三大权力分别是：君权、相权和宦权。君权的代表人自然是皇帝，宦权的代表人自然是太监，然而相权的代表人却不是宰相。

这还得感谢大明帝国的开创者、可敬的劳模朱元璋了。想当年，朱劳模既肯干又能干，不喜欢宰相在家里吃闲饭，于是为精官简政起见，便把宰相这个职位永远废除了。说实话，朱先生这么做也是出于好心，但他还是忽略了一点，好心往往办坏事。

虽然丞相这个职务确实在形式上被彻底废除了，然而相权作为一种客观存在却并未因此消失，相反，它很快找到了新的形式——内阁。

以前拥有并代表相权的也就是当宰相的一个人或几个人，但到了明朝，让朱元璋这么一搞，情况就大大不同了。内阁不仅代表着相权，同时它的群众基础也大大扩充了，它已不局限于代表少数宰相的利益，这时它的背后站着的是整个文官集团。

因此弘光这次发布中旨，带来的是一个极其危险的政治信号——皇帝陛下想要削弱内阁的生杀大权！

几代人费尽心思折腾了近百年搞出的这么一套东西，您竟不找我们商量一下，想动哪儿就动哪儿，这怎么行！于是内阁不干了，朝中大臣们不干了，整个文官集团也不干了。

内阁大学士姜曰广带头上疏，反对皇帝乱发中旨召见阮大铖，然后又上了一道请辞的奏疏，明确表示抗议。姜大人在奏疏中摆事实，讲道理："王者爵人于朝，与人共之。祖宗会推之典，所以行万世无弊也。"这句话的表面意思是说，英明的君主在选拔官员时是会和大臣们商议的，而不是一意孤行，照个人的喜好来。再说大明的列祖列宗所沿行的"会推"制度完美无缺，因此我们更应该无条件地尊重并坚持奉行。当然，还有不能明说的隐含意思：知道你小子琢磨什么呢，想中途不打了，重新洗牌，没门。

据说弘光接到奏疏，刚看完就出了一身冷汗。能进内阁的人都不愧是老狐狸啊，没两句就把大明的祖先们搬出来了，还顺手把用人问题提升到伦理孝道的新高度，一下就把弘光踢入进退维谷的境地。

弘光如果坚持用中旨，见阮大铖，不仅会背上不孝的罪名，大失人心，而且有可能还会因此失去皇帝的宝座。而在当皇帝与见阮大铖之间，任何一个成熟的政治家都会做出明确的选择。

然而七月二十四日的这次中旨，弘光是在心中好好打过算盘的。

这次中旨里要提拔的张有誉，确实在广大朝臣中有着极好的名誉。此人是天启二年的进士，曾历任南京户部右侍郎兼右佥都御史、吏部右侍郎，且以“清慎”“干练”著称，绝对是一个名副其实的人才。

内容和形式是一个不可分割的整体，一旦将它们强行分开，就会一定会犯错误。这是唯物辩证法告诉我们的。在此刻，中旨是形式，提拔张有誉是内容，且二者已经形成了一个密不可分的整体。

如果这次内阁批准通过这道中旨，那么就是肯定了中旨的政令形式，也就是说，今后弘光无论想召见谁、提拔谁，也就是一句话的事。内阁的人事任免权从此将会受到皇帝的限制。

而如果内阁再次否决、封还这道中旨，那么在朝廷中人气很旺的张有誉自然会不满，其支持者也会从此站到内阁的对立面上。而且还不光是这么简单，连张有誉这么有才能的人都不被内阁重用，如此看来这个内阁也实在不咋样。内阁好不容易竖起的招贤纳士、量才适用的牌子将就此砸在自己的手上。

事情成了，能限制内阁权力；事情不成，能打击内阁威信。因此无论事情是成是败，弘光坚信自己都会是最大的受益者。不干白不干，干了不白干，这样的事情谁不干？所以弘光干了，自信地认为：在这场与内阁的竞技中，不管输赢，我弘光将会是那个唯一笑到最后的人！

然而弘光也许不知道，在竞技比赛中除去输和赢外，偶尔会出现第三种情况，那就是介乎胜与败之间的平局。这也就是传说中的势均力敌，握手言和，皆大欢喜。

不久，内阁那儿很快有了答复，封还。就在弘光大喜过望，想要回内宫喝点小酒庆祝一下来之不易的胜利时，帮忙传话的太监打碎了弘光的美梦：“内阁的高大学士让奴才给万岁传个话，有誉才望堪用，而中旨必不可开。”这意思是说张有誉是个人才，可以用，但是中旨就免了。如果没问题，我们明儿就开个会正式推选他。

内容与形式虽然是天衣无缝，密不可分，但是内容本身是可以分开的啊，这不一下子就把两个问题分开了嘛。事实再一次证明了，和内阁的那帮老油条比起来，弘光玩政治的水平基本还停留在小学生水平。

这下弘光不干了，好不容易绞尽脑汁琢磨出这么个绝招，晚上还在被窝里偷笑了好几天的妙计，竟被如此简单地化解了？是可忍，孰不可忍！

不甘心的弘光又派太监再次将诏书送至内阁，并下旨，就按我说的办！

大学士高弘图也是个硬骨头，丝毫不给皇帝陛下面子，又活生生地把中旨顶了回去。而且这次还拉上了负责监察人事部门的吏科给事中章正宸，一起将中旨封

好，让太监原样退还皇帝。

弘光见太监又手拿着那道中旨跑了回来，心里的火就不打一处来，马上又命令再给内阁送去。

到了内阁，还是那句话，从哪儿来回哪去。于是，皇帝与内阁就此开始了拉锯战。

说实话，我比较同情那位帮两边传话的太监。

眼见皇帝和内阁双方谁都没有让步的意思，就这么僵上了，本来就喜欢没事找事的广大言官们就此热血沸腾了。于是他们也纷纷上疏，与皇帝陛下展开了论战。

首先上疏的是工科给事中李维樾："据我所知，内阁与监察部门并不是反对任用张有誉，而是反对中旨的这种任用方式。一旦这种任命的方式得到认可，就会造成很严重的后果。"

"今日可用一有誉，他日可用一非有誉者。"这句话的意思就是说，您这回用的张有誉是个人才，没错。但保不准您下次用中旨任用的就不是了。倘若早日就跟您关系好的，胡同里的张三，菜市场的李四，您都一时兴起招来朝中上班，那就惨了。

李维樾的考虑虽然很靠谱，但弘光帝始终就是一个反应：没反应。

都把话说到这种程度了，您还铁着心与我们对着干，那可就别怪我们了，陛下。于是，紧接着由兵科给事中陈子龙带头，许多科道言官三天两头上疏，主题只有一个：坚决反对皇帝以中旨任命官员。

在无比强大的压力下，弘光还是顶住了，坚持就是胜利。对于一个帝国的最高统治者而言，不掌权，毋宁死！

双方你来我往，经过近一个月的折腾、几个来回的较量，事情终于有了最终结果：张有誉凭借中旨出任户部尚书，弘光终于坚持到胜利。从此中旨将会畅行无阻，内阁的用人权还是落入我的手中。

的确，这场斗争的赢家是弘光。然而输家却不只是内阁和整个文官集团，依我看来，输家还有一个，这个人也是弘光。

本来就不太待见你，提拔阉党余孽阮大铖、重用奸臣马士英，睁只眼闭只眼也就算了。现在竟还发展到敢公开和我们对着干，玩命磕，太过分！如此难伺候，老子不伺候你也就是了。

弘光是得到了用人权，但从此开始，他也将失去广大朝臣（特别是东林党）的心。

在历史中雪中送炭的事例很多，但落井下石的也不少。内阁既然受到弘光的压制，那么再往火上浇点油，炒掉所有东林党籍的阁臣的鱿鱼，就再好不过了。

七月二十六日，南昌建安王府镇国中尉、吏部候考朱统𨨗上书揭发内阁大学士姜曰广心怀异志，图谋不轨。奏疏中提供了大量翔实的证据，表明姜曰广在秘密从事不为人知的活动以达到其不可告人的目的，而且涉嫌参与这件事不仅有在朝中任职的诸多官员，还涉及在扬州督师练兵的史可法、退休回家的张慎言、吕大器等人。

以姜曰广等人为首的从事不明活动的团伙一经曝光，就立即引起了相关部门领导（弘光）的高度重视，并随即马上成立专案组，展开相关的调查活动。

本来像所有的奏疏一样，这份要命的奏折先是传到主持内阁常务工作的高宏图手里。高大人看完奏折后，觉得事关重大，需要先压下来，就票拟了一个意见，要求再次严查该事件，务必要保证情况的真实，之后再送上来一个肯定结果。

可是这封奏疏竟很巧合落入弘光的手里。弘光不看则已，一看大怒：这么重要的事，你内阁都敢瞒我？于是马上下令把内阁的人叫了过来。

内阁的人刚一到，弘光就厉声责备起来："统鑛和我是一家人，不会忽悠我的，为什么还让他重新调查？"然后是对管事的高宏图一个人说的：快点写封信把史可法从扬州叫回来，给我好好解释一下这是怎么一回事。

三天之后，专案组首席调查员朱统鑛提交正式报告，表示上次的调查没有任何失误，绝对百分之百准确。

这下完了。消息传来，高宏图、姜曰广都吓得称病在家，连门都不敢出，生怕再被人抓住一丝把柄，送进狱里吃牢饭。在朝的大臣们也乱了阵脚，不知道到底哪儿刮来了妖风，怕把自己也带进去。当然，在这风声鹤唳、草木皆兵的时刻，勇敢的人还是有的，有几个精明的看出这里头有事不对头，便站了出来。

礼科给事袁彭年率先提出质疑：按照祖制，王府的中尉奏请，必须先由亲王阅览，在辨明措辞有否纰漏、事件是否明确后，才能上传给皇帝陛下看。就这次发生的事而言，考虑到朱调查员还兼职吏部候考一职，也许会有所不同。但是即使是这样，事情还是不对的。因为要按吏部的程序来，这就与普通的官吏一样了，应该先由通政司密封再把奏章逐级上传，这才正确。那么这回为什么奏折会经由何径、何窦直接送到皇帝手中呢？

"微刺显攻，捕风捉影，陛下宜加禁戢。臣，礼垣也，事涉宗藩，皆得执奏。"这句话翻译过来就是，我是研究礼制的，这么做不合乎礼法，况且涉及范围很广，牵扯到藩王，应予慎重调查。

除了礼学专家从奏折的流通渠道方面提出质疑外，另一位仁兄也从现实角度提出了自己的看法。通政司刘士祯疏言：姜曰广劲骨戆性，守正不阿，这一点无论在乡里还是朝中都是公认的。而那位朱先生是个什么人？扬波喷血、掩耳盗铃，飞章越奏，不由职司，压根就不爱干好事。这样一个人，以陛下的英明神武，为何还要

相信他（岂可容于圣世）？

其实如果弘光真的要回答这个问题，答案还是很简单的：因为我们是一家人。没错，爆料的朱先生与弘光确实是亲戚，虽然是远亲。其实这点单从名字上就能看出来。

关于这位朱先生的姓名，实在是让我很费脑筋。因为“鑏”这个字甭管你查的是《新华字典》还是《康熙字典》，都是没有的。相信即使你手上拿的是火星字典，也有点悬。而究其原因也只有一个，压根就没这个字。换句话说，这个字是非常不通用的人造字，且只此一家，别无分店。

追根溯源，说到底还得去找老朱家的首任董事长朱重八去理论。

或许是个人极端爱好五行学说的原因，朱元璋很早之前就规定，朱家的子子孙孙的名字中一定要带上金、木、水、火、土这五个偏旁的字。于是问题就出来了，带着五个偏旁的字一共就那么几个，是有限的，而朱家人却是“子子孙孙无穷匮”，可以是无限的。于是，朱家人就苦于没字取名了。

不过，中国人就是聪明，字典里没有就自己动手造呗，反正所有字都是造出来的。于是，许多见所未见、闻所未闻的字就应运而生了。

正因为怎么打也打不出来，只好拼一个出来，还请各位见谅吧。

为了大家省眼，我省事，以后再提到这位仁兄一律称作朱中尉，特此声明。

根据朱中尉的报告，姜曰广等人涉嫌谋逆的证据或表现有以下几点：首先是结党。这一点确实没错，因为姜曰广、史可法、张慎言这一干人等本来就是东林党的人，且这组织是早已形成的，说结党也不冤枉。在这里也确实有必要说明一下，虽然东林党作为一个政治组织已经存在了几十年，但由于它始终未在政府登记注册，所以是不受大明律法保护的（即使去注册，皇帝也不会答应）。它一直以来只是作为一个大家心里都清楚但却都不说的特殊组织存在的，现在被揭发出来，也没啥大不了的事。

再说第二点。朱中尉揭发远在扬州的史可法、回乡的张慎言、在朝的姜曰广这三个地方的人相互信息往来不断，且相当频繁，据说有时能达到一日十来次之多，据此调查组认为是在联络谋反的相关问题。是谋反难说，但这种频繁的信息交流我相信肯定是有的。别忘了，当时东林党的实际首领就是我们的史可法大人。史头领刚离开京城不到一个月，东林党的吏部阵地就失守了，两位得力大将也因此回了家；又过了不到半个月，东林党在内阁的势力也受到了皇帝陛下的压制。连续遇到这几档子棘手的事，作为远在扬州的老大，史大人怎么能不着急上火呢？因而派人到京城打探一下消息，了解一下朝廷的最新动向或派人去乡下慰问一下退休的老前辈、老战友，顺便了解一下事情的起因经过结果，这也是可以理解的。

最后关于指责姜曰广等人私下集会的事。经过上面的解释后，这也就很容易理解了。我们都是同一组织的，大家有事儿聚在一起研究一下方案或者没事儿凑到一块联络一下感情，聚个餐，关你们什么事！

所以综上看来，无论是刘泽清代表四镇疏劾姜曰广、刘宗周谋危社稷，还是朱中尉揭发姜曰广、雷缜祚、周镳结党欺君，都不过是拿东林党日常就有的普通活动说事罢了。他们的目的只有一个，那就是排挤东林党，为起复阮大铖铺路。

据说后来东林党负责搞情报工作的人都查出来了，朱中尉前后两次上交的奏折加上那份复查报告都是出自一个人的手笔，那个人就是阮大铖。

搞这么多小动作，无非是想让阮大铖出山。史可法对这一点也是有着清醒的认识的。

虽说这时史可法本可以按照皇帝陛下的要求，回京把问题讲清楚，顺便再彻底断了阮大铖复出的路，但史可法却没这样做。

其实我想走，其实我不想留。史大人只能无奈地摇摇头。

眼见东林党将要被一锅端，史可法也很急，但急也没用，再急也不能离开扬州。

对于史可法而言，自己的事相对于组织（东林党）的事是私事，组织的事相对于国家的事是私事，而史大人向来接受的教育是要因公忘私，舍小家为大家。以当前扬州的形势来看，自己是一步也不能离开的。

所谓当前扬州的形势，用一个字概括就是“乱”，用两个字概括就是“很乱”，用三个字概括就是“非常乱”。反正局势已经糜烂到只有你想不到的，没有它乱不到的地步。

史可法是于崇祯十七年五月十八日从南京出发的，一路上风餐露宿，到月底才抵达扬州城。可到了扬州，守门的却跑来告诉史大人，您这会不能进去。

守门的并没吃错药，敢拦南明的重臣、东阁大学士兼兵部尚书、督师扬州的史大人。他之所以不让史大人进城，其实完全是为史大人的人身安全考虑。史大人也不笨，看看四周的情况，马上就醒过味来，并做出了准确的判断：“这儿现在正在打仗是不是？”

“没错。”

这仗已经打了将近一个月了。但问题是守城明军的对手既不是清军（还没过来），也不是民军，更不是土匪。敌人依旧是正规的明朝政府的武装。

对，你没看错我也没写错，攻守的双方都是明军，换句话说，这是内讧。

此时的明朝军队除极个别的外，大都是兼职的——职业军人兼职业土匪。粮饷不足时，就抄家伙去城乡抢一票，这叫补充军需；粮饷充足时，再去周围抢一票，

这叫赚取外快。总之是有事没事就爱抢一把，好的就是这一口。来来去去，老百姓终于不干了：我税也交了，三饷也交了，还受当兵的欺负，什么世道！于是各地民众开始自发组织起武装，打击针对本地方的一切暴力抢劫。这些武装就称为民团，卫国虽然谈不上，但保家还可以。

扬州的情况就更复杂，更特别了一些。这个城市早在汉朝就存在了，到了唐朝随着江南经济的逐步开发和中国经济中心的逐渐南移，一跃成为当时全国数一数二的国际性大都市，有“扬一益二”之称。几百年后到了明代末期，扬州的富庶仍是没有发生太大的改变，还是富得流油。因此但凡是驻扎在江淮一带的军队都想进到扬州城里，即便不抢一把，到城里驻军，哪怕是游览一番开开眼界，也是好的。

扬州已经成了各支军队眼中的一块肥肉。当时对扬州虎视眈眈的主要竞争者共有四拨人，历史上统称为“四镇”，指之前曾帮助弘光争夺帝位并在其登基后加官晋爵、奉命屯兵驻守长江北岸的四位将领。

第一位是我们的老熟人，刘泽清。前文介绍过，此人官运很好，在崇祯时就当了总兵官，镇守山东地区。有的人曾说，如果是不熟悉的人见到他，往往不会猜到他是带兵的。这是因为据史料记载，刘泽清这小伙人长得很好，“白面朱唇，貌颇美”。本人虽不能肯定地说他很帅，但若用漂亮两个字来形容，应该是不过分的。

刘将军虽然是个美男，且在美白产品尚不普及的当时就一直面白如玉肤如凝脂，但与其雪肌玉容成反比的是，这人心很黑，下手狠。

当时有个副总兵叫刘孔，和与这位刘美男是同族，且论辈分还是他的族叔。起初，刘泽清在还没发达时在刘孔和叔叔手下任职，后来刘家侄子因拥立有功，刘叔叔就转而跑到侄子这边混口饭吃。叔侄两人相处得还算不错。

直到有一天，侄子刘泽清大发雅兴作了一首诗，自己觉得写得不错，就跑去找刘孔和帮忙润色下，见了面就问：“写得怎么样？”

这个刘孔和也不是一般人。他爹刘鸿训曾官至大学士，当然学问也差不到哪去。但当时刘叔叔不知是想跟侄子开个玩笑还是本着实事求是的原则实话实说，便回了一句：“还不如不写呢。”

听完这句话，刘泽清就变脸了。或许是当时人太多或诗写得真的很烂（对不起，这首诗我实在是找不到），刘先生就没当场翻脸。可是当时不算账并不表示就此没事儿了。没几天，刘泽清随便找了个由头就把叔叔刘孔和给剁了。

要知道大明虽然今非昔比，但好歹也是法治社会，随便杀个人都不行，更何况被杀的是堂堂副总兵？于是，刘孔和手下的大兵就不干了，二话不说平白无故就干掉了我们当家的，况且还是你叔叔，这人太恶劣了，老子们哗变了！

私自杀死国家高级将领并致使其部属哗变，无论凭哪一项，朝廷给刘泽清的奖励都只会是死罪。然而刘泽清却没死成。因为很快他便派人围剿哗变的部队，且不由分说将这两千人全部杀死，又派人去朝中撒钱打通关节，这事便被压下去了。

所以刘泽清是个极其凶残、气量狭小的野蛮军阀。

总结刘泽清：

职务：总兵官

爵位：东平伯

指定屯驻地：淮安

军队特点：不能打，但能抢

流氓指数：甲等

第二个人也姓刘，全名刘良佐，字明辅，大同左卫人。这位兄弟早年没当过兵，但曾从事过一种特殊的行业——强盗。曾长期跟过一个名叫李自成的老大混过。后来，由于长期从事高危工作，压力太大，便和一个哥们儿一起跳槽，一同入股大明公司，遇上一个重视他的领导叫朱大典。崇祯十四年，因破贼有功升为总兵。又因为此人喜欢骑花马，所以人送外号“花马刘”。

总结刘良佐：

职务：总兵官

爵位：广昌伯

指定屯驻地：寿州

军队特点：还能打，也能抢

流氓指数：乙等

第三个人，又是个熟人，知名度也还算高，和第二位的刘良佐关系很好，是哥们儿。因为他们很早便认识了，而且还长期为同一个老板李自成那里打工，同为李老板的得力助手。据说当初刘良佐凭能力只配守护外营，而这个人却长期为李自成守卫内营，可见李自成始终十分信赖并重视他。这个人就是高杰。

高杰，字英吾，米脂人，李自成的老乡，绰号翻山鹞。因为在工作期间不小心送了李老板一份特殊的礼物——绿帽子，而带着老板的老婆邢氏和老板的私房钱，归降明军，在猛人孙传庭手下干活，帮忙收拾老东家，以战功升任总兵。后来北京沦陷，高先生怕再投降李自成一定会被先开刀，就率兵一直往南跑，到了徐州才安顿下来。当然这中间也没闲着，是一路跑一路抢过来的。这后面的大家都应该知道

了，高先生联系马士英加入“挺福派”，拥立成功后，弄回了一个伯爵的荣誉称号并就此做好了长期在这一带混的准备。

总结高杰：

职务：总兵官

爵位：兴平伯

指定屯驻地：徐州

军队特点：很能打，更能抢

流氓指数：甲等

最后一位也是行伍出身，但并不像刘泽清那样是个十足的无赖兵油子，相反，他是四镇中唯一在历史上留下比较好名声的人，且是四镇中唯一能与高杰在勇武方面媲美的猛人。

这位仁兄叫黄得功，号虎山，开原卫人。军队中号称黄闯子，具体表现是很猛很能打。别看是个粗人，但其经历还是比较有传奇色彩的。

黄得功出身贫寒，很早的时候就没了父亲，由母亲独自一人拉扯长大。按理说，在缺少父爱和男性家庭成员影响的环境下成长起来的男子，多少会略显文弱且阳刚之气不足，但黄将军显然是个例外。据说黄兄从小就很争强好胜，在他那个村只有他欺负别人，没人敢得罪他。虽然黄得功异常勇猛，不过在当时许多人的眼中，也就是个野孩子罢了，没有人会料到他将成为一个影响历史的人。

十二岁的村中不良少年黄得功某天回家，无意发现了母亲酿的酒，就一口气喝光了，等到他妈回来，偷酒喝的事便马上曝光了。如同今天某些母亲看到儿子偷酒喝的反应一样，他的母亲就开始边哭边责备黄得功，让他出去打工，用来代替卖酒的钱补贴家用。

没想到，没说两句，黄得功竟笑了：“这还不容易？”刚好当时辽东打得正热闹，尚未成年的黄得功抄把刀就奔前线去了。第一次作战，就斩首两级，领回五十两的赏银，回家送给母亲说：“你儿子就用这些偿还酒钱吧。”

从此黄得功便开始一发而不可收，先担任经略的警卫员，而后又积功升做游击、副总兵。崇祯十年（1638）跟随大忽悠熊文灿与民军战斗，因立下战功，又升为总兵衔。

崇祯十三年，黄得功驻守定远。张献忠进攻桐城，黄得功与后来同属四镇之一的刘良佐合作，在鲍家岭击败了张献忠，并干掉张献忠养子同时也是张献忠手下号称最为骁勇的王兴国。据说这一仗打得很惨烈，黄得功亲自率众冲锋，在脸被流矢射中的情况下，充分继承和发扬了汉末夏侯惇带伤玩命的精神，越战越勇，转战十余日，把张献忠赶出去很远。也正是因为鲍家岭一役和后来随马士英平定河南永城叛将刘超之战中表现得十分出彩，崇祯十七年黄得功终于修成正果，脱离平民身份晋升为贵族——靖南伯。朱由崧在南京顺利登基后，又封黄得功为侯，因此黄得功就成为四镇中爵位最高的一个。

总结黄得功：

职务：总兵官

爵位：靖南侯

指定屯驻地：滁州

军队特点：极能打，有时抢

流氓指数：乙等

结合上述介绍，我们不难知道，来到扬州的史大人即将面对的是这样的四个人，且个个不是省油的灯。

史可法到来时，正在猛攻扬州城的就是四镇中战斗力最强、兵力最多的高杰。

# 第五章 史可法

## 强悍的扬州人

自打听说高杰要来了，扬州人的神经就绷紧了，且一直紧了几个月。高杰刚一到，扬州全城的人就纷纷行动起来。行商的不卖货了，种地的不管田了，连两耳不闻窗外事的读书人也坐不下去了，扔了书就走人。反正是扬州上下，上到八十，下到十八，只要还能动的，基本都动了。

全城的人之所以这么激动，倒不是赶着去出城分列道旁，手举鲜花，热烈欢迎高将军领兵进城驻扎，而是怀着另外一个相同的动机，决不能让他进城！

说来还是因为高杰平日太不注意形象了。

要知道，我们的高将军向来习惯走一路抢一路，且长期保持着同一地区反复光临的好习惯，无论是穷乡僻壤还是高楼大厦，高将军从来是一视同仁的。正是因为业绩太突出，所以高杰人还没到南方，名声却已响彻大江南北了。因此江南水乡各地马上达成共识，绝对不能让姓高的来抢我们。扬州就是这些城市中的模范带头者。

崇祯十七年四月二十八日，扬州全城被围。到了六月七日，城内绝粮已经有一个多月了。强悍的扬州民众在巡抚黄家瑞、兵备副使马鸣騄的带领下，多次打退了高杰军队的小规模偷袭，愣是没投降。民团拒守城池，好歹暂时把城保住了，然而危险却仍然存在。因为根据可靠消息，高杰已经邀请刘良佐和刘泽清两人前来一起参加围困扬州的游戏，据说三方还就此达成了入城后的具体抢劫分工，准备要好好地捞一把。这样看来，扬州城的陷落只是个时间问题了。

除此之外还要说明的一点是，高杰到扬州后只干了一件事，就是围城。高杰本想不费一兵一卒，光靠围困就把城拿下。无奈扬州居民很坚强，被围了一个多月却丝毫没有投降的意思。于是高杰火了。

六月七日，高杰正式下令攻城。

打打小股偷袭，民团还用得上，但如果要玩真的，靠这些主要由商人、农民、读书人组成的队伍对抗四镇中战斗力最强的高杰军，那基本上是不用指望的。

眼见故乡要遭抢，眼看老乡们要陷入水深火热之中，一位扬州出生的读书人出马了。他当着众人的面许下承诺，一定保质保量完成任务。

这位临危请命、主动去高杰营中担当说客的读书人叫郑元勋，字超宗，是南直隶歙县人。按说事情发展到这个地步，已经不是简单地派个人忽悠几句就能解决的了。可是郑先生还是义无反顾地去了。一切的一切还是因为郑先生拥有别人所不具备的优势条件。

首先，郑先生是个读书人没错，但并非是一个普通的读书人。他是崇祯十六年的进士，据说中进士之前还曾荣获过天启年间当地乡试的第一名（类似于今天的江苏省高考状元）。因为考得好，不久之前弘光帝还特地召他就任兵部职方主事。也就是说在不久的将来，郑先生迟早也会和四镇方面打交道。

虽说是国防部即将上岗的干部，但高将军明显眼界较高，如果郑先生去了但没人鸟他，还是不成的。这点其实不用为郑先生担心了，郑先生还有的那个优势就是，他与高杰是老相识了。虽然没有明确的史料显示郑元勋和高杰是何时认识的、熟到什么程度。不过单从事情的结果来看，高杰还是很给郑先生面子的。

郑元勋上午一个人跑到高杰那里谈判，下午高杰就主动撤兵，后退到距扬州城五里外的地方扎营去了。郑元勋就此完成了任务并安全地回到了城内。不过，他还带回高杰撤兵的条件，也是唯一的条件。

高杰与郑元勋经过讨价还价，最终达成双方都满意的共识。高杰方面答应立即解围，全军后撤并不会企图再踏进扬州。而作为让步，扬州方面则同意让官兵家眷安置在城内，并提供一定的军费用来慰劳军中将士，抚恤不幸被扬州民团打伤的士兵。

高杰要的也不多，扬州方面也觉得和谈条件可以接受，双方皆大欢喜。于是几天之后扬州方面按照约定暂时打开两道城门，准备接收高杰军中的家属入城。

然而就在这时，一个突发事件的发生完全改变了局面，使更多无辜的人陷入无

谓的牺牲中。

事情是大致这样的：高杰大军虽已撤，但是防守扬州的民团偶尔会发现有一些高军的士兵不知为什么净在扬州城附近转悠，民团因此推断情形可疑，高杰军是在窥视城中布防，以期再攻。

其实这本来也没有什么大不了的，如果民团的人不那么敏感，之后的惨剧或许是能避免的。

高杰虽说向来好勇斗狠，但他确实是个守信的人，所以那些游荡在扬州周围的士兵肯定不是他派的。

这些士兵之所以会陆陆续续，三五成群地跑来，原因其实很简单，扬州带给他们一种前所未有的感觉，且不只是吸引。要知道，扬州向来是个以繁华著称的大都市，而高杰军中的士兵则多是从较贫困的山村里摸爬滚打出来的，觉得好奇新鲜，所以特地跑来开开眼界，以便哪天复员返乡后还能跟村里的人吹吹牛：想当年，我可见过大城市，扬州城那个繁华、那个气派，真是别提了。

然而民团的人似乎不太理解这种可疑的行为，于是他们用弓箭和火枪招呼了这些本来可以为扬州扬名的人。虽说扬州的民团正面对抗高杰大军是很成问题的，不过打些散兵游勇却不在话下。在城内民团的突袭之下，高军扬州游览团的士兵们很快便全体覆没了，不是被弓箭射成刺猬就是让火枪多开了个孔，只有少数人被民团俘获押进了城里。民团获得大捷。

说到底，这只是个误会，扬州方面只要马上查清事情真相，释放俘虏，赔礼道歉，多给些抚恤金，事情会出现转机也不是不可能。

然而不幸的是，最先得到这个消息的人是高杰。

据说，高杰得知此事属实后非常生气，连桌子都劈了，当众发誓要为死难的兄弟们报仇，血洗扬州城。随后，愤怒的高军士兵也很快做出了反应，对扬州附近的几个村子实施了报复性的屠杀与抢劫，以发泄自己被忽悠的怨恨。

事态就此再次恶化。听闻了城外高军的暴行，民团再次做出了错误的判断：侦查杀人无罪，放弃和谈，死磕到底，哪怕是玉石俱焚也认了！

而这正是一个把悲剧变为惨剧的决定。

很快，郑元勋也得知民团突袭高杰军士兵并造成伤亡和高杰采取报复性军事行动袭击城郊村镇的消息，而脑袋好使的他也立即察觉，高杰军在扬州城外的杀戮仅仅是一个开始，高杰的真正目标是要打入扬州，血洗全城！如果不马上采取行动的话，后果将不堪设想。

可是到这时候，高杰方面死了那么多的人，生了那么大的气，甭管郑先生再有多大面子，也已经兜不住了。但好在办法还是有的，既然自己面子已经不够大，那就请一个更有面子的中间人来调停吧。

时间紧迫，郑先生因此马上开路去请这个叫王元吉的人当中间人，因为他知道，高杰无论再怎么横，也是要给此人三分薄面的。

在明代军队中，最具威信的名义上要算兵部尚书，因为担任这一职务的人是大明所有军队的最高直属领导，说一不二，军队人事的安排、防区的划定等大大小小的问题都需要他老人家点头才能办。但是随着时间的不断推移，军队情况的不断变化，兵部尚书说话也不再像以前那样好使了，因为朝廷为适应时代发展的需要，特别设置了督师一职统管全国军队，统筹军事行动。不过，督师虽说是督全国的师，但还是有两大军区具有很大的自主权，一般不受别人管，那就是自明中后期以来就存在的宣大、蓟辽两大军区，且是公认的攸关帝国存亡的紧要之地。鉴于两大军区的战略地位极其重要，所以长期以来担任两大军区总督的人都是在全国军队中拥有最高威望、最有军事经验的人。郑先生此行请来的王元吉，正是前任蓟辽总督。

高杰见到老领导级别的王元吉突然到访，自然不敢怠慢，马上亲自款待。在听说王大人的来意和扬州方面有关突袭事件的解释后，高杰给出了最终的答复："此事是扬州人先挑起来的。如果您真要掺和，那就这样约定：共同调查一番后，若是错误在我的士兵身上，我就亲手杀了他们；但倘若错在扬州人身上，就请扬州巡抚斩之。"

真是你们的错，我至于大老远跑来吗？看来是真没得谈了。无可奈何的王元吉只好回到扬州，把高杰的原话传给郑元勋，然后走人了。

希望破灭了，王元吉走了，但是郑元勋不能走，因为他的家乡就在这儿。所以郑先生准备再试一次，既然不能说服高杰，那就说服老乡吧。

二十五日，扬州城内，巡抚黄家瑞、兵备副使马鸣騄正召集民团众人一同商议守备事宜。这时，郑元勋也在场。郑先生又一次提出了自己的意见也是他人生中最后的一次建议，即找出偷袭高杰士兵的相关责任人，送交高杰处，并赔礼道歉，请求休战。

没成想，话一说完，群情激奋，在场的众人纷纷表示强烈反对，并开始痛斥高杰军队屠杀城外百姓的恶劣行径。不知何时起，嘈杂的声音中开始有人谴责郑元勋出卖乡亲，独自求生，且责骂声渐渐大了起来。在这种气氛的影响下，越来越多的人逐渐把哭骂的矛头转向郑元勋，现场的气氛逐渐紧张起来。

如果郑元勋发现情况不妙，马上离开，也许是当时最好的选择，但郑先生心里无比的气愤与委屈，所以他没有选择离开。在情绪极其激动的情况下，他说出了他生命中的最后一句也是导致他死亡的那一句，不，是半句话："亦有杨诚戕贼者，岂尽由高镇耶？"

话未说完，人已经完了。

在民团领导人张自强、王柱万、陈尝等大呼号召下，在场民众纷纷挥刀，郑先生就此死于非命（于是利刃攒集，遂遇害）。同时遇难的还有郑元勋的仆人殷报。

在场的守将马鸣騄目睹了这血腥的一幕，吓得不行，竟擅离职守，连夜跑到泰州去了。巡抚大人也差点晕过去，一连数日不能恢复正常工作，据说连后来批文件时手还在不自觉地发抖。

郑先生说的那句要命的话，其实看似也没什么致祸之处，因为把这句话翻译成现代汉语就是：也有像杨诚那样随便杀人的家伙在，难道都是高杰的原因吗？

到底是哪儿触痛了大家的神经，进而导致了郑先生的不幸被杀身亡呢？本人看到这里时也曾百思不得其解，直到有他人帮着解释后才恍然大悟。误会，误会啊！

我国的语言文字表达艺术确实是博大精深，同样的一句话，不同的人能听出不同层次的意思，就是其伟大表现之一。但是同时它也有一个致命的缺点，那就是有些人可能会听出表达者本没有意向要表达的意思，即我们常说的产生歧义。在日常生活中，一旦表达有歧义，我们都知道这是件麻烦事。因为有歧义就自然会产生误解，一旦有了误解自然就会有矛盾，有了矛盾就自然就会惹出事来。而郑先生的取死之道其实只是他的话让别人产生了误解，进而衍生杀意。更不幸的是，产生误解的并不只是一两个人，而是在场的所有人。

好了，我们再重温一下致使郑先生丧命的这句话："亦有杨诚戕贼者，岂尽由高镇耶！"另外在再次解释这句话前，还有一件事一个人不能不提，因为此人关乎对这句话理解的成败。而这个人正是话中提到的那位杨诚。

关于这个杨诚，大家只需知道一点就行。此人是扬州城内明军的一个将领，常常喜欢带领着手下兵丁干些杀人越货的勾当。因为这类事儿干得太多，最后竟搞得尽人皆知。但由于此人极为狡猾，从没留下过确凿的证据，因而得以长期逍遥法外。末了，这人此时还在扬州。

郑先生之所以提到他，可能是找到了证据表明杨诚也参与了日前高杰军打砸抢烧扬州近郊的犯罪活动，想趁此机会为民除回害。却没想到害人者没除掉，自己就成了被害人，让民团除掉了。真是怎一个惨字了得！

"杨诚"这个名字念出来，有的人或许会听成"扬城"。而扬城，可以理解为扬州城的简称。——这样，大家就应该能明白了。如果还有人，还有些糊涂也成，那就让我们把"杨诚"替换"扬城"，再翻译一遍。

"也有随便杀人的扬州人在，难道都是高杰的原因吗？"

在广大扬州军民的面前，独自一人公然维护残忍暴虐、欺凌弱小的军阀高杰，为其辩护，且要求所有扬州人为一切恶劣后果买单。活腻歪了吧，你，姓郑的！

所以为摆脱背黑锅的厄运、承担再挑战火的责任，民团的三个负责人马上扇风助火：姓郑的串通高贼，因此为高杰说话。大家如果不下手，势必全都会遭高军屠杀！

对待叛徒，无论是真是假，广大人民群众都是不会心慈手软的。郑先生于是连解释的时间都没有，就换了空间。

因此，当史大人马不停蹄地赶来时，见到的大致就是这么一个局面：扬州居民团结一致、同仇敌忾，高杰军磨刀霍霍、一心雪耻，双方心中都抱定了死磕到底的信念，什么握手言和、化干戈为玉帛都已成为遥远的传说。

不过，既然史大人来了，这种不符合广大人民根本利益的内耗行为也就该告一段落了。

但有一个问题还是需要关注的，那就是人数问题。因为即将火并的双方都各有数万人，史可法必须要具备一定的本钱才好蹚这浑水，否则近十万人大打出手，史大人不管再如何有水平也将无能为力。

所以关心史大人安危的人不禁来问史可法，不知大人此来有多少人随行？史大人没说话，只是慢慢伸出三根指头。

三十万？不愧是朝廷第一重臣、代天子督师扬州的史公啊！没想到，史大人身边的随从脸色不好地摇摇手。

来迎的人本想说三万人太少，要劝史大人去多拉些人再来，这时史大人说话了，那人没听完就差点晕过去。

“某奉圣旨来扬州督师，只有本部三千人马相随。”

## 秀才遇上兵

只有三千人。说句寒碜话，还不够人家塞牙缝的。

但是，本该高高兴兴上任来，谁也料想不到会出这档子事啊。

那也成，您快去快回，多叫些兄弟们来就行，我们这儿三两天还是能挺住的。注意路上安全，我们就等您的好消息了！

“不用如此。”史大人还是一如既往的冷静。

正式入城之前，史大人挥笔写就几封信，并命令手下快马送去，不得有误。这下旁边的人才有些安心了：还是领导有高招啊！不用自己亲自跑来跑去叫人，写封信全招来不就得了。

可是，当负责送信的人听到史大人嘱咐的收信人时，都有点怀疑自己的听觉是否出了毛病。在断定不是自身身体出现问题后，他还是果断地出发了，即使心中满

是疑惑，即使不知此行是安是危。

写信，不是为了叫人到扬州帮忙助阵。史大人再三申明的收信人分别是黄得功、刘良佐和刘泽清。而大家都相信，不久之后所有的疑团都将解开。这是因为送信人和收信人做的是相向运动，如果按数学应用题的分类，应该属于相遇问题。

没错，这三个人各自带着自己的军队，正朝着梦想中的扬州城进发，来实现与高杰合兵一起、发一把财的夙愿。

在看完那些信后，去扬州抢一把、发一笔的愿望，将会继续以梦想的形式存在于这三个人的头脑中，史大人相信这绝非奇迹。而事实也证明了这一点，因为史大人能创造奇迹。

这几封创造了奇迹的信，内容、格式大致相同。首先是说，我，史可法奉圣上旨意督师扬州，管辖四镇，希望多多合作，为复兴大明而努力。其次，我来扬州不仅带了军队（没明说具体人数），还带来了大量的军需物品，而这些是皇帝陛下为慰劳前线将士，特地命我亲自监督分发的，所以希望各镇总兵接到消息后立即清点人员，整理好队伍，在各自驻地等待我前去代天子犒赏大家。最后，如果此次活动出了任何乱子，皇帝陛下怪罪下来，后果由各镇自负。

看完这封信后，本人不得不佩服史大人的公文写作水平和缜密的逻辑思维。全篇文章有打有拉，有软也有硬。真是萝卜与大棒齐飞，威胁共劝勉一色。套用一句电影中的名言，那只有“高，实在是高”了。此文理应载入厚黑学指定教材，供广大后学者参考拜读。

后顾之忧解决了，那摆在面前的麻烦也得马上动手解决才行。

六月六日，史可法亲自前往扬州城外高杰的营中。

史可法是督师大学士，相当于三军总司令兼国务院总理，正一品；高杰是总兵相当于地方军区司令员，正二品。按理说，地方军区司令员见到三军总司令，依据军队中的传统做法应该是脱帽、立正、敬礼。但高总兵毕竟是人混胆子大，看到上级领导大步走来，不要说敬礼，简直是爱搭不理。

好在史大人不是一般的领导，所以也不太在乎那些形式，就没多说什么。

会见继续。史大人先代扬州方面就之前发生的不幸误会道歉，然后开始为因没有配备政委而导致思想政治功课严重落后的高司令员进行爱国主义教育，申明民族大义。然而，高司令员似乎对提高自身的思想政治觉悟不太感兴趣。所以不论史大人的课讲得多么绘声绘色，高杰冰冷的脸上也始终没有一丝融化的迹象。

讲课过程中，史大人再三要求高大人既往不咎，放弃对扬州的报复，却都被高大人再三严词拒绝了。史大人觉得姓高的太不给面子，但还是强压下怒火，没翻脸。

讲课过程中，高大人再三要求史大人严惩扬州官兵，同意他对扬州纵兵报复，却都被史大人再三严词拒绝了。高大人觉得姓史的太不给面子，于是高大人没能强压下怒火，翻脸了。

高大人虽然可能没怎么读过书，但可以肯定的是，高大人翻脸肯定要比翻书快。高大人一翻脸，史大人就被进牢里去蹲着了。

就这样，史可法被高杰公然扣留在军中。但是史可法无论如何也是朝廷派来的督师，更是自己名义上的领导，要是真把他就此扔到大牢里或一刀砍了，高杰对朝廷和民众也实在是不好交代。所以为避免放虎归山，高杰想出一个主意，那就是把史督师控制住，限制史大人的人身自由，却不妨碍史大人日常处理公事，并美其名曰：驻军办公。

于是，史可法被软禁在福缘庵中，开始长达一个多月的军中办公。为切实保障史督师的人身安全，体贴的高将军派兵手执利刀，不分日夜、不分地点地环守在史可法的四周，以确保领导得以安心工作。

当然，不只是史大人本人，就连随行护卫史大人的三百川兵，也得到高将军的热情款待。因为几乎人人都认定史可法此行是深入虎穴，但史大人却只带了三百川兵就敢进来，所以高大人心里便开始犯嘀咕了，这三百人该不会都他娘的是身怀绝技的特种兵吧？正是带着这种疑问，自打这三百人进入军中，高将军就没敢再熟睡到天亮了，天天枕戈待旦，生怕某个晚上自己一不小心让这些人摸到营房里给黑了。

为了确保人质史可法尚在军中，高杰他老人家虽然神经日益衰弱，还是坚持不懈，保持着每天早晚定时定点看望史领导的习惯，并坚持做工作，希望史可法有朝一日能够答应自己的所有要求。

即使是每分每秒身边都有手持明晃晃钢刀的人走来走去，即使手下的亲兵被隔离、随身的仆从多被遣散，即使是就此失去了自由并与外界断绝联络，这个人始终不曾恐惧过，不曾后悔过，甚至不曾为自己未来的命运担心过。

一切的一切，只因为这个无所畏惧的男人是史可法。

一个在硬汉老师的鲜血中领会承继了东林精神的人，一个在日常地方工作中力行实践勤政爱民理想的人，一个在山河动乱的时代中奋力重整乾坤试图挽狂澜于既倒的人。

用后世的一副对联来说，就是：海纳百川，有容乃大；壁立千仞，无欲则刚。

史可法正是这样的一个值得敬佩的人。而无数的经验告诉我们，像史可法这样人自然是不会妥协认输的。因此，虽然高将军不辞辛劳，没日没夜、苦口婆心地连威胁带劝说，史大人始终毫无惧色，严词拒绝。且每次等到高将军说话说到没词、

劝人劝到口干时，史大人便反过来以家国大义劝谕高杰，放下屠刀，听从朝廷指令。但高杰对此自然也是不予理睬。

就这样，一个月很快就要过去了。此时的高将军已经认定史可法就是块纯木头，无论怎么着也望不到开花结果的那一天。不过史可法恰恰相反，并不认为高杰就是那头牛，所以史大人坚信自己能等到对牛弹琴、牛也能感动的那一天。

牛会不会真的感动，谁也不能确定。但我们能确定的是，至少有两个人被史大人感动了，不是因为琴声，而是因为精神，因为史可法平日一言一行中所显现的难以抗拒的人格魅力。所以这两个人不约而同地决定要帮助史可法，搞定高杰。

第一个人是德宗。德宗，乍一听像是某个皇帝的庙号，其实是个法号。因为这人是个和尚。

喜欢读书的朋友们都会发现文学作品中通常有这么一个规律，那就是但凡书中出现一个道士或和尚（非一般的龙套），那么他肯定不会是一个普通的道士或和尚。一旦他出场，就表示会有什么惊天秘密要曝光，或是什么事件要出现重大的转折。他们的作用一般就是这一类型，而且这条规律在史可法那个时代里似乎也很靠谱。

据说，这个德宗和尚很好很强大，“谈祸福奇中”，所以连高杰也很服他，开口闭口都谦称弟子，恭恭敬敬，不敢有丝毫怠慢。虽然高杰很佩服德宗的未卜先知，德宗却很佩服史可法的忠肝义胆。因而在一次为高杰指点迷津后，和尚说话了。

“居士起扰攘，今归朝为大将，为通侯，此不足为居士重。惟率从史居士，儒家所称圣人，我法所称菩萨，居士与之一心并志，可谓得所归矣。”这个意思其实就是一句话，跟史可法混，你才有前途。相信我，没错的！

高杰听了大师的真言，没有说什么，只是若有所思地点了点头，似乎认为大和尚的话也是不能全信的。所以即便有了这次劝说，史可法的处境也依旧未发生多大的改变。这种情况一直持续到第二个帮助者，也就是真正能让高杰听话的人出现。

对于高杰来说，即便德宗和尚长期在军中与自己探讨问题，但终究还是个外人。而如何处理史可法则是件大事，必须要由自己拿主意，否则一着不慎，必然会满盘皆输。所以向来对德宗言听计从的高杰这次却没有丝毫动摇，坚持要把史可法继续留在军中体会军旅生活。既然他铁了心要把非法拘禁坚持到底，那么别管谁来劝，就都是一个结果了。因为大家都知道，高大人从来不是个喜欢听从命令的主儿。但只有一个人是例外，那就是高大人的老婆大人。

据相关史料推断，高杰应该有不止一个媳妇。在众多夫人中，真正能影响高杰人生和行动的，永远有且只有一个。在这位至尊的老婆大人面前，高杰时时刻刻都表现得相当听话。老婆大人让他向东，高大人就不敢向西；老婆大人让他逗狗，高大人就不敢杀鸡。那真是达到了一种怕老婆的极致状态。老婆大人想怎么使就怎么使，怎么好使怎么使。

恭敬如此，只因为这个女人不寻常。

高大人之所以这么听话，与其说是怕老婆怕到腿软，爱老婆爱到自愿，倒不如说是因为习惯使然。因为今日高大人的老婆正是昨日高大人的老板娘，李自成的前任太太，邢氏。

高杰先生和邢氏绝对是真爱。高杰自从跳槽后，就一直为事业四处打拼，但无论他跑到哪里，身边都不会缺少一个女性的身影，这个默默地站在高杰身后给予无尽的支持和照料的人就是邢氏。

邢氏，即便史料上没有明确记载她的名字，也不妨碍她成为一名出色的女性。邢氏的出色，主要表现在她既有能力又有资历上。

首先，据说邢夫人机智有谋，常常能在合适的时机给高杰提出合理化的建议，帮助丈夫摆脱眼前的危机。她在会计学、管理学方面也有相当的水平，高杰军中的生活基本归她管，且无论何时都被打理得井井有条。有贤妻如此，所以高杰每天都乐呵呵的，逢人便说："俺老婆有大将之风，不单长得漂亮而且聪明能干。"（邢有将略，吾得以自助，非贪其色也）

其次，邢氏起先给李自成当过秘书兼后勤部长，后来又代理幕后军师，因此能够时常为高杰出谋划策。光是凭这点，甭说是让高杰这个当丈夫的老实听话，即便是每天早请示、晚汇报、中午主动去请安，高大人也是稳赚不赔的。所以高大人的人生经历也为广大男性同胞揭示了一个亘古不变的真理：娶一个好老婆那是相当的重要！

终于，对于长期扣押上级领导史可法的事，政委有了明确指示，简单明了：赔礼道歉，立马放人。

面对最高指示，一贯立场坚定、态度强硬的高杰也服软了。高杰很快就利索地完成了上级交代的任务，放出了庵里蹲的史大人及其随行人员，并表示从此坚决服从史大人的号令。

史大人突然获释，也非常惊讶，后来听说是高杰夫人邢氏的功劳，心中也极为感谢。所以不久史大人为了表示感激，就将自己的府邸让出来给邢夫人居住。

有内线相助，事情就更好办了。在邢氏与史可法的共同努力下，扬州方面与高杰军再次回到了谈判桌上并达成了谅解。

高杰同意不再坚持进驻扬州。扬州方面则答应处置偷袭事件的相关责任人，把错误判断形势、贸然出击致人死伤又欲盖弥彰、误导群众怒杀郑元勋的民团三巨头

张自强、王柱万、陈尝正法，并对事故受害者进行了合理的补偿。

至此，扬州事件终于画上了一个句号。

这次扬州发生的事件，也许在当时许多人眼中不是件小事，但似乎也算不上是件大事。然而事实却并非如此。之所以要用这么多笔墨来详细记述整个事件的来龙去脉，原因只有一个，那就是这件事确实值得用这么长的篇幅来描述。

正是这件看似不大不小的事，却对整个弘光朝廷的命运产生了深远的影响。

先说坏影响。高杰突然扣押史可法并置于自己的控制中，这一点导致了史督师今后在各地军队将领中的威信大大受损，以至于一年后扬州保卫战时，史督师虽然适时发布了集结各地军队到扬州城的命令，但真正听命采取行动的将领很少，扬州兵力薄弱直接酿成后来悲剧的一个源头。此外，还是因为史可法被软禁，从那时起一切出入的文件书信必须先呈给高杰过目后才能传达给史可法，这一招又使史大人的权力被大大削弱（自是，章奏俱经邀阅，权遂不振）。而不久之后弘光帝听说此事，也开始对史大人重振大明的能力有所怀疑，转而倚重另一个他认为靠谱的人——阮大铖。最后一个恶劣影响是为马士英派反击东林党提供了很好的机会。六月初，史可法遭扣押，十日张慎言致仕，十七日吕大器引疾去，吏部沦陷。东林党势力初步受挫。与此同时，马阮一派势力逐步坐大，开始着手发动二次打击。东林党人也由此渐渐被拖入苦战。

在高杰一个不经意的抉择下，短短一个月的时间内，史可法丢失的确实太多了。失去了往日的权威、失去了皇帝的信任，甚至还失去了最为坚强的组织（东林党）的有力支持。史可法最终由大人基本上变成了废人。

有所失必有所得。虽然失去了太多，但好在史大人此行还是有所收获的。因为史可法凭借着自己人格魅力，终于获得了那无数人曾想尽无数办法、耍尽无数手段妄图获得的人世间最宝贵的东西——民心。

为什么一年之后会有那么多扬州军民宁死不降，随史督师固守扬州？为什么十多年后还会有反清组织以史可法的名义誓师起兵？为什么数十年后，康熙会在百忙之中特地派专人携款修葺史可法祠？为什么数百年后，史可法仍然活在无数人的心中？相信我不必多说，大家心中已然明了。

作为江北四镇中实力最强也最难驾驭的刺儿头，高杰的俯首听命、礼敬有加，不仅让史可法很是欣慰，也依稀感到北伐中原、光复天下的时日更近了。他曾高兴地对别人说过这样一句话，真的能把高杰收归麾下，那么大事就好办了（吾诚得高而驯扰之，大事集矣）。

不久史可法上疏朝廷，希望皇帝批准，把扬州附近的瓜洲作为高杰军安顿之地。朝廷很快同意了史可法的请求，从此高杰军正式驻扎在瓜洲。瓜洲虽然不如扬州好，但还凑合吧。高杰比较满意，扬州人还算满意，史大人相当满意。

把大事化小，小事化了，颇费了史可法一番力气。但还没等史大人喘完一口气，更大的考验已经慢慢逼近了。

崇祯十七年（1644）七月，率军刚刚在瓜洲安顿下来的高杰突然收到了一个令他吃惊的消息：不久之前，黄得功亲自率军由庐州北上，具体原因不详。这在普通人的眼中不过是一次很寻常的军事调动罢了，但对于高杰而言，他却感受到前所未有的无比的威胁。

说句心里话，高杰并不喜欢黄得功，黄得功知道，因为黄得功更不喜欢高杰，而关于这点高杰也知道。同为江北四镇的重要将领，黄将军与高将军早就互相看不对眼了，这在当时明军中已经是公开的秘密。

不过，都是保家卫国的高级将领、一起工作的革命战友，何必搞得这么僵呢？说起来，两个人的确是有不少的共同点的。不要说职务相同、性格类似，在疆场上都十分勇猛善战，就连正式踏入砍人之路的时间也是出奇的接近。所以有着如此相似的生活和经历的人，居然没有共同语言，这真是奇了怪了。

或许问题的根源就在这里。

虽说是年龄相仿时两人就各自走上了战场，但其性质却是完全不同的。如果有人贸然提到这一共同点，相信黄将军肯定会火大：怎能拿这厮跟老子比！

黄得功会发火，那是必然的。当年黄将军抄起家伙去投军，投的是明军，主要任务不是灭土匪就是打民军（不是后金骑兵的对手）。在几乎相同的时间、不同的地点，高将军也抄家伙去投军，但他投的却是民军，主要的工作不是灭民团就是打明军。所以换句话说得更简明易懂点，就是两人虽然前后步入战斗生活，但一个当了兵，另一个当了匪。打起步时就不是一路的。

现有史料显示，两人在之前很可能没碰过面。当黄得功跟战友们围追堵截民军时，高杰大概正躲在山沟里，伺机再发。而当高杰和兄弟们设好陷阱，开始打埋伏时，黄得功大概正浴血奋战，趁机突围。所以在起初很长的一段时间里，自己的朋友就是对方的敌人，自己的敌人就是对方的朋友。

这样看来，要是出现了黄得功与高杰哥俩好的情况，那才真是怪事。毕竟打了这么多年（虽然没有正面交锋），两个人心里难免有些隔阂。

不过，黄得功似乎并没有在任何公开场合发表过涉及仇视高杰的言论，这倒不是因为黄将军很大度，而是因为他压根没把高杰当回事。黄得功怎么说也是良民出身，从朝廷正规军起的家，而且现在更是位封侯爵的大人物，因此自认为犯不着跟出身不好的高杰较劲。真要较上了劲，那才会折自己面子。因而对于高杰，黄得功始终坚持一个原则，不搭理、不较劲。

由于黄得功讲究坚持原则，再加上朝廷常常有意地和稀泥（把两人调开驻守），两个本来十分容易擦出死磕的火花的人还算是相安无事。那层不和的窗户纸也始终没被戳破。

然而，这回高杰做出了决定，伸出手指，戳破它。

高杰素来忌惮黄得功，不仅是因为他知道这位黄将军看不起自己，还有一点就是，高大人经过一段时间观察后已经做出自己的判断：包括江北四镇在内的东南地区所有明军中，唯有这支军队能给自己带来威胁。

联系到扬州的事刚刚解决，自己接受朝廷的劝说，撤离扬州来到瓜洲驻军，随即黄得功动机不明地向扬州进发的种种事件，高杰马上又做出自己的判断：朝廷如此这般，是为了将扬州城交给黄得功。

交给阿猫阿狗都可以，但唯独不能交给黄得功！所以攒了多年怨气的高杰准备泄一把火，黑丫的一次。

为了阻止黄得功继续向扬州推进，不费吹灰之力便获得自己朝思暮想的扬州城，高杰特地在黄得功一行的必经之路——南京东南的土桥上为亲爱的黄得功预备了一份惊喜大礼。

当黄得功的军队走到土桥时，天色已经不早了，于是黄将军命令手下埋锅做饭。

炊烟未起，伏兵四起。

士兵等待吃饭的这个时刻，正是防备最为松懈的时刻。此时高杰的精兵伏击队终于等到了最佳时机，随即发动了突然袭击。

果然，黄得功的士兵经过一天的行程，又累又饿，战斗力几乎全无，很快便被击垮。随行的三百骑全部战死，黄得功本人也险些丧命。

土桥之战虽说是黄得功方面彻头彻尾的败仗，但正如大家常说的败军之中，方显牛人本色。黄得功的士兵表现得不漂亮，然而黄将军的表现却相当漂亮。

据知情人士透露，当时黄得功一听到喊杀声就立即上马，举起铁鞭准备迎战。虽然四周射来的箭跟下雨一样，但黄得功依然镇定自若，试图集结军队开展反击。无奈，高杰这次派来偷袭的士兵实在是本领够硬，黄得功的马应声跌倒。眼见下一个被射的就是自己了，黄得功立即跳上别的战马，继续作战。

此时一名高军骁骑挥舞长矛，冲过来和黄得功玩命。黄将军大呼一声，让过正面突击后，随即转身挟住对方的槊，竟把他活生生从马上拖了下来。那人的下场据说相当惨烈，连人带马都被黄先生拖烂了（人马皆烂）。

接着黄得功又再接再厉，连杀数十人，跳入倒塌的房屋中继续抵抗。他边拿铁鞭抡人边大声吼叫，吓得四周敌兵没人敢再动手了（吼声如雷，追兵不敢近）。于是黄得功趁机拍马疾驰，回到自己部队的驻地。

高杰派来的伏兵见玩命实在不是对手，再说命令也是偷袭而并非杀死黄得功。既然偷袭已然成功，黄得功跑就跑了吧，因此高杰军便没有再追，回营复命去也。

等到黄得功好不容易逃回自己的驻地仪真，摆在眼前的景象又把黄将军的愤怒提升到一个新的更高的阶段。原来在黄得功土桥遇袭的同时，高杰乘机又偷袭了黄得功的大本营仪真，放了几把火，伤了不少人，抢了不少东西，才拍拍屁股走人了。

黄得功劫后余生，回来后却满目疮痍，此时心中的悲愤已经不是用语言可形容：高杰，你等着，敢黑我，老子跟你拼了！

于是，黄得功开始整备军队，准备与高杰决一死战。

高杰这边倒是没啥觉悟。打完埋伏、偷袭了黄得功的老巢后，高杰顿觉神清气爽，连招呼也没跟史领导打一声，拍拍屁股就回家了。因此史可法起初压根不知道这回事，但不久史可法就知道了高大人的所作所为及一切真相，就马上把高杰叫了过来。

高杰这厮的情报工作可以说做得很好。黄得功此行本来是件小事儿，但却能很快传到高杰的耳朵中，所以应该是能评上个甲等的。不过，探子们的工作也可以给个不及格。之所以这么说，是因为他们在工作中出现了一个极其致命的疏漏。用句老话讲，就是只知其一不知其二，知其然而不知其所以然。他们只搞到了黄得功秘密北上且可能要去扬州的消息，但却没有弄清黄得功一行的真正目的，便把消息捅了出去。这在真正专业的谍报人员眼中，可称得上是绝对的失误。而正是这个失误，导致高杰做出了错误的判断。

现在史可法让高杰过来，要做的第一件事并非责备，而是先帮高杰解开心中可能一直存在的那个疑团——黄得功北上的真正目的。史可法开门见山，一开始就明白地告诉高杰，黄得功此行确实是要到扬州，但不是来驻军而是来住店。因为黄得功真正要去的地方是高邮。

为了保证不让大家听得糊涂，这件事还是从头说起比较好。

不久前，黄得功接到消息，好友黄蜚喜获升迁。黄蜚与黄得功同姓且同为武将，加上和他关系很铁，所以从很早开始二人便以兄弟相称。哥们儿升官了，黄得功挺高兴，因此高兴之余就决定送兄弟一程。

其实送人的话带一两个人也就够了，但鉴于这次黄蜚被朝廷任命为登莱总兵，此时山东又没有处在南明的完全控制下，所以为避免路上遇见几个不长眼的劫道的，不至于把送人发展为送命，黄得功就决定多带些人送行。于是，黄得功最终决定率骑兵三百出发，经扬州再往高邮与黄蜚见面。但没想到，想到了什么还真就来

什么。走到半道真遇上了个不上道的高杰，被结结实实黑了一把，差点送了命。没有送成人，反倒丢了人。极为狼狈。

史大人把所知道的一切向高杰和盘托出后，高杰的脸上却没有流露出一丝惊慌与悔恨。原因很简单，高杰不相信。

高杰虽然是武将，但或许是长年受到精明老婆邢氏的熏陶，现在也变得精明了，从来是不轻信、不盲从的。因此即使史大人说得再曲折肯定，再生动形象，如果拿不出确切的证据来，高杰兄还是会通通视为扯淡。

所以在史大人讲完一切后，高杰只是静静地站在原地，两只眼睛直勾勾地盯着史可法。那意思是，即便您史大人神通广大，也不可能把一切都搞得这么清楚，其中到底有什么猫腻，在老子没翻脸之前，您还是老实交代吧。

要说还是史大人心理素质好，理解能力强，高杰火辣辣的眼睛并没有把史可法看得发毛。相反，史大人读出了高杰眼中的意思，而且拿出了高杰当时最想要的东西——证据。

前面说过，黄得功与高杰有着很多不同点。其中最显著的一点，就是黄得功是把朝廷当回事的。

在遭遇突如其来的侮辱后，黄得功干的第一件事是整兵，但第二件事却不是开仗，而是坐下来写折子。在这封奏折中，黄得功将事情的来龙去脉一五一十、明明白白地叙述清楚，呈交给朝廷。随后得到消息的黄蜚及相关知情人士也纷纷向朝廷提交了相关证词和大量证据，以证明黄得功所言非虚。史可法正是得到了这些，所以才会对整件事了解得如此清楚。

当史大人把证物和折子都交给高杰过目时，高杰这才相信，史大人并没忽悠他。然而现在才知道这一切真相，显然还是太晚了。因为从黄得功的奏疏上，高杰除了整件事的始末外，只看到了一种东西，那就是愤怒。黄得功的愤怒，仪真守军的愤怒，无辜丧命的三百大兵的家属、亲人、战友的愤怒。让高杰血债血偿!

曾经那个天不怕地不怕的高杰终于慌了。在众人的怒火中，高杰知道生还的机会将十分渺茫。但还好还有一个人能救他，就是站在他眼前的史可法。

面对高杰的哀求，史可法没有多说什么。收下高杰为前部总兵官还没有几天的时间，就又捅了这么大的娄子。这种事如果搁在一般领导身上不过是让属下继续背黑锅，自己再时不时地跑出来踩两脚。等把下面的人办了，自己主动承担个监管不力的责任也就结了。但问题是史可法不是一般的领导，他是百年一遇的好领导，一个真正善良的人。

有人说，善良就是自己在吃肉、别人在吃菜且自己没能力分别人一块时，自己能不吧唧嘴。如果按照这个标准，一个善良的领导则应该是，领导没惹祸而属下闯了祸，领导没能力帮兄弟一把，但却能不踩一脚。接下来史督师的做法，就称得上是天字第一号的好领导了。因为史可法能在此基础上多做一件事，即跑过去对正背锅的属下说一句“有锅一起背”，然后把锅毫不犹豫地同样放在自己身上。

作为东林党的领袖、在官场上摸爬滚打数十年的大臣，竟在这时还能保持这样的品质，在史可法之前的历史长河中看不到多少类似的人，在史可法之后也看不到多少类似的人。

高山仰止，景行行止。只因高尚，所以铭记。大致如此吧。

一千多年前，一个猛将听说远在另一个地方有一个和自己差不多的强手，而且还又帅又能打、很猛很嚣张，所以这个猛人心中就有点不爽。虽然自己与对方没有什么深仇大恨，也依然写信给朝廷，坚决要求和他干一架，玩次命，分出个高下来。皇帝陛下收到信后觉得不好办，于是就叫来朝中一个大臣给想个辙。这个大臣果然不负众望，和了一把稀泥，一举解决了问题。而这件事此后则传为佳话。

没错，这位想找人单挑的猛将就是关羽。被挑战者就是马超。而那个堪称和了一把史上最成功稀泥的大臣则是千万群众心目中的偶像，诸葛孔明先生是也。

要论史可法和的这场稀泥的技术难度，本人认为与诸葛亮比起来是有过之而无不及。

## 和稀泥的技术含量检测报告

有人会问：和稀泥真有那么难吗？实话告诉你，和稀泥本身其实并不难，但要和出精彩，和成艺术，真的很难。

中国五千年的历史长河中，亲身参与这项传统艺术的人很多，但真正和出水平，达到“泥和到没有人能发现你在和”这种至高境界的人，是少之又少。

虽然有明一代近三百年的岁月里，不乏天生聪颖、善和稀泥的杰出艺术家，但真把和稀泥这项技术练到炉火纯青、尽善尽美、天衣无缝的人，在最近的这一百年中也只有一位，那就是万历年间的首辅，著名的和稀泥表演艺术家申时行申大人。

申时行的和稀泥艺术大约可以称得上是集大成，因为申大人擅于以事实为依据、以关系为准绳并由此创造了和稀泥学的必杀攻略。

和稀泥，依据和稀泥者所处的不同身份与关系，大致可以简单分为以下几种情况（含相应解决攻略）：

类型一：上级型。作为上级领导，为加强管理，促进手下人的团结，所以和泥的活儿自然不能少干。

一般遇到下属不和的情况，上级领导采取的和泥手段常常是分而治之。就是把

两个或两个以上互相看不对眼的都远远调开，让哥几个分处大江南北、全国各地，一辈子也难见的地方当然更好。因为事实证明，距离不但可以产生美，还可以消除矛盾。这种方法其实也可称为隔离法，是和稀泥技巧中最常见也是最常用的方法。

不过，这种方法的使用却有一定的局限性。譬如拿史大人手上的这摊子来说，也就江北用得上这两位不对眼的，而且不巧的还是非用不可，少一个也不行。因而这招在此时就用不上了。

当然，作为上级领导，有时也会对想调而不能调的两位采取另一种方法——恐吓法。说白了就是朝廷或上级对于下属的不团结行为进行某种程度的危言恐吓，明确告诉下面的不和谐因素们，有功劳一块赏，有黑锅一起背，以图借压力求团结，转移内部矛盾。然而这一手必须具备一个前提，即上级足够硬，下级能害怕。但鉴于史大人不符合上述条件，因此此法基本作废。

说到这里也不要为史大人着急嘛，下面还有呢。

类型二：中间型。所谓中间型就是和稀泥者恰好处于中间位置，而他要处理的通常是自己的上级与下级之间产生的种种矛盾。当然，这在过去主要指的是皇帝与大臣们的纠葛，担当和事佬角色的也往往是朝中的首辅大人。

在这种情况下，和稀泥就如同打太极，讲究的是善于协调，刚柔并济。对于下面打上来、上面打下去的球要做到见招拆招，尽量化解威力，让飞来飞去的球既不能伤到领导，也不能伤到下属（当然，更不能伤到自己）。把大家的有限精力拖入无限的折腾中去，以便大家都累了时，可以适时宣布打成平局，皆大欢喜。

所以这招的精华主要就在欺上瞒下，取悦双方，巧妙化解，搞持久战。智力、精力有限者慎用。

类型三：平级型。既然大家都是在一个等级上，啥威胁恐吓、上下忙活就甭说了。拿出点诚意来才行。

这回和稀泥者就要注意说话技巧和利害关系，务求能够以情感人、以理服人。理性牌、情感牌轮番打出基本上都能搞定。此种类型虽说论技术含量比其他的都要低，但是在日常生活中却具有极强的实用性，是居家旅行、协调邻里关系的不二法门。

类型四：非典型。先要解释一下，此非典非彼非典。这里的非典是属于一种特殊的情况。即当事双方的身份地位和社会关系具有一定的特殊性。比如先前关羽的案例中，关二哥和刘备老板是铁杆兄弟，马超兄弟则是极有威信、身份的高级将领，所以诸葛先生就根据这种复杂的关系及相关联系人的性格特征，采用了一种应对非典型事件的非典型方法，主攻刺儿头法。

有事儿存在一定是因为有挑事儿的在。因此诸葛亮的做法用今天的辩证法观点来看，那就是抓主要矛盾。单挑是谁提出的？关羽。好，那就从他下手。关圣人的性格弱点地球人全知道，好面子，为人高傲。所以十分了解关先生的诸葛亮就随即使出了对付他的绝招——戴高帽，一击中的，还没有后遗症。诸葛先生就此一举解决了问题，大家都佩服得五体投地。而由此我们也能总结出对付这类场景的大概策略：具体问题具体分析，摸准弱点，一击搞定。

和稀泥的主要类型大致就以上这四种情况。经过分析，我们也几乎同时可以确定，史可法应采取的大致归于最后一种。

现在史可法当务之急并非是把高杰拎出来，为他自己的所作所为抵罪，而是要抓现阶段的主要矛盾——黄得功。毫无疑问，这是一个十分正确的判断，因为无论再如何制裁谴责高杰，此时也无济于事，唯有稳住黄得功，防止事态进一步扩大，才是一切工作的重心。

要稳住黄得功，成功完成这把艰巨的和稀泥任务，史可法就必须要做一件事：找到黄得功的弱点。

黄得功，十六岁从军，勇猛善战，智勇兼备，要找出这个人的弱点实属不易。但我们的老祖先曾告诉过我们这样一个真理：金无足赤，人无完人。只要是人就会有弱点，哪怕这个弱点是被长期隐藏在黑暗之中。所以史可法坚信，黄得功也应该是有弱点的。人的弱点就像是大衣兜里的零钱，只要肯找，总是有的。

事实也正是如此。在花费了一些工夫之后，史大人终于找到了。正如高杰的弱点是他老婆邢氏一样，黄得功的弱点也是一位女性，不是老婆，而是老娘。

有人曾说黄得功是江北四镇中唯一一个值得肯定的将领。对于这点本人虽然不是完全同意，但也认为黄得功确实是一个有人情味的人。他身上的人情味不仅体现在日后他对弘光帝的忠、对朋友的义上，同样还体现在他对老母亲的孝上。

黄得功是个极为孝顺的儿子，不仅他妈这样说，凡是认识他和他妈的人也都这样说。因为黄得功早年就没了爹，是他娘一个人把他拉扯大的，而且后来又是在母亲的教导下开始从事挥刀砍人的营生的，所以一句话，没有黄得功他娘就没有他黄得功的今天。黄得功这一辈子就最听她老人家的话了。

于是在无尽的黑暗之中，史可法终于找到了一线光明，这唯一能改变黄得功拼命想法的人。

然而史可法终究还是晚了一步，没能见到黄得功的老娘，因为老夫人她去世了。

人没了不要紧，要紧的是抓住黄母留下的最后机会，摆平这件事。

几天后，黄母治丧委员会突然收到了一份未曾预料到的丰厚礼品，送礼的人称是奉高杰将军的命令带来的，特为老夫人致哀，同时还提出了一个小小的愿望，希

望黄家的亲属们能劝黄将军以国事为重，暂息怒火，慎动刀兵。在道理与丧礼的双重攻势下，黄家家人欣然同意了这个请求。

即使不用脑袋想也知道这主意是谁出的。但据说史督师大人不仅负责出主意，还负责出了钱（形式上是高杰付的）。

如此好的领导，真是天下难找。

当然送礼走亲情路线只不过是史可法为解决问题出的第一招，此外相应的还有第二招、第三招、第四招，等等等等。

不久朝廷那儿表了态，对此次事件将予以密切关注，并严厉谴责高杰的非人道行为，同时对在事件中不幸遇难的受害者表示深切的哀悼和诚挚的慰问。

朝廷对黄得功安慰了一番，但没同意出兵报仇；对高杰责备了一番，但没给予任何实质性的惩处。因此纵观朝廷的行为，应该用几个字就能简单概括其实质，还是和稀泥。当然，朝廷的这样一番处置，相信事先是与史大人通过气的。

拉上了黄得功他娘，扯上了朝廷，一向做事小心谨慎的史可法似乎还嫌不够，于是又把在江北监军兼管粮草的太仆少卿万元吉找了过来，一起加入和稀泥的行列中来。最终，在史可法的努力和各方面的协调下，黄得功表示放弃鲁莽的报复行动，老老实实回到指定驻军的地方，继续兢兢业业为祖国守卫边疆，释放自己的光和热。

太好了，搞定！史可法东拉西拽，再一次完成了一个高难度的动作，把江北四镇中最不听话、最不服从指挥的两支部队的指挥者都忽悠得服服帖帖、安安静静了。

在东南方持续了将近一年的混乱，最后在史可法的忙活中走向终结，而崭新的生活同时也要如期开始，虽然只有不到一年的时间。

人的问题解决后，史可法面临的就是钱的问题。

当时，南明的统辖范围主要是南方，最重要的驻防地区就是江北。在江北的明朝军队主力分为四镇。刘泽清驻淮北，管辖淮海地区；高杰驻泗水，管辖徐州地区；刘良佐驻临淮，管辖凤寿地区；黄得功驻庐州，管辖滁和地区。每镇平均统领的士兵三万人左右，据此南明政府所需的军费开支大约是一千万两。不幸的是，当年南明朝廷的税收总额却只有八百万两。如此下去，南明必定会重蹈大明公司倒闭的命运。

为保证政府机构正常运转的同时还有钱来支付军饷，不知谁出了一个馊主意，默许各镇就地自筹粮饷，并答应们如果在战斗中攻陷城池，可以归自己管辖。于是，各地驻军很快就发展出除第一产业打仗、第二产业种田（军屯田）之外的第三产业——抢劫，同时还常常为了扩充地盘、争夺钱财而互相火并。堂堂政府军就是这样逐渐变为军阀的。

虽然史可法受命督师扬州后恩威并施，几手下来各地驻军都老实了，纷纷放弃特殊工种的工作开始重归正业，但军饷问题还是没有得到解决。军队不抢了，这很好，然而长期拖欠苦大兵们的工资，迟早还是要出乱子的。

有问题找领导。史可法随即请示朝廷，希望朝廷能够精简财政，按时给军队拨发粮饷。没想到朝廷竟拒绝了。原因很简单，实在没钱。上级既然指望不上，那只有自己动手丰衣足食了。就这样，史大人开始自己动脑筋，想办法。

首先，史大人召集了从北方逃到江南的大批难民，告诉他们不用再到处跑了，从今天起政府将为你们提供新的家园。随后，史可法把之前因战乱而毁坏的农场和大量无主荒地集中起来，有秩序地分给了难民。最后，又在各镇总兵及地方政府的配合下，进行了诸如核查军队人数打击吃空额现象、整顿各镇军屯田严打军事地主等有效的相关工作，终于让各驻军基本上实现了自给自足。

从崇祯十七年四月到七月，将近四个月的时间里，史可法凭借自己杰出的才能，再次使遭受战火蹂躏的江淮重现人间天堂的往日繁荣。居功如此，堪称不朽。

在史可法等人的努力下，眼见江北是越来越好，波澜不兴，北伐之举，指日可待。但就在史可法准备上疏朝廷收复失地时，朝廷中的党争情况却已达到不可收拾的地步。

此时远在扬州的史可法也逐渐意识到新的强大的敌人已然屹立在自己的面前，而自己显然已经无能为力了。

# 第六章 真正的对手

## 乱斗

督师扬州的史可法为了实现自己复兴大明的理想而努力奋斗着，与此同时，远在南京的弘光帝也在为了实现同样的理想而努力奋斗着。

理想相同，手段不同。打一个比方，两个人都要到达同一个目的地，一个人住在附近而另一个隔了一座山，那么第一个人想去的话立马就可以走到，而第二个人则须想办法先翻过那座山。相比之下，史可法应该是那第一个人，督师东南，权大官大，谁不听话就收拾谁（特别是在降服高杰后），无人敢惹。因此要想复兴大明，到达目的地，只需一步一个脚印走下去即可。

弘光帝则是那第二个人，为了实现直通，必须把山毁了才行。而在弘光帝眼中，那座山名叫内阁。

当时控制内阁进而控制朝政的人并不是皇帝，而是东林党。所以弘光帝需要帮手，一起对付这个强大的敌人。就在弘光帝四处张望、寻找同盟的时候，马士英和他的伙伴们急忙挥了挥手。于是，弘光决定与马士英合作，先打倒共同的敌人东林党，随后再把马大人推向前台，自己演上一回木偶戏，真正把帝国的至高权力牢牢地把握在自己的手中，正如同他爷爷的爷爷嘉靖帝当年在上台之初所做的那样。

事实再一次证明，功夫不负有心人。几个月后，弘光帝真的实现了他的梦想，重走了嘉靖帝的老路，只不过遗憾的是，连嘉靖帝后期的那一部分也顺道给走完了。

在七月的中旨任命风波中，弘光虽然取得了彻底的胜利，成功地从内阁手中夺取了用人权，但皇帝陛下的心中还是有些别扭的。仅为中旨一档子事儿就和内阁僵了数天，还让言官大臣们喷了无数口水，实在是够狼狈的。

大臣太强悍，皇帝很孤单。因此弘光觉得，得想出一个法子改变一下这种不利局势才行。

忆往昔，看今朝，弘光突然发现之所以现在的大臣可以这样硬，皇帝可以如此软，是因为自己缺少了一件极为重要的武器。所以弘光决定即刻拾起这个武器，让一切恢复自然。

崇祯十七年八月一日，弘光颁旨，恢复东厂，并令前锦衣卫都督冯可宗同时重建锦衣卫，恢复以前的侦缉工作。

这里有必要说明一下，弘光朝初建时是没有东厂和锦衣卫这两个机构的。虽然东厂和锦衣卫是帝国不可或缺的有机组成部分，但是鉴于两个组织工作的特殊性和隐蔽性，在南京的预留政府组成中是没有备份的。所以当北京城被大顺军攻陷后，东厂与锦衣卫这两个机构也和在京的其他政府机关一样，随着大明的灭亡而灭亡。

皇帝要恢复厂卫制度了！伴随一声凄厉的叫喊，整个朝野都震动了起来。而弘光也很快就知道了，这一次真的是捅了马蜂窝。

东厂和锦衣卫向来是明朝皇帝整治朝中不听招呼的大臣的有力手段兼不二法门。而厂卫这个名词对于全国的官员百姓来说，就相当于政府领导下的恐怖组织，既不能有效反抗又难以合理防御，确实是个心腹之患。因为在古代，老百姓一般不参与政治，更不用提结社游行示威了，所以厂卫的种种危害对广大群众而言还好说点。不过在其他人眼中，厂卫则是恶心且要命的玩意儿。这里说的其他人，大多数是当官的。

要知道，作为明朝两大长期存在的特务组织，厂卫的爪牙从来都是遍布全国各地，四处打探情报、搜集黑材料的。这就弄得官官自危，社会不安，并被所有文官大臣们一致评为本朝的一大弊政。鉴于大家都曾有过或即将会有被厂卫黑一把的经验，因而只要一提到厂卫，广大官员们莫不同仇敌忾，咬牙切齿。特别是在那几年之后，厂卫更是成为官员们心中挥之不去的梦魇。那几年确切指的是天启朝魏忠贤魏人妖闹腾得最欢的时候。

正是在那可怕的魏忠贤时代里，东厂和锦衣卫成为魏太监打击政敌最为可怕的武器。在厂卫的手上，无数反对魏忠贤的朝臣们或落马，或受刑，或惨死在昏暗的监牢中。什么六君子、七君子，不论以前在朝廷中名声有多么响亮，地位有多么

高，权力有多么大，只要一落到厂卫手里，他们都敢下狠招，而且是什么够惨用什么，怎么顺手怎么来。因此虽然进去的人中不乏像杨涟、左光斗这样的硬汉，但结局不外乎只有一个：死定了。厂卫制度自此成为官员们心中永远的痛。往昔幕幕恍如隔日，现在想想便不禁发抖。

想再让我们重温那种提心吊胆的日子，没门！大小官员连个照面都没打，便做出了惊人一致的决定，强烈反对，誓死不从！

弘光帝恢复厂卫的决定一公布，礼科给事中袁彭年就马上站了出来，上疏表示反对。

袁先生估计是十分熟悉大明历史且业余时间相当充裕，因此不辞辛苦地以老奶奶给小孙子讲故事的形式，开始给皇帝陛下详细叙述大明厂卫的历史演变，并明确强调了这么一点：但凡是厂卫兴盛的时期恰好都是本朝社会动荡、民不聊生（官更不聊生）的时期。所以厂卫不可复，厂卫一恢复，国家又将会有陷入危机的可能。

当然，找几个坏榜样出来，让皇帝自己深思熟虑一下，效果会更好。于是袁彭年又特地把木匠朱由校拉了出来，进行了卓有成效的批斗。就是由于天启重用厂卫，才使得魏忠贤得以把持朝政，利用手中控制的厂卫机构迫害官员，结党营私，甚至一度企图谋朝篡位。大明王朝差点就毁在了那个死太监手里啊！最后袁彭年得出最后结论，缉事可以不设，成命可以立回。这意思即是厂卫机构不能重建，您的命令我们就当没听见。

看到袁彭年的奏疏，弘光立即下旨严厉斥责，且给了个“狂悖沽名”的评价。后来弘光还是觉得不解气，又下旨将袁彭年降三级，逐出京师。

袁彭年作为言官，尽责谏诤，句句在理，集中反映了大家的心声，居然遭到了皇帝的惩处。这还有天理没？于是此后不久，吏科给事中熊汝霖便上疏为袁彭年鸣冤辩护，同时再次力陈厂卫之弊。弘光当皇帝已经有些日子了，对付言官也累积了一定的经验，知道事情拖得越久就会越麻烦，所以给熊汝霖的回复也是直截了当，罚了他三个月的工资作为惩戒。

弘光这种一意孤行、吃秤砣铁了心给大臣们找麻烦的行为，很快就引起了朝臣们的一致愤怒。言官们在袁彭年、熊汝霖两大榜样的标杆作用下，发起了潮水般的反击，一再上疏谏阻设立厂卫侦缉的相关事宜。江南道御史祁彪佳更是把这场君臣斗法掀到了高潮。

祁御史在上疏中，不仅坚决反对并彻底否定了再设厂卫，还提出了更多新的要求。在铲除厂卫制度之时，也要顺手革除因厂卫而产生的明代三大弊政——诏狱、侦缉、廷杖。

长期以来折磨官员士大夫的这三样东西，必须要同厂卫制度一样彻底消亡！据说此疏一经公开，便立即在广大官员中产生了极大的震动和影响。朝臣们无不积极响应，热情支持。祁彪佳在朝中的人气也随着奏疏的广泛传播而日益飙升。

随后，都御史朱国昌也上疏皇帝，力言厂卫之害，反对朝廷再设厂卫。反厂卫运动形势一片大好。

此时朝廷上下、言官大臣们无不投身于风风火火的反厂卫斗争之中去了。在这关键时刻，作为百官首脑的内阁如果还不发个话、表个态，就太不够意思了。于是不久内阁也对外放了话，表示会全力支持大家的斗争并将始终与大家站在一起，手拉手，肩并肩，把反厂卫斗争进行到底。内阁大学士高弘图、姜曰广更是说到做到，根据言官们奏疏的意见，票拟了禁革厂卫的圣旨，要求弘光同意签字。

对皇帝来说，如果自己服了软，签了字，就如同当众自扇耳光，是个很丢面子的事儿，所以弘光坚决不肯签，又将拟好的圣旨退回到内阁，要求阁臣们重新再拟。高弘图、姜曰广虽然在上次的告黑状事件中确实被吓得够呛，然而这次不同了，内阁背后有朝中所有大臣的坚定支持，因而腰板硬多了，就活生生地把皇帝陛下的命令又给顶回去了。

弘光要掌权更要面子，坚持不肯签；内阁要带头也要重树威信，坚持让弘光签。如此这般，皇帝与内阁两边又戗上了。最后，大学士高弘图、姜曰广等人不得已再次拿出了绝招，以辞官相谏。

弘光高兴了。辞了正好，正好让马士英掌握内阁，顺道批准。但这次弘光还没高兴几秒钟，就得到了一个消息：马士英本人公开表示，自己绝不会对弘光帝设置厂卫表示赞同。

马士英是个老狐狸，知道现在朝中大臣群情激奋，正处于兴奋期，且官员们反厂卫的斗争正进行得如火如荼。谁要是赶在这个关键时刻公然维护皇帝，与诸臣对着干，没准第二天祖坟就让人给刨了，所以马大人不愿触这个霉头。不过，皇帝陛下孤军奋战，自己作为同盟者不支持一下也是不行的。所以马士英就暗中向弘光表示，即使我现在出于某种原因不能帮您一把。但内阁里我的小弟或许您会用得上。

弘光一听，觉得这主意不错。马士英当前锋确实目标太大，会起到靶子的作用，而且或许还会耽误事。不如就让马大人小弟上，即使不幸挂了，对己方也没什么大的损失。因此弘光派人偷偷地自己的意思传达给了马士英的亲信、同样在内阁担任大学士的王铎，希望王铎能在自己接受高弘图、姜曰广的辞呈后掌握内阁，通过再建厂卫的旨意。可在宫中等了没多久，弘光便接到了王铎的答复：臣死不敢奉诏！完了，亲信全跑路了，这下皇帝也没辙了。

然而即便如此，弘光仍然不肯下旨禁革厂卫。但与此同时，弘光却干了另一件事，拒绝了高弘图、姜曰广等人请辞并下诏温言挽留。就这样，恢复厂卫的事从此

无期限地拖了下去。

经过这次事件，君臣双方均有了新的感悟。对于内阁而言，此次的博弈让内阁明白了，只要能团结所有官员的力量，抵制皇帝侵害文官集团利益的命令是可能的。而弘光这边得到的感悟应该更多，但最重要的是一个，那就是无论马士英还是王铎都远远没有自己心目中那样可靠。如果继续如此下去，想要真正实现自己的目标，无异于痴人说梦。

与朝臣的长期斗争，已让弘光有些力不从心。特别是经过这次事件，原本看似四分五裂的朝臣联合起来竟能产生如此巨大的力量，迫使弘光决定寻找一个既有能力又够强硬的人才来帮助自己。经过一番认真的思考与排查，弘光最终选定这个人，一个注定要影响弘光、马士英、东林党乃至整个南明命运走向的人。

没错，这个人就是马士英集团的幕后操盘手，在后台低调工作了好一阵子的阮大铖。

崇祯十七年八月三十日，阮大铖正式出山，担任兵部右侍郎，主管巡阅江防。当然，为避免朝臣们的反对，弘光的这道任命书是以中旨的形式发出的，且速度极快，快到大臣们还没来得及反应，阮大铖便已经接到通知来兵部报到，准备上班了。

弘光下定决心起用阮大铖，必然会遭到以东林党为首的官员们的群起反对。对于这一点，弘光心知肚明。明明知道会招惹更多的口水，引来更大的骚动，却依然坚持任用阮大铖，其实这其中并不像某些史书中说的那样有着不可告人的秘密。原因非常简单，对于弘光来说，只有阮大铖是最好的选择。

弘光起用阮大铖的第一个原因，他认为这是个很有才能的人。

弘光并不是一个听什么就是什么的主儿，所以虽然马士英等人从弘光刚上岗以来就一直在自己面前说阮大铖的好话，极力推荐阮大铖，但弘光总是点点头表示知道了，朕会考虑的，然后就没有后文了。直到有一天弘光实在受不了，决定给这位传说中的能人一个机会，顺便送马士英一个面子，在宫殿里秘密召见这个阮大铖。

阮大铖虽然人品差，但人长得却并不差，加上阮大铖家里很有钱，打扮得很得体。所以一上来，弘光就觉得这人还不错，先给领导留下了好印象。如同今天的大学生去企业应聘工作一样，形象上过了关，接下来就该由考官出俩题，看看实在的本事了。

弘光先问了阮大铖几个问题，主要是时事、军事等方面的，想认证一下阮大铖是否真的像马士英他们吹得那么邪乎。没想到，一问不要紧，阮大铖那儿就放了闸，知无不言，言无不尽，犹如滔滔江水一发而不可收。国策、守备这些问题问完后，讲得带劲的阮大铖还拿出了自己就相关问题研究后得出的成果，联络、控扼、进取、接应四策和“长江两合、三要、十四隙”等文章，请皇帝陛下帮忙修改雅正。考官弘光十分满意，准备给予嘉奖，让阮大铖回家等通知。

不过，阮大铖还有事没办完，就在弘光即将挥挥手和他说再见的时候，阮大铖哭了。据一位不愿公开姓名的当事人的描述，阮大铖的哭还不是一般的哭，而是哭得撕心裂肺，涕泗交流，极富震撼力与感染力，且确信不曾使用催泪瓦斯、洋葱等辅助产品。

对于阮大铖的痛哭，弘光并不觉得突然。在他看来，这个有才华的人现在终于有机会一展满腹经纶，并得到最高领导的大大的好评，激动一把也是可以理解的。但接下来阮大铖的表现却证明，弘光的想法是完全错误的。

我们有理由相信，阮大铖闲暇之时对于哭这门学问也是有点研究的。因为阮大铖此时虽然哭得很凶，然而呼吸却并不紊乱，也没有出现哽咽的情况。于是，在这种极佳的状态下，阮大铖清清楚楚地说出了弘光可以听得清清楚楚的一句话：“陛下只知君父之仇未报，亦知祖母之仇未报乎？”君父指的是弘光的堂弟崇祯，而祖母指的则是弘光的奶奶郑贵妃。阮大铖是说，我并不是为自己的不幸遭遇哭，而是为陛下祖母郑贵妃当年的不幸遭遇而哭啊！

听完阮大铖的话，弘光没有回答，但这位皇帝心中却从此对阮大铖有了新的认识：这是一个心里有领导的人。能把领导的不幸当不幸，这才是个好同志。所以说，六月份的这次面试虽然并没能让阮大铖成功实现由“废人”到“大人”的华丽转身，但至少让弘光心中树立了这样的看法：阮大铖是个忠于君主、身负奇才却受人嫉妒排挤因而长期报国无门的有识之士。这样就够了。

九月一日，弘光批准了由安远侯柳祚昌提交的为阮大铖补官的奏折，正式任命阮大铖为兵部右侍郎。

虽说新官上任三把火，但阮大铖上任还没两天，连火把都没来得及点着，就有泼水的来了。

泼水的官员名叫刘宗周，时任都察院左都御史。

刘宗周，字起东，别号念台，浙江山阴（今绍兴）人。万历二十九年进士。为人清廉正直，操守甚严，在朝中常常敢于抗疏直言，且虽屡遭贬谪，然终不改其志。又因不做官时常讲学于山阴蕺山，所以后人尊称他为蕺山先生。以上的这些介绍应该算是精简谦虚版的，因为对于研究学问尤其是钻研国学、哲学的学者来说，刘宗周还有一个更加响亮的称号——宋明道学史上里程碑式的人物和有明三百年学术之殿军。

明代近三百年里被后人公认为儒学大师的只有两个人。一个是心学的开创者王阳明，而另一个就是刘宗周。

刘大师一生除了搞搞学术研究外，就是喜欢提意见。早在很久以前，刘宗周便因为常给皇帝提意见而名声大噪。虽然那时刘宗周的职务不是言官，但这一点却并没有妨碍他对于弹劾工作的热情。

天启元年，刚刚被起复任命为礼部主事的刘宗周就干了件大事，上疏劾奏魏忠贤，并把魏太监与历史上著名的邪恶太监赵高作类比，搞得魏忠贤很生气。三年后，为了声援遭到阉党迫害的杨涟、左光斗等人，刘先生又再次顶风弹劾魏忠贤，直言魏太监窃弄权柄，祸国殃民，应予严惩。因此被天启帝严惩，革职为民，逐出都门。

崇祯年间，刘宗周再次出山，担任工部左侍郎。任职期间仍然保持本色，天天上疏提意见，所以即便是爱较真的崇祯也不得不承认刘宗周“清正敢言，廷臣莫能及”。

后来转到南方任职以来，刘宗周凭借着擅于提建议的特长被弘光任用为都察院的一把手，正好主管弹劾这一类的工作，也可以说是人尽其才了。刘宗周来到可以充分发挥个人能力的岗位后，工作得更加卖力了。大到国家政策法规，小到皇帝日常生活，刘先生都喜欢插一杠子。

而对于这位名望甚高、历仕三朝的老臣，弘光也是十分给面子的。比如有一次，善于观察生活的刘先生发现弘光身上经常会有些许的酒味，于是就给非常好酒的弘光提建议，希望陛下能以拯救苍生为己任，保重身体，把酒戒了。弘光平时没啥特殊的爱好，也就是爱没事整两杯，所以不想答应，再说戒酒也不是一两天就能戒成的，所以就给了这么个回复：虽然本人好酒，但因为有先生这样的人劝我，我以后就再不也喝了。刘宗周得到了这个答复，挺高兴的同时也有点不好意思，便稍微松了口：要是每次只喝一杯，也没什么。于是，弘光马上老实地表示同意，就按您说的办。

这样看来，尽管弘光跟某些大臣的关系比较僵，但是和刘宗周的关系还是相当不错的。后来，刘宗周又陆陆续续地提了不少意见，弘光也几乎全大大方方地接受了。君臣二人就这样长期处于一个和谐的状态中，从没为一件事红过脸，急过眼。

不过，对于刘宗周提出的意见，弘光也并非照单全收，比如劝弘光亲征。

这个建议一经提出，有人就开始骂，从七月初骂到九月初，中间就没停过。骂他的人也很特殊，不是言官（一般没特殊情况，言官不愿得罪顶头上司，海瑞除外），而是武将。这里具体指的是刘泽清、高杰还有刘良佐。其中尤以刘泽清骂得最久，也骂得最凶。

为什么一提让弘光亲临前线，刘泽清就骂娘呢？这点有必要解释一下。每次只要朝廷发出指令，要求四镇尽快整备军队奔赴前线收复失地，四镇就会表示这是不可能的，并屡次给出相同的借口，不是我们怕死不敢打，而是没饷没粮不能打。事情真是这样的吗，其实不是。本人曾结合史料，为此算过一笔账：依据江北四镇的士兵总数等情况，四镇如果真的要打仗，军费撑死每年给二百四十万两也就够了，而此时的朝廷在当年四个月内就已经下发了相当于一年半的粮饷，合计三百六十万两。所以四镇喊叫缺钱少粮，根本是不靠谱的。因此真实的情况应该是，大部分的粮饷大都进了私人的腰包，而且越是叫穷的就是私吞最多的。

弘光该不该御驾亲征这一点，我们暂且不予讨论。但是如果真让皇帝到了前线，随便了解下军队情况，查个账，那就惨了。特别是对于刘泽清们来说，不用想就知道下场将会是极其悲剧的。于是，“不能让皇帝来”“赶走没事找事的刘宗周”这两个口号便成为四镇武将们的一致要求。正是这个建议，让刘宗周成为四镇武将的公敌，并为刘宗周后来的命运埋下了伏笔。

弘光没有接受的第二件事则是收回中旨，废弃阮大铖。弘光之所以没有接受刘宗周提出的这个意见，除了自己不想在文官集团面前再次陷入被动外，其实还有另外一个原因。那就是刘宗周的身份，除去当代大儒，知名学者外的另一个身份——东林党人。

打击掌握实权的东林党人，控制肯听话的东林党人，拉拢拥有名望但又不会对皇权构成威胁的东林党人，这就是弘光一直以来始终坚持奉行的对待东林党人的策略。打一批，拉一批，再收一批，既有斗争又有团结。只有这样，才能最大限度地削弱已经强大到令自己感到恐惧的东林党的势力。弘光心里的小算盘正是如此。而刘宗周便属于其中的第三类，是弘光长期以来想要尽力拉拢进而收为己用的那一部分。

政策决定态度，因此弘光和本是东林党人的刘宗周才能够长期维持和睦的君臣关系。但现在情况完全不同了。在弘光准备拉人帮助自己掌控朝政关键时刻，刘宗周竟然还是倒向了东林党的怀抱，为东林党的利益服务。既然如此不识时务，那就不要怪我了，刘先生。

九月九日，兵部侍郎阮大铖首次朝见。也就在同一天，东林系的内阁辅臣姜曰广致仕。与此同时，有消息内部传出，左都御史刘宗周将被罢官。一天之内连贬两人，理由很简单：半个月前，朝廷收到以刘泽清为首的四镇联名上疏（事后经调查是刘泽清一人捏造的），揭露姜曰广、刘宗周谋危社稷。弘光觉得事关重大但不便闹大，于是为了保险起见，打发二人走人了。

不管是被迫还是自愿，第二天刘宗周确实是宣布退休，并立即得到了弘光的同意。

刘宗周是万历年间进士，历仕万历、天启、崇祯、弘光四朝，一生共四次因触

怒皇帝、权臣而被罢官。崇祯十七年最后一次出山辅佐弘光，于七月十九日到任，官拜统领都察院的左都御史，至九月初十日致仕，任职四十九日。为人清正敢言，鞠躬尽瘁，忠厚耿直，屡次犯颜直谏，虽遭斥责，始终气节凛然。

弘光元年（1645）五月，南京陷落，尔后杭州也相继失守。刘宗周知道大势已去、重振大明已无异于痴人说梦时，说出了他在史书中被记录下来的最后一句话，一声叹息。

> 北都之变，可以死，可以无死，以身在田里，尚有望于中兴也。南都之变，主上自去其社稷，尚曰可以死，可以无死，以俟继起有人也。今吾越又降矣，老臣不死，尚何待乎？

今日正是老臣殉国之时。说完，刘宗周先去最后一次拜谒刘家祖坟，而后赴水寻死，被人救出。但从被救之日起，刘宗周就开始拒绝进食。绝食二十三日后，接下来的十三天又拒绝再喝一滴水，六月八日闭目气绝，终年六十八岁。临死前数日写下《绝命辞》一首，以示胸臆。“决此一朝死，了我平生事。”一如往昔的他，坚持原则，心怀家国。

如同电视剧中最常见的剧情一样，坏人一旦上台掌权，那么接下去要做的事情就一定是下手整人。什么以前看不对眼的、闹过摩擦的、歧视过自己的，但凡是有过矛盾的，在这时都要报复一下。谁让咱有权了呢？反正闲着也是闲着。所谓睚眦之恨，期在必报，即是如此。而在现实的历史中，情况似乎也差不多。特别是对于阮大铖来说，东林党一定要被彻底摧毁，被我阮大铖亲手摧毁。

阮大铖一出山就开始算计东林党，这一点正是历来被后世史学家们所诟病的。大多数后世史家认为，倘若阮大铖能够不计前嫌，与东林党人和平共处、同舟共济，兴复大明也不是没有可能的。但阮大铖此时却目光短浅地选择了将党争进行到底这一愚蠢的做法，一味胡搞乱搞，最终把弘光朝廷与无数人一同推入了黑暗的深渊，实在是罪大恶极。

阮大铖是个坏人，这个不需否认，不过他却并非是个心胸狭窄、毫无远见的人。这一点本人还是能替他保证的。

对于东林党，阮大铖还是有一定的感情的，毕竟年轻时在这个组织里混过，东林党中也有他不少的朋友老乡、旧相识，想要一翻脸就当仇人，阮大铖做不到。因此在崇祯年间被废弃后的很长一段时间里，阮大铖没有放弃任何机会重回组织或是与东林党改善关系。

阮大铖一直在努力。想尽一切办法，用尽一切手段，尽一切可能获取东林党人的谅解。他绞尽脑汁，无时无刻不为了这个目的而寻找一个合适的突破口。皇天不负苦心人，阮大铖终于还是找到了一个突破口——昆曲。

在明末，由于南方经济的不断发展，所谓的资本主义萌芽也在逐渐成长起来。而资本主义萌芽繁荣发展的一个相应表现则是市民阶层不断壮大，市民文化也随之兴盛。市民文化的覆盖面是相当大的，内容也极其丰富，比如市民文学、杂耍戏剧等都是其主要的且是群众喜闻乐见的主要形式。不过，要说市民阶层最喜欢的文化生活项目，大概还是戏曲。

虽然时代发展了，人民的生活质量有所提高了，但在封建社会，文盲率却依旧维持在一个相当高的程度。即使你早已经属于市民阶层，也保不准你识字。所以对于以小说话本为主的市民文学，其主要读者还是局限于那些识字的人。小说不能成为影响面最广的丰富广大市民业余文化生活的有效形式，就是出于这个局限使然。

相对小说而言，戏曲就不同了。没有文化程度的局限，没有理解程度的要求，但凡是个人（除去耳朵、眼睛有问题的）就能看懂戏。戏曲也凭借这一优越性，一举成为当时最受广大群众喜爱的文艺形式。因而在全国各地，戏班犹如雨后春笋般到处生根发芽，尤其是在东南沿海经济发达的各省，戏班更是比比皆是。

戏班很多，看戏的更多。但戏曲的剧本毕竟是有限的，而且写得好又叫得响的也就是《西厢记》《牡丹亭》那么几部作品。如果单凭这么几部戏就想反复演上几十年，那广大戏迷票友是绝对不会干的。于是，为满足人民群众日益增长的精神文化需要，慢慢地开始有一批又一批的知识分子投身于戏剧创作中来。

读书人写剧本其实古来有之，但真正形成潮流形成规模，那还是明朝时的事了。

按照当时的普遍看法，读书人就应该老老实实地钻研四书五经，以求来日高中，得个功名，衣锦还乡，这才是正道。话是这么说，却不是当时的读书人都能做得到的。明代的进士录取率虽然较唐宋有所提升，不过还是很低的。许多长年考不上的读书人，不愿意当老童生或兼职私塾先生（后来许多认清科举“邪恶”本质的人也加入进来），便把目光投向了戏曲创作。

因为写剧本不但能赚到钱养家糊口，甚至还能以这种形式充分展现自己的写作才能。如果那一天某个大官家请客听戏，且恰好听的是你写的，又觉得写得相当不错，说不定一高兴还会向朝廷推荐你，封你个官做做。据说，弘光帝就是在宫中看了由阮大铖担任编剧的《燕子笺》传奇演出，才下定决心要见阮大铖的。所以从事戏剧创作还真是好处大大的。

大批读书人就此走上了戏曲创作之路，并为我国戏剧事业的蓬勃发展做出了杰出的贡献。明末南方的这种读书人就很多了，而他们中的大多数优秀创作者又均属

于一个组织，当然不是青年戏剧家协会，而是复社。

复社，明末以江南知识分子为主体成立的，兼具政治、文学双重性质的爱国团体。这是大多数历史类读物给出的明确定义，但事实上这个社团却绝非如此简单。

作为明末规模最大、影响力最强、活动地域最广的社团，复社单从其成立上就可以看出绝对不会像现在的歌友会、书画社那样，是一个性质单纯的一般性社会团体。因为它是由浙西闻社、江北南社、江西则社、历亭席社、吴门匡社、黄州质社与江南应社等十几个社团联合而成。虽是联合而成，复社又不等同于社团联合会这一类的组织，当然更不会是一个华而不实的水果拼盘。相反，自从崇祯六年苏州的虎丘大会正式宣布成立以来，复社的命运就注定要与帝国的命运牢牢地系在一起。

能够一下子招来那么多的社团并入复社，且聚集上千读书人，拥有数万拥护者，可见复社的带头人也绝非等闲之辈。事实的确如此，复社的发起者和领导者是当时在江南十分出名的两个人，时人称之为“娄东二张”。他们既是同乡又是同窗还是同姓，其中年长的叫张溥（写《五人墓碑记》的那位），年纪相对较轻的叫张采。

两位张兄痛感国事日危，江河日下，所以以继承东林党为己任，力图清明政治，救黎民于水火，挽国家于危亡。标榜“兴复古学，将使异日者务为有用”，因此名曰复社。

也许这时有的朋友想要发问了：救国救民便自去行动，何必还要打着继承东林的旗号跟东林党干，听人指挥，自己单干不是更拉风？其实不光是复社的领袖与东林党有联系，如张溥在复社成立前就是东林党人，确切地说应该是整个复社都与东林党有着千丝万缕的联系。比如说复社中除娄东二张外最有名的人物就要算是复社四公子了。四公子中，陈贞慧的父亲陈于廷、侯方域的父亲侯恂都是东林党的中坚人物和得力干将。当然除去这些人之外，东林党人的亲戚朋友、门生故吏甚至街坊邻居，更是大有人在。

综合以上诸多迹象，我们不难发现，复社这个由广大爱国青年为主组成的社团的实质——为东林党造舆论、育人才的附属机构。复社，换句话说，就是不叫东林党的青年东林党。

阮大铖也正是认识到这一点，所以才主动向复社靠近，没事儿就暗送下秋波。复社中人在工作时间当然是搞政治，但在业余时间就主要从事文学创作一类的活动。阮大铖由于戏写得确实好，很快便得到了复社领导人张溥的接纳，并随即成为关系相当不错的朋友。与此同时，阮大铖凭借着与“四公子”之一的侯方域（字朝宗）家有世代交谊，就隔三岔五地陪着侯公子在南京城内四处游玩，且衣食住行全额报销。阮大铖希望借助这两个人来修复与东林党、复社的紧张关系。只是没想到除少数几个人之外，人家压根不鸟他。这一点着实让阮大铖备受打击。

东林党与复社的主要成员是读书人，由于长期从事孔孟之道、程朱理学的研读工作，因而书呆子认死理甚至有些偏激固执便成为这些人的一个共同特点。阮大铖曾在东林党内混了那么久，不可能不知道这一点。虽然屡遭东林党与复社的回避与鄙视，且在复出之路上被东林党人绊了不少跟头，阮大铖也不至于在后来下手那么重，做得那么绝。后来的许多人都是这么认为的，毕竟你最后还是成功出山了嘛。有句古话就是，得饶人处且饶人，何必呢?

我想如果阮大铖听到了这番议论，肯定会跳出来说，这不仅是因为面子问题，还涉及胡子问题，你们不懂!

嗯，确实还有胡子的事。

事情发生在崇祯十一年。阮大铖凭借优秀的戏曲作品和在南京文艺圈内出色的交际，得到了复社领导人张溥的认可与赏识。不过与此同时，也引来了其他人的目光，尤其是以复社四公子陈贞慧为首的戏剧创作爱好者充满愤怒的目光。——一个戴罪废臣竟敢抢本公子的风头，不把你踩下去，今后我们怎么在这一带混!

消息灵通的阮大铖也很快得知了这群公子哥对自己的种种不满。鉴于这些人后台够硬，名声很大，阮大铖最终还是决定走妥协路线，服个软。因此，在得知复社人士将在孔庙集体祭祀孔圣人顺便聚会的消息后，阮大铖就希望趁这个时机与复社的年轻人澄清误会，尽释前嫌。当然，如果能交上朋友、很快打成一片，那是最好的。

后来发生的事情，证明了阮大铖的预想确实具有一定的前瞻性，因为阮大铖虽然没能实现他所设想的全部内容，但至少是把最后一点变成了现实。只不过，他是被打的那个。

当阮大铖满怀希望地来到孔庙时，不出所料，迎接他的先是复社子弟们集体惊讶的神情，但而后众人的反应却有所不同。一部分人觉得在如此圣洁之地遇到如此无耻之人，实在晦气，骂了几句就离开了。不过还有一部分人留了下来，在顾杲、黄宗义、周镳等人的带领下，送出了一份让他们久仰的阮大铖终生难忘的惊喜纪念品——一顿暴打。

群殴，这确实是名副其实的群殴，乱拳齐出，哀叫便起。一番招呼之后，阮大铖被打得鼻青脸肿，甚是狼狈。当然，还有更狼狈的事情，那就是不知哪几个缺德的小子在给阮先生送礼群殴的同时，竟不忘从阮大铖的身上搞点东西当纪念品，把阮大铖的胡子活生生地薅了下来。

这还不算，同年八月，复社的这帮愤青为了达到“寒天下乱臣贼子之胆”的目的，推选吴应箕执笔，起草了堪称天下第一牛帖的《留都防乱公揭》，而且以今时

今日最常见的街头发送传单的方式将其迅速广泛传播，并随即开展了轰轰烈烈的附属活动——广泛征集签名，誓要把阉党余孽阮大铖赶出南京，赶出江浙，赶出大明！

檄文一出，江南震动，马上就有一百四十余人表示支持并当即署名，而且据说连当时出去打酱油的大叔都被这场由复社组织的群众性运动所感染，酱油瓶不要，便先签名去也。

应该说这场运动搞得确实非常成功，因为几乎所有的史料都对这段复社反对阉党余孽阮大铖的活动大书特书。阮大铖也确实被整得很惨，只要一上街被路人认出，就会在背后被人指指点点，而更激进点的就是招来一大票人围而骂之。所以搞得阮大铖每次出门都不得不捂得严严实实，不敢随便说话，生怕被人认出来。

过街老鼠般的生活太痛苦了，迫于无奈，阮大铖只好使出了撒手锏——搬家。惹不起咱还躲不起么，所以不久阮大铖就把家搬到了南京城南牛首山的小祖堂寺，过起了大门不出二门不迈的隐居生活，城都不进了。

有所失必有所得。正是在这段隐居的岁月里，阮大铖继续从事戏剧创作并写出了备受好评的《燕子笺》《春灯谜》等传奇剧本，为我国的戏剧文化留下了宝贵的财富。这也算是阮大铖为数不多的积极贡献吧。

复社的诸位公子哥终于团结一致，干出了一件大事，过了一把痛打落水狗的瘾，但他们似乎忽略了一个众所周知的道理。俗话说兔子急了还咬人呢，更何况阮大铖不是兔子，而是一个十分有能力的坏人。后世的史学家大都认为，正是《留都防乱公揭》事件致使阮大铖的心中深深地埋下了仇恨的种子，让阮大铖下定了彻底毁灭东林党与复社的决心。然而在我看来，似乎并非如此。诚然，《留都防乱公揭》把阮大铖整得够呛，但与其说是因为那篇文章，还不如说是因为孔庙里被拔掉胡子的那件事给阮大铖带来的打击更大。

为什么这么说呢，在这里确实有必要解释一下这个问题，或者说是探讨一下有关美的标准这一话题。

## 帅男的四项基本标准

历朝历代的人们对于美的标准的看法，向来是经常变动的，比如楚王好细腰，唐人尚丰腴。时代不同了，大家对于美的认定标准也就不同了。今天大家一提到古代的美的代表，头脑往往会浮现出西施等四大美女的芳名。不过，所谓美却不仅仅是女性朋友的专利，广大的男同胞们也是有份的。

形容男性长得顺眼，用“美”这个词似乎多少有些别扭，所以这里就以帅字取而代之。中国古代向来不乏帅男，潘安、周瑜等都是其中的优秀代表。不过相对于女性而言，古代判定帅男的标准还是比较固定的，具体说来，在古代要能被众人一致认可长得帅，大致有以下四个基本的标准。

第一个标准是脸型。在封建时代拥有好的脸型，不仅是帅男的基本要求，还是做官升职的一项重要指标。因此不同的脸型，往往就预示着不同的等级。当时社会上最吃得开的脸型就是国字脸，这种面相宽阔方正、有棱有角，深受时人喜爱，名列上等。排在国字脸之后的，则是同样面积较大的宽脸，属于中等。再往后就是圆脸，基本属于还算凑合的那一类了。

这时有人就会问了，如果以上脸型都不是，而是属于较瘦的那种人，该怎么办？很遗憾，由于在古人的眼中这样的人即使不算丑也会被怀疑是营养不良，直接划入尖嘴猴腮，惨遭淘汰。标准不是我定的，所以如果你比较瘦也要淡定，回家好好补两天再来吧。

第二个标准就是身材了。个头要适中，不能太高，当然更不能太矮。古典小说中常写到的身高八尺，应该是最理想的状态（不同朝代一尺的长度多少有不同，但今天我们大致认为在一米八左右）。

长得太矮不合标准，这一点相信大多数人都能够理解。但为何高海拔也成为制约一个人成为帅男的阻碍了呢？听我慢慢解释。长得高是好事，但太高就不一定是好事了，这就是我们常说的过犹不及。我们可以联想一下，假如张三是生活在古代的一个身高两米多的人，他有着一张上等的国字脸，且饱读诗书，中了举人，操守也没有什么大问题，可以算是一个还不错的年轻人。虽然小伙子不错，但可以断定的是，在那个时代（篮球未风靡前），张三的生活并不像想象中的那么如意。而这种不如意正是因他的身高带来的。

在工作上，张三的领导或老师可能会十分器重他，但却并不会全力提拔他。原因很简单，压力太大了。可以想想看，假如你是领导，天天有一个比你高多半头的小伙子跟在你左右，随时让你做衬托他身高的参照物（即使是无意的），你会舒服么？当然不会。

再说由于张三是举人，见到高级别的长官（甚至是皇帝）时作个揖、下个跪，常常是不可避免的。但他一跪下，竟比站着的或是坐在堂上的官老爷、皇帝陛下还要高。这种巨大的心理落差，相信大部分人是一时接受不了的。如此，做官升迁什么的基本是没戏了。这就叫命苦不能怨政府啊！可怜的张三就只能感叹自己生不逢时了。

第三个标准，容貌。所谓容貌，也就是一个人五官的形状及其配合。这个因为不同的人各有其特点，不同的五官搭配也各有其优缺点，太多太杂太不好说，而且基本上和今天的要求差不了太多，所以这里只说一点：只要配合着顺眼，看上去不

属于歪瓜裂枣，不像大奸大恶之徒，那就行了。

好了，下面我们终于要说最后一个标准，也是极为重要、极具时代特征的一点了。那就是长得帅必须还要有一把好胡子。

先不论你是否有一把好胡子。在古人的眼中，首先要保证的是作为一个成年男子，你必须要有胡子。要知道，在古代只有一些从事特殊职业的男性是没有胡子的。所以，胡子还可以算是一种凭证，首先证明你已经是个成年男子了，其次证明你并非是干特殊工种的。比如东汉末年，袁绍兄弟带人冲入皇宫诛杀十常侍为何进兄报仇，见到没长胡子的宫里人便直接干掉了。这一不辨别身份就随便动手的莽撞做法，致使大批年轻官员和胡须少得可怜的官员被误杀，确实是够惨的。

不过，有胡须却只是跨入帅男门槛的基本条件，要想当选公认的帅男，还差得远呢。

和脸型一样，胡须的样式也是有很多的。其中最差的最不受欢迎的是络腮胡，因为络腮胡摆明了是土匪的象征（只比没有要好一点）。

要想被称为帅男，你必须要保证自己的胡须样式是正常的，而且还要比较长。平时也要注意日常保养工作，比方说防止胡须在某些季节掉落啦，保持胡须始终处于黑亮有光泽的状态啦，注意胡子的营养吸收，不要让底端被发黄分叉所困扰啦，等等等等。真是要多麻烦有多麻烦。

然而，对于那些十分注重自身形象的人来说，做到这些并没有什么心烦的。说到把胡须保养做得最好最出色的人，大约就非关羽莫属了。至于关羽保养胡须的具体做法，感兴趣的朋友不妨参见《三国演义》的相关章节，这里篇幅有限，就不多说了。

据说，阮大铖就有这么一把可以媲美关羽的好胡须，因而被时人称为“阮髯”（真不知道有如此的外形条件，编写《东林点将录》的人为什么不让他扮演“美髯公”）。大概也正是因为知道阮大铖经常以自己有这样好的一把胡子而骄傲，所以复社的年轻人们才决定恶搞一下阮髯，把阮大铖引以为傲的胡须拔了个精光。

说来也巧，自从阮大铖的胡须被拔过一次后，日后就再也没能蓄出像当年那样令人惊叹的美髯了。

于是每当阮大铖照镜子或是习惯性捋须的时候，心中往往就会不由自主地升起难以磨灭的怒火，就是由于你们这些混账的东林党和复社人士没事给我找事，才害得我阮大铖落到今天这样一个悲惨落魄的境地。如果一朝我阮大铖能够东山再起，我一定会让你们血债血偿。昨日你们带给我的所有痛苦与耻辱，明日我将会以百倍的分量让你们好好品尝！

十多年的仇恨与愤怒默默地生长着，终于等来了开花的时刻。现在的今日便是昨日的明日，接招吧！东林党！

东林党与马阮集团这两大政治派别的对抗，其实就如同两位武林高手过招，不仅要讲究拼内力、比招数，更重要的是得用脑子、讲策略，甚至要点让敌人意想不到的花招儿。就像《鹿鼎记》里陈近南总舵主一出场跟吴六奇打的时候，就用了暗力。但好在陈总舵主不是个糊涂人，在搞清对方是友不是敌后便马上告诉了吴英雄实情以及解决问题的方法，避免了吴六奇几天后会毒发身亡的悲惨下场。

可是在现实的历史中，东林党的对手不是大侠陈近南而是小人阮大铖，更何况双方确实是敌非友，所以阮大铖绝对不会告诉东林党人，其实自己在正式上台不久就已经预先施了暗招。有关这一招的形式及其造成的后果，前文其实都提到了。没错，那就是刘泽清的上疏与由此导致的东林党人刘宗周、姜曰广的离职。

以刘泽清的智商与能力，能想出并真正伪造出一份以四镇联名上奏形式递交的内容翔实、有理有据的刘姜集团造反黑材料全集，确实有些困难。所以不用说，这是由阮大铖一手策划实施的。不过，提供黑材料仅是一个开头的伏笔，它的威力只有在阮大铖正式登台后才能彻底展现出来。

事态的发展果然如此，阮大铖回归政坛后，先前送到朝廷的那份似乎不具任何效力的黑材料马上发挥了作用，刘宗周、姜曰广两个二品大员同时被搞掉，老老实实地收拾包袱回了老家，东林阵营遭受到前所未有的严重打击。随后，马士英的亲信李沾被任命为左都御史，填补了刘宗周留下的职位。自此，都察院及其所统领的言官势力就被牢牢掌握在了马、阮的手中。顺便说一句，当时担任右都御史的人正是马士英。一把手都不是自己人了，因而东林党人想在都察院再掀波澜，基本是不可能的。第一回合，阮大铖完胜。

扫清障碍后，就是有怨报怨、有仇报仇的时刻了，而且目标都早早找好了。

首当其冲的当然是黄澍。鉴于黄澍在朝堂之上猛揍马士英的表现太过于出彩，阮大铖就决定先拿这小子开刀。很快，在阮大铖的授意下，刑部以前所未有的超高行政效率拟好了合适的罪名，派人去湖广逮问黄澍。刑部的人到达湖广后，没两天就传回了一个让马士英和朝廷震惊的消息：罪犯黄澍在湖广最高军事长官左良玉的庇护下，竟然聚众拒捕。刑部派去的人说也说不过，打更打不过，没辙了，就去请示刑部尚书。部长知道了也没法儿，就跑去请示马士英。马士英想了想，左良玉是连皇帝都搞不定的人，更别说自己了。那就算了吧！算他老小子命好。

马士英做梦也没有想到，就是自己的这番行动为未来局势的恶性发展开了一个极不好的头。这之后，无数在朝中遭到马、阮排挤与打击的官员，在看清了这种形势后，纷纷跑到湖广左良玉的地盘寻求政治避难。有些受到严重刺激的人，开始在左良玉面前哭诉马、阮的无法无天，弘光的昏庸无能，以及朝政的混乱不堪。到最后，当所有的委屈痛斥转化为不可遏制的愤怒时，左良玉心中所想到的，耳畔所听

到的，统统变成了“开战”两个字：开战！开战！开战！后来那场改变南明命运的内战，其源头即是由此而来的。这是后话，我们到时再讲。

现在先回归原题。阮大铖虽然成功出山并使得马士英一派的实力有了明显增强，但却远远不够。要想彻底打败东林党，阮大铖必须继续加强自己一方的力量。

要想提高自身实力，拉人入伙无疑是最为原始但又是最为有效的手段了。不过，这其中还有一个不得不考虑的问题，那就是本钱问题。

不要以为拉人入伙是一件简单的事，其实这是个技术活儿。有些人常认为，要想拉人，无非是请人家吃一顿，喝点酒，随后再搞些娱乐性活动，然后酒桌上流点泪说些感人的话，最后插上香拜个把子就完事了。这种看法是完全错误的。因为喝完酒虽然喜欢多说话、说真话，但最终的结果往往是第二天一觉醒来，伴随着轻微的头痛，昨晚做的一切、说的一切全部变成了过眼云烟。真的这样搞，既不实在也不靠谱，更浪费钱。所以真正会搞关系的人从来不玩这套虚的。

实打实的拉人高手知道，把一个陌生人拉到自己的阵营，需要虚实结合。其中最重要的是实的那一方面，就是给对方以真正的实惠，即通常一个人所追求的金钱、权力、名誉和地位，等等等等。

要给人送钱就得先自己捞钱。于是，在马士英与阮大铖的组织领导下，一场有组织有信誉的半公开卖官业务就此展开。由于明码标价，童叟无欺，所以虽然卖方不肯讨价还价，马阮卖官公司还是吸引了不少客户，拉来了不少业务。然而正在马士英数钱数到手发软的时候，有一个人不干了。

这个人正是时任吏部尚书徐石麒。把吏治搞得如此混乱不堪，到时候背黑锅，挨人骂的可不是你啊！因此徐石麒决定对非法经营的马阮卖官公司进行行政干预，断掉马士英们的财路。

没想到，这下正中马士英下怀。正想换下你呢，只是考虑到你姓徐的平日比较老实，对爷也比较客气，一时没好意思下手，现在正好。于是在马士英的指示下，御史黄耳鼎、陆朗联合弹劾徐石麒。徐石麒没顶住，申请退休回家了。马士英趁此机会把自己的亲信张捷扶上了吏部尚书的宝座。

阮大铖和马士英一伙把朝廷闹得乌烟瘴气，那么作为正义的伙伴、马阮集团的劲敌，东林党为什么却一点反应也没有呢？其实这绝不能怪东林党，因为此时他们已经无能为力，自身难保了。

此时在朝中硕果仅存的东林干将，就剩下高宏图一个人了。现在的局势对于东林党而言，已经不是很坏了，而是坏到头了。终于，在内阁拼命扛着的高宏图也渐渐难以再撑下去了。十月六日，大学士高宏图四疏乞归。弘光考虑了一番后，十分愉快地答应了他的请求。在这一刻，东林党在帝国高层内最后一个可以遏制阮大铖的人物也不得不黯然离场。

高宏图家里原来是很富的，虽然算不上是山东首富，但也差不多。不过后来北方饱受战火摧残，高家也像当地的其他人家一样被夷为平地，从此走向败落。因而等到高宏图退休时，家里几乎没有余财，且家人也多因战争而下落不明，留在高宏图身边的只有一个未成年的儿子，真可谓是家破人亡。

但就是在这样窘迫环境下，一向耿直忠厚的高宏图对弘光最后的馈赠——一笔数额可观的退休金，四世封诰，还有孙子可受荫为中书舍人特殊待遇，力辞不受，坚决谢绝。在与南京的同事好友挥手告别后，高宏图带着幼子，先是寄栖在吴门僧寺中，随后又迁居会稽，过上了普通人的生活。

弘光元年四月，形势已经十分紧急。高宏图渡过钱塘江，计划联系好朋友且同为东林党人的刘宗周为外援，帮助明军在江浙一带据守。只是没想到计划赶不上变化，还没有把一切付诸行动，南京就已陷落，弘光帝被俘。高宏图得知消息，悲愤欲绝，随即做出了他人生中最重要的一个决定：以身殉国。不久，高宏图于会稽绝食而亡，终年六十二岁。

除去被军务困在扬州的史可法外，时隔二十年，强大的东林党再次面临全线溃败的惨淡局面。二十年前，东林党败在有天启撑腰、客氏作帮手的魏忠贤阉党的手里，而二十年后的今天，东林党又失败了，败在他们原本极其轻视加鄙视的阉党余孽阮大铖的手中。这并非是因为阮大铖的厚黑水准过硬、远远超出同时代的所有人，只是因为阮大铖与马士英背后那看不见的阴影——弘光。

事实再一次向人们证明了一个真理，在所谓封建君主专制达到顶峰的明清两朝，只有皇帝才是最牛的！甭管你在平时再怎么有能耐，如何呼风唤雨，如何无所不能，只要皇帝陛下一不待见你，你就马上完蛋。之前的刘瑾、严嵩是这个样子，之后的年羹尧、和珅也统统如此。

不过，这时阮大铖似乎暂时用不着考虑这个问题，因为自己的出色表现让弘光十分满意，而且弘光现在已经十分信任并倚重自己了。当下阮大铖要做的就是等待一个合适的机会——

是的，东林党被我打败了，姜曰广走了，刘宗周走了，高宏图也走了。但一切还远远没有结束，我身受的奇耻大辱还没有得到补偿，我的熊熊怒火还没有得以平息。因为东林党还存在着，复社还活跃着，我的敌人们也都安安稳稳地活在这个世界上，享受着他们快乐的人生。不可以继续这样下去，我阮大铖要将所有的一切都亲手埋葬！

致命的危机正在逐渐逼近大势已去的东林党。然而，新的事端却并非是由阮大铖挑起的。因为确切地说，阮大铖也没有料到会出这么一档子事儿。

# 第七章 暗流

## 疯僧

崇祯十七年十二月十七日清晨（有的史书上记载这是弘光元年正月的事），一阵急促的脚步声和敲门声打破了南京城的宁静。叩门的人是个老百姓，家住南京水西门外小民王二。王二这么急切，并非是因为自己的老婆快要生孩子了必须马上找个接生婆，而是因为这个原本平凡的人不久之前遇到一件极不平凡的事。王二觉得事关重大，所以一大早就跑到了西城兵马司，向有关部门报告此事。

等了一会儿，门开了，相关工作人员再把王二迎进衙门，并耐心听他讲完自己的遭遇以后，也果断地马上采取相应行动——赶紧向上头禀报！很快，由兵马司巡城御史递交的一份报告，以十万火急的速度呈送到弘光的龙案前。

"今早，臣等闻报有一僧人自言乃当今之亲王，令官员们速去迎接。臣等深感此事非同小可，望陛下圣裁。"

收到这份报告，弘光也奇了怪了，难不成我们老朱家还有正在继承和尚这一祖辈工作的人，怎么没有听说过呢？为了打消心中的疑虑，弘光决定把和尚叫来，把事情弄清楚。于是，弘光马上给中军都督蔡忠下达了命令，即刻前往事发现场，将和尚带来。

都督蔡忠接到皇帝陛下的命令后，立即率领营兵四十人、家丁二人驰往西城兵马司，一探究竟。一进大门，视力还不错的蔡忠就远远望见那个传闻是大明亲王的和尚，正优哉游哉地坐在厅里等着他呢。见过狂的，还没见过这么狂的，眼见蔡忠一步步向着他走来，和尚竟连站起来打声招呼的意思都没有，蔡忠心里的火腾的一下子，很快就起来了：“你是什么人，胆敢自称亲王？不怕被判刑吗！”

面对蔡忠的汹汹气势，和尚的心理素质似乎很好，并没有任何惊慌与不安，反而是火更大了：“你是什么人，敢这么跟我说话！”

看到两团火马上要撞击在一起燃烧到你和我了，旁边的人马上赶来降降温：“这是都督蔡爷。”

“既是官儿，也应该行礼，我就先不计较。你来这干什么？莫不是来抓我的吧？”

“奉圣旨，请你跟我们走一趟。”

说走咱就走，谁怕谁啊。和尚随即跟着蔡忠一行准备入城。蔡忠此刻见到和尚够硬气，心里也有些敲鼓了，于是把马让给和尚坐，自己步行，一同进入南京城中。

人到了，下一步咋办，搁谁谁也不敢贸然决定，只好先按着合适的标准，先好好伺候这位和尚大爷。

不过还好，弘光是个做事靠谱的领导，没有让属下官员们等待太久，很快又给出新的指示。

对这个不知从什么地方横空出世的和尚亲戚，弘光隐约觉得事情不会太简单，因此为切实履行好接待亲属的前期工作，弘光传谕忻城伯赵之龙、锦衣掌堂冯可宗与蔡忠一起前去，不是去请安陪酒，而是进行南渡以来第一次正式的三堂会审。

一定要给我查清这个和尚的真实身份！

于是，仆役换成了衙役，大堂换成了公堂，只不过陪着的人没变，还是蔡忠。

到了堂上，担任主审的赵之龙还没和陪审的冯可宗、蔡忠商量好具体该怎么审，底下的和尚却先招供了。

“我是定王。因为国变出家，故而法名大悲。今潞王贤明，应为天子，这次前来只有一个目的，就是想让弘光让位！”

声音不小，效果更大。在场的所有人都为和尚刚才所说的话吃了一惊，整个公堂陷入死一般的沉寂之中。

和尚口中所说的定王，就是先帝崇祯失踪的皇子、定王朱慈炯。如果和尚所说的一切都是真的，那么眼前的这个和尚就将是皇位真正的合法继承人，这也意味着弘光也将因为真正王者的归来而光荣让位下台。

正当所有的人都不知所措时，主审赵之龙却从和尚刚才的话中听出了一些问

题，因此在短暂的慌乱后马上恢复了镇定，决定接着审下去。

赵之龙就此开始一句句发问（当然是和颜悦色型的），和尚便跟着一句句回答。随着赵之龙越问越多，和尚就出现问题了，具体表现为越答越乱，言语支吾，文不对题。比如说大悲自称是崇祯的儿子定王，没想到后来又说自己是崇祯时受封的齐王，只不过他没有接受，因此后来又被改封为吴王。

这人莫不是有病吧？在场的所有人继续听着大悲的供词，又同时产生了这样一致的判断。

鉴于大悲本人语无伦次，形迹可疑，加上他供词中又扯上了前东林党魁、现任礼部尚书钱谦益等敏感人士，所以赵之龙先微笑着把纸笔递给大悲，让他自己把供词写出来。随后赵之龙把一切上奏弘光，请求延期再审。弘光也表示同意并命刑部鞫讯。

没想到，大悲在被下狱到镇抚司审讯时又爆出了一个惊天猛料，坦白自己并非是崇祯的儿子而应该是崇祯的亲叔叔。自己其实是神宗皇帝的私生子，因宫闱有隙，故寄养民间，长而为僧，并且提供了相关的证明人——潞王与前内阁首辅申时行。

无缘无故被泼了一身脏水，换了谁也不可能不吭声，于是礼部尚书钱谦益随即为自己辩护，奏诉奸僧大悲诬蔑忠良，接着申时行的孙子、户部侍郎申绍芳也上疏为祖父讼冤。弘光对于钱谦益的自白与申绍芳的鸣冤很是受用，俱颁旨慰谕，表示自己绝对相信他们。

这就是史上著名的“大悲案”的第一幕。不过，再继续讲述下一幕的故事之前，我们有必要先暂停一下，发现到此为止案件中的一些疑点，因为这对我们接下来进而去探索案件的真相是至关重要的。

虽然案件的主审赵之龙是个伯爵，但有一点我们可以肯定，他能当上高级官员，靠的绝不仅仅是关系。因为在短短的几句话中他就发现了大悲言语中的漏洞，致命的漏洞。至于问题到底出在哪，先不要着急，让我们一点点地分析嘛。

首先，大悲说他自己是亲王，这个当时在场的人似乎都还有点相信，不过在大悲具体说出自己是哪一位亲王时，问题就出来了。

为了从层层迷雾中发掘出大悲案的真相，本人曾翻阅过有关此案的许多材料。令人奇怪的是，即便史料众多，描述多少有些差异，但这些资料都没有明确一点，那就是案发时大悲和尚的年龄。年龄真的重要吗？在没有规定未满十八周岁不得判死刑的古代，年龄似乎并不重要。不过具体到这个案子，年龄的问题其实是判断大悲身份的一个必要的依据。

既然当时的人没有明确的记录，我们在这里也不好妄自揣测了。不过，推测一下还是可以的。在结合史料的基础上，大悲的年龄应该在二十到三十岁这个范围内，肯定是成年人。

那么，定王朱慈炯有多大呢？只要是小学毕业的都能推算出来。据《明史·诸王列传》记载，定王朱慈炯生于崇祯四年，即使从崇祯十七年的战火和搜捕中侥幸逃生，那也应该是个十三岁的孩子，不可能像眼前的大悲和尚那样五大三粗的。

万一要是人家朱慈炯比较早熟，生来老成呢？确实也有这个可能。那我们就暂时收起这个怀疑，继续进行我们的“抓漏”工作。接下来，大悲说的话中有这么一句：今潞王贤明，应为天子。

这就奇了怪了。如果说年龄方面的问题还多少能说得过去，那到这句话就绝对说不通了。这就好比一个人的父亲不幸去世，这个人很伤心，但所幸他爹是个亿万富翁，给他留下了大笔遗产还有一个大公司，正当律师宣布要执行老爷子的遗嘱并把一切遗产划归他名下时，这个人突然说“不行！这笔遗产应该属于我爸爸的堂弟的姨表妹的远房侄孙子”一样，是一句能令所有人发蒙的话。

从古至今，不知有多少人为了争遗产而搞得头破血流，矛盾丛生。现在，大明帝国的皇帝宝座和万里江山要你继承，你竟然拒不接受，还要拱手送人。您老莫非有病吧？

赵之龙认为，只要是神志有一点正常的人，就绝对不会这么说。所以赵之龙对于眼前这个和尚是假定王的判断，已经是十拿九稳了。

然而，接下来大悲却以他的种种言行证明了一点：我确实精神有问题。

赵之龙就此崩溃了。

事情报给弘光，弘光立即做出了处理意见，责令对大悲严刑侍候。

一开始，无论是去领人的蔡忠还是负责审案的赵之龙、冯可宗，都担心这个疯疯癫癫的大悲和尚真有可能是因为受到国家灭亡刺激而导致心智障碍的落魄亲王，所以对大悲一直是客客气气的。现在皇帝陛下率先承担了背上六亲不认、迫害亲王的大黑锅的风险，命令刑部严加审讯，那么下面的人也就不怎么怕了。反正天塌下来有皇帝陛下顶着，口水喷过来有弘光挡着，咱还畏惧什么！不打白不打！

于是，小到打板子，大到钉钉子，怎么顺手怎么来，怎么结案快怎么来。锦衣卫闻名遐迩的酷刑还没多试上几样呢，大悲就全招了。

大悲供认，自己俗家姓朱，徽州人氏，在苏州为僧，法名就叫大悲。因为见到天下大乱，想趁机谋取富贵，所以便大胆诈言是皇家宗室，犯下了此罪。刑部由此提交结案报告，系是齐藩庶宗诈冒定王，欲求富贵耳。就这么简单。

然而弘光不信。随即又复批九卿科道在城隍庙再次会审，务必要呈上一个最清楚的结论来。

这下，本来在旁边看热闹的阮大铖突然意识到，这正是根除东林党与复社的绝好机会。

在阮大铖的字典里，赶尽杀绝并不是一个词，而是复仇行动的两步。第一步赶尽已然成功了，那么下一步就要通过大悲的手来完成杀绝。赶尽是必要的，杀绝也是必须的。既然大悲在供词里提到过钱谦益，那就好好利用大悲这柄刀砍向东林党！

阮大铖随即召集了参与大悲案审理工作的同党，并下达了明确指令，乘机对大悲展开诱供工作，把祸水引向史可法及已经回家的高弘图、姜曰广、张慎言、刘宗周、祁彪佳等东林党骨干。

得到指令后，马上就有人给躺在狱中吃牢饭的大悲和尚递了话：“只要你能说这一切都是受到东林党指使的，你只是奉命行事，不但还你自由，还予你富贵。”

对于这样一个贪财惜命的软骨头，一旦拿出金钱与不死两大法宝做诱饵，就不怕他不上钩。阮大铖是这样想的，也是这样吩咐手下做的。但阮大铖却忽略了一点，那就是大悲本人的素质。

大悲这个穷和尚，确实贪财，所以才会铤而走险冒充亲王，以求富贵。他也确实怕死，在生受了几种刑具后便马上交代了一切的罪行。不过，他却不是一个完全不可救药的人，因为他还是始终坚持着一点，坚持做人的基本原则，坚守自己坚信的最后底线。所以听到阮大铖开出的极具诱惑的条件后，大悲坚决地拒绝了，没有丝毫的犹豫。

阮大铖吃了一惊，他从没考虑到大悲会做出如此的决定。居然敢不听话，难道这厮真的疯了不成？既然自己不想说，那只好用别的法子让你亲自说出口！不是怕疼吗？就拿最令人生不如死的招数来招呼，直到你同意为止。于是无数以前屡试不爽的酷刑，大悲都逐一领教了一遍。但无论怎么拷打，打上几遍，大悲始终没有松口，还是那个态度，誓死不从！

眼见人都要被打烂了却还是不肯合作，阮大铖不得不先叫停。不然就这么打死了，实在不好交代。

老谋深算的阮大铖很快就想出了下一步的行动计划。当他正要交代手下付诸实施时，一个人走来捉住了他的手，大喝一声：够了！制止了阮大铖的报复计划。

这个人不是弘光，也绝非路见不平拔刀相助的游侠义士，而是阮大铖亲密的战友，东林党长期以来的对头，马士英。

众所周知，马士英与阮大铖是所谓的“马阮集团”的一把手和二把手，是具有长期革命情谊的老朋友。但即便如此，这两个人还是有大大的不同。虽说都不是什么好人，但终究还是有区别的。

如果说阮大铖是一个十足的小人、坏人，而且还是会掉渣的那种，那么相对于阮大铖，马士英则是一个一般的坏人，虽然不干好事儿，却绝非大奸大恶之徒。他虽然打心眼里不喜欢呆板自大，还经常以贤德君子自诩的东林、复社人士，但他很清楚一点，倘若将这种人全部干掉，对国家也是没有好处的。

在干坏事的时候，有时会考虑到国家的利益，甚至把它置于个人的私怨之上，这便是马士英区别于阮大铖的最大不同点。这也是能够解释为什么后来清兵南下，阮大铖随众投降，而马士英却去领导反清游击运动、加入南明流亡政府的重要原因之一。

因此，在马士英的坚持与干预之下，大悲案终于得到了最后的结果，也是当时看来最好的结果：和尚大悲以冒充皇亲的罪名被押赴西市斩首，因此事而亡的仅有这一人而已。

自此，大悲案的所有故事都该结束了。一切的开始似乎莫名其妙，而一切的终结又是如此干净利落，实在是够不清不楚的。

但都这样结案了，还有什么好说的呢？不过是一个人为了一个财字干了一件傻事，中途差点被一个坏人利用变成一个可以拖一堆人下水的大事，好在最后在一个不想扩大事端的人的掺和下小事化了的故事而已。

我以前也同意以上的结论，怀有相同的看法，直到翻阅到那段史料。在这一版本的大悲案中，大悲确实也就是个和尚，只不过不是一般意义上的和尚，而是一个训练有素的间谍。

通常情况下要搞好情报工作，就必须有一个合适的身份作掩护。而诸如乞丐、道士、和尚等工作者，具有长期四处游荡、没有固定办公地点、不易受人注目的特点，以及数量多、食宿相对方便的优势，所以常常会成为细作人员最看好的伪装形式。他们往往以该种身份为掩护，走街串巷，侦查消息，为自己的组织提供优质情报的服务。

这样看来，大悲应该就是属于这类人，是被某些人或某个组织派往南京刺探情报的谍报人员。不过，不知什么原因，间谍大悲的刺探工作出了纰漏并不幸暴露了身份，随即被知情群众告发（即前文提到的王二，或许这位是个“线民”），相关机构的工作人员立刻采取抓捕行动，大悲没有跑成，就此落网了。

逮到间谍大悲后，抓捕行动的负责人、中军都督蔡忠即刻向领导弘光详细报告了有关的情况，并请示下一步的工作。弘光听说有间谍潜入南京，十分震惊，因而叫来了反间谍工作专家（当然，也可以说是间谍工作专家）、锦衣卫都督冯可宗来负责侦破工作。为了避免引来更多人的猜疑，精明的弘光同时还放出了烟幕弹，说是有人冒充亲王并以此立案，明面上派赵之龙担任主审，混淆视听。

浑水工作搞得很完备，就在弘光与相关部门成功隐瞒了事件的真相时，摸鱼也取得了突破性的进展。

经过连夜加班加点地频繁审讯，先前装疯卖傻的大悲受刑不过，吐露出弘光最渴望得到的部分信息。大悲在狱中交代，自己是潞王的人，此行到南京是做收集情报的相关工作，与东林党人保持联系，等等等等。

本来东林党人就曾想立潞王为帝，只不过因为马士英和四镇兵临城下，才被迫妥协，所以弘光对潞王这个亲戚一直是有所顾忌的。现在又加上弘光与东林人士的关系急剧恶化，远在湖广的左良玉拥兵自守不听号令，弘光便越发担心起来。为了保证自己的皇位不受任何的威胁，弘光下令必须再问出更多的东西来。

然而此时大悲却打死也不说了。

面对眼前突然变成钢铁战士的大悲和尚，冯可宗们也终于无计可施。

这样拖着也不是办法，如果贸然行动或许还会逼反左良玉。于是，关键时刻，弘光做出了一个极为明智的决定：迅速了解此事，杀掉大悲，一了百了。

事已至此，那就快动手吧。在象征性的又搞了一次九卿科道会审的把戏之后，潞王手下的间谍大悲最终在西市，以一个自古以来所有失败的情报人员的相同归宿——死亡，完成了自己的使命。罪名当然不可能是间谍罪，而是冒认皇亲。

对于这个大悲案，无论在当时还是后世，史学界都是多有争论的。有人认为这就是一个疯和尚干了件傻事而已，既没有冤情，更没有任何内幕，应该是个要多单纯就有多单纯的简单个案。有人则认为这是阮大铖一手策划、妄图一举消灭复社和东林党的阴谋。还有人说这件事其实是不满朱由崧当皇帝的某些东林与复社中人为了动摇其继统的合法性、破坏其名誉和声望而精心布置的“苦肉计”。当然，这其中也有人提出，大悲不过是一个普通的和尚，但可能由于他本人是潞王忠实的粉丝，因为不满心中形象完美的潞王没有当上皇帝，反而让无德无能、糊涂昏庸的朱由崧继承大统的现实，为了发泄心中的愤怒才孤注一掷，冒险行动。

不过老奸巨猾的阮大铖找了一个最后会“反水”的演员演这样艰苦的戏，这实在是令人难以想象的。而同样拥有大批老油条、老狐狸作为智囊团的东林党，却下了这么一招烂棋的可能性也少得可怜。

本人不是一个阴谋论者，对所谓的案中案、谍中谍也没有太高的热情。只不过是因为联系到后面即将发生的一系列不可思议、百思不得其解的事件，觉得事情远没有如此简单而已。

大悲案，看似确实有些无厘头，而引出上述这段史料，只是想为执着于真相的朋友们提供一些线索、一个角度而已。

其实，事情的真相有时并不那么重要。

在阮大铖十二月的行动规划里，大悲案只不过是一段短短的插曲，能用得上就尽量用，用不上也没什么损失。力争翻案才是当前工作的主旋律。

十五日，通政使杨维垣上书弘光，称重要的文献资料《三朝要典》为“党人”所毁，希望皇帝陛下能够允许有关档案机构重新添置一套。弘光表示同意，随即命礼部购付史馆。

在许许多多记录南明史实的书籍中，这件看似不起眼的小事却被大大小小的资料认真地记录了下来。记录者当然不会是想多凑几个字，好相应地多挣点稿费，而是因为在这些作者的眼中，此事绝对不是一件可写可不写的小事，相反，它是一件必须要记录在案的大事，因为它本来就是一个极富深意的政治信号。

为了要搞明白为什么买套书也能夺人眼球、引发震动，这里有必要介绍一下买书的申请人和他申请买的那套书。

先讲讲这个申请人杨维垣。虽然用上了“讲”字，但实际上也没什么好讲的，因为杨维垣这个人自始至终只不过是个小人物，说他是个跑龙套的还高抬他了。不过为了使本文的人物关系不至于显得混乱，还是说说吧。

业余龙套杨维垣的首次精彩亮相是在天启七年。当时为了伸张正义，打击邪恶，身为云南道御史的杨维垣奋勇上疏，弹劾了阉党的重要人物崔呈秀，还不止一次。但当时却因此挨了领导崇祯帝的骂，因为崇祯是个谨慎的人，他似乎预感到了这位平时不吭声、突然一声吼的杨御史身上肯定有猫腻。所以崇祯决定先看看再说。

果然，在杨维垣对崔呈秀的第二次上疏攻击中，崇祯验证了自己预感的正确性。杨维垣露出了他的狐狸尾巴，因为在时时刻刻批评崔呈秀的同时，还无时无刻不在夸奖另一个人——魏忠贤。

杨御史是阉党，这个错不了。

即使杨维垣是阉党，却也无法改变他作为“小卒”的身份，所以阉党杨维垣虽然冒了一次尖，崇祯也没有打算把这只蚂蚁碾死。小鱼小虾先由他去吧，干挺大鱼才是核心。因此杨维垣暂时在崇祯的忽略中捡回了条小命。

小卒子虽然个头小，关键在于能折腾。转眼到了崇祯初年。崇祯帝已然干净利落地收拾了魏忠贤，正在进行大扫除最后收尾的工作，本来已经被皇帝陛下抛到脑后的杨御史却没能闲住。按理说，作为阉党中人的杨维垣本来应该作为卫生委员朱由检清理工作的对象被送往垃圾堆了事。但鉴于朱由检同学眼前的垃圾比较多，一时还清理不完，所以暂时没有时间收拾他。

久在朝廷混，最怕被遗忘。当一个官员在朝中既无人捧也无人骂的时候，这就意味着这个官员已经被遗忘了，随后即将走的无非是默默等退休这一条路了，且别

无他途。

做梦也想在镁光灯前亮一把的龙套杨维垣，终于按捺不住激动的心情，跳到了崇祯的面前：您甭忘了我呀！

杨维垣以一封奏疏的形式完成了对崇祯的提醒。奏疏全称为《合计七年通内神奸疏》，写的是从泰昌元年到天启七年间的整个党争过程，主题是攻击东林党和阉党的党争，指责两党都是混乱朝政的罪魁祸首。阉党已经倒台了，上去踩两脚也无所谓，但是东林党正在迎接事业的第二春，岂是好惹的？杨维垣很快便淹没于朝野一片的唾骂声之中。

我们说过杨维垣就是个跑龙套的，能力比较一般（否则就不会长年跑龙套了），《合计七年通内神奸疏》文辞得体，思路清晰，骂人不带脏字，实乃上乘骂疏，这绝对不会是杨维垣这种水准的人写得出来的。

事实上，如果明确划分职责，杨维垣充其量只是一个发行商，仅仅负责把奏疏上交崇祯，真正躲在幕后的执笔人其实是他好朋友——阮大铖。

当时阮大铖根据朝野斗争形势，为老朋友杨维垣准备了两封奏疏，除了已经面市的《合计七年通内神奸疏》外，还有一封是只骂阉党的。阮大铖本来想让杨维垣帮自己赌一把，看大势所趋再选择递交其中最合适的一份。却没料到杨维垣正与东林党人倪元璐因其他事斗得不亦乐乎，因此收到阮大铖的东西后没多想，就把有东林党的那份交上去了。

虽然天启年间朝中的东林党元老几乎被魏忠贤折腾干净了，但实力犹存。这事儿一出，马上就有人揭发这事有阮大铖参与。于是东林党全体愤怒了：以前的东林党叛徒现在还敢吃里扒外！东林党人无论在朝在野，全体行动，合力攻击阮大铖与杨维垣，阮大铖就此光荣地名列逆案，被革职为民，永不叙用。杨维垣也没好下场，被赶回乡下种地去了。

阮大铖在弘光朝廷成功复出后，自然得拉兄弟一把。杨维垣也凭借阮大铖的势力重新出山，并担任了通政使。——哪怕是拿出放大镜仔细照，杨维垣的事迹也只能找出这么多了。

不过，说起《三朝要典》，显然要比杨维垣出名得多。

《三朝要典》系由魏忠贤集团荣誉出版的历史专著，于天启年间正式发行。本书的编写汇集了当时该集团所有有文化的知名人物，且采集了第一手的资料，以新颖的视角、独特的眼光，主要对著名的明末三大案（梃击案、红丸案、移宫案）进行了全景式的诠释，再次为读者们还原了万历至天启年间重大历史事件的真相。当然，是阉党们心中的真相。除此之外，本套史书还有另外一大闪光点，那就是邀请了朝中知名红人魏忠贤担任本书的名誉总主编。由于时间和水平有限，书中难免有疏漏和不当之处，倘若尊敬的读者对本书有不同意见，为了您和您家人的生命安全敬请保留，谢谢合作。

总而言之，言而总之，《三朝要典》就是本揣着明白装糊涂、混淆视听的书，与今时今日某些国家推出的专用历史教科书的用心大致相同，不过要论时间与规模，魏太监还明显属于大爷辈的。

就是这么一个破人提出了把这么一套破书重新送进国家档案馆的破主意，弘光帝居然还同意了。连瞎子都看得出来，这是先做好翻案的舆论和材料准备，接下来就该正式动手把逆案重翻了。

果然不出所料，没等几天就有人响应了。十二月二十二日，吏部尚书张捷抄出杨维垣所题奏章，大加赞扬，并向弘光提出了重新审定逆案的要求。

阮大铖终于要为自己这一帮世人眼中的阉党余孽搞平反了，眼看着一场新的更加激烈的党争又要展开了。但此时马上就要过新年了，就算马阮集团与东林党真要大闹一场，还是等到大家都欢欢喜喜过完年再说嘛。所以党争迟迟没有开始。

一到过年，上至达官显贵、皇亲国戚，下到平头百姓、乡间小民，所有的人都要忙活一阵。阮大铖也没有闲着，不过他并没有忙着置办年货，而是忙着赶紧完成他手头上的编写工作。如果你认为回归政坛的阮大铖还有热情为戏曲事业的蓬勃发展添砖加瓦，那可是大错特错了。写剧本不过是复出的一个小手段罢了，既然已经又当官了，再写那种东西就无异于自贬身价、自找麻烦了，所以这回阮大铖编的不再是戏了。

如果有人指出阮大铖是纯正的阉党余孽，那还真难说是错的，因为此时阮大铖很明显推行的就是没有魏忠贤的魏忠贤主义，打击报复，拉帮结伙，不遗余力。除了行动上承继魏公公外，思想上也必须如此。魏公公在时既然写了本《东林点将录》，那他阮大铖也不能落后。

为了向先辈看齐，阮大铖就在春节前期加班加点赶写阮大铖版的《东林点将录》——《蝗蝻录》，且随后又出了黑名单系列的续作《续蝗蝻录》和姊妹篇《蝇蚋录》。这其中，阮大铖把东林党人士比喻为“蝗”，又让复社人士扮演“蝻”，准备搞一场昆虫大宴。

《蝗蝻录》《续蝗蝻录》和姊妹篇《蝇蚋录》不仅在比喻上突破了以人喻人的局限，还进一步从列入黑名单的人数方面远远超越了前作。《蝗蝻录》《续蝗蝻录》共计收录了一百四十三人，后来编制的《蝇蚋录》又追加了九百五十三人。比起《东林点将录》仅有一百零八人，只能做成两副扑克牌，阮大人用这三部书的人名能做二十副还有零头，那真可谓是小巫见大巫了。

恨人能恨得这么多、这么全面的，看来也只有阮大铖一人而已了。看这架势，

不把东林、复社人士一网打尽，阮大铖是不会罢手的。

万事俱备，一切只等过完年了。

弘光元年（1645）的新年，弘光帝过得怎么样确实不太清楚，按理说应该也差不到哪儿去。毕竟从新年的钟声敲响的那一刻起，大明公司终于改挂我的牌儿了，手中的帝国终于步入了弘光时间。真的挺不错的。

不过可以肯定的是，这个年有一个人或是一群人过得并不理想，甚至可以用糟糕来形容。这个人就是镇守扬州的史可法大人。

虽说大过年的，史可法的心情却一直好不起来。因为就在几天前，他的得力助手、被寄予收复河山厚望的四镇第一猛将高杰不幸离开了这个世界。史可法当然笑不出来了。

年前还活蹦乱跳的，咋说没就没了呢？原因很简单，高杰并非无疾而终、自然死亡，他的突然离世是因为一场精心策划的谋杀。而更令史可法痛心的是，罪犯在行凶之后不仅自己跑路了，还带领数万人一起投了敌。

或许有人以为凶手投奔的是李自成。不愧是硬汉型的闯王李自成，被吴三桂打成了那个德行，竟然还具有如此巨大的魅力，能吸引这么多的人加入自己的队伍，真是不服不行啊！如果这样想，那可真是大错特错了。因为杀死高杰转而去当投敌的那哥们儿找的新雇主并不是在走下坡路的破落户李自成，而是大明的老对手后金，不对，当时已经正式挂牌改称大清了，还顺便把总部也迁到了北京。

清军在吴三桂的配合下，很快由辽东出发，一路上高歌猛进，五月份左右就基本上消灭了李自成在京畿一带的势力，成功控制了自山海关到北直隶的大片地区。睿亲王多尔衮也就此入居武英殿，把这儿当成临时指挥所，传达对各路清军的指令。清军初来乍到，表现得还是很得人心的，至少与以前他们在明朝群众心中的印象是大大的不同。

清军一路打来一路追，沿途既没有放火抢劫，也没有侵扰百姓，那是相当的老实，搞得本以为清兵是来趁火打劫、准备武装自卫的当地百姓也不好意思了，纷纷放下锄头镰刀，改为拿食物饮料欢迎清军大老远跑来为自家国君报仇雪恨。

清军的换新风工作搞得有声有色，北京城中的大清公司招聘会也同样办得风风火火。多尔衮到北京没几天就向外发布告示，为清廷招揽人才。但是告示是发出去了，来的人却少得可怜。一个月过去了，虽然人数不少，但能称得上有名的一共就俩。一个是前明山海关总兵官高第，还有一个是报了名却还没赶到的前明大学士冯铨。比较熟悉明朝历史的朋友可能一见到这俩名，就发现两人的共同点了——阉党。娘的，好不容易有点名的，还全是恶名，这如何是好。不过，能有人来主动投降就不错了，总比没人来强。既来之，则安之。先凑合着用吧。

清朝方面对于招聘会遇到的这种境况，其实应该是能预料到的。因为在当时大多数大明百姓和官员的心里都存在这样一个普遍的观念，这些人始终而且必须要走的。

要知道，清军此次入关是打着“为尔君父报仇”的旗号来的。现在李自成已经被赶走了，大顺军也基本被打残，余部光凭在各地驻守的明军自己就能收拾得了，不用再靠外援了。如此看来，清军几时走不过是个时间问题。

事情办完，时间一到，您从哪儿来还是要回哪儿去的。拜拜！慢走！再见！我们还要忙着重建家园，就不远送了！

所以只有那几位臭名远扬且四处找不到工作的前阉党成员，才愿意随你去东北白山黑水那儿放牧。还是中原好啊！

然而梦想与现实往往还是有很大的差距的。多尔衮和一道前来的满洲贵族自从入关后，就没打算回去。今天的我们已经不是那个以打劫放牧为主要业务的强盗集团了，我们此行就是为进京接手大明，开发全国的房地产生意的！

虽然之前李自成率军撤离时特意放了把火，打算烧干净了紫禁城，彻底断了满清在北京扎根或者设置驻京办的念想。不过，李自成们似乎忽略了一点，人家本来就是游牧民族嘛，没房间住搭帐篷就解决问题了，这还是难不住满族人民的。

本着能占一点是一点的原则，在与诸王、贝勒、贝子、满汉大臣开了几次会后，大家以压倒性意见同意了由睿亲王多尔衮力主提出的建都燕京的提议，并在当天就赶紧派遣辅国公屯齐喀、固山额真何洛会等人前去奉迎小皇帝顺治的车驾。

顺治帝、顺治他妈以及盛京的大小官员一行经过三个月的车马劳顿，终于抵达了宿敌大明王朝的古都北京城。崇祯十七年（1644）十月，年仅六岁的福临亲诣北京南郊告祭天地，即皇帝位，遣官告祭太庙、社稷，正式向天下人宣告自己将要成为这个帝国的新主人。

通常情况下，皇帝登基后的第一件事就是封赏功臣。顺治虽然还小，不能亲自办理这项业务，但好在有能代办的在，所以这个传统的工作没有被落下。这个代办的，不用说也只有多尔衮了。

为尊重游牧民族的传统，清廷决定还是先由自己的亲戚开始奖赏升官。首先获得嘉奖的当然还是小皇帝的叔叔多尔衮。鉴于多尔衮叔叔秉承满洲人一不怕跑路、二不怕吃苦的奋斗精神，凭借聪明与智慧亲赴前线，沉着指挥，大破李自成军，收降了人才吴三桂及其手下的关宁铁骑，为大清定鼎中原立下了最高战功，经小皇帝本人及皇太后一致同意，加封和硕睿亲王多尔衮为叔父摄政王，总统朝廷内外一切事务，钦此。

另外，同样为表彰随同叔父摄政王征讨李自成的诸位叔叔哥哥，顺治接着又加

封多尔衮叔的弟弟、和硕郑亲王济尔哈朗为信义辅政叔王，多叔的另外一个兄弟、多罗豫郡王多铎为和硕豫亲王。当然自己的亲哥哥也不能忘了，顺治恢复了此前因犯事被削爵的豪格和硕肃亲王的王位，又进封多罗武英郡王阿济格为和硕英亲王，贝勒罗洛宏为多罗衍禧郡王，封硕塞为多罗承泽郡王。

总之，凡是出来遛了一圈的，甭管帮没帮上忙都或多或少给了好处。年终奖提前发给大家了，继续努力吧！

好，开始干活。

清廷在入关之初，一开始并没有一下占领大明全部国土的计划。自多尔衮到洪承畴、范文程，都是抱着能占多少土地就占多少土地的想法来的。所以既然已经把小皇帝接来了，别的就先不多说了，还是圈地要紧。

登基大典结束不久，荣升摄政王的多尔衮叔叔就给每个人下派了任务。以英亲王阿济格为靖远大将军，率师西征主打李自成。以豫亲王多铎为定国大将军，挥师江南，用武装游行这一特殊形式拜访一下亲爱的宿敌先生。

一般比较正规的访问活动，总要递个帖子，明确写出，小弟某某将于某某时间因某某事前来打扰，再写上万望见谅等客套话，这才算符合我国礼仪之邦的传统。这次多尔衮也没例外，按例给南明发了一个帖子，只不过内容比较别出心裁罢了。

> 是时王檄谕故明南方诸臣，数其不能灭贼复国，拥众扰民，自生反侧及无明帝遗诏擅立福王三罪。

这句话不用解释，看了就能懂。如此看来，多尔衮还是极富责任感的，喜欢帮人帮到底，在打跑劫道的后，还要对受害人进行一通批评教育，干涉一下人家的家务。

清廷决定把房地产公司总部由东北搬过来的消息发布出去不久，终于招到了一些有志之士前来入股。先是已经投降李自成的前明大同总兵官姜瓖把自己当时的同事柯天相等干掉了，以大同投降。接着前明三边总督李化熙、曾归顺李自成的唐通也做掉了李自成的几个亲戚后来降。但最让多尔衮高兴的还不是这几个人的加入，而是前明德王朱由櫞的归降。前明亲王的归附，这当然是该大力宣传的大事，于是在朱由櫞的影响下，越来越多的前明大臣跑来为清廷效忠。

自己的子孙竟会有主动投敌当汉奸的这一天，如果朱重八地下有知的话，说不定会把棺材板啃穿。

清朝在战事方面异常顺利。多铎军一路经过孟津、陕州，连败大顺军将领黄士欣、张有曾等，屯兵于黄河北岸。次年春，清将图赖等又在兵家重地潼关击败了亲率马步兵迎战的李自成，并兵围潼关，再次大败大顺军，把李自成逼得退守西安。接下来的战局就比较单调了，因为压根就没有什么重大的战役了，大顺军是一路跑，清军是一路追，一路打。由西安到商州，李自成军几乎毫无还手之力，把该丢的、不该丢的彻彻底底地都丢了，真可谓是一败回到起义前。

清兵继续深入，破海州，入宿迁，山东及丰、沛全部都投降了。不久，清军进入河南府，总兵李际遇也以城降。

山东、陕西陷了也就陷了吧，反正是在大顺军的手上，与自己关系不大，但河南就不同了，因为虽说南明是被称为南明，所辖领土却不仅仅是南方，还包括黄河以北的广大地区，河南府就是其中最为重要的战略要地之一。投降清军的李际遇也是南明政府挂牌的正式官员之一。现在既然当了叛徒，这就有说道了。

于是，在扬州前线的南明最高官员、督师史可法终于要面对他这一生中最厉害的对手并采取行动了。

当时河南的军事形势已经比较紧张了，巡按御史陈潜夫虽然及时把清军南下的事情上奏给朝廷，并保奏屯驻在汝宁的总兵刘洪起为负责人，组织两河义军阻截清兵。但这个提议却被马士英驳回了。马士英反过来却召回了陈潜夫，以致河南军事布防极其空虚，清兵趁机长驱而入，打入河南腹地。

得知多铎大军南下进入河南的消息后，史可法以最快的反应下达了最合适的命令：出兵河南。

弘光元年初，在史可法的安排下，江北四镇中战斗力最强、兵力最多的高杰率军北上。这是南明朝廷自建立以来，第一次向黄河流域推进的军事行动，然而比较不幸的是，这也是最后的一次。

当时驻守黄河北岸的是顺治的哥哥、肃亲王豪格。此人虽然身为皇太极的长子，但却没有继承皇位（顺治是第九子），所以经常十分郁闷。没事就在心里犯嘀咕，我是老大且立功无数，按理说我老爹的班该由我接，干吗因为我当时装装样子谦虚了一下，就把帝位给了那个嘛事儿不懂的小屁孩？后来豪格终于想通了，就是那个多尔衮捣的鬼，他正是把自己皇帝宝座倒腾没的罪魁祸首！因此本来就与多尔衮互相看不顺眼的豪格，对这位叔叔的仇恨与日俱增。多尔衮叔叔向来绝非善茬，一发现豪侄子对自己的态度不好，就决定治一治这小子，一有机会就给豪格下套。要知道豪格虽然仗打得好，马骑得棒，但他的智商明显比不上他的弓马技术，当然更比不上以机智善谋著称的睿亲王多尔衮，经常被这只老狐狸折腾得七荤八素的，最后连亲王的爵位都被多叔叔搞掉了。

对此豪格很生气，但后果不严重。论智慧，差得不是一点半点；论威望，还有一段距离。想搞兵变实力不行，想要阴谋诡计又干不过内行。因而在未入关前，豪

格的内心是极度痛苦的，只能通过非暴力不合作来表示自己长期积压在心中的愤慨。愤怒日积月累，就如同一座暗自积蓄力量、准备时刻爆发的活火山，一旦爆发，后果将不堪设想。

多尔衮应该很明白这一点，所以在他领清军入关时，特意带上了这位不安生的侄子，让他到战场上泄泄火，折腾明军、李自成去，总比折腾自己好。而豪格随军入关后，打起仗来果然是不同凡响，见到敌人就把他想象成多尔衮，玩命招呼，一路猛砍猛杀，为清军成功击破大顺军做出了杰出的贡献。豪格自己也因战场上的出色表现被皇帝恢复了爵位，然而心情还是相当不爽。原因很简单，政敌多叔叔竟然被册封为叔父摄政王，公然主持朝政，真是岂有此理！

一想到这个坏心眼的叔叔只要在这个世上多活一天，就会在原本应贵为天子的自己头上作威作福多一天，豪格的气就不打一处来。所以当时豪格虽然驻守在黄河北岸，但听说南明也有一支部队正在开往河南，豪格就按兵不动了。

豪格军队突然停止行动，给正准备开赴河南与清军打一仗的高杰兄或多或少造成了一定的误解：这些人只是来打大顺军的，不会对南明构成威胁。于是基于这一想法，高杰便给豪格送去了一封信。

在信中，高杰先盛赞了清军助人为乐、派兵剿闯、埋葬崇祯等感人好事与其中洋溢的无私精神，接着提出了一个建议：咱们兵合一处，将打一家，同心协力，联手把李自成彻底消灭，怎么样？

读完了高杰使者送到的信后，豪格有些哭笑不得。这次就是奉命来收拾你们的，打大顺军才是顺手捎带办的事，但你高杰今儿竟提了这么个意见，莫非还没睡醒？不过，出于礼貌，豪格还是耐心地给高杰回了一封信。在回信中，豪格压根没提与明军合作的事，却只重复地提另外一件事：归降。

正如某个经典小品的台词一样：没有条件，谁投降？古往今来，除极个别的脸皮极厚者，主动投降的人应该算是少数。因为投降这种事不仅涉及一个声誉问题，更重要的是还关系到一个利益问题。

人在世上，归根到底还是要追逐利益的。所以如果没有足以吸引一个人的巨大的利益，一般人是绝不会愿意背上叛徒的骂名的。正如当年的皇太极无法策反袁崇焕一样。此时的豪格也意识到这个问题，所以他代表清廷开出了价码，在任何人看来都是极其具有诱惑力的价码：“大者王，小者侯，世世茅土。”就是说，只要你肯来，我们就给你大官做，好的话是封你当个王，最次的也是个侯，而且只要你家每代能生出男的，这位置就一直会是你们家的。

要是赶上过去的那个高杰，可能二话不说就跑过去和豪格喝酒拜把子，然后欢欢喜喜地宣布改头换面了。然而现在这个高杰，不再是以前那个贪财嗜杀、自私自利的高杰了。今日站在敌人面前的高杰，确实已经足以承担抗清英雄的英名。

在我很小的时候，我的一个老师常常这样告诉我，你的环境是好是差并不重要，真正决定你命运的人其实是你自己。之后的十几年里我一直把这句话视为至理名言。但当自己又经历了许许多多的事情之后，我才突然发现原来这句话并非完全是对的。

一个人总要处于一定的环境中，因为这样他才能生存。不过即便哲学上明确地说了是内因决定外因，但我们仍然不能否定一个人所处的环境确实会对这个人产生极大的影响。远到古圣先贤所谓的“蓬生麻中，不扶而直；白沙在涅，与之俱黑”，近到街头大妈常挂在嘴边的“近朱者赤，近墨者黑”，都是一个道理。能拥有一个良好的环境是相当重要的。

高杰本人的变化就是这一“环境创造论”的典型案例。由于长期追随着时刻以忠君爱国为原则、以尽忠职守为规范的全国道德模范史可法大人，高杰在潜移默化之中也不由得被史可法的精神所感染，思想境界与道德水平在短时间内得到了极大的提高，同样开始把为国尽忠作为自己的人生准则并致力时刻遵守。所以高杰毅然拒绝了豪格极具诚意、条件优厚的诱降要求，并对其行为进行了严厉的谴责。

从信中隐约发觉清军真实意图的高杰，随即上书朝廷，请以己重兵驻归德。在得到批准后又亲冒大雪，带领高氏包工队沿黄河筑墙，修建防御工事，专力防御清兵南渡，并联络驻守在河南睢州的开封总兵许定国通力协作，收复中原。

## 谋杀

弘光元年正月初十，完成了建筑事务的包工头高杰随同河南巡抚越其杰、巡按陈潜夫，带领数万军队来到睢州驻扎。当地的军事主官许定国热情接待了入城的一行上级领导，并在城内举行了大型的宴会与娱乐节目，为他们接风洗尘。

在酒桌上，几乎所有的人都很高兴，越其杰、陈潜夫深为高大人力辞清军劝诱的所作所为而感动，所以不停地向高杰敬酒，在座的其他当地官员也跟着接二连三地给高将军敬酒。高杰虽然脾气是改了，但老毛病却没改，一如既往地来者不拒，有一杯喝一杯且越喝越开心。然而正喝得兴高采烈的高杰却始终没有发现，在他的身后一直有双充满仇恨的眼睛在盯着，从高杰入城的那一刻就开始了。

此人正是举办宴会的总兵许定国。许定国对眼前这位的仁兄仇恨其实由来已久。虽然许定国真不是个好人，但我们不得不承认他如此憎恨高杰是很有理由而且还是很应该的。因为这事儿还是要怪高杰。

当年高杰还在李自成手下打工时，曾经奉命率军进攻过河南太康。当地留守的

明军显然不是高杰的对手，所以很快便被高杰军全歼，太康城也随即被民军攻破。由于高杰这位统帅的品德不大好，所以打进城去的民军自然也就没什么纪律可言了，烧杀抢掠，无所顾忌。总之，该干的没干，不该干的倒干全了。

在纷飞的战火与野蛮的抢掠中，有的人家被迫逃亡，有的人家妻离子散，还有的人家被大火付之一炬。无论如何，当民军去后，太康城确实早已丧失了往日的热闹与喧嚣。当时领兵抢掠的高杰或许并不知道，在城中曾有一户人家因为稍有反抗，在场所有人等竟被抢红眼的民军士兵残忍地杀光，而这户人家大部分人姓许。没错，那些人就是正陪在高杰身边的许定国的一家老小。

此时此刻，许定国虽然正面对着这个杀害全家的凶手，却没有贸然动手。因为他知道高杰的大部队正在城外驻扎，自己即使下手干掉高杰报了家仇，也将难逃高杰军兵的马刀，所以许定国决定再等等。找好了有十足把握的机会，再动手也不迟。况且这个时候，许定国已经预先为自己留好了后路。

许定国的后手就是豪格。

高杰等一行人尚未进入睢州时，得到消息的许定国便秘密同清军协商投降的相关事宜。为了显示自己的诚意，许定国按照豪格的要求，把自己的两个儿子许尔安、许尔吉送往黄河北岸的清军大营中当人质。

许定国这个人向来不喜欢耍阴谋诡计，因此他原本想在高杰军到来时正式宣布降清，然后再请豪格马上出兵，支援自己与高杰军决一死战，靠这种正大光明的形式报灭门之仇。

没想到豪格却否决了许定国的要求，说是因未奉上命，所以不敢渡河。这下许定国真急了：求你半天都不肯来，难不成是逗我玩呢？实在太不讲信用了！许定国派使者，对新主顾打工不给钱、收了好处就闪人的不义行为表示强烈的抗议。豪格方面对这件事的答复一直是未经奉旨，不敢擅往，因此兄弟你还是再挺一阵子吧。

其实也不能全怪豪格不肯发兵，因为说句实在话，当时豪格手里也没有多少兵。此时清军的主力是阿济格、多铎两路，工作重心则是追击李自成，所以当时在山东、河南、淮北等地的兵力非常单薄。具体到豪格这里，大约只有不到一万人。虽然那时候位居东北的清政府还没有在其所管理的地区普及未成年儿童的初等教育，但作为皇室子孙的豪格还是学过算术的。凭自己手上握的这点兵，去联合许定国民兵水平的三流军队单挑高杰精锐的数万明军，这种赔本的买卖是坚决不能干的。现在唯一要做的只有等待，等多铎叔叔的大军赶到再说吧。

许定国最终确定求助无望，不得不改变策略，换上笑脸去城门口热情迎接那个曾指挥军队杀害自己亲人的高杰。可是，许定国将儿子送入清营当人质事高杰知道，然而许定国并不知道高杰知道。

但是，高杰尽管已将一切的起因经过结果了然于胸，却似乎并没有戳穿这层纸的打算。从进城到吃饭再到喝酒看表演，高杰无时无刻都能留意到坐在旁边的许总兵的恨意，不过他始终保持沉默。

在得知许定国叛变的消息并掌握一定证据的前提下，如果高杰在酒桌上乘机干掉许定国，随后再向所有人公布许定国投敌的证据，这对于拥有一身好功夫且有大军驻在城外的高杰来说，也就是一个钟头的事儿。何况收拾掉叛徒许定国不仅能保证自身的生命财产安全，排除隐患，还能因此报功，官升一级。如此好事，何乐不为？然而高杰却不知是出于什么动机，终究没有这样做。

后世史家对此有着不同的看法。有人说是因为高杰认为许定国叛国投敌是假消息，所以一直不信。有人认为是因为高杰身为一介武夫，为人憨直（说得不好听点就是有些二杆子），自以为兵多势重，许定国绝不敢轻举妄动。还有人断定高杰当时手上没有足够的证据，因而才不敢动手。

不过在我看来，如果真的要为高杰的不作为找一个合理的解释的话，我更愿相信是出于这两个字：良心。

我曾经对你犯下过严重的错误，伤害过你和你的家人，但此时我已诚心地悔改，因为有一个人让我明白了生命的可贵与人生的真正价值，希望你能原谅我的过错，暂时放下私仇，和我并肩作战抵御那些真正的敌人，共同保卫我们的国家，我们的百姓。

可惜，许定国最终还是没有听到高杰心中的忏悔并原谅他的错误。

弘光元年正月十二日，许定国再次邀请高杰入睢州城赴宴。为了表示对许定国的信任，高杰特意只带了三百名亲兵进城。席上许定国也特地找来了一群美女劝酒，把高杰灌得大醉。在似醉非醉之间，高杰看似无意地提到了许定国送子渡河及降清的事，不过他仍然没有对许定国就地下手。很快，高杰本人便酩酊大醉，且不顾属下的劝阻，决定当夜留宿睢州。

听君席上话，吓得冷汗流。许定国的精神已经定格在高度紧张的状态了。但是对于高杰为什么没有借机收拾自己这一问题，许定国既没心情也没什么去深究的想法。于是，提心吊胆的许定国终于做出了他自己的决定。报仇雪恨，就在今夜！

趁高杰和他带来的三百名亲兵都已熟睡，许定国带领士兵在城内发动了叛乱。据说在伏兵四起时，睡梦中的高杰被喊杀声惊起，便赶紧去屋内寻找枪甲，结果当然是没找到。好在叛兵畏惧高杰的勇猛，不敢上前，局势暂时处于胶着状态。这时许定国恰好领兵杀到，就主动去啃硬骨头，和高杰单挑。许定国见到仇人，二话不说，持枪直入，猛刺高杰。而高杰在此刻也未失强人本色，亲手折断了两杆枪（杰虽短小而勇悍绝人，连折二枪）并一度打退叛兵的围攻，但终因寡不敌众，

力竭被擒。

抓住了高杰后，许定国让手下把高杰押到他面前："这三天来，受够了你的侮辱，现在你还有什么可说的？"

"吾乃为竖子所算。呼酒来，当痛饮死。"大笑，被杀。同行的亲兵也有三十余人同时遇难，史称"睢州之变"。

混乱中，越其杰、陈潜夫逃出睢州，总督张缙彦、监军李升在乱军中仅以单身走免，河南境内再次引发了大动乱。



许定国成功除掉高杰后，拿着高杰的首级前去招抚士卒。在许定国的威逼利诱下，部分明军跟随着许定国连夜渡过了黄河，向清豫亲王多铎投降，使北岸的敌军人数迅速升至五万余人。河南境内的军事力量对比自此终于产生了翻天覆地的变化。清廷也因许定国的杰出表现，加封许定国为平南侯。

得知主将遇刺身亡后，高杰驻开封、归德等处的部队马上汇集睢州，并于十三日在高杰部将李本深、高进库等人的带领下，干了件为人不齿的事：屠睢。报复性军事行动一直是高杰军的传统，可见虽然高杰因为跟随史可法的关系转了性，但他的军队似乎还是老样子。

睢州之变的消息很快传遍了大江南北。督师史可法闻讯后异常震惊，随后大哭一场。据时人笔记的记载，痛哭后史可法面无表情，目光呆滞，整整半天就只做了两件事：顿足、长叹。

"收复中原的事再也办不到了，国家大事全被许贼搞坏了！"

不过史可法也知道光是哀叹也是于事无补的，唯今之计是要尽快赶赴前线，平息事端。于是史可法火速回师徐州。

北伐大局就此毁于一旦！

# 第八章　分裂

## 宿敌来访

史可法来到高杰军的大本营徐州后，立即采取了行动。因为此时的局势不是危险，而是万般凶险。一旦处理稍有不慎，弘光朝廷就将陷入巨大的危机之中。

听说高杰挂了，最高兴的人应该不是清军，而是黄得功。黄得功险些在十桥之役中被高杰的暗着干掉，所以从那时起便一直视高杰为最大的仇人，要不是因为朝廷和史可法从中协调干预，黄得功早就带人杀过去报仇了。现在高杰一死，黄得功知道自己的机会来了。

得到消息没两天，黄得功就做好了袭击高杰军报仇的准备，只是没想到人还没走多远，便遇上熟人了。史可法早就料到高杰一殁，其余的三镇总兵为了争夺高杰留下的最宝贵的遗产——军队，是绝对不会老实的。而史可法也很准确地预测到，率先发起行动的必然是最恨高杰的黄得功，于是马上派人前去拦下黄得功部并向朝廷请求援助。所以黄得功在路上接连碰到了史督师与朝廷的使者和同一个指示：回去！

史可法的话听不听两可，但皇帝陛下的圣旨黄得功向来是唯命是从的，所以接到皇帝的命令后，黄得功只好带领杀气腾腾的部队返回了庐州。

黄得功比较尊重朝廷，因而还好对付，不过刘泽清与刘良佐这两位则向来是无

组织无纪律，对朝廷发布的命令也总是选择性服从。为了搞定这二位，史可法必须想出一个彻底解决问题的方法。

高杰不在了，按理说军中无主，应该乱成一团。但事实并非如此，因为高杰的军中还有一个能压住阵的人，高夫人邢氏。不久，邢氏上书朝廷，为自己与高杰的儿子高元爵请恤，史可法也同时请求朝廷把高杰的军队托付给高杰的外甥兼部将李本深，并升其为提督。

可是弘光不同意。当然作为帝国的最高统治者，为维护国家的利益（其实也是维护自己的利益），弘光从来是对事不对人的。把高杰的地盘与军队给谁，弘光有着自己的打算。

几天后高杰军接到了弘光的旨意，就兴平伯高杰的遗产归属问题，弘光做出了如下判决：

加监军卫胤文为兵部侍郎，总督杰军。所部将士，仍听邢氏统辖。这是军队的归属。

至于地盘方面，弘光令中权总兵杨承祖赴夏邑，副将唐应虎赴虞城，苗顺甫赴砀山，后劲总兵李翔云赴双沟，右协总兵胡茂贞、左翼总兵郭虎赴泗州驻防。多处驻防，人人有份；有功一起领，有锅一起背。简单明了，责任明晰。

当然对于史可法提到的李本深，弘光也没落下。李本深受封为太子太保、左都督（一品），提督本镇，赴归德驻屯。

看完史书上弘光的这一串任命，我不得不说弘光的确是块做皇帝的料。对于突发事件既能快速地做出反应决断，又能在无声无息中暗地削弱高杰军的势力，收买人心。做事能做到这个分儿上，实在不错。

特别是在回复史可法时的那一句："兴平有子，朕岂以兵马信地遽授他人！"着实是让不少高军将士大为感动，甚至邢氏母子对弘光也是感恩戴德：遇上这种明白事理又会来事儿的君主，咱们兄弟跟定您了。

不过，关键时刻，向来明白事理的史可法却连续办了两件糊涂事，并因此饱受后人的争议与指责。

即便在领导弘光的干预下，高杰的遗产得到了恰当的处置，但帝国主义亡我之心不死，刘泽清等其他三镇仍旧对这位邻居的家产念念不忘。高杰留下的土地和兵马，就如同恶狼眼中的小肥羊，时时有被吞并的危险。

形势严峻，实际负责统领亡夫军队的邢氏自然是十分清楚。虽然邢氏是一个极有能力的杰出女性，但毕竟孤儿寡母不好完全控制住局面，所以精明的邢氏决定想一个好办法，以彻底扭转这种不利的情况。

俗话说：大树底下好乘凉。邢氏希望能给自己年幼的儿子高元爵再找位父亲——义父。于是史可法自然就成为最合适的人选。

在众人的眼中，史可法几乎是个完人。首先，史可法十分孝顺，是个大孝子，无论严寒酷暑，十几年如一日地每天向老母亲请安，找时间陪老人说说话，时常伺候老人。而且更为难得的是史可法不仅孝敬父母，也同样孝敬师傅。想当年史可法的恩师左光斗活着的时候，史可法对他老人家就十分尊敬，服侍甚周，后来左光斗被魏太监的人抓到了大牢里，史可法还是不怕被牵连，想尽一切办法混入狱中去见了老师最后一面。其次，史可法为官清廉，忠于职守，道德品质异常高尚，深受广大人民群众的爱戴，威望极高。再次，要知道史可法当时是督师、大学士，朝廷的第一重臣，跟着史督师混不用说，前途将会是异常光明的。最后也是最为关键的一点，史可法一直就没儿子。

史可法这个人虽然比较完美，但他的生活似乎并不完美，那就是即使已经结婚多年，妻子杨氏却始终没有为他生下儿子。所谓"不孝有三，无后为大"，在古代，有没有儿子继承家里的香火，是件极为重要的大事，马虎不得。因此他的妻子杨氏也常劝史可法纳个妾，但史可法每次的回答都是大同小异："国家的事正忙着，怎么敢为生儿子的事花时间考虑呢！"（王事方殷，敢为儿女计乎）所以最后此事也就不了了之。

现在邢氏再次把"儿子问题"提上了日程，主动向史可法表示，让儿子高元爵拜史可法为义父。希望通过这种方式，一来增进双方的感情，二来帮史可法彻底解决没儿子的问题，三来稳定军中的局势。

建议提出来了，然而史可法不干。

我们说史可法几乎是个完人，但"几乎是"就足以说明一个问题——他不是个完人。

史可法虽说道德高尚，人品很好，能力强又有责任感，但他还是有缺点的，而非常注重门第家风就是缺点之一。高杰兄的老本行是沿途打劫的，也就是个强盗，即使后来高杰改邪归正、投降了政府，但是这段黑历史依旧无法被掩盖。在当时的人眼中，流贼的儿子骨子里也还是贼。

史可法受传统观念影响极深，在这件事上就算是你打死他，他也不会点头答应的。所以史可法坚决回绝了邢氏的要求，转而给高元爵找到了一个不用改姓的干爹——高起潜。这下，轮到邢氏不乐意了。

高起潜在明末多少还算个名人，而且他出名的大部分原因在于他有许多干儿子，其中最出名的就是吴三桂。毕竟正常人一般不会认下如此多义子的，高起潜之所以这么做，只是因为他的身份和职业比较特殊。在崇祯朝，高起潜是崇祯身边当红的大太监；在弘光朝，高起潜依旧是炙手可热的提督江北兵马粮饷太监，不可不

谓职不高权不重。

就是这样一个人，凑合着还行。但是邢氏不满意。与其说是不满，倒不如说是愤怒。其实邢氏的心情也是很容易理解的。按照邢氏的计划，以后每当儿子高元爵出去与人交谈的时候，人家一问令尊是谁、位居何职时，高元爵可以先简单介绍一下老爹高杰的生平，然后重点介绍义父大人。史可法的干儿子这一身份一出，即使不是惊天地泣鬼神，也至少能引来无数人艳羡的目光。但现在史干爹冷不防被换成了高干爹，这个差距就太大了。高起潜的名字说出来，要么人家不知道，要么会看到他人鄙夷的脸庞：一个太监的干儿子，你美个什么劲？唉，这还不如没有干爹好呢。

当年要不是老娘出手救你，你丫早让高杰给剁了！面对史可法“忘恩负义”的行为，邢氏很伤心，但更多的还是愤怒。自此，高杰部与史可法永远决裂。

没有了高杰部队的撑腰，其他三镇将领更是不再听从史可法的号令了，史可法就此真正成为传说中的光杆司令。远在南京的马士英看准形势，及时伸出手来把史可法进一步推向了黑暗的深渊。不久，马士英随便找了个由头，又将史可法的部分军队从扬州调走，致使南明守卫黄河的防线更加空虚。此时不要说北伐清闯、收复中原，能守得住南方的一亩三分地，史可法就得谢天谢地，给各路神仙烧遍香了。

在此危急时刻，一向稳重睿智的史可法竟又犯下了第二个错误，致命的错误。

当时虽然许定国投奔了清军，使得清兵的实力大增，并主动引兵入仪封，但局势尚处于能够控制的范围内。只要河南境内的各地明军能坚守城池，河南还不至于马上失陷，弘光朝廷也能拥有一定的缓冲空间。不过，史可法在关键时刻却没有听从手下谋士阎尔梅“渡河复山东”“西征复河南”抑或“稍留徐州为河北望”等正确建议，一意孤行以退保扬州为上策。使得淮河防线不战而溃，长江防线危在旦夕。

对于这一完全错误的军事决策，大部分后人都深表遗憾，还有人就此得出了史可法根本不懂军事的结论。但不管是什么原因促使史可法做出了这一决定，我认为此时的史可法应该已经预感到他自己的结局。

“臣恐恢复之无期而偏安未可保也！”

“法处今日，鞠躬致命，克尽臣节而已。”

我看到的是一个已经竭尽全力的老臣最后的坚持，以及最真的许诺。

正月二十四日，史可法上疏求退。原因很简单，实在干不下去了。自从邢氏和史可法闹僵了之后，江北诸将只要是个带点兵的就敢不把史督师当回事儿。先是刘泽清联合黄得功、刘良佐弹劾史可法包藏祸心，拥护高杰儿子和外甥李本深执掌军队，图谋不轨。接着兵部侍郎卫胤文又参劾史可法“赘疣应去”。

要知道，史督师虽然是老实人外加老好人，但也是有脾气的，被部将整天骂来骂去，终于忍无可忍，向皇帝提交了请假条。

江北谁都可以没有，就是不能没有史可法，弘光还是不糊涂的。于是弘光马上颁旨慰勉了一下史可法，提出希望史大人不畏谗言，好好干活。接着又顺便教训了朝廷内外几个闹事儿的大臣，才最终把这件事压了下来。

然而即便是留住了史可法，河南等地的局势似乎也已无法挽回。特别是陈洪范回到朝廷汇报了清廷的反应后，无论是史可法还是弘光都深刻意识到，与宿敌的这场战争是不可避免的了，而何时开打只不过是个时间问题。

弘光早在登基之初，就为探听北方清廷的动向和态度，特地派遣了一支代表团前往北京，与清廷方面接洽。代表团一行数百人，领头的主要有三个：正使兵部右侍郎佥都御史左懋第、副使太子太傅左都督陈洪范和太常寺少卿马绍瑜。使团一共携带了白金十万两、金千万、缎绢万匹，于崇祯十七年七月初偕使清廷，历时近五个月，终于归来。

陈洪范回到朝廷告诉弘光，钱我们送过去了，和平协议人家不签。

弘光怒了：既然不办事，为啥还把钱给他？

陈洪范没有回答。

弘光这会儿也无奈了，正坐在龙椅上消气，突然发现事情有点不对头，于是问："和你同去的左懋第、马绍瑜何在？怎么没见到他们回朝复命？"陈洪范答："被扣。"

弘光彻底崩溃了。

陈洪范没有顾虑到弘光的反应，继续汇报："局势万分紧急，清兵日夕必下江南。"又说："念臣等劳苦，请陛下加恩使北诸臣。"

啥事没办成，还想邀功求赏。见过不要脸的，没见过这么不要脸的。

兵科给事中戴英看不下去了："洪范出使无功，正使身陷异域，下役反倒群聚晋爵，天下人听说了这件事，还会不嘲笑朝廷吗！"

陈洪范确实不怕被笑话，因为他此次回来的主要目的就是捣乱来的。

虽然弘光很精，在朝的大臣们也有不少老狐狸，但他们统统忽略了一点，为什么回来的偏偏是陈洪范？

左懋第是正使，被扣并不奇怪，然而副使是陈洪范和马绍瑜两个人，而且无论从官职还是能力来看，似乎陈洪范更具有人质价值。清廷要么扣下左懋第、陈洪范，放走马绍瑜；要么扣下左懋第一个人，放走陈洪范和马绍瑜，但为何没有二选一，而单放陈洪范一人南归呢？

答案很简单，因为陈洪范叛变了。

北防使团的前期活动正如陈洪范奏报的一样，九月十六日一行人到了德州，清廷就派巡抚方大猷带来了摄政王多尔衮的命令，只许使团带一百人赴京朝见，其余随从人员被迫留在原地等待。接着清廷方面又派故明锦衣卫指挥使骆养性遣兵相迎并一路护送北上，于九月末到达大明帝国的旧都北京。

山河风景元无异，城郭人民半已非。看到昔日的故国旧都已不复往日的繁华与喧嚣，使团一行人无不伤感不已。

使团虽然到了，然而因为顺治帝刚刚抵达北京不久，因此不得不先等待一段日子。清廷与明朝在外交事务上的斗法也就此开始。

南明使团初到北京时，清廷方面的接待还算周到，立即为使团安排了住处。但正使左懋第得知清廷方面为他们准备的下榻地点后，马上阻止了准备搬着大包小包入住休息的同伴们。因为那个地方是四夷馆。

四夷馆，馆如其名，是四方蛮夷属国入贡天朝时暂时居住的地点。如果堂堂大明使臣住了进去，不仅有损国威，还会改变此行的性质。所以左懋第向清朝礼部提出了严正的抗议，并明确表示自己是代表明朝前来谈判而非纳贡的，同时还拒绝了清朝方面提出的行属国进见之礼的要求。在左懋第的坚持下，清廷最终同意使团改住鸿胪寺。

几天后清朝大学士刚林前来，要求使团奉旨朝见。左懋第没有答应，而是提出明朝的使团只听从大明皇帝的敕命，要先谒陵、后通好。在拜见先帝的梓宫后，才能朝见。讨论礼仪问题，刚林显然不是左大使的对手，所以只好就此离去。

接下来的数天里，清朝的官员基本没露面，只是让人把礼品、礼金收了上去，于是就这样又把使团晾了半个月。直到有一天清廷终于再次派了人，但不是迎请使团入朝，而是下逐客令。左懋第没有办法，只好即日启程。

一行人才走了没两天，刚到沧州境内，忽然一队清军骑兵赶来，不由分说就把左懋第及马绍瑜带回去了，而只留下陈洪范带队南还。又没几日，明使团的副将张有才、杨逢春、刘英等人也纷纷被从沧州境内领走。这一切的一切使得整个使团陷入了极大的恐慌中。当然，这一切背后的真相还是有人知道的，那就是陈洪范。

左懋第被迫返回北京城后，被囚禁在太医院里，而且太医院就此被戒严，不许任何人随便出入。接下来的几天里，一拨又一拨的人来到这里拜访被扣押的左大使，拜访的共同主题无非就是一个，请您快点投降吧。

自进京以来，怎么一切都是如此莫名其妙？莫名其妙地被礼貌性抢劫，又莫名其妙地被闲置了半个月，再就是莫名其妙地被赶走，最后又被莫名其妙地软禁起来。一切都发生得太突然了，搞得左大使的脑子有点转不过来。所以不论一天有几拨人来劝降，左懋第始终是不予理睬，直到那个人的出现。

幕后主使出现在左懋第面前，还没有开口说话，一向闭口不答的左懋第竟然率先开口了：“你是人是鬼？”

能让左懋第说出这种话来，证明这个人在大家心目中应该已经离世很久了。

没错，制造这一切莫名其妙事件的人正是左大使的熟人，明朝君民心中的那个抗清英雄洪承畴。

在以科学的方法验证了眼前这个洪承畴是个大活人后，左懋第提出了自己的疑问：“洪承畴应该战败殉国了，而且先帝亲自赐祭、加醮九坛、锡荫他的子孙，这件事地球人都知道，今天你为什么还能活着？”

应该说左懋第是一个极其聪明的人。因为据相关的史料推测，当时的左懋第应该早就知道以前的老同事洪承畴并没有阵亡而是降清当了汉奸，所以为拒绝洪承畴对自己的劝降，以求速死殉国，左懋第才故意这么说的。

“为什么还能活”，换成另一种说法就是：作为大明重臣你不应该活着！

果然，左懋第这句话一出口，就活生生把洪大人昨晚精心组织好的一肚子说词给憋回去了。要知道洪大人即使是当了汉奸，终究还是要脸的，所以听完了左懋第的话便实在不好意思再出现在老同事的面前了，立马消失了。

既然投降清朝的有要脸的汉奸，当然也就更不缺少不要脸的汉奸了。于是洪承畴劝降失败后，曾任明朝大学士的李建泰厚着脸皮就来了。两人刚一见面，还是左懋第先开的口：“你受先帝恩宠，不去殉国，却先降贼又降清，你还有什么脸见我！”李建泰虽然脸皮够厚，但也没挡得住骂，败走。

后来，凡是跑来劝降的降清官员，无一例外都让左大使给骂回去了，而且也没人敢再来第二趟。

骂功如此杰出，不愧是在都察院干过的。

第二年也就是弘光元年，弘光政权被清军消灭后，清廷再次派人劝降。左懋第听闻南京失陷的消息后，只说了一句话：“不用多说了。”接着七天不吃饭，日日恸哭，只求一死。

个人认为此时清政府的人还是比较有意思的，原因之一就是做事往往喜欢认死理，坚持到底。所以又过了几个月后，清廷又想派人去劝。但这时狱中突然传出了一个惊人的消息：左懋第杀人了！

左懋第杀人了！这并非谣传而是事实。

当时正值清军扫平江南，清政府再下薙发令，明使团中有一个随行的副将叫艾大选，这哥们儿想求个进步，就率先带头在明使团内部主动响应清政府的号召，把自己的头给剃了。其实剃个头也没什么大不了，只是不小心让左大人看见了。左大人向来是不喜欢汉奸的，于是就把艾大选叫了过来，让手下把他用板子教训了一

顿，自己也臭骂了这个品德不佳的艾大选一回。没想到，艾大选脸皮比较薄，回去后越想越后悔，觉得自己既对不起父母又对不住国家，竟自杀了。

这件事随后被同时挨打的其中一个人给捅了出去，于是清廷就以杀人罪把左懋第逮捕，关进了刑部大牢。

在今天看来，左懋第的行为应该归为过失杀人。

清政府刑部的官员就开始审问：为何杀人？

“我自行我法、杀我人，与你有什么关系？可速杀我！”

真想杀你早就动手了，还会等到今天？况且杀掉你不是我们想要的，收编你才是我们的最终目的。所以清政府派人手持兵器，开始威迫左懋第及其随行人员薙发，左懋第与使团参谋兵部主事陈用极等六人均严词拒绝，大呼不可。鉴于几个人的行为严重扰乱了公堂的秩序，极大地鼓舞了在京百姓的反剃发运动，刑部官员便奉命把这六个人又关到了刑部大牢里。

你们这帮大臣轮番上阵用了快一年的时间，竟然还没有说服区区一个南明使团负责人！摄政王多尔衮发火了。

怀着无比的好奇心与强烈的征服欲，多尔衮决定亲自出马搞定他。

六月二十日，多尔衮亲自召见左懋第。卫士们给左懋第拴上铁链子就带来了。因为左懋第已经得知弘光政权灭亡，所以麻衣孝巾，一副为国守丧的行头，见到了上面坐着的多尔衮也是二话不说，表情悲痛且凝重，上来就是长揖外加三鞠躬。等拜完了还是没说话，面向南方坐在了廷下。

虽说多尔衮在有生之年受到的跪拜磕头、作揖鞠躬无数，但是被一个身穿孝服的人施以标准的三鞠躬再加略显悲痛的注目礼，这还是头一遭。左懋第的整套动作一做完，多尔衮当即就感觉似乎有一阵冷风袭来，有点瘆得慌，继而又是一阵恶心。

多尔衮当时差点就急了。那是当然，因为若是换了你你也会急。

考虑到今天召见的工作目的，多尔衮还是勉强压下怒火，希望能凭借自己超人的辩论功底彻底折服眼前这个人。

正方辩手多尔衮先就擅拥福王自立、勾引土贼、不投国书、擅杀总兵、当廷抗礼五个罪命展开论述与责问，想通过这些问题一举把左大使搞蒙。

殊不知反方辩手左懋第本来就是科班出身（都察院佥都御史），早先在大明朝廷里混的时候什么骂仗没见识过，不论是单人冲锋还是双人混合抑或群起而攻之，都已经见怪不怪了。所以多尔衮这一套对久经考验的左懋第来说，不过是小儿科。

等到多尔衮气喘吁吁地把一切讲完，左懋第开始了酝酿已久的反击。针对多尔衮言语中的疏漏，左懋第有条不紊地进行了逐一批驳，一条条说下来，多尔衮无语了。左懋第最终辩后陈词，再次明确表示：只求一死，决不投降（公辩对侃侃，终不屈，惟请一死）！

多尔衮一看说不过人家，只好又拿出了老方法，逼左懋第薙发，希望先造成既定的外形上的事实，然后再慢慢从事心理上的攻坚战。可是这一行径再次遭到了左懋第的强烈反对，执行命令的清兵担心把左大使逼上绝路，以后不好交差，所以也不得不停手了。

实在是没辙了。但是堂堂的大清摄政王既然在众人面前打了包票，现在说要放弃又实在丢不起那个人，所以多尔衮开始示意堂上的大臣们开动脑筋想办法。

吏部侍郎陈名夏率先出头过去劝左懋第：您是为福王来的，现在福王本人都完了，您就降了吧！左懋第回复：你是大明的会元，今天有什么脸在这儿！

兵部侍郎金俊接着来：先生何不知兴废！左懋第昂首说道：汝何不知羞耻？我今日只有一死，不必多说了！

多尔衮实在没有办法了，为了挽回面子，决定顺水推舟成全了左懋第。

于是左懋第被卫士带到了宣武门外，等待着他的只有刽子手的利刃。

左懋第到达刑场，面朝南方恭敬地拜了四拜，接着端坐受刑。负责行刑的刽子手被左懋第的行为感动了，于是他做出了一件古今刑场都难以见到的一件事。

史书上对这个刽子手没有做更多的记载，只是说他姓杨。但不论他姓什么，我们都能肯定这并非是一个杀人不眨眼的刽子手，而是一个有良知的人。

杨某并没有举起刀，而是当着众人的面满面泪流，接着恭敬地向面前的这位读书人叩了一个头，最后才举刀，行刑。

自刑场到行刑，先生神气自若，没有悲哀，更没有恐惧。有的只是视死如归的心。临刑前，题绝命诗一首：

峡圻巢封归路回，片云南下意如何？
寸丹冷魄消将尽，荡作寒烟总不磨！

左懋第以他的信念终于坚持到最后，同时被处斩刑的还有和左懋第一起坚持不剃头不降清的另外五个人。这里有必要列出他们的名字：兵部主事陈用极，游击王一斌、王廷佐、张良佐，守备刘统。

有生不问，唯请一死，别无所求，但为道统。

这一天，只有他们是真正的胜利者。

有了血淋淋的前车之鉴，明使团的其他人都在副使马绍瑜率领下，薙发投降，

清廷还是部分实现了长期以来的夙愿。

有明一代，有一人而可洗中朝三百年之气乎？有之，则唯先生是也。

一如三百多年前的文天祥以死明志，终为不朽。

有人问我，你突然在文章中插入这一段，到底要说明什么问题？

我想我应该不用回答得太多。除了一些重在体会的外，其实就只为说明一件事，那就是古代读书人的构成问题。

我们常说的古代知识分子其实应该是一个集合，而并非是同一种人。如果细分一下，你就会发现其实这之中大致包含两类人。第一类叫文人，第二类叫书生。

同样是两耳不闻窗外事一心只读圣贤书，十年寒窗摸爬滚打过来的读书人之间的差距真会有这么大吗？

没错，事实正是如此。

这里我们先说第一类人，文人。文人当然不是指常写文章的人，不过常写文章确实也可以看成是他们的一大长项。因为写文章是文人在这世上混的主要手段。想要考取功名、当官就必须要常写文章，想要树立声名、博取高位也要常写文章，而且为了保证写出来的文章拥有一定的阅读量，所以许多文人就创造性地把作文与骂人高度有机地结合了起来。久而久之，便形成了文人文章的一大特色：为骂而写，为写而骂。而从中我们也可以很好地总结出这类人的具体特点来：无耻无德，无法无天，逮谁骂谁，还骂个没完。对于这类仁兄，有的人在总结其群体的光辉形象后，给出了一个精准的评价——穷酸。

穷酸文人因为出身一般比较低微，所以向来比较自卑，但是一旦自觉读书有成，往往又转变成极度的自负，而且是谁也看不上，一天到头就认为是老子天下第一。他们努力读书也不是为了什么治国平天下，为的仅仅是改变自己的身份地位，过上衣食无忧、有空贪污的美好生活。虽然他们中的大多数人最初也有着自己的理想，不过随着时间的推移和苦难折磨，他们便早早把理想戒掉了。因此一般穷酸文人当官后，通常会成为职业的官僚，而并不会变成为民谋求福利、为国家鞠躬尽瘁死而后已的政治家。

除了脸皮很厚这个缺点外，这种人还往往贪生怕死，胆小怕事，基本上属于给一巴掌就立马晕过去不省人事的那种软货。一旦他们被敌人抓获或者面临更大的利益诱惑，这些文人往往会立即宣布投降并发誓效忠。翻脸不可谓不快，脸皮不可谓不厚。

他们大都奉行的至理名言叫“明哲保身”。换成比较时尚点的说法就是，没事儿甭找我，有事儿更别找我。

通常在一个王朝的中后期，这类读书人就会实现批量化生产，并大批进入政府之中，在这个王朝的内部给予最致命的一击，而后欢天喜地地去迎接新主人的到来。

这类人中，比较有名如号称口蜜腹剑的李林甫、号称五代不倒翁的冯道等，当然前面提到过的陈洪范、马绍瑜也是这类人。

再看读书人中第二类，书生。这些人还是比较靠谱的。

书生们一般把“富贵不能淫，贫贱不能移，威武不能屈”看作是一个纯粹的读书人情操的具体体现，而且时时刻刻用诸如此类的圣贤名言来激励自己不断进步。当然书生也是有缺点的，具体说来就是认死理二杆子。在这些书生的眼中从来就容不得沙子，对的就是对的，错的就是错的，好的就是好的，坏的就是坏的。而那些处于对与错、好与坏的临界状态的人和事，他们向来都是视而不见，听而不闻。

他们坚信，自己生出来就是为了匡扶社稷，救黎民于水火之中；惩强扶弱，代天行正义之事。不管他人是否认可自己，无论后世会给一个什么样的评价，他们始终一批又一批地按照圣贤教导的那样，修身、齐家、治国、平天下，一步接着一步前行。

无论何时，无论何地，他们总是相信“国家兴亡，匹夫有责”，如果自己不去拼命尽力，毁家纾难，这个国家就将更加危险。

他们总是相信，当无尽的黑暗笼罩在这个大地上的时候，只要还在坚持理想，不断与邪恶势力做着抗争，正义的女神终将会把光明送来。

他们总是相信传说了数千年的那个“老有所终，壮有所用，幼有所长，鳏寡孤独废疾者皆有所养”的天下大同的盛况一定会出现。

因此他们以生命为代价，始终维持着道统不坠，不畏惧于死亡，不屈服于威严。每个人都可以随时变身为钢铁战士，为了那些崇高的理想而放弃一切、藐视一切。

所以这一类人人都在当官后成为政治家，为了实现自己年轻时的理想抱负一直努力，于是他们之中产生了王安石、辛弃疾、张居正、林则徐，还有谭嗣同。而书生的诞生是没有什么具体的周期规律的，只要这个时代发出了呼声，这些人就会应运而生。

了解这一点，将会对我们今后提到的一些事件有更加清楚的认识。因为在明末的东林党与复社中，占大部分的就是这种书生，但是也不乏文人腐儒，因此东林党终于走向了另一个必然——分裂。

## 分裂

在阮大铖不遗余力地狂轰滥炸下，东林党终于有些吃不消了。部分成员在看明白局势后，主动申请退休，以表示自己对马阮集团重翻逆案的抗议。这下正好

遂了阮大铖的心愿，因为想要解决一个人最好的方法是让他先主动交出武器，然后再动手。现在东林党的在职官员们纷纷炒了弘光的鱿鱼，不仅进一步增加了弘光对东林党的厌恶，而且还方便了自己下黑手，真是做得太好了！说句心里话，阮大铖十分想给率先提出主动辞职以示抗议的那哥们儿授予“反东林先锋”的荣誉勋章。

于是阮大铖在东林党人退休风潮的鼓舞下，把整人工作干得更带劲了。正月二十日，年刚过完，阮大铖就迫不及待地指示手下编修吴孔嘉上疏弘光，请求重新修改《三朝要典》，将当时由于时间紧迫瞎编不成功的地方进行部分修改。弘光二话没说，就同意了。



话不可以乱说，事不可以乱做。特别是贵为九五之尊的皇帝，怎么能够这样睁着眼睛任由阉党余孽乱扯淡、说瞎话呢？

第二天，江西总督袁继咸就此发言，认为《三朝要典》不可重翻，历史不容篡改。但是接下来弘光的回答却使袁总督大跌眼镜：我奶奶和我爹遭受无辜污蔑的事难道就这么算了吗（皇祖妣、皇考无妄之诬，岂可不雪）？此事关乎青史，不能让后世的人存有遗憾，你们要体谅朕的苦心啊！

这下大臣们全都明白了，敢情你们是一伙的啊！既然是这样，那么后面的事就是顺理成章的了。

二十三日，杨维垣再次请求重颁《三朝要典》，并对其中具体要做处理的相关内容提出了修改意见。

梃击案中的张差，应该着力刻画出此人的疯癫和他被强迫诬陷为刺客时的无奈、痛苦，而且还必须突出造成这一切的幕后黑手东林党人王之寀的险恶用心，从而表现出皇帝陛下的祖母大人的无辜和可怜。第二个大主题红丸案的故事中，必须体现出名医李可灼向重病中的皇帝提供红丸是极其正确的行为，只是因为不怀好意的孙慎行暗中把药调了包，所以才导致皇帝的归天，负责重修此书的编写人员不得再把此事描述成普通的医疗事故，而一定要把其中的这层阴谋不要太假地体现出来。最后李选侍的移宫案中，务必要把李选侍逼迫皇帝求封皇后、劫持皇子不肯搬家的事写成是别有用心者的造谣，具体的诽谤者的角色可交给已经不在人世的杨涟扮演。而后面出现的刘鸿训、文震孟也要写出其为驱除异己不择手段甚至不惜诬谤君父的无耻。

此份修改意见得到了领导弘光的高度评价，并得以按照杨维垣的意思开始修改。翻案的第一步理论工作终于取得了重大的成功。

历史翻过来了，那就该为受东林党迫害的阉党人士平反昭雪，彻底洗去自己与同伴们身上的污点了。

二月六日，为奖励辛辛苦苦翻案的爱卿，弘光特地升阮大铖为兵部尚书，协理部事，但仍负责管理巡阅江防的工作。除此之外，弘光还送了阮大铖一份极具纪念意义的礼物——蟒服。要知道这件礼物可是极为珍贵且难得的，蟒服既是身份地位的象征，也是皇帝极度信任尊敬的体现。在阮大铖之前，明代只有一人曾获此殊荣，那个人叫于谦。

弘光这一举动表明：此时的阮大铖已经具有了实质上相当于内阁首辅的能量与权威。领头的赏完了，跟班的当然也不能少。随即修书有功的杨维垣升为都察院副都御史。不久又为马士英拉入内阁跑腿的亲信蔡奕琛升了官，进为吏部尚书文渊阁大学士，并加马士英为太保、王铎为少傅。

其实即便如此，也不能给弘光扣上一个亲佞远贤、宠信奸党的帽子。前文讲过，弘光是一个极有心计、明辨是非的人，现在仍要重申一遍。

江西总督袁继咸是倾向东林党的，而且在马阮集团翻案的活动中不时站出来明确表示反对，因此当时阮大铖就想整一下袁总督。于是在弘光元年二月二十二日，御史袁洪勋追论梃击、红丸、移宫三案及焚《三朝要典》诸臣罪，并因此指摘吴甡、郑三俊。当然最主要的目的，还是在于想把袁继咸拉下水。

袁洪勋弹劾袁继咸公然忤逆，希望弘光能加以罪责。但弘光却拒绝了，因为弘光知道袁继咸的倾向，更知道袁继咸是个好好干活的人。对于这种人，弘光一向还是以拉拢为主，毕竟马阮的人朝上骂个街、吵个架是内行，要是依靠他们处理民政、财政，那基本就是抓瞎，所以真正听话且有能力的人，弘光是压根不会让阮大铖动他一根手指头的。

敏感精细，爱憎分明，而且还很会来事儿，这才是历史上真实的弘光。

作为内阁首辅（代理）和阮大铖的亲密好友，马士英一直想尽力协调朝廷内部群臣的关系，尤其是阮大铖与东林党的矛盾。为此，马士英试图了解阮大铖到底要把东林党整到什么地步才罢休。于是，马士英采取了行动，一有空就去阮大铖家串门唠嗑，就朝野大事互相交换看法。马士英本来希望一点点把阮兄的话套出来，但是他似乎忽视了一点，要论起耍花招来，他还得管阮同学叫声师傅。

对于马士英这一套，阮大铖打他没说完几句话就已经明明白白了，所以接下来在与老师的过招中，马士英并没能展现出青出于蓝而胜于蓝的潜力，只好天天空手而回。与此相反的是，经过几次接触后阮大铖倒是受益匪浅，该知道的知道了，不该知道的也知道了，据说连老马放私房钱的位置阮大铖都了解得比马夫人还清楚。

不过即便如此，阮大铖暂时把他真正的想法隐瞒得很好，马士英也坚信终有一天自己将会探清这个秘密。

幸好，上天并未让马士英等得太久。

# 第九章 东林党的反击

弘光元年三月十九日，这一天对于大明所有人来说都应该是一个十分特殊的日子，因为正是一年前的这一天，大明帝国最重要的人满怀悲愤与无奈，离开了这个世界。不在这个世界的皇帝好歹还是皇帝，况且恰逢崇祯逝世一周年纪念日，因此朝廷上下、文武百官对这一天都十分重视。

弘光当然也极为重视这个日子，很早就开始认真准备了。比如说盖个祭坛、写篇祭文，弘光样样都亲身干预指导，费尽心思，力求把这次追悼活动搞得有声有色，动人心魄。而事实也证明弘光最后确实达到了效果，只不过是在阮大铖的帮助下办到的。

三月十九日这一天终于到了。一大早，南京城内大大小小的官员便自觉主动地来到了太平门外（祭坛在这里），并同时穿上统一的专用服装——素服。等到弘光派遣的特使大人亲自到达追悼现场，所有的官员就开始在特使大人的带领下开始了整齐划一的程序：向北望，下跪，痛哭。

估计近几天来在场的所有人都在坚持训练，因而每个人都哭得很专业，很卖力，假哭的没有。然而即便是这样，特使大人还是不太满意，因为有一个重要的大臣到现在还没有来，他就是兵部尚书阮大铖大人。

就在现场氛围即将到达顶点时，阮大人这才急急忙忙赶来，不过不是单纯的小阮快跑，而是极富创意的“哭奔”，且嘴里还有台词：先帝啊，先帝（技术指导：注意说这句话的时候最好给人以哽咽的感觉）。这还不算完，阮大人接着一路哭一路奔，终于奔到了祭坛前，然后换词了：导致先帝殉国的人，就是东林诸臣，没别人。因此请您转告陛下，不杀尽东林，不足以谢先帝。而且现在东林成员陈名夏、徐汧等人全都畏罪逃到北方去了，再不为先帝报仇就来不及了！

原来是想全部做掉啊！你也忒狠了。

因此马士英走上前说了一句公道话：徐九一（徐汧）尚在。

阮大铖的脸变了。

虽然最后弘光既没责备阮大铖也没为难马士英，不过在阮大铖的心里，马士英已经不是他的朋友了。

即便你曾为我说过不少的好话，为我付出过很多，为我挨过不少骂，但今天你的所作所为已经足以勾销掉我们之间的一切情谊。再见面就是敌人了，我的好兄弟，马士英。

本人曾不止一次听说过这样的话：惹谁都甭惹小人。先前自己对此观点毫无感知，直到后来遇见的人和事慢慢增多，才发现这绝对是一个至理名言。

一般情况下，两个关系原本很好的朋友闹翻了，也就是相互之间谁也不再搭理谁，再差点也不过是互相拆个台，见面打一架。不过倘若你真得罪了传说中的小人，那就真有你受的了。

因为这类人在你得罪他之后，往往会让你没这种感觉，而且见面还是照旧冲你微笑主动与你打招呼，继续和你来往相处。正是这样才让我们由此产生一个错觉：我们还是像原来一样的好朋友，这个人是一个比较大度的人。而通常这个时候就是你真正危险的时候了。他们总喜欢趁人麻痹不备时突然下黑手，且向来手黑心更黑，必定将惹过自己的人一举除掉才罢休。

阮大铖正是小人中的典型人物且极具典型性，不过这时他并没向马士英下手。

解决东林党是当务之急，而马士英不过是小菜一碟，随时可以收拾，那就让他继续美上几天吧。何况在阮大铖夜以继日的猛攻猛打下，东林党已经先于马阮集团一步走向了分裂。

带头保持中立的是东林党前任领袖，明末的著名诗人、学者、史学家、收藏家，被时人称为继王世贞后文坛最负盛名、号称当代文章伯的钱谦益。虽然上述的名号很长，后世对这个人的评价是比较一致的：此人极有才华，文笔那是相当的好，但是为人实在不行，品格那是相当的差。虽然钱谦益早早就加入了东林党组织，甚至一度成为东林党的最高领导人，但他始终不满意，因为即便进了东林党又当上了一把手，自己依旧没有过上心中理想的日子。

比如说在万历三十八年中进士后，钱谦益曾一度被任命为右春坊中允，这个职位在当时可是一个人人抢破头的好工作，因为主要任务是教导并陪伴太子读书。然

而好景不长，后来钱谦益就因为是东林党的骨干被魏忠贤派人阴了一把，被朝廷削籍赶回了老家。在之后到了崇祯年间，随着东林党老一辈领导人纷纷过世，钱谦益凭借坚强的实力荣登了领袖的宝座且被朝廷召回，担任礼部右侍郎。按理说当时阉党已经彻底垮台，东林党已然无敌于天下，朝廷内阁首辅的位置看上去不过是钱大人的囊中之物，但是没想到钱谦益的运气还是相当不好，在关键时刻又遇上了精明过人的温体仁和周延儒，在温周组合的同心协力下，钱谦益再次光荣下岗。

前文曾详细解释过文人与书生的区别，但是有一点并没有提及，那就是在一定的条件下，书生与文人的身份是可以互相转化的。于是我们有理由相信，正是在钱谦益二次离职回乡的那段岁月里，长期处于极度愤懑与痛苦中的钱谦益渐渐由一个胸怀大志的书生变为一位明哲保身的文人，并开始逐步走向汉奸的不归路。

弘光朝廷建立后，钱谦益虽然再次回归朝廷，但官位还不是很令他满意。于是钱谦益开始走夫人路线，利用夫人柳如是与阮大铖的红颜知己寇白门（秦淮八艳之一）的特殊关系成功上位，荣升礼部尚书。据当时人的记录，从此以后钱谦益和阮大铖混得那是相当的好，双方不时互赠厚礼，举办联合家宴，共同搞联欢。后来阮大铖恶整东林党，然而却始终不碰东林党的这位知名的前领袖，这应当是原因之一。

所以在阮大铖的影响下或者是出于对阮大铖的畏惧，钱谦益也开始利用自己在组织内的影响走出了一条自己的路，安安静静做官，老老实实干活。这就是说，哪怕东林党与马阮党打得血流成河，只要没有触动到自己的切身利益，钱谦益连眼皮也是不会抬一下的。一句话，出来混就是为了做官挣钱、养家糊口的，因此咱谁也不招惹，保持中立。

钱大人的中立大旗一立，马上就得到了皇帝陛下的嘉奖。要知道，弘光向来最喜欢的就是老实听话、埋头干活的，譬如张有誉；最讨厌的就是闹腾不停、立志掌权的，譬如东林党。

在弘光的极力鼓励下，眼见钱大人的仕途越走越精彩，东林党的部分成员开始掀起了向老前辈学习的热潮，不再热心参与反阮倒马的斗争，转而认认真真、任劳任怨地走上了职业打工仔的道路。

让钱谦益如此一搞，东林党就更加吃不消了，整个组织完全陷入了分裂，一分为三个。首先是在野派，主要由在弘光朝被马士英、阮大铖折腾下去的东林党得力干将如张慎言、高宏图、姜曰广等人为主，并包括后来阮大铖控制朝政后主动辞职引退和一直在野工作的东林党成员。这一支虽然在野，实际上占据着东林党人的很大一部分，势力很大。

剩下的就是在朝的，包括两批人马。其中一支就是由钱谦益领头的中立派，名义上虽然还叫东林党，但实际上已经基本上脱离了组织，成为游走于马阮集团和东林党之间的一部分政治势力，行动原则一向是无事一身轻，有事别找我。这是在朝不出力的。

还好，东林党内还有在朝出力的，这一派主要是以户科给事中吴适为代表，继续留在朝廷内部支持并尽力努力配合在野的东林党人的工作，是东林党部署在朝内的重要的一步棋。这一部分东林成员的工作重心，就是收集朝廷局势变化的信息、发现政敌的缺陷与漏洞并伺机发动反击。

而在这一派之中，最有传奇意义的则要数一部分东林党的潜伏人员了。他们大多档案比较干净，虽然通通是复社出身继而加入东林党的读书人，但由于其培训比较隐蔽，为人特别低调，行动极其机密，所以他们大多数通常是只闻其名不知其人，只有东林党内部的少数高层和相关人员才知道他们的存在，所以后来关于东林党内是否曾经有过这一部分潜伏者存在的议论一直延续着，并一度成为东林党内的一个传说。

这些人员默默地为组织工作，竟然一直没有为外人发觉，所以一旦了解到东林党内既然能造就出这么一批能人，怎能不让人一想就满身冷汗呢。因而根据某些人的说法，阮大铖迟迟不敢动手将东林党一网打尽，也是因为知道在自己控制的领域内居然有着这么一帮神秘且厉害的潜伏者存在的缘故。

但无论如何，一度强大的东林党还是无可挽回地分裂了，许多人都为东林党走到这一步而扼腕叹息。其实老实说也没有什么好叹气的，因为实际上东林党仍旧如往昔一样强大，而且还更加诡异。

对，诡异。

东林党堪称有明一代存在时间最长、活动时间最久且参与国家大事最多的一个政治团体，这个组织的大多数人都有相当的文化水平，并且还是久经考验、擅于斗争的政治家和官场上号称老狐狸的集合体。

众所周知，这样的一个由知识分子为主体构成的东林党，不仅在文化研究方面很有一手，而且在当年的教育界、社会舆论方面也极有影响力。当然作为一个以掌控帝国政权为主要目标的组织，东林党在从事和处理政府日常行政工作方面更是代表了当时中国乃至世界的最高水平。但是在本人看来，东林党最拿手的事务还不是政务处理或教书育人，而应该是进行反政府活动，特别是打击马阮党掌控下的政府的活动，更是搞得特别有成就。

在遭到阮大铖一系列的迅猛攻击后，东林党曾一度不知所措，毫无还手之力，但好在组织在朝中的关键部门沦陷后，相关的主要成员并没有如二十年前那样被随即干掉，所以在短暂的慌乱后，东林党在除去史可法等人外的新的领导集体指挥

下，迅速稳定下来，并开始逐步计划，认真部署，准备在适当的时候给予马阮集团有力的还击。

所谓有利的时机，就是弘光势力受到最大冲击的那一刻。直接导致这一时刻到来的，就是被称为南明第一大案的太子案。

崇祯十七年十月二十七日，前鸿胪寺少卿高梦箕在他叔叔的关系协调下，得以在弘光朝廷中复任原职。接到准确消息后，高梦箕不敢耽搁，马上由北方出发，长途跋涉赶往南方领旨谢恩。但由于此行实在匆忙，就把北方家中的后续事务交给一个叫穆虎的仆人打理。几个月后，穆虎终于把事情处理完，按照原计划南下，到南京与主人汇合。

而南明历史上最受人争议、最神秘莫测的事件（或者说是阴谋），就此上演。

穆虎在前往南京的途中遇到了一位少年，两个孤单的行者因为目的地相同且又谈得很投机，决定结伴而行。到了晚上，大家洗洗准备睡觉的时候，穆虎却被吓了一跳：这个孩子竟然穿着黄色的衣服而且内衣上还织有龙纹！

虽然当时已不是穿错衣服颜色就要被拉下去打屁股的朱元璋时代了，且由于自然经济的进一步发展，普通百姓穿什么颜色、何种款式的衣服，政府基本上也不太管了，但只有一种颜色和款式的衣服是被明令禁止的，那就是龙袍。既然不让穿咱们就别穿呗，反正衣服的颜色款式有这么多，何必去寻那个刺激，自找麻烦呢？所以老百姓也比较知趣，对于黄色特别是上面有龙的服装基本都不会去碰。这一点也就成为政府与民间一个没有公开的共识，如果不是有精神类疾病的人，大家是绝对不会犯这个忌讳的。

此时此刻穆虎亲眼见到这个少年竟穿着龙纹黄内衣，自是极为震惊。穆虎能够确认这个少年绝对不可能有精神问题，因为两个人一路走来，少年的情况一直非常正常，言语表达十分清楚，甚至还让穆虎觉得极有见识和思想，所以这人肯定不会是神经病。穆虎陷入了困惑之中。

为了解开心中的疑惑，穆虎决定问个究竟：你到底是什么人？

少年回答：我是皇太子朱慈烺。

穆虎再次呆住了。我竟遇到了皇太子大人，天啊！有点缺氧。

穆虎深感此事干系重大，于是在陪同这位自称是太子殿下的少年到达浙江金华城后，马上将一切情况以最快的速度告诉了自己的主人高梦箕。高梦箕听说后也深感吃惊，于是先令人把少年暂时安排在兴善寺居住，自己开始派人联络他的叔叔，想向他老人家请教。顺便说一句，高梦箕的叔叔叫高起潜。

高起潜很快派人转告侄子，让他暂时把少年安置在苏杭一带，以便从长计议。但由于这个少年本人非常与众不同，少年的不俗表现很快就被细心的群众发现并报告给了当地官府。高梦箕担心再隐瞒此事必定会惹出事端，于是把事情的前因后果写成详细报告，密奏朝廷。

弘光收到报告后并没有过于吃惊，估计是吸取了处理大悲案的经验。弘光决定先派个人去看看，并秘密把人带回来再说。此次来的人据说是太子，这样反倒好办了，毕竟见过太子的人这里还是有不少的。于是弘光从其中挑选了一个人，让他先去判定这个太子的真伪。

弘光派遣的是太监李继周，以前曾在紫禁城中服务过，并且见过太子。所以弘光认为，太子的真伪靠李继周基本就能搞清楚。

李继周好不容易赶到杭州，却获悉少年早已在几日前去了金华。得，那有什么可说的，接着追呗。于是李继周又是一路紧走，终于在当地找到了这位太子。

李继周虽然原在北京宫中当差，见过太子，但那也是很久之前的事了。到这时望了半天，感觉有点像，就下跪道："奴才叩头。"

少年看了看李继周说："我认得你，不过忘了你叫什么了。"

李继周随即说出了自己的名字，并表明了来意："奉新皇爷旨，迎接小爷进京。"

这时少年问了一句："迎我进京，是把皇位让给我吗？"

李继周心道这个我怎么会知道，但不敢明说，只好回答："此事奴婢不知。"于是趁机拿出御札交给了少年。

弘光元年三月初一，李继周护送太子到南京。悬疑即将迭起。

李继周回南京复命，首先把情况报告了马士英，接着又进宫报告弘光。

弘光接报后，先派人把少年安排在兴善寺居住，接着又派曾在北京宫内工作过的张姓、王姓太监前往探视，并趁机辨别真假。两个太监一见少年，便做出了一系列出人意料的举动：抱住少年的脚痛哭流涕，接着便是赶紧脱衣服。当然两个太监并没有要流氓的意思，要知道当时虽然已经进入三月，但南方的天气还是比较寒冷的，二人见到少年衣衫单薄，因此马上脱下自己的衣服给他穿上了。然后即刻启程告别，回宫禀报弘光。

弘光听闻两个太监的所作所为后，直接以行动表示了自己的意见——派人将两个太监拉出去打死，并令李继周服毒自尽。当然具体的说法还是得有的："真假未辨，你们竟敢就行拜见太子之礼！太子即便是真的，让位与否，还得看我的意思。这厮怎敢如此！"

顺便说一句，"这厮"一词属于市井言语，具体意思很多，有这小子、这混账东西、这小兔崽子等含义，且排名不分先后，可以根据说话人的语气予以适当翻译。连这种脏话都说出口了，可见这回弘光真是气急了。

但即便把这三个太监都杀掉，问题还是无法解决的。特别是南京城内的官员们

听到先帝的太子来南京并下榻兴善寺的消息后，更是一传十、十传百，大家激动异常、积极踊跃地向太子递送名帖请求拜见，并纷纷送上珍贵的礼物，希望太子殿下能够笑纳。当然，所有人做的这一切“欢迎，欢迎，热烈欢迎”的工作只为表达同一种想法：哪天您登基了，可别忘了在那长长的迎接队伍中一见您就热泪盈眶的哥几个啊！

据当时的非官方统计，在太子殿下到达的当日，太子所居住的兴善寺一直是人来人往，络绎不绝。兴善寺的访问率一再得到刷新，并远远超过了该寺建成以来的所有记录，一举创造了高达万人的新纪录。南京城更是沸腾了，全城军民听说太子未死并成功到达南京的消息后，家家张灯结彩，举杯庆祝，为太子殿下祈福，据说比过年还要热闹。

然而弘光却不高兴。因为他看到了威胁，极大的威胁。

于是弘光立即下令，百官不得私自拜见太子，并秘密派人在半夜把太子送到锦衣卫都督冯可宗府中居住，美其名曰改善太子的居住条件，暗中命令冯可宗对这位难辨真假的太子爷严加看管。

第二天弘光就此事召见群臣，当着大家的面给出了自己的处理意见：“近日有一稚子言是先帝东宫，若是真先帝之子，即朕之子，当抚养优恤，不令失所。”这个意思是说，即便这个少年真是先帝的太子，我也不打算把皇帝的位置让给他，充其量只是把他圈在宫里好好养着，不让他流离失所、四处乱跑罢了。所以明白告诉你们，送礼也白送！况且你们还要注意一个前提，得他是真太子才行，因为这是真太子才能享受到的待遇。

前边有三个人说是真的，不都让您给做掉了么？这下还有谁敢说这个少年是真的！

面对臣下与百姓的议论纷纷，弘光决定再派一个太监去认定那个太子的真伪，同时还派遣侯、伯、九卿、翰林、科、道等大小官员同往审视。

于是，原总督京营太监卢九德奉命来到太子居处。卢太监到达后，一句话不说，走上去就开始以一种观察或者说是欣赏古董文物的样子近距离观察，把少年前前后后看了个遍，还觉得不过瘾，又想再来第二遭。没料到把人家看毛了。

少年大怒，冲着卢九德呵斥道：“卢九德！你见我怎么不叩头？”

听到少年的训喝后，卢九德不由自主地跪下叩头：“奴婢无礼。”

少年接着以近乎训斥的口吻说道：“才没几天不见，你居然胖到了这个地步，可见在南京很受重用啊。”

卢九德继续叩头：“小爷保重！”随后告辞，一边发抖一边往外走（觳觫辞出）。出来后就和大家说：“我未尝服侍东宫，怎么可能认得出？看来有些相像，却认不真。”随即又告诫卫兵：“你们要好好守视！如果那是真太子，自应该严加护卫。即便是假的，也不是一个简单的小骗子，须防他逃去！”吩咐完后，便赶紧回宫向弘光报告状况。

不久宫里传来圣旨，宣谕文武官员不得私下拜谒太子，违令者将予重罚。从此以后，所有官员再也不能见太子了。入夜，弘光为了防止出现变故，再移太子于大内。

事件再次陷入扑朔迷离之中。

次日，弘光再次召集保国公朱国弼、安远侯柳祚昌等元勋和大学士马士英、王铎等人商议此事。阮大铖此前到长江沿岸视察去了，不在朝中，但听说此事后，却派人自江北骑快马给马士英寄去了密书。所以马士英率先发言，提出了三点疑问：第一，太子脱离虎口后本应直奔南京，为何却转道去了杭州？第二，听说太子为人凝重，不爱多说话，但为什么这个人却善于机辩？最后有人说北京也出现了一个太子，而且对宫中的事情了解得很清楚，应当是真的。所以基于这三点马士英得出了结论（其实也是阮大铖的结论），南京的这个太子是假冒的。

因此马士英当即请求将太子及随行的穆虎、高成二人全部拿下，送入中城兵马司狱中。弘光同意了。于是出兵逮捕了高成、穆虎，并趁太子喝醉时在晚上暗中把他抬入了中城的监狱中。

在少年被关入狱中的同时，一条消息也在官员中悄悄传开：驸马王昺侄孙王之明的相貌与太子十分相像。而率先透露出这个信息的人就是阮大铖的亲信杨维垣。

三月五日，兵科给事中戴英上奏：“王之明假冒太子，请多官会审。”弘光表示同意尽快立案审理。

第二天，弘光正式下旨会审太子于大明门外。开审前，弘光先召前左春坊左中允刘正宗和右春坊右中允李景濂入武英殿谈话。

一见面，弘光就极其严肃地向二人提出：“太子如果是真的，我该怎么办（将何容朕）？你们既然是太子旧日的讲官，就应该仔细去认。”刘正宗当即表示，恐怕太子未必能来此，而自己一定会把他问得哑口无言。对于这个答复，弘光很满意。

群臣先后到达，见到了坐在那的少年。一个官员拿出来一张紫禁城地图放在太子面前，然后开始问问题。“这是哪儿的图？”

“这是北京宫殿的地图。”

接着官员手指承华宫，问这是哪里。少年笑了笑：“这是我居住的地方。”

又指向坤宁宫，少年说：“这是我母后的居所。”

地图辨认题问完，正确率百分之百。

这时一个官员走上前问："公主（即有名的长平公主）现在在哪里？"

少年的脸上略带忧伤，叹了一口气："不知道，想必是凶多吉少。"

崇祯当时虽然砍了公主一剑，但公主并没有死，而是被及时抢救了过来，后来便一直被安置在北京。弘光之前派过使团去过北京，所以对公主保住了一条性命的事，虽然老百姓不清楚，但大多数在京官员都清楚。

有个官员见少年答错了，就站出来说："公主和宫女一起逃到周国舅家去了。"这意思就是，连这个都不知道，你就别装了，老实交代吧。哪知少年的回答却让这个官员手足无措："当时同宫女一起逃往周国舅家的人，就是我。"

再争论下去也没意思，反正当时兵荒马乱的，什么说法都有，但没有一个是大家可以公认的。所以这时刘正宗上场了，现场环节进入了往事问答题的阶段。

第一题：我是讲官，你认识我吗？选手跳过。

第二题：平时在哪讲课？答：文华殿。

第三题：一般是怎样练字的？答：诗句。

第四题：写几行？答：写十行。

第五题：讲读先后都有什么内容？答：忘了。

刘正宗接着努力想问题发问。然而大家却发现少年不再回答了，只是冲着刘大人笑。

刘正宗终于被少年笑到发毛，不问了。

这下少年才又开口说："你认为我是假的就是假的好了。我本来就没有想过和皇伯父争做皇帝的。"

有了这句话，在场的官员都不说话了。问答到了这一步，再往下问也就没有意义了。于是大人们一合计，决定收工复命。少年还是被用肩舆送入狱中。

刘正宗回奏：眉目全不相似。讲所、仿书全说错了。

兵科给事中戴英也提出了疑问：王之明假冒太子，并没有提到先帝曾经让他在中左门旁听庭审的事，而且问他嘉定伯的姓名他也不回答。因此戴英最后的结论是，这个太子一定是假的！不过还有推论：小小年纪是不可能做到这一点的，这个假太子的背后一定有一个大奸大恶之人图谋不轨。所以戴英强烈建议，一定要查出幕后的主使者，并且交给司法机关严厉惩处。

戴大人提到的中左门庭审的事，这里有必要简单提一下。当年崇祯曾在朝堂之上公开审讯犯错误的官员吴昌，而与此同时为了让太子能够积累一些治国经验，从中得到学习，特地叫太子跟着一起上朝，并让他在中左门旁听，所以那一次有很多大臣得以见到太子一面。

此事发生在崇祯十六年，距现在不算太久远，因而戴英认为，如果眼下的人是真太子，他对此一定会有印象。所以在群臣自由提问的阶段中，戴英当众向少年提出了这个问题。不过少年却没有回答。

但除此之外，还有一件事不能不提，那就是其实当年那件事的一个重要的人物吴昌，这个时候也刚好站在奉命鉴别太子的官员队伍中。

不过当时还没等到吴昌发表自己的看法，有一个人就提前激动了。

王铎当即雄起，大叫一声：假的！然后就赶紧招呼大伙散了。

基于上述原因和种种情况，后世就有人对这一天的问答给出了一个明白的结论：其中必有问题。

确实如此。凡是看过的人都觉得很乱，不过出于习惯还是先把所有的案情都叙述完，再展开细致的分析，因为这些只不过是疑团的开始。

初七，案件再次出现新的线索。有一个太监向弘光送上了一份密疏，称太子的小腿腿骨异常，每根骨都是双骨，因此无人能够假冒。于是弘光又结合前日刘正宗、李景濂提供的太子眉长于目的体貌特征和当时清廷几乎在同时审理假太子案时崇祯的袁妃提供的有虎牙、足下有黑痣的三大特色，派人去狱中一一查看。

不久弘光得到回复，狱中少年的体貌特征并不符合其中的任何一点，因此弘光就此把这个结果告知群臣，并谕令明日再审。

第二天，太子案于午门开庭。为了充分体现审案过程中的公平公开公正，弘光特地将另外一个担任过东宫讲官的关键证人方拱乾找来参加辨认。

这位方先生与前面的刘正宗、李景濂不同，曾长期担任过詹事府少詹事一职，是太子的主讲官，所以对太子的具体情况那是相当熟悉。因而只要他能出马，所有的人都相信事情很快就要水落石出了。

相信这时会有人问，为什么早点不让他出来认人呢？早出来事情不就早解决了么？

其实这也不能怪方先生。我相信他是很想出来的，但实际上他还真的出不来。因为当时方拱乾犯事了，所以在两天前大家都去认太子时我们的方先生还在刑部大牢里蹲着，肯定来不了。但现在正值关键时刻，弘光也不得不把方拱乾放出来，好给大小官员和关心此事的老百姓们一个交代。

等到一切准备好了，官员们也都到齐了，相关人员就把方拱乾领到了大堂上。

王铎指着方拱乾："这是谁？"

少年一回头，见是方拱乾，马上叫道："方先生原来在这儿。"

接下来许多史书都无一例外地记下了方拱乾的奇怪反应。

看到少年后，方先生似乎比见到了鬼还恐怖，什么话也不说，人也不肯再向前

走一步，反而转身玩命地向人群里钻，一溜烟就跑没影了。

目睹了这一幕的在场众人，全部大脑短路了。

大家还没反应过来，侍御使张孙振先说话了。不过他不是让人先截住突然发疯般跑走的方拱乾，而是冲着蹲在堂下的少年说："你是王之明！"

方拱乾本人连一句都没说就跑了，您是怎样断定这个是王之明的？难不成是您们预先定好的暗号吗？大家又蒙了。

少年回答："我到南方来，从不曾自己说是太子。你等不认罢了，何必给我改名？"

"李继周持皇伯谕帖来招我，不是我自己主动来的。"

"你等不也曾经在皇考（崇祯）朝做过官吗！为什么一下就变成了这个德行？"

少年的话一出，全场顿时议论纷纷。

眼见案子再也无法审下去了，王铎走上前谢幕："千假万假，总是一假。是我一人承任，不必再审！"再次派人送少年回到狱中。

本来把南京的大小官员全部招来，就是为了当众证明这个太子是假的，并以此平息不利的舆论压力，但没想到竟审出了反效果。王铎相当郁闷，于是只好主动发言承诺愿背黑锅，这才勉强把局势给稳住了。

事情始终结不了，而南京内外要求弘光下台、太子即位的呼声却一天比一天高。内阁急了，弘光更急了，然而普通的官员似乎却一点也不着急，相反却以一种收看悬疑剧的心态来对待这件事。或者可以解释为心中已经有了自己的答案但是基于某种原因不能说出来。

比如说当天应天府某蔡姓官员陪审散会后出来，马上就有一位关心此事的熟人跟了上来，其提问的热情和了解事情真相的急切程度，丝毫不亚于今日一旦有大案要案发生就守候在法院门口、一见相关工作人员出来便立刻进行围追堵截的记者。

在听完熟人一连串的问题后，蔡姓官员叹了口气说："即便不是真太子，也是十分熟悉朝中事情的人。"

此时，一个路过的官员恰好听到了蔡某的话，好意提醒他："你这么说，小心明天就被免职了（汝此言，明日即弃官矣）。"

由此可见，方拱乾确实是了解到一些不为人知的事情，或是确实认识这个少年，但因其中隐藏着一个巨大的阴谋，所以才不敢更不能把一切公之于众。

虽然这个案子已经变成了一本烂账，但不审不行，因为不给广大人民群众一个满意的答复，群众是不会答应的。要是不赶紧想办法平息百姓的汹汹舆论，说不定不用等到清军南下，弘光就先被南京市民的暴动收拾掉了。因此弘光最终还是决定，把案件审理到底。

三月九日，中允李景濂上奏弘光，说太子的确是个冒牌货。因为据李景濂透露，在那天散伙后大学士王铎曾对那个少年再加质问，并终于使之供吐姓名。弘光听到这个消息十分欣慰，都察院也马上做出了相应的反应，在南京城的大街小巷四处张贴通衢（类似于今天的贴海报、做宣传），且题目异常醒目：王之明假冒太子。

公告都贴出去了，且负责讲解的官吏已经把上面的内容不止一次地朗诵给了不识字的男女老幼，然而南京内外的争议声却更大了，要求弘光下台的呼声更高了，原因只有一个，老百姓还是不肯相信。

那个气度非凡的少年不是太子，你忽悠谁呢你。

实际上，虽然同为大明的子民，但是由于地域条件、经济因素特别是思想文化方面的影响，南方和北方的人民群众之间存在的差异那是相当大的。综合来看，北方地区离首都较近且在历史上长期是国家政治中心所在地，所以一般来说政府对这一带的控制是比较严格的，什么政治活动、文化互动多多少少都会受到条条框框的限制，因而这就造成了北方百姓的一个特点：比较老实，还怕政府。

而南方就不同了，毕竟天高皇帝远，而且在唐宋之后随着我国经济重心的转移，南方特别是东南经济的发达程度已经远远超过了全国其他地区。南方人的思想也随着经济的发展而发生了极大的转变，以至于到了明末，拜王阳明的心学广泛传播所赐，东南沿海地区人民的思想得到了进一步的解放，什么封建道德三纲五常在大家的心中都已经变成了彻彻底底的扯淡，虽然人们有时表面上还遵守它、膜拜它，但实质上早已把这些“伪道学”“假正经”抛到了脑后。总而言之，这是一群藐视一切权威、打倒一切权威的一伙人。他们相信的只是眼见为实，看重的只是确凿的证据，因而远没有北方的同胞们好糊弄。

现在弘光用对付北方百姓的招数来对付本来反抗性就比较强的南方人，一句话，真是失策啊。

所以弘光开始越抹越黑。政府越坚持说太子是假的，王之明冒充太子是真的，老百姓就越坚持相信太子是真的，王之明冒充太子是假的。而且还越传越凶。

就这样，弘光一度被搞得天天失眠，睡不好觉。

当然也有人说，太子一案之所以在民间会闹得如此厉害，都是由于东林党与复社中人在趁机兴风作浪，煽动群众，妄图推翻弘光政权。这在当时看来确实有这个可能性，因为阮大铖和马士英开始也是这么认为的。

于是阮大铖开始加紧了“顺案”的前期调查组织工作。

所谓的“顺案”，这是业余刑事工作爱好者阮大铖发起的，专门针对北都沦陷时投降过李自成而现在又在弘光朝廷中继续做官的官员，而进行的一次清除“变节之臣”的工作。从中我们也可以看出，其实阮大铖也极具恶搞精神。因为当时崇祯

处理的阉党一案向来被大家称作“逆案”，阮大铖自己就是因曾名列逆案而饱尝耻辱。这回阮大铖亲自为东林党、复社人士设立的案子，正好借用李自成的国号“大顺”而名为“顺案”，并借此进行大清算，希望能将阮大铖痛恨的东林党、复社势力连根拔起。

当时阮大铖的这项工作进展也很顺利，参与拔掉阮大铖胡子的主要责任人诸如周镳（礼部仪制司主事，复社主要负责人）、雷縯祚（山东按察使佥事，挺潞派骨干），还有周镳的表弟、曾投降李自成的周钟等人，均被下刑部狱。

所以阮大铖再次想完成未完成的心愿，希望能通过太子案来扫平敌人，就此使得整个事件更加复杂了。

十四日，弘光再次谕令刑部，要求立即查出幕后真凶，给自己与南京军民一个满意的交代。

领导短短几天之内数次严词命令抓到真凶，如果刑部诸人再不加点油，这个官可就真当到头了。

于是在刑部尚书高倬的带领下，刑部的所有官员都行动起来了，不惜一切代价，只为查出主谋。

三月十五日，太子案的第三次会审如期开始。虽然当时的人还没有“三一五”打假的概念，但可以相信，他们却都已经有了不成功便成仁的极高觉悟。那真是吃秤砣铁了心要把打假工作完美完成。

为了保证这次审理过程中不会再出现前两次审案时出现的岔子，主审官李沾特地预先让牢里的工作人员对假冒太子的王之明进行了长时间的批评教育，最终做到了确保王之明完全同意承认自己确实是叫王之明，这才放心开庭。

然而人算不如天算，第三次审理的时候照样出了问题。

王之明冒充太子案第三次开庭审理，可谓盛况空前，那真是群官毕至，少长咸集。当时南京城内所有重要人物都纷纷到场了。

明清时期的审案程序和相关人员设置其实和今天的也差不了多少。有人交上状词后（法律术语：提起诉讼），衙门就会先传原告被告到庭，然后听取双方各自叙述案情，最后则是官老爷依据案情做出判断并参照相关法律给予判决，结案。在这个过程中，各级地方的长官就相当于各级地方法院的院长。当然这样看来，刑部尚书就相当于国家最高法院的院长兼首席法官，而衙门里的师爷则是记录员，衙役则充任法警维护庭上的秩序。再后来出现的讼师也即是现在律师的前身，就更使古代的审案的情景接近于近代了。不过，其中也是有所不同的，比如说担当最高法院的院长兼首席法官的人有时很可能不是当时的刑部尚书，而是皇帝。比如说崇祯就是深入实践司法工作的一个典型代表，崇祯朝的许多大案要案诸如阉党逆案、袁崇焕通敌案等著名案例，都是由他老人家亲自终审、亲自判决的。

弘光虽然对司法工作不怎么感兴趣，没有亲自出面审理王之明案，但他却派出了强大的审理阵容。主审官由左都御史李沾担任，陪审人员则是刑部尚书高倬、锦衣卫指挥使冯可宗，当时的内阁代理首辅马士英也列席听审。

审案之初，按照程序来是传犯人上庭，这一步进行得还是比较顺利的。少年没有任何的多余动作，老老实实地跟着人走到了庭上。第二步和今天的情况一样，按例主审官要叫一下犯人的名字，然后犯人听到后必须马上回答一声“在”，以确认犯人的身份并保证犯人确实没有被相貌相似者秘密调包（这一点很重要）。所以主审李沾开始点名：“王之明！”

没有人答应。

“王之明！”还是没有人答应。

“王之明！”李沾第三次喊了一遍，依旧是没有人答应。

于是感到受人冷落的李大人火了，两眼直勾勾地瞪着底下的少年问道：“叫你为什么不吭声？”

少年抬起头回了一句：“何不呼明之王？”

李沾彻底傻眼了。眼见自己今日的故事即将成为南京内外饭后的笑柄，李沾马上改成急眼了，并随即下令：用刑！

差役刚上来还没开始动手，少年就先以极度悲痛的声音叫了起来：皇天啊，后土啊。

少年一直反复呼喊，搞得法庭内外谁都听得见。在场的马士英感到，如果再这样下去，会把南京市民们都招来，顺道冲动劫了法场，带走了犯人，这就麻烦了。鉴于真的出现上述结局实在不好收拾，马士英便马上对行刑进行了及时的叫停，并暗示李沾走温情路线并随机找到突破口。

因此李沾改打柔情牌，开始温言细语地照着拟好的罪状一条一条地问。

“你让校尉嘱咐我交代的，校尉比我更清楚他自己就能说，何必问我！”

接下来，少年又继续说出了许多不为人知的事情：假口供，狱中私刑，司法腐败，等等等等。

全场大哗。

原本应该是个罪证交代会，却被活生生地搞成了司法黑幕曝光会。理想与现实生活中的差异实在太大，有些相关人士实在是不知道如何是好。

所有人此时此刻都不约而同地将目光投向了李沾。李沾虽说脸皮一向够厚，但在众人如此统一地行注目礼之下，也不禁羞了个大红脸，恨不得当场打个地洞钻进去。

然而好在刑部尚书高倬反应快，赶忙命令手下把滔滔不绝的小爷送走，才好歹为在场诸位负责彻查案件的大人们挽回了一点面子。

虽然李沾们的脸没有丢尽，但跟丢光了其实也没有什么差别，因而只好跑去请示弘光下一步的策略。不过，此时的弘光也正为别的事儿烦恼，无心多虑，因此决定先将疑犯王之明暂时押入监狱，待有空时再加以重审。

弘光的这个决定，后世的许多人都认为是极不明智的。因为放着轰动一时并被炒得沸沸扬扬的太子案不先解决，却去处理其他的问题，从而为后来的麻烦提供了有利的时机，这确实不得不说是一个失误。

但我认为弘光应该不会不知道这个问题的，之所以要先把假太子案放一放，实在是因为有着说不出的苦衷。

自古以来三月都是农忙的时节，而弘光元年这一年的三月却以事实表明，忙的不仅只有农民，应该还得算上皇帝。太子的突然到来及其真假引发的轩然大波，一连串的麻烦事时时刻刻困扰着弘光，哪得一日好眠！

这个情况不但弘光身边的近侍清楚，远在各地的官员们也十分清楚。因此河南巡抚越其杰决定给皇帝陛下一个惊喜，暂时帮助弘光排解一下心中的忧愁。于是越其杰马上行动起来，派出官兵护送一个重要人物火速赶赴南京城，因为越大人相信只要弘光一见到这个人，他老人家的心情是一定会有所转变的。这个拥有如此巨大魔力的人，具体说来，其实只是一个看上去很一般的女子。但是越其杰还是对执行护送的人千叮咛万嘱咐，一定要确保此人能够安全平稳及时地与皇帝陛下见面，不得有误。

有了越巡抚这句话，手下人自然不敢怠慢。三月九日，一行人终于到达了南京城，并按照原定计划将这个人到来的消息传达给了弘光。越大人的预料果然再次应验了，皇帝陛下在听说有这样的一个人已抵达南京城并即将与自己见面时，近一个月来郁闷烦躁的心理状态真的发生了巨大的改变。在看完越其杰奏疏的那一刻，弘光的心情已经由愤怒升级为暴怒了。

“我哪里有这么一个童妃！”

南都三大案中最后的一个谜案——童妃案，就以这样一种戏剧性的形式和弘光暴怒的开场白拉开了帷幕。

# 第十章 乱起

对于这个突然出现的老婆，弘光并没有急于把她召进宫里促膝长谈，而是为她安排了另外一个下榻处——锦衣卫的诏狱。因为按照弘光的说法，他从来就没见过或是有过一个姓童的老婆，这个人是假冒的，因此务必要对这个女子严加审讯，查出事情的幕后实情，所以才马上把她交付锦衣卫审讯。

但是有人却不同意弘光的这个说法，就是那位一到南京便被口中的丈夫弘光送进监狱里的童氏。据童氏的说法，真实的情况其实应该是这个样子的：起初，弘光还是郡王时，曾经娶过一个姓黄的妃子，然而不幸的是黄氏早早就去世了。弘光成为福王世子后，又娶了第二个妻子李氏，不过这个李氏却在洛阳被民军攻陷时不知所踪。自己姓童，是河南人，曾做过周王府的宫女，在弘光逃难到尉氏县时在旅邸与其相遇并相爱，等到弘光正式即位为福王后，曾封自己为妃，并生一子。只不过后来因为再次的战乱才与今上走散，从此流落民间。

听完童氏的叙述，参与审理的锦衣卫指挥使冯可宗信了，据此上奏，请皇帝陛下仔细回忆，认真考虑；路上曾见过童妃的刘良佐信了，因此派重兵帮着一起把人给弘光送了过来；最后内阁里的马士英也信了，因此他找到了阮大铖等人商议。

一见面，马士英就开口询问阮大铖：童氏是皇帝的旧妃，但现在皇上不肯认，这如何是好？

阮大铖想了想说：我们只要看上头的意思办事就行了。皇上既然不肯承认，就把她做掉得了。

张捷表示反对：太重！这意思是倘若哪日皇上又心血来潮想要认这个媳妇时，却发现世上已经没这个人了，到时大伙背不起这口大黑锅。

阮大铖又想了一会儿：真的就是真的，假的就是假的，即使有恻隐之心，事到今日还管用么！

马士英觉得这事现在还不好下结论，便做了总结陈词：真假未辨，从容再处。散会。

其实到底要怎么办，大家还是得看弘光本人的态度。毕竟这事涉及皇帝陛下的隐私而且还是人家的私事。即便是大臣们再如何激动，也实在是不方便插手。



那么弘光的态度到底如何呢？是个人都看得很清楚，不承认。据说弘光在看完由冯可宗转交的童氏的亲笔书信后，气得把信扔到了地上，大吼道："我不认得这个妖妇，速速严讯！"这一吼堪称声色俱厉，把当时在场的所有人特别是冯可宗着实吓得够呛。从此冯大人再也不敢为童氏多说一句话了。

接下来弘光对冯可宗呈上来的童妃口供进行了耐心的逐条批驳，分别从理论与事实两个方面对童氏进行了彻底的否定。

弘光这种决绝的态度，更近一步激化了朝野之间的矛盾。于是群臣纷纷上书，对弘光翻脸不认人的态度进行谴责。而本来就对弘光不满的人民群众就更不买账了，要求弘光立即下台滚蛋的呼声越喊越响，大有准备一举起义赶走弘光的迹象。

事情之所以会闹得这么僵，其实还是因为大家公认，这已经不再是一个单纯的政治问题，而是一个涉及道德层面的问题了。

你可以不承认王之明是真太子，因为如果你认了你就没有帝位了，这个我们也多少能够理解。但是现在对于这个千里迢迢跑来与你团聚的糟糠之妻，你都不肯认，那就只能说明一点：你这个人在道德上有问题！

被公认缺德的人在社会上往往是混不好的，更不要说是被奉若神明的皇帝陛下。所以，如果弘光还想安安稳稳地在皇帝的位子上混日子，广大群众是不会答应的。

太子案加上童妃案，终于形成了要命的并发症，将弘光的天下进一步逼入绝境。

随着南方各地的抗议之声日益升高，在江北镇守的将领们也终于坐不住了，开始不断向弘光上疏提出自己的意见。最先表态的是向来以公忠体国著称的黄得功。

三月二十日，弘光下令三法司第四次覆审太子的同时，黄得功的上疏也随即到来。

黄得功认为那个太子未必是假冒的，而且诸臣谄徇者多，抗颜者少，即使认识，也未必敢说出真相而自取其祸。因此他希望弘光能好好对待那个少年，等到机会合适时，再于公众面前确定该少年的真正身份，给公众一个合理的交代。

对于这个比较合理的建议，弘光的反应是让人把黄得功的那封奏疏拿去厨房当柴火使了。之后弘光又派人去给黄得功传去旨意：好好守边带兵，勿预朝中政事。

据说当时传旨的使臣到达黄得功驻地时，黄得功的准备是很隆重的，备好香案，恭敬地跪在地上听宣。黄得功在听到使者宣读到这一句后就受不了了，不等使者把圣旨读完就爬了起来，气得把香案都掀了，并破口大骂：给老子滚！快滚远点！老子不知道这是哪门子的旨意！今后有嘛事也甭找我！吓得使者连口水都没顾得上喝，就连夜跑回了南京。

三天后，四镇中的另一名总兵刘良佐也派人向弘光传递了自己的看法：王之明、童氏两案，未协舆论。恳求曲全两朝彝伦，毋贻天下后世口实！

弘光前两天的气似乎消了点，因此这次的回复言辞还不是那么严厉。

“童氏妖妇，冒认结发。据供，系某王宫人，尚未悉真伪。王之明系驸马王昺之侄孙，避难南来，与梦箕家人穆虎沿途狎昵，冒认东宫，妄图不轨，正在严究。”这是讲事实。

再来，“朕与先帝素无嫌怨，不得已从群臣之请，勉承重寄，岂有利天下之心，毒害其血胤！举朝文武，谁非先帝旧臣、谁不如卿，肯昧心至此！法司官即将两案刊布，以息群疑。”这就是讲道理了。

弘光这样一番晓之以理动之以情的表白终于又搞定了一位。刘良佐也安静了。

然而这些仅仅是挑战的开始。

二十八日，弘光等待已久的奏疏终于到来了，那就是镇守湖广的左良玉的奏疏。

“臣左良玉请保全东宫，以安臣民之心。”左良玉认为这个独身一人奔赴南方的人确实是太子没错。并且提出了他自己的理由：自己的人从吴三桂处得到了准确的消息，太子没在清廷和吴三桂手中。据人反映，是逃往了南方。

有了这个依据后，然后就开始骂人了。第一个遭殃的出人意料的竟是史可法。左良玉在奏疏中明确指责史可法明知南来的少年是太子却不敢说话，实在是没有良心（此岂大臣之道）。接着是骂其他大臣的：“满朝诸臣，但知逢君，不惜大体。”

当然对于造成这一切的一切的罪魁祸首，左良玉也没有放过。之前虽然有李自成作乱，但尚且礼遇太子并封太子为宋王，不忍用刑加害，现在你们是一家，反而互相视为仇雠，实在太不像话！

“明知穷究并无别情，必欲辗转诛求，遂使皇上忘屋乌之德，臣下绝委裘之义！普天同怨，皇上独与二三奸臣保守天下，无是理也！”这句话所表达出的大体意思就是，你小子太不自觉了，小心老百姓一起反了你！

上述言论，语气恭敬的没有，商量的不再，完全像是老子在教训儿子，上级在批评下级。

不过弘光也不生气，反而回复说：如果东宫果然是真的，一定封他为王。但如果事实的确是王之明被穆虎指使假冒太子，我就一定会找到他们幕后的真正主使者并加以严惩（根究奸党）。你提到的吴三桂、史可法说的那些话我也听到过，而且能断定那是谣传，不足为信（必系讹传）。所以你再等几天，等到法司将细节全部审明，我一定会给你一个满意的答复。

面对气势汹汹咄咄逼人的左良玉，弘光这一篇记录在史书中的不卑不亢、有理有节的精彩回复，再次打破了弘光是个阿斗型皇帝的谎言。这份谕旨体现出的一个政治家应该具有的睿智与冷静，不得不让人折服。

所以我们可以再次肯定一点，那些一提到弘光就以无能昏君加以界定的人，如果不是真的不了解历史，就是别有用心。

弘光，新兴中青年政治家的称号，你绝对当之无愧！

东林党、复社中人到底与北来太子案、童妃案有没有瓜葛呢？当时的弘光、马士英等一直在考虑这个问题。

后来的许多人也都曾花费不少工夫来思索研究这一课题。如果往深里说并加之诸多史料，我相信大家每个人都有机会写出一篇长达几千字的类似于毕业论文的文章，可称为《浅谈东林党、复社与北来太子案、童妃案之关系》。但由于本人时间精力有限所以不想长篇大论一番，估计即使写成了也不会有人喜欢看，因此还是干脆不写为好。

虽然不能写论文，但作为南明历史上极为重要的两件大事，简单分析一下还是极其应该、必须而且必要的。不过还是以我的方式，且仅代表我个人的看法。如有疏漏，还请大家包涵。板砖的最好不要。

好了，不闲扯了，还是让我们回归正题吧。

关于东林党、复社和这两个案件之间的联系，说实话确实让我费了不少工夫思考，但所幸的是最终我还是找到了答案，当然是只属于我的答案。

我的答案就是既有联系，但又没什么联系。这会儿先别忙着去找板砖，先容俺说完。

之所以会得出这种看似找抽的结论，其结果应该说是必然的。因为早在前面我就已经说明了原因，而且就是基于此才得出了这个结论。希望记性好的朋友们还没有忘记，我曾提到过，东林党这个时候已经发生了分裂。

因此在这接踵到来的两大案件中，东林党人和复社人士不但担任着发动者的角色，同时还是两大案件的一大受害者。

到目前为止，还没有人能拿出是东林党或复社中人直接谋划并策动了这两大案件相继爆发的相关证据，但可以肯定的是，东林党和复社绝对不会是这两起事件的始作俑者。因为他们虽然都不太喜欢打压自己势力的弘光，而且一致厌恶沆瀣一气祸国殃民的马阮集团，不过如果让他们干出更加祸国殃民的事情，比如说谋反什么的，这种可能性即便不能说是没有，但也应该是少得可怜。或许有的朋友会说，东林党和复社的人大多都是书呆子加一根筋，一时冲动参与发动了谋反活动也不是没有可能的。

对于这种看法，我要说的是，正因为这帮人是书呆子，这才决定了他们不可能去积极地从事反政府的活动。

可以想象，如果有人要策动这帮读着孔孟之道、正道直行的书，科考入仕途后就常常以君子自诩的知识分子去谋反，其结果一定是被骂个狗血淋头掩面而走。儒家向来讲究仁义礼智信：妄动兵刃以致伤害无辜百姓，那就是不仁；背着同事好友（多数是官员）搞政变，砸了他们的饭碗，那就是不义；以下犯上，攻击皇帝，图谋不轨，那就是不礼；百十个穷书生就想要推翻政府，对抗朝廷，那就是不智；最后，既然曾经在弘光朝上过班，并发誓要效忠君王，匡扶社稷，现在竟然自食其言，搞起了对抗，那就是不信。

仁义礼智信这儒家“五常”，如果有一点不遵守，那这十几年的书就真算是白念了。因此我相信，就算你拿着刀去逼这帮读书人造反，他们也是不会去干的。更何况，能进入复社、东林党的，都可堪称读书人中的精英或极品，其特点就是特别要面子，特别相信（或者说是崇尚）孔夫子的这一套理论。因此我敢肯定地说，若说东林党、复社是主谋，绝对没可能。

当然我们也必须靠事实说话。这时就要提到一个人了。虽然没有明确的证人或证据可以证明此人是东林党，但从其日常行为与表现上看，也有不少人认定他至少是个地下党。这个人叫黄道周，时任弘光朝礼部尚书协理詹事府事。他就明确地认定，南来的少年就是王之明，是假太子，并公开支持认定太子为伪的结论。而与他在同一时期的东林党人徐石麟等人，也在自己所记录的资料中不约而同地表明了对太子为伪这一结论的肯定。

再说当时东林党的最高领袖史可法。案发时史大人虽远在扬州前线，但在知晓整个案件的来龙去脉后也由一开始的力主为真、为太子说话，转而接受了太子是假的看法，并且一度表示会尽己所能协助朝廷侦破此案。

史可法是否是因为某方面的压力才导致变卦的，现在尚且没有史料可以证明，但东林党的态度却是相当明确，认准太子是山寨货，没错了。

如果这些都不是东林党和复社的人干的，那幕后的黑手到底是谁呢？对不起，

对于这个连明史专家都争论不休的问题，本人实在不敢给出一个清楚的定论。不过即便不能下结论，我们仔细分析一下案情并从中得到一个推论，也不是不可以的。

我们现在就拿起放大镜，披上福尔摩斯的斗篷，再认真地把案件的经过简单回顾一遍。穆虎是在崇祯十七年十二月与少年相遇并发现其是太子的，随后就把整件事告诉了主人高梦箕。高梦箕本想把这件事压下来秘而不宣，但没想到纸包不住火，于是不得不在弘光元年（1645）正月将太子南来事以秘疏上奏朝廷。朝廷随即派人前往金华迎接，并于三月左右找到了太子，还把太子带到了南京。

然而就在弘光派人去接太子的同时，朝廷却干了一件引人争议的事。这件事突然在此时发生，就不能不让人怀疑弘光确实心怀叵测，居心不良。

在派人迎接太子南下的同时，弘光搞了一个小动作。二月十一，朝廷对外发布了礼部经认真讨论后为生死不明的先帝的三个儿子议定的谥号，分别谥崇祯的皇太子朱慈烺为献愍太子、定王慈焕为哀王、永王慈灿为悼王。

众所周知，所谓谥号是在一个人去世后，人们根据他的日常表现用一个或两个字来总结其生平功过的一种礼仪制度。这种制度自周朝时被创立后，除去秦朝外大家都用它，且大家都说好。

但一个人如果想拥有一个谥号，就必须符合一个前提，就是他确实已经不在人世了（或是大家都公认他已经挂了）。借用一个逻辑学上的说法，“此人已完”对于“此人有了谥号”这一命题而言应该是一个充要条件，因此“有谥号”和“人已挂”应该是可以互相推出的。

因此，弘光这一举动就明显带有此地无银三百两的精神了。本来知道人可能还在，却睁眼说了瞎话预先给一个活人开出了死亡证明，这就太搞了。

当然，关于弘光是否在此事中捣了鬼，我们可以先放在一边，因为本案的重点还应该是太子身份的真假问题。所以我们有必要按照抓主要矛盾的要求，先把这个问题搞清楚。

首先认定少年是山寨版太子的人是大学士王铎。王铎在向弘光提交的报告里是这样说的：一身正气的王先生当时一见到少年，就马上发现这是个冒牌货，因为王大人曾同旧礼部尚书在北京端敬殿中侍奉太子读书三年之久，很清楚地记得真太子是大眼睛方脑门，有厚实的背部、轩昂的步伐和严谨的态度，但当王大人站在那位少年的面前问少年是否认得自己时，少年却说不认识。由此王铎就认定眼前的这个人是假太子没有错。

对于王大人的这份报告，据说读过的人都给了一个相同的评价：呸。

原因很简单，因为王铎大人说了假话。

虽然当年王铎确实被选为太子讲学时的跟班，但不久却因有事请了假，而且在后来的三年中王大人还两度丁忧，离朝返回河南孟津老家服丧。所以事情的真相实际是王铎只在太子八九岁的时候侍读了几个月而已，而且自太子九岁以后，王铎就再也没有见过太子了。

弘光元年案发时，太子已经是年满十八岁的大小伙子，虽然没有听人说过有男大十八变这种讲法，但太子应该也变个差不离，因而王铎认不出太子、太子也记不清三天两头请假的王侍读的模样，是很有可能的。加上王铎先生在群众中一向人品欠佳，因此对于王大人的话，群众还是不认可的。

为断定太子的真假，弘光一共安排了四次会审。虽然每次主审官员们得出的结论都认定太子是假，但是百姓们还是带着一种怀疑的态度来看待这个结论的。这是因为，四次审讯中主要的审理人员分别是李沾、王铎、杨维垣、张孙振、冯可宗、高倬等人，要么是马阮集团的骨干要么是比较怕惹事的资深官僚，且他们找来的证人还是一个有罪名在身的方拱乾，用我们今天的话来讲，这都是些缺乏公信力的人，因此群众不相信也就难怪了。

特别是杨维垣，他一眼就认出伪太子应该是王昺的侄孙王之明，这就更令人生疑。一个因为名列逆案而被废弃了十七年并被强制劳改过的人，见没见过王之明还是两说，这种人说出的话如果信了那就是有问题了。但实际上，参与审讯的官员们不仅是相信了，还把杨先生的话上升为主要意见，并就此给少年确定了王之明的身份。大家如果也跟着信了的话，那就是秀逗了。

既然审案中的证词不足为信，那么从当时相关但却不存在利害关系的人士所提供的体貌特征来判断太子身份的真假，总该没问题了吧。

不好意思，这个也有问题。据记载，太子的最主要的体貌特征是“眉长于目”，但问题是虽然大家都这么记录下来了，但具体到细节方面却有 N 种说法且每个还不一样，而且与太子见过面有过较长时间接触的王铎、方拱乾、袁妃这三个重要人物却都没有提到这个明显特征。所以这个鉴别方法我们只好暂时搁置了。

不过还好，对太子的体貌特征的描述还不止这一点。据远在北京的袁妃供述，真太子应该是有虎牙，足下有黑痣。只要把那个少年找来让他张张嘴，脱了鞋，一切就能解决。但有人却就袁妃提供的线索提出了质疑。虽说这个重要依据是由袁妃提供的，但其实也是不能相信的，因为这个线索是转述来的。

具体说来，是由被清廷关押的袁妃派人传话给清政府的，因为当时北边的清廷正好也在处理一个崇祯太子案，而袁妃的这个口供正好由清廷刑部的人给透露了出来，经由路边社的传递被派往出使清廷的左懋第得到并记录了下来。后来左懋第听说南边也出了个崇祯太子，就又派人把这件事告诉了史可法，并最终由史可法上疏告知弘光朝廷的。

就是这样一条信息，虽然是出于非常具有权威性的袁妃之口，但是却经由清朝刑部转述给左懋第、左懋第转述给史可法、史可法再转述给弘光朝廷，这么一路走来，其真实性和可靠性肯定跟没有差不多了。况且大家还不能排除，袁妃此言是故意要误导清朝以达到维护真太子目的的可能。而且最要命的一点是，几乎所有的史书都没有对于被朝廷定性为王之明的那个少年的外貌形象进行具体描述。所以综合上述一切情况，我们只能遗憾地说，这条路也行不通。

虽然真相只有一个，但对于马阮集团来说这已经不重要了。因为当时就算再傻的人都已经看出了一点：主审此案者意在打击东林党和倾向于东林复社的朝中大臣。

鸿胪寺少卿高梦箕和史可法的关系相当好，曾为史可法购买硝黄等重要的物资，因此当时就有人怀疑这一出是冲着史大人来的（人疑欲阱可法）。而《明季遗闻》等史料也明确地写出了这样一点："马阮意在姜（曰广）、黄（道周）辈。"

据说参与验证太子真假且同情东林党的少司农何楷曾经秘密告诫东林党，要小心谨慎，充分做好挨整的准备。因此面对即将到来的恶整，部分东林党人决定率先展开反击。他们利用的机会就是后来发生的童妃案。

东林党虽然并没有参与童妃案的研发和引发工作，但说句实话，他们对于童妃案影响的进一步扩大还是必须要负一定责任的。

东林人士为了避免阮大铖利用太子案的有利时机将东林、复社一锅端，于是便开始了引导舆论的工作。当弘光发表言论拒绝承认童妃是自己老婆时，东林成员就开始带领人民群众搞一些抗议的活动，要求弘光正视历史真相，接受前来投奔的妻子。

在古时候，人们的思想观念与现在其实是有许多不同的。比如说，大家都能够接受一个男性公民有好几个老婆的情况，而且老婆的数量从来不会因为你的身份而受限制，只是完全取决于个人的经济收入和个人的想法态度。然而比较有意思的是，即便如此，女性的社会地位很低，但是丈夫一旦无端抛弃贤良淑德的妻子时，一定会受到周围所有人的鄙视。特别是对于丈夫突然飞黄腾达，随即就雷厉风行换老婆的行为，广大人民群众是不会束手旁观的，即便是管不了，大家也会坚定地站在妻子的一边，并凭借着大量的唾液将其淹没于群众运动的风暴中。在这些一朝得势、第二天就休妻的负心郎团体中，比较出名且广为流传被骂得最久的当非陈世美莫属。相反，那些富贵之后却不忘糟糠之妻的好男人则被大家争相传唱，万古流芳。

因此弘光到底认不认老婆，不仅是一个态度问题，还是一个道德问题。而如果弘光始终不肯承认的话，他的名字必将会载入新一代陈世美的名单中，被大家骂个不停。

真到了那个时候，就是弘光真要下台的那一天了。

弘光对这点很清楚，其他人也很明白。弘光一倒台，阮大铖也就闹不起来了。这也是东林党能够用以自救的唯一手段。

但即便如此，弘光依然不肯承认童氏是他老婆。一个人能在强大的舆论压力下还继续坚持，那就只有两种可能。

其一，弘光与童氏确实是夫妻或者曾经共同生活过一段时间，但是由于某种原因，双方的感情已经完全破裂。弘光变得十分厌恶童氏并发誓再也不想见到她，而且已经到了即便因此引发众怒、威胁到自己的统治地位也在所不惜的地步。至于到底是什么事情让弘光如此恨自己的老婆，实在很难猜出来。

其二，这个姓童的女子压根就不是弘光的媳妇，弘光从来就没见过她。打个比方，比如你走在大街上，一个人突然跑来指着一个女子说，从今天起她就是你老婆，接着指着她身边的小孩说这就是你儿子。相信换成你，你也不会干（前提是你比较正常而且有自己的老婆或女友）。

所以基于上述的某一个原因，弘光打死都不认童氏是他老婆。不过，具体是哪一个原因，还是不要问我，我也不能肯定。

东林党的宣传攻势那是相当有效果的，因为不光老百姓们被有效组织起来向弘光施压，连朝中一些正直的大臣也纷纷上疏，要求弘光尽快承认童妃，以顺应民意。就连以前始终站在弘光那一边的马士英在看了童氏的供词、受到群众影响后都公开说："如果不是真的，什么人敢自称是皇帝的老婆？"（苟非至情所关，谁敢与陛下称敌体？）开始劝弘光把童氏尽早迎归大内，并及早密谕河南巡抚迎致皇子，以慰臣民之望，以消奸宄之心。

在相信童氏是弘光真正的妻子的这些人中，做事最激进的却是两个看似不相干的普通人。

童妃案发后的一天，一位叫詹自植（一说叫詹有恒）的人闯入武英门并坐进了弘光的御幄中，想要找弘光谈谈，劝他接纳童氏。结果弘光没见着，自己却让守卫见到了，被当场拿下。没几天又有一个叫白应元的人闯入御殿，大骂弘光忘恩负义、擅弃旧妻，结果也被卫兵就地逮捕了。

对于这两个擅闯宫门并对自己的名誉造成极大损害的人，弘光并没有丝毫手软，给了两个人相同的待遇：杖死。

弘光的这一决定直接导致了另一个结果。童氏所在监狱的狱卒得知皇帝如此对待帮助童氏的人后，就再也没有人敢继续与她交流了，甚至发展到最后，狱卒中竟没有一人愿意再去给童氏送饭。因此在每天上中下午都有弘光钦点太监屈尚忠的严

刑酷拷和整日整夜没有食物可吃的情况下，童氏终于撑不下去了。

弘光元年四月初，在哭干了最后一滴眼泪，说完了最后一句诅咒后，童氏因病饿死于狱中。此时距弘光朝廷灭亡还有一个月的时间。

刑部和锦衣卫从王之明的身上一直问不出个所以然来，本来就已经急得不行了，又赶上南京内外闹得更凶了，因此两个部门经过协商后决定通力合作，先从把少年隐藏过一段时间的鸿胪寺少卿高梦箕及其仆人们身上下手，寻找案件的突破口。

锦衣卫指挥使冯可宗随即亲自出马审讯高梦箕。高梦箕比较听话，还没等冯大人用刑，就把所知道的一切全部一一道来。冯可宗是极有耐心地听着，从开头听到结尾，但是却始终没有听到最想听到的东西，譬如阴谋政变、诈骗图财，等等等等。

如果供词中没有这些，听再久也是白听。因此就算您是皇帝陛下最重视的太监高起潜高公公的侄子，我们也只能对不住了。于是高梦箕就开始了闻名不如见面、见面不如体验的为期未知的锦衣卫酷刑之旅。但即便如此，高梦箕也没有承认受人指使让王之明假冒太子的罪状。这下一向对于审讯问供极有办法的冯可宗到此也只能打住了。

接下来冯可宗又收到消息，高梦箕的两个仆人穆虎、高成也同样至死不肯承认指使假冒太子的罪名。

按理说案件审理到这种地步，应该算是审到头了。不过这也预示着刑部和锦衣卫的诸位大人们的官，也要同时当到头了。为了避免被皇帝陛下打发回家种红薯，大人们决定在最后关头再拼一把，努回力，争取能够创造出奇迹。

然而无情的现实再次给大家上了宝贵的一课：不是所有人都能随随便便让奇迹发生。刑部与锦衣卫手段用遍，办法想尽，案情依然毫无进展。

案子再这样无限期地拖下去，一定会闹出大事的。御史陈以瑞最先看清了这一点，并及时地向弘光表达了自己的担忧："愚民观听易惑，故道路籍籍，皆以诸臣有意倾先帝之血胤。"陈御史的意思是老百姓比较没有文化，而越没文化的人就越容易被人煽乎，因此现在大街小巷都在谈论这件事，均认为大臣们有意要让崇祯绝后。

弘光就此下旨：将王之明好生护养，勿骤加刑，以招民谤。俟正告天下，愚夫愚妇皆已明白，然后申法。

这道旨意表示弘光很清楚现在的形势很紧急，几乎没有多少时间可以拖延，但为了"正告天下"，使被奸人忽悠的无知百姓都明白自己是正确的，所以决定先把王之明好好养起来而且不在家对他用刑。不过，这还是表明了弘光的一个看法：为了让真相大白于天下，有必要再拖几天。

然而事实告诉我们，当时的情况不是很紧急，而是万分危急；而且也并非像弘光认为的那样几乎没有多少时间，而是已经没有时间了。因为此时镇守湖广的宁南侯左良玉已经磨好了马刀，开始为出动大军做好出发前的最后准备了。

四月初一日，工部侍郎何楷再次上疏，希望弘光能够做出让步，将镇臣的奏疏发布出去，以减轻舆论的压力。但弘光依旧不肯让步，表示绝对不会让奏疏流传，而且认定奏疏上面写的一定不是镇臣们的本意，又下令提塘官（专门负责传递军事情报的官员）立即将往来的所有关于童妃案与太子案的书信一并追回销毁。并对外放话说，敢有鼓煽百姓的人，会命兵部立擒正法。

弘光终于还是犯了糊涂。此言行一出，朝野各界更加混乱了。弘光在错误的时间面对错误的对象下了错误的命令，后果很严重，且已无法挽回。

火上既然已经浇上了油，那接下来等待弘光的就只剩下满眼红光和熊熊大火了，至于燃烧你我那就更是必须的。

弘光元年四月初四，朝廷接收到了一封快马飞报。

据悉，该月初一，宁南侯左良玉诈称奉先帝太子密谕，并以清君侧、诛马阮为名，举兵南下，今已陷九江。望陛下速决。

大乱终于开始。

## 内讧

弘光元年三月底，宁南侯左良玉率领大军，乘船顺江东下。

按照某些人的说法，应该是部分唯恐天下不乱的东林党人为了发泄与马阮集团的斗争失败的愤怒，跑去说服了心怀异志的大军阀左良玉，阴谋政变，悍然发动了内战。

左良玉有没有想当皇帝的心思，这个不好说。但可以确定是，真正劝动左良玉引兵南下的人却不是东林党，而是湖广巡按御史、左良玉的亲信黄澍。

自从在朝堂上笏打马士英后，黄澍的名气便与日俱增，成为大家交口称赞的反奸英雄。但人气有了，麻烦同时也来了。要知道挨了打的马士英是绝对不会沉默太久的，一旦有机会就要一雪前耻。虽然黄澍在左良玉的保护下避免了被刑部派来的抓捕人员带去吃牢饭，但黄澍本人很清楚，眼前的一切安稳只是暂时的，如果左良玉哪天不幸挂了或者是马士英的势力得到了进一步增强，倒霉的马上就是自己了。

因此黄澍在很长的一段时间里，心情都很郁闷，时常驾一条小船在河道上独自飘荡，苦思冥想。直到有一天，他听说了一个自称太子的少年到达南方并随即引发

争议的事情。

某个晚上，黄澍秘密拜见了左良玉。

第二天，左良玉即自称奉先帝太子密谕前往南京救护，率军从汉口出发，开赴南京城。

四月一日，左良玉兵至九江，然后……停顿了下来。历朝历代但凡是某个将领起兵（或谋反），务必要求兵锋直指，全速前进，因为只有这样成功的可能性才会大一些。左良玉却在九江不走了，看似确是一大失误。

所谓看似是失误，实际上却不是失误。左良玉之所以停下来，是因为他要见到并说服一个人。在左良玉看来，假使此人能加入自己的行动，胜利的概率必然大大增加。

布置重兵将九江城重重包围后，左良玉向城内的这个人发出了邀请。

这个人就是当时九江城内职位最高、官衔最大的江西总督袁继咸。

袁继咸字季通，号临侯，江西宜春人。袁总督小时候家里比较穷，上学比较困难，但好在袁继咸继承了穷人的孩子早当家的优良传统，自幼聪明好学且胸有大志，有诗为证：

> 自从陶令伴金卮，醉倒芙蓉欲笑时。
> 血胜生来浑不改，寸丹留与报君知。

据说这是袁继咸十二岁那年，在同族人聚会时信笔写下的一首七言绝句。在诗中，时值幼年的袁继咸将自己的人生目标定了下来，那就是报国保民，在所不辞。而事实证明，他也的确做到了。

天启五年，三十二岁的袁继咸终于中了进士，并被分配到行人司工作。虽然说来行人司不过是个负责四处跑腿的小单位，且行人的职务并不高，只有八品，但袁继咸却十分高兴地跑去上班了。

因为袁继咸依稀记得，一百多年前他的一个江西老乡也是被安排在这个看似无足轻重的部门，最后却一举干出了一番大事，走上了帝国的最高舞台，受到百姓们的追思与怀念。这个人的名字袁继咸一直不曾忘记，甚至可能在他不顺利的时刻经常浮现在眼前。这个名字就是夏言。

我一定会向你看齐，为了国家的繁荣富强，与一切危害她的势力奋战到底。

走夏先生的路果然没错。袁继咸凭借着自己出色的工作业绩，很快和皇帝混了个脸熟，开始步步高升。在后来的十几年里，袁继咸先后担任了御史、礼部员外郎、山西提学佥事、湘广参议等职，而且以敢于忤逆权宦高官闻名朝野，深乎众望。

崇祯十五年，对于袁继咸来说是个春天。就在这一年他被崇祯升为兵部右侍郎兼右佥都御史，成为正二品的大官，驻节九江，为总督江西、湘广、应天、安庆等战略要地军务的封疆大吏。虽然此时袁继咸已经年近五十，但他始终坚信，自己的报国之路才刚刚开始。

江西人回来总督江西，这也算是荣归故里了。而且还是从袁行人升格为袁总督的。一般人有了这样的境遇，多少要摆摆排场，招摇一下。但袁继咸不是一般人，职位虽说是升了，其他的一切似乎完全看不出改变。家依旧还是那个简陋的地方，老婆孩子还是依旧穿着普普通通的衣裳，袁大人也一如既往地廉洁正直，爱民如子。所以有了这么一个正派的人当总督，江西境内官场的风气日益改善，当地百姓也非常尊敬这位不一样的袁总督，逢人便夸袁大人是难得一见的清官。渐渐地袁继咸在南方百姓心目中的地位越来越高，形象越来越好。

左良玉将军看重他的就是这一点。

袁继咸面对重兵围城的危险局势，为保证城内百姓不受兵祸牵连，毅然决然地选择了同意接受左良玉的邀请，前去赴会。

左良玉与袁继咸的关系素来还算不错，见袁继咸在预定时间内如约到来，笑脸相迎。等到把袁继咸请到舟中，左良玉便展开了主题活动：拉人入伙。一开始，左良玉先从衣袖中取出传闻中的皇太子的密谕交给袁总督，明确表示自己此次东下并非是妄图谋反，而是为了兵谏圣上，清君侧，诛马阮。与此同时，左良玉向袁继咸发出了一同前往南京“清君侧，救太子”的诚挚邀请。

袁大人对于左大人的这番解释并不打算买账，并且提出了自己对当前形势的分析与想法。袁继咸认为，现在南京城内的皇太子真伪尚且未定，且暂时并没有明显的人身威胁，所以不需要左将军如此兴师动众。对于左良玉的行动支柱——太子密谕，袁继咸也认为来历不明，最好不要相信。总之，千言万语一句话，你还是回湖广去吧。接着袁总督向在场的左军诸将下拜，请求他们爱惜百姓，不要妄动刀兵。

放下屠刀立地成佛的事在佛经里经常有，但遗憾的是，现实世界中一旦一个人拿起了武器决定拼力一搏，那他的选择就有且只有两个，不是把别人放倒，就是被别人放倒。左良玉这次也不例外。

袁继咸能有这种态度和表现，显然是在左良玉的考虑范围之中的。所以当时的左良玉并没有生气，而是继续劝说：“谋陷太子是臣下所为，我知道这与今上无干。而且如果说到爱惜百姓，这是大家的本心，先生何必过虑？”随即左良玉又拿出了兵谏的理论依据——讨马誓文、檄文给袁继咸看。

这里不得不提一下讨马檄文。这是一部由左良玉发布的、由众谋士共同起草的

三部曲式的大作。在檄文中，左良玉向公众细数并揭发了马士英谋害先帝太子、重翻逆案、诽谤先帝、卖官鬻爵、任用奸小、大树党羽、公报私仇等八项大罪，还将马士英与史上著名权臣司马昭相提并论，加以批判。随后推出的二、三两部，又对具体的几个问题展开了详细的论述。讨马檄文三部曲文笔流畅，用词精准，骂得流畅，堪称是继承了历代檄文优点的传承作品。

讨马檄文三部曲自左良玉起兵的同时开始向外发授，各大城市均有发行。有意参与者请与左良玉军宣传处直接联系。



袁继咸读完后，并没有在文字和理论方面提出自己的修改意见，只是希望能给自己一点考虑时间，等自己想通了后再给左良玉答复。

傻子都看出来，你是想要搞缓兵之计回城固守了。左良玉明显不是傻子，怎么可能放虎归山呢？但出乎众人意料的是，左良玉竟然当即同意了袁继咸的要求，且连眼都没眨一下。

当袁继咸带领随从以最快的速度扬长而去，赶回九江修城、准备兵器的时候，左良玉的一个亲信跑来问他：为何不把袁继咸就地扣押在军中，而要放他回城呢？身为主帅的左良玉只是微微地笑了笑：不用那么麻烦！

果然，袁继咸一回到九江城就马上组织军队，整备器械，修葺城池，并命部将坚守九江，不准左兵进城。

不料到了当天晚上，九江城内却突然着起火来，全城顿时大乱。驻守在城外的左良玉部乘势入城，很快地控制住了九江城。

得知左兵入城的袁继咸正准备一死了之，没想到没死成，被左良玉派部将张应元救了下来。张应元按照左良玉的吩咐，押着袁继咸坐船前去左良玉的旗舰。在这个过程中，一心寻死的袁总督又几次想要投水自尽，但护送他的士兵似乎很有经验，反应极快。每次袁大人前脚落水，几秒钟内就会有几个水性好的士兵跟着跳下去把他救上来。所以一路上除了让自己的衣服干了又湿、反复清洗并顺便让士兵们练习一下跳水动作外，袁总督基本上没有一点收获。

袁总督与左将军终于还是再次相见了。左良玉一上来就发誓说，自己没有推翻弘光称帝的意思，自己的要求其实也比较简单，就是希望袁继咸肯一道东下并调护兵将。

在监军李犹龙等人的轮番劝说下，袁继咸最终同意入伙。

立志报国，就这么个觉悟，只不过没死成加上被软禁，接着再有几个人一劝就答应了，这也太那个了。如果你真的这样认为，那就错了。

袁继咸起初在被押到左兵的舟中时，是无论如何都要一心求死且坚决不见左良玉的。左良玉实在没有办法，只好派出了口才最好的黄澍前去劝降。黄澍一见到袁继咸就使出了屡试不爽的绝招——拜泣，边哭边劝：宁南（左良玉）没有谋反的意思，如果您以死刺激他，那事情就不好说了。

虽说是号称屡试不爽，但真到了袁继咸那儿，黄大人真的不爽了，因为无论黄澍怎么哭怎么劝，袁大人就当没听见没看见一样，坐在那一语不发，黄澍哭到眼泪储备全部用尽的时候，实在没法了，也就撤了。

然而，副将李士春的一句话却彻底改变了袁总督寻死的想法。

“隐忍之，至前途，王阳明之事可图也。”翻译成现代汉语就是您先装几天，等事情一旦有所变化，您就可以找机会体验一把王阳明的工作了。王阳明即是在正德年间凭一己之力平定宁王叛乱的。

袁继咸对于这个合理化建议表示认可，当即拍板决定，就按你说的办。

第二天，袁继咸正式同意答应左良玉的请求。在此之前，袁总督提出了一个条件，还表示左良玉必须答应，否则自己宁死也不会与左兵合作。

袁总督的要求是，在到南京城的这一路上左兵不得沿途抢劫民财，杀人放火。对于这个唯一的要求，左良玉和部将们立即同意了。

既然这样，一切就好办了，左良玉是这样想的，袁继咸也是这样想的。

然而历史再次向我们证明了一个真理，成功之路永远是不可复制的。袁继咸最终还是没有做成王守仁，因为一个人的猝然离世。

弘光元年四月四日，明末明军最能打的将领之一，东林党的忠实朋友，曾被崇祯等人予以重用和重视的猛人左良玉，因病医治无效去世，享年四十六岁。

据说当天，虽然左良玉病得虽重，但似乎还没有到不可挽回的地步。之所以这么说，是因为那天傍晚左良玉还在亲兵的陪同下去外面遛了个弯。不过，或许老左不遛的话还能多撑两天，但这一遛就把命给遛没了。

左良玉刚出营就看到九江城方向起了大火。卫兵随即前来报告：袁总督的兵发生内乱，自烧军营，自破其城。

但左良玉是个明白人，一见火起就知道到底发生了什么，于是一声叹息：这是我的兵，我辜负了袁临侯了。接着呕血数升，在当夜病情加重，随即去世。

对于如何正确全面客观地评价左良玉这样的一个人，我想了很久很久。

你要说他不是好人吧，他也的确做过一些好事，比如说剿灭过土匪强盗，维护过地方的安宁，抗击后金军的铁骑，可谓保过家卫过国。而且还懂得知恩图报，帮助和袒护过受到马阮集团迫害的东林党人。但要因此认定他是个好人吧，似乎也不太妥当。因为宁远兵变时有他，纵兵抢掠时有他，避战自保时有他，拥兵自重时也有他。总之，左良玉好像就是一个社会不安定因素，哪里有他，哪里就有事。

不是好人也算不上坏人，那么这究竟是一个怎样的人呢？为此我思考良久。直

到有一天我终于明白了，看懂了这个复杂的红脸大汉。

这是一个一生都在求上进的人，一个不甘于寂寞、害怕被他人遗忘的将军。

从父母双亡在亲戚家长大成人的小孩到立志从军建功立业的青年；从默默无闻没有文化的小兵到驰骋疆场拥兵上万的将领；从桀骜不驯的宁南侯到心怀愧疚的重病号。这一或虚或实、亦正亦邪的身影其实都只在向我们说明一点，这才是真正的左良玉。

没有读过书却足智多谋，没有过人的外表却受人倚重。

无论有名还是没名，无论是受人尊敬还是遭人唾骂，他始终在他能够登场的这段有限的演出时间内，努力着，努力地作战杀敌，努力地表现自己，努力地书写着这一段本应该属于他的历史，还有无数的精彩故事与传奇。

生命不止，奋斗不息。

或许，这正是真实的左良玉。

在他短暂的一生里，与袁崇焕、曹文诏、张献忠、李自成、朱由校、杨嗣昌这些明末出名的人物几乎都见过，都打过交道。皇帝、公侯、平民、百姓，各个阶层的人他几乎都认识过，熟悉过。阴谋诡计、世态炎凉、政治斗争、军事作战，他也都亲身体验过，实践过。而他这一生的戎马生涯中，既有过以数千人击破上万人的大胜，也尝过万余人的部队被敌军全歼的大败。

因此，左良玉完全可以自豪地说，此生无悔矣！

也许还有遗憾，没能继续帮助恩公侯恂的公子，让他们有情人终成眷属；没能确认南京那个太子的真假，报答先帝的知遇之恩；没能再有机会指挥千军万马，与宿敌张献忠真正地一较高下。

也罢，也罢，谁的一生之中能够没有任何遗憾呢？可能不完美所展现出的美丽才能称得上是真正的完美。

无论如何，终于等到了，到了要谢幕的那一刻。所有的荣誉，所有的质疑，让它们全部散去吧。生活于兵营，成长于兵营，最后同样逝去于兵营，这或许是命运的安排，或者说是一个注定要被争议所包围的将军的最好归宿。

不畏争议甚至主动制造争议，也许还是因为喜欢热闹，以期吸引更多人的关注的目光。

左良玉的离世，标志着崇祯朝的名将时代最后一抹余晖也终于散尽。然而，我们的故事还要继续。

# 第十一章　坚守

左良玉已经不在人世了，但到了次日，全军上下却似乎没有出现丝毫的骚动与不安，而是一如既往的精神激昂，甚至都没一个人穿白衣白甲。能造成这一切反常现象的，似乎只有一个合理的解释，那就是在左良玉去世的当夜，有人以最快的速度接管了这支庞大的武装军队并且严密封锁了左良玉去世的相关消息。

不过问题也就此出现了。到底是什么人能具有这样的能力，可以让知情的所有人无一例外的服从于他且毫无争议呢？

其实这个答案是再简单不过的了，这个人就是左良玉的儿子左梦庚。左梦庚对外宣称他老爹依然健在，只不过因为病势较重不便见人，因此暂由他代替管事。

老将军没事，我们就放心了。于是左兵继续按原来的计划移舟东下，一路上高歌猛进，向着最后的目的地南京城开去。

由于左兵的士气没有受到左良玉病亡消息的影响，所以战斗力还是强得惊人。自四月五日到七日，仅三天的时间左兵就接连攻下了建德、彭泽、东流、安庆等地，兵锋直通太平府，京师就此戒严。

而对于袁继咸，左梦庚则下令把他拘禁在船中并命人严加看管。至此袁继咸效法王守仁平乱的努力与准备完全付之东流。

从相关史料的记载我们可以看出，弘光应该有过左兵也许有一天会东下的考虑，但没有想到的是左兵竟然来得这么早，因此在接到地方的报告后，整个朝廷暂时陷入慌乱之中。

既然导致左良玉率兵东下的理由是马士英，马士英本人也不得不有所行动了。于是在讨马三部曲传播到南京的当天，马士英向朝廷递交了辞职报告，请求引咎告退。不过，得来的却是弘光的温言挽留。作为国家的最高统治者，弘光下定决心要与左兵一决雌雄。

为了能先使南京城恢复稳定，弘光接连下达了一连串的命令。

首先要稳定的是民心，而决定民心是否能够稳定的一个关键措施就是防止官员的家眷率先偷偷转移。为此弘光派遣内官分守南京城的十三个城门，严禁各官家眷走出京城。要说弘光的这一招是很绝的，因为这一行动就向官员们暗示了这样一点：我们是拴在一起的，要完也得一起完，你们谁也别想溜！

随即弘光命令命阮大铖、刘孔昭率师出御左兵。不久，又命令公侯分守南京城的长安等门及都城十三门，征靖南侯黄得功、广昌伯刘良佐以及池口总兵方国安等人入卫南京，命史可法至江北调度军队。

对于弘光的这一军事部署，朝廷内部有人却提出了反对意见。具体说来是三个人：刑部侍郎姚思孝、御史乔可聘和成友谦。这三位大人一致认为，左良玉不是对国家安全形成威胁的主要因素，而北边的清军才是当前的主要对手。基于上述认识，这三个人提出了同样的要求，希望弘光不要尽撤江北兵马，而要固守淮、扬，控扼颍、寿，以防清军的突袭。

弘光稍微考虑了一下后，也马上认识到尽撤江北兵马的危害性，于是下达新的命令："刘良佐兵还宜留江北防守。"

这下马士英不高兴了，当即就翻了脸，在朝堂上大吼："你们都是与东林党一伙的，想要借口防卫长江，纵容左良玉入犯京师，别以为我不知道！"（尔辈东林，犹藉口防江，欲纵左逆入犯耶？）

那么真如您所言，尽调江北军队入卫南京，倘若清军打过来了，该如何是好？

放心，马大人有他的答案："如果清军打过江来，我们还可以议和给钱！"

身为首辅竟然有这么个觉悟，看来马士英也烂到头了。

不过，正常人只要一听，就会发现马士英这套理论的诸多错误。单说一点，要是人家不要钱，你打算怎么办？相信如果当时有人这样问，马大人一定会回答不出来。

然而遗憾的是，当时朝中却没有一个人敢在这个关头提出这个明显的问题，因此就这样马大人得以继续他那慷慨激昂的演讲。不过最令人想不通的是，这样一番看似漏洞百出的理论最后还是打动了弘光。

一切只因为马士英的发言里有着这样的一句："要是左良玉打了过来，像你们这样的高官还可以投降求生，但我们君臣就死定了！"

在发觉弘光的脸色已经有所改变的时候，马士英终于说出了最激动但同时也是最无耻的一句话："我已经调刘良佐军到江南来了，我们宁可死在清军的手里，也不能死在左兵的手上。"（宁死北，无死逆）

好，就按马爱卿说的办！聪明了半辈子的弘光就这样被带进了沟里，开始了他醒不了的噩梦。

在阮大铖的建议下，朝廷通过了处决曾投降过李自成的"顺案"要犯的意见。

四月九日，光时亨、周钟、武愫弃市。与此同时，与这三人有联系的前东林党成员复社骨干周镳、雷缜祚也被勒令自尽，其余相关牵连者则全部被革职放还。终于有机会收拾掉朝廷内部比较棘手的人了，那么接下来就是彻底荡平左良玉部，只要这两件事全部成功，今后阮大铖将会迎来梦寐以求的天下无敌的幸福生活，独揽朝政！

按照阮大铖的要求，黄得功的军队被调到长江以南的太平府，而刘良佐军则被部署于对岸的江北，形成了拱卫南京的最强防线。这是用来做防守工作的。

当然，为了表现朝廷不畏强敌、立志平乱的决心，阮大铖同样也派人先带上了部分军队与传说中的左兵试着干了一仗。不试不知道，一试有时还真吓一跳。都督黄斌卿等人率领部分明军与左兵在铜陵灰河遭遇，随后就打了一票，但没想到这种玩票性质的作战竟然打出了效果，左兵的先锋部队被当即打散，弘光军获得初胜。就这样，在这场众人事先都不看好的战役中，弘光军以较小的代价初步遏制住左兵东下的迅猛势头。

在灰河大捷的鼓舞下，黄得功亲率所部明军，再次向左兵发动了攻势并又取得胜利，击沉烧毁左兵战船三千艘，左兵大败。

事实证明，在没有优秀将领指挥作战的情况下，即便是素质再好的军队，能发挥出的水平也不过是一般级别。因此在左梦庚的"出色"指挥下，本应难逢对手的左兵被一打一个准，败了又败，只好改变策略，打下了安庆从长计较。而这也说明在高杰、左良玉等猛人纷纷下台的时刻，南明唯一靠得住且很能打的也就只有一个黄得功了。

黄得功的捷报传来，弘光异常高兴，向参战诸将派发银币以资鼓励。

领到皇帝陛下颁发的奖金后，黄得功非常感动，而让猛人感动的一大功效就是使他更猛，于是黄得功开始追着左兵四处跑。每当左兵刚到一个地方安顿下来，黄将军的部队跟着也来了，而且也不搭话上来就是一顿猛剋，打得左兵叫苦不迭，无可奈何，郁闷非常。

然而在这段时间里要说真正郁闷异常、苦不堪言的还轮不到左梦庚，而是另有其人。

这个人就是承担防御清兵重任的督师史可法。许定国做掉高杰降清后，清军的实力大增且渐渐在河南境内站稳了脚跟，稳定了秩序。接下来随着各路清军纷纷完成歼灭境内反清势力并向河南方向靠拢集合，史可法感到决战的日子已迫在眉睫。

情况确实如史可法所料，清军在做好充足准备后，果然开始以迅猛凌厉的攻势南下。他们的第一个目标是归德府（今河南商丘）。

三月二十一日，许定国奉清军命令，作为前哨抵达归德。此时南明负责镇守归德的主要人物有两位，一个是总兵王之纲，还有一个是巡按凌駉。

得知清军大部队不日将兵临城下的消息后，守卫归德府的官员将领们立刻聚集在一起商议对策，并很快形成了互相对立的两派意见，一方主守，另一方主退。

主退的这一方认为根据可靠情报，清军大部队即将在豫亲王多铎带领下攻击归德，而以归德目前少得可怜的兵力去抵挡兵多将猛的清军，无异于以卵击石，自取灭亡。因此我军应该保存实力，放弃归德，与我军大部队汇合后再图进取。这一方的意见得到了在场大部分人的支持，但也有人表示强烈的反对。

反对的那一方主张坚守。因为这些人认为南方的明军大部队虽然可能得到了清军即将大举南下的消息，但肯定还没有完全做好备战的准备。既然清军没有选择突袭长江防线，我们就应该坚守城池，尽量拖住清军的主力，为南方的明军争取到充足的集结和准备时间。

主退的不一定是懦夫，主守的也不一定是英雄，毕竟两方的观点都有道理。所以大家经过讨论后决定，想退的退，想守的守，互不干涉，民主自由。

于是主退的总兵王之纲带领城中的大部分明军当天撤出归德，向江南进发。留下的则是凌駉和数百名坚持保卫归德的勇敢的士兵。

王之纲前脚带人走，多铎后脚就带人来了。

多铎一到归德就派人去刺探军情，没成想一查还真有人在坚持守城。对于这种有勇气的人，多铎向来是比较尊重的，于是随口一问："那个守将叫什么名字？"

手下回报："凌駉。"

"咋又是这个人？"之所以有此一问，是因为对于这个人的生平资料，多先生已经差不多能够随口说出来了。换句话说，两个人应该能算得上是老相识。

凌駉，原名云翔，字龙翰，徽州歙县人。崇祯年间进士，初任兵部职方司主事、督辅军前赞画。与当年同榜登科的同年们不同，凌駉刚一毕业就被朝廷分配到了号称政府部门中最穷、最累、最忙且最容易背黑锅的职方司干活，实在是比较不幸。当时又正是民军遍地开花、清军趁火打劫、明军军事活动异常频繁的特殊时期，作为相当于参谋部的兵部职方司主要负责人，不知何时就被扣上一个莫名其妙的大黑锅这种事经常发生。因此在凌駉之前虽然有许多人接到过同样的任命，但他们无一例外地选择了逃避——要么是送礼找关系，要么是装病请休假，要么就干脆回家也不愿干这份差事。

然而，凌駉似乎傻得可以，拿到任命书后二话没说，就跑去兵部报到上班去了。之后在一次于曲沃进行的军事行动中，凌駉所在的军队被敌人彻底击溃，凌駉独自一人在乱军中逃生，并一路跑到临清，才算完全脱离了危险。

但眼前看似安全的一切只是暂时的，因为这时北京已经被李自成攻破，崇祯在煤山殉职，而山东、河北等北方各省几乎被大顺军完全控制了。此时如果继续孤身一人待在敌人的领地内行动，那是相当危险的，所以按照一般的逻辑，应该赶紧隐姓埋名，向南方逃难，找到组织，遇见同志，这才是最佳的出路，否则等待着凌主事的只会是死路一条。

不过，凌主事却选择了投降和逃难之外的第三条路，那就是纠合三百人起兵。在敌占区还敢如此高调，凌大人真可谓是艺高人胆大。如果你现在就开始佩服凌大人，可能还早了点，因为在组织了这样一支数百人的小部队后，凌駉并没有就此罢手，而是再接再厉，又做出了一件堪称大手笔的事情来。他带领这几百号临时拼凑起来的士兵突袭了大顺军在当地设立的一个管辖机构，并一举擒大顺军的防御使王皇极等三人。此后，凌主事可能觉得自己还比较低调，于是就派人传檄山东，竟然在大顺军的地盘里公开招兵买马了。

或许是当地的信息比较闭塞，虽然凌駉在敌人境内干出了不少事情，但大顺的当地负责人似乎是得了白内障般，竟然对这支日渐发展壮大的武装置若罔闻，不管不顾。由此，凌主事也得以开辟了一小块敌后根据地，不时骚扰一下大顺军，巩固临清地方的明军实力。

后来凌駉听说弘光帝在南京即位，马上派人上疏，与组织再次建立了联系。弘光帝本人对凌主事的所作所为也十分赞赏，将他升职为浙江道监察御史并命他巡按山东。

随着清军的南下，凌駉逐渐意识到事态的严重性，于是上疏弘光帝，要求朝廷尽快派出一支军队配合自己守住山东要地，并请求得到允许“权通北好，合兵讨贼”。当然这只是表面文章，具体的意图凌大人也说得很清楚：“名为西伐，实作东防。”也就是说，我们做的就是拖延时间，挂羊头卖狗肉，暗中提防清军，保卫我们自己。遗憾的是，虽然凌駉的建议极有可取之处，但由于弘光朝廷内部忙于斗争，所以一直没能派一个兵来固守山东。所以到最后等到清兵南下攻略山东州县的时候，凌駉也坚守不住了，只好放弃根据地，南走至大名。

清廷方面不知从哪儿得到消息说凌駉是个人才，因而就找人拿着兵科给事中的官印信札去招降凌駉。对于清廷的赏识，凌大人却并不感冒。虽然清廷的人找到

他，并好说歹说劝凌駉收下了官印，但劝降的人刚走没多久，凌大人就把官印悬挂在陈桥驿的房间里，一个人悄悄返回南京。

满族贵族们做事向来比较爱较真，听说了凌大人一系列的事迹后相当感动，于是凌駉很快便成为清军将领们熟知的名人贤士。

此番多先生刚一赶来，就十分荣幸地遇到了传说中的凌大人，因此心情异常激动。在兴奋之余，多铎做出了一个决定：务必要生擒凌駉，并让他心悦诚服地归顺我大清！

说句实话，其实凌駉也是刚来。逃回南京城后，凌駉有幸第一次拜见了皇帝陛下，并与弘光帝进行了愉快的谈话。弘光帝觉得此人很有将才，于是一高兴就差凌駉前去巡按河南，为进一步收复中原的计划做点力所能及的准备工作。凌駉很高兴地接受了这一任务，继而马不停蹄地赶到了归德城。只是没料到，自己刚进城不久，清军也跟着来到了城下，把城给围了。实在是够背的。

既然遇上了就绝不能让人跑了，多铎是这样想的也是这样做的。因此他向这座既没有援兵又没有坚城深濠的小城池派出了使者。为了显示大清广纳人才的诚意，多铎还特意找了个级别比较高的汉族军官当说客。

游击赵擢奉豫亲王多铎的命令入城说降。还没半盏茶的工夫，就有消息传来了。多铎很高兴，马上亲自把回来报告的人召进来，准备听好消息。

现实与梦想之间的差距总是很大的，多铎等来的不是得到一个人才的消息，而是失去了一个人的消息。消息很明确，凌大人把人给砍了（駉斩之以徇）。

两国交战，不斩来使。你还是读书人呢，连这点道理都不懂吗？多铎终于愤怒了，下令全军把归德城团团包围，不放城中任一个人逃出。

凌駉，我一定不会让你趁机逃走的。而且我还要抓到你，让你在我的面前乞降求饶！

如果凌駉真的能像多铎想的那样做，那他也就不是清廷想要的那个凌駉了，况且凌駉压根儿就没打算逃走，甚至是如何分遣人员做好防守。自从多铎带大军驻扎在城外后，凌大人一直思考的是什么时候主动出击偷袭清军一次。经过一夜的认真考虑与分析，凌駉决定在次日率兵出西门劫营。

第二天，凌駉按照原定计划率领一支敢死队悄悄从西门出发，准备给清军来个出其不意。然而凌駉没有料到的是，在他命人打开西门出城的同时，在归德的东门却有人突然叛变，打开了城门迎清军。随即大批清军入城，很快把本来就不大的归德纳入控制之中。接着清军在多铎必须生擒凌駉的命令下，展开了大规模的搜捕活动。

得知归德陷落的凌駉，并没有过度慌乱，而是从容地走进自己的房间，拔刀准备自刎。还好凌大人手下反应比较快，感到事情不对，就赶紧冲进屋子，及时把凌大人给缴械了。凌駉这才把命保住。但是城池已经失陷，再做任何事也是于事无补，于是就把自己佩戴的两枚官印投入井中，然后让人准备好笔墨，再写好给皇帝的最后一封奏疏，并命参将吴国兴等趁机出城将自己的遗疏入奏圣上。随后，凌駉写好了一份官衔帖带在身上。

接着凌駉叫来了自己身边唯一的亲人，他的侄子凌润生。在众人崇敬的目光中，叔侄二人骑着两匹马向清军大营的方向径自走去。

清军方面正急着四处搜寻凌駉，没想到却有人自称凌駉，主动送上门来，大家都很高兴。在验明这是如假包换的凌駉凌大人后，负责搜寻工作的清军将领很快就把他带到了多铎面前。

见到清军主帅豫亲王多铎，凌駉只是作了个长揖而没有下拜。好在多铎是见过世面的，知道但凡是抓过来的有才能的明朝官员个个都是这德行，也不见怪，而是满脸堆笑，立即下令备酒请客。

懂得压抑自己心中愤怒，并以礼相待的敌人，往往才是最为可怕的敌人。

与多铎进行了短暂交谈后，凌駉马上意识到眼前的这个人是个极其可怕的对手。因为他不仅继承了他老爹努尔哈赤的军事才华，骁勇善战；还遗传了他哥皇太极的温和冷静，懂得忍耐。如果南明的那帮二三流将领遇上了这个人，并展开正面交锋，一定大败亏输。

凌大人还在陷入沉思中，这边多铎已经亲自拿起金爵向凌駉敬酒了。

凌駉推辞说："我生性不善饮酒。"

多铎笑了笑："既然如此，请君自便。"

餐后，凌駉被多铎留宿营中。为了显示自己对凌大人的尊崇，多铎特地命人重新搭建了一个营帐，用来安顿凌駉叔侄俩。不久豫亲王又派人送来了亲自挑选的赠品大帽、貂裘和革舄。对于这些礼物，凌駉坚决不肯收，而多铎派来的人坚决要求凌駉收。见凌駉实在不肯要，多铎的使者也没说别的，撂下礼物就闪人了，跑得比谁都快，一眨眼就没人影了（估计练过短跑）。

在被多铎礼貌性俘虏后，清军天天好吃好喝地伺候着。多铎也时不时地跑来探望，主动与凌駉交流谈心，几乎是拿出了当年皇太极劝降洪承畴的那份耐心和一整套措施，全部用在了凌駉身上。凌駉的心理世界在渐渐崩溃。终于有一天，凌駉得到了彻底的解脱。

这天夜里，凌駉与侄子凌润生同时在营帐内自缢而死。死前留下书信一封，是写给多铎的。

"我世受国恩，因此选择以死报国，这是为了尽到人臣的本分。愿贵国不要辜

负为我先帝报仇的本意，与我明朝互结盟好。大江以南，希望你不必进窥。否则，扬子江头的凌御史，就会是昔日钱塘江的伍相国（伍子胥）！承蒙贵国厚礼，但人臣义无私交，谨附缴上。”落款：大明御史凌駉。

看完这封书信，多铎命令手下把二人的遗体暂存在公署之中，随后又拿出白银百两为这叔侄俩治丧。

听到凌御史自缢的消息后，归德城中的官吏百姓全都大哭了一场。自从凌駉成为进士并去兵部上班后，他就没曾抽出时间回家探望年已七旬的老母亲和年仅四岁的幼子，没有人想到，参加科考那年的最后一面竟成了与亲人的永别。

清军攻陷归德后，几乎没有遇到像样的抵抗。

三月二十六攻下荆州。

二十七日，进军并随即占领徐州，明朝总兵李成栋乘舟南遁。

二十九日，清军连取颍州、太和二城。

四月一日，大军成功渡过黄河，且未遇任何阻碍。

九日，清军从归德正式出发，分为两路：一趋亳州，一趋砀山、徐州。继而连续攻破徐、砀，又破亳、泗。

扬州危矣！

对于危机的感知和时局的分析，史可法一向是比较准的，所以在四月初面对清军南下和左兵东进的形势下，史可法再次做出了准确的判断：左良玉不过是想要扫除皇帝陛下身边的奸佞之徒，是不敢与您为难的；但如果清军一到，那么大家肯定都玩完了（宗社可虞）！

然而看完了史可法对时局的分析报告，弘光却有不同的想法和处理手段，用今天的话来讲就是两手都要抓两手都要硬。既不能轻视清军南下的紧迫性，也不能忽略左兵对南京城造成的威胁，因此弘光在此基础上提出了自己的应对策略：上游急则赴上游，北兵急则赴北兵，自是长策。

那就拆东墙补西墙吧！哪边情况最紧急就先救应哪边。至于在当前情况下到底哪个是西墙的问题，大臣们内部发生了比较激烈的争议，接连几天都吵个不停。

十九日，为了解决这个关系朝廷命运的关键问题，弘光决定，开会。

会议的主要议题就是确定当前哪是西墙的问题。

会议伊始，朝中大臣们就爆发了猛烈的言语冲突。内阁代理首辅马士英坚持认为左兵的情况比较紧急，因此应该进一步撤调江淮地区的守军，防守左兵。然而与马首辅观点相对立的，此刻却不止一拨了。大理寺卿姚思孝、尚宝寺卿李之椿等坚持自己的原有意见，联合起来请求弘光巩固淮扬地区的守备，而同时工科给事中吴希哲也带人积极响应姚思孝的淮扬最急论，公开表示了百分之二百的支持。

于是弘光发言了，针对的对象是马士英。

“左良玉虽不应兴兵逼南京，然看他本上意思，原不曾反叛。如今还该守淮、扬，不可撤江防兵！”

皇帝陛下首次得知，江淮地区局势已经紧急至此，马上感到自己以前被马首辅忽悠得太厉害了，所以这次说话的语气难免有些气愤与激动，声调也比较高。

不过大家没有想到的是，马大人回答的语气却更激动，声调也更高。马士英此时也不顾什么形象了，指着群臣就大声吼道：这些都是左良玉的死党，是为他做游说的。他们的话不可听！然后就恶狠狠地瞪着群臣，发出了愤怒的一呼：有议守淮者斩！

如此充满霸气的言行马上将在场的所有人都镇住了，当然也包括弘光。

面对眼前这位满脸凶相的首辅，弘光恍然大悟，以前一直当宠物养的那个，竟然不是什么小狗狗而是大灰狼。一旦时机成熟，它便会向主人露出那锋利的獠牙。

虽然弘光明白了这一点，但为时已晚。以现在的形势，要想再为这只被逼急的宠物套上宠物环，已是不可能的了。

皇帝都不敢说什么了，下面的大臣们自然也不敢吭声、继续坚持己见了，于是上疏要求北守的折子几乎没有了。

关键时刻，怎能再瞎说？还是保命要紧哪！

敢当着皇帝的面就这样无礼，要是碰到朱元璋，还没等到激动地发完言，估计就早被锦衣卫拖出去打烂了。看来时代真是今非昔比了啊！

在整个朝堂上处于长时间沉默的情况下，礼部尚书钱谦益出马了，算是帮马士英给皇帝陛下圆了场。

钱谦益本来就是个老狐狸，看到事情已经闹到这个地步，君臣之间的礼节已经荡然无存，因此作为礼部尚书，轮也该轮到他说话了。

“陈洪范还该收他。”

弘光也反应过来了，这是个台阶，于是马上回答：国家何尝不收人，只是收来不得其用耳！

好了，决定了，清兵应该是东墙，左兵应该是西墙，拆吧，散会！

对于朝堂上发生的这一幕，工科给事中吴希哲深有感慨，下朝后就对朋友说了这么一句话：贾似道弃淮扬矣！

有点历史知识的都知道，贾似道是一个大奸臣，南宋朝廷就是在他老人家的“英明”指导下才一步步走向灭亡，最后被蒙古人一口气灭掉的。因此吴大人的话还有这么一个隐含意义，我们也要走南宋的老路，被人灭掉了。

实话说，他的这个推断是很正确的，因为东墙是承重墙。

关于四月十九日的这场朝会的后半部分，还有另一种说法：弘光召对大臣时，群臣一致请求防御清兵，弘光也同意了。但马士英却在这个紧要关头，当着大家的面大声斥责起弘光来。

“不是这样讲，宁可失国于大清！”一句话把皇帝陛下弄得不敢发言了。而此时兵部尚书、负责提督江上的崇祯朝猛人朱大典含怒进入朝堂，也跟着怒吼了一句：“少不得大家要做一个大散场了！”这才算完事。

无论当时的真实过程到底是怎么样，已经并不重要了，因为在某些时候结果往往比过程更重要。

既然迈向崩溃的第一步已然出去了，弘光政权便已注定要在通向毁灭的小道上一路狂奔。

紧接着十三、十四日的战报依然是相当不好。首先是左梦庚攻下了安庆，接着是清军取得了泗州，并于次日渡过淮水，进逼扬州。

然而接下来的几天内，弘光却没有收到任何关于扬州方面清军动向的报告。其原因却并非是像某些史书中说的那样，相关的报告被马士英的人扣下了。而是因为自从四月十九日那天起，扬州就被豫亲王多铎亲率大军团团围住了。别说是报信的人，就连放出去的信鸽都被清军射下来当宵夜了，因此扬州从此与外界几乎完全失去了联系。自此，扬州的失陷以及城破后发生的种种事情，靠的也只能是稗官野史和街头巷传了。

当然，关于扬州的真实情况，弘光也就更不可能了解了。但是即便如此，弘光还是尽自己的努力，给予在扬州城固守的史可法一定的帮助。

弘光对当时部分明军养了千日但只能用上一小时的这个特点应该是有所了解的，因此下令参政马鸣霆驻守江阴，副使杨文骢专监镇军，对那些趁乱南渡的逃兵逃将就地用炮打回，不许他们过江一步。接着弘光又批准了总督王永吉关于让刘泽清固守淮安以防止陆续前往扬州集结的其他部分清军渡淮的要求，并同时向外下达了“江南赋役全书”，同意廪生输银以筹措作战经费。

果然在此关键时刻，刘泽清再现混蛋本色，把朝廷的命令当成耳旁风，在将淮安一带地区大肆抢掠一番后，就席卷辎重，往西部一路跑掉了。而在刘泽清这一恶心人的做法的直接影响下，第二天，其他地区的清军十分顺利而从容地渡过淮水，完成对扬州城完全而彻底的合围。

其实，在清军围城之前，史可法也是才回来不久。因为不久前史可法也被迫亲自率领兵马过江拱卫南京，并于四月初二领兵过江。走到草鞋峡时，史可法得到了黄得功等部已击败左兵的消息。于是史可法请求入朝召对，面见弘光说明情况，希望弘光能在自己的分析后下达命令，改变兵力部署，转为重点守卫扬州。

不过，马士英打心眼里不愿史可法回来。于是马大人以清军南下、形势日益紧迫为由，终于使得朝廷下了旨："北兵南向，卿速回料理，不必入朝。"史可法接到诏书后极为失望，登上南京城郊的燕子矶，南面八拜，恸哭而返。

就这样，南明弘光朝廷终于失去了得以保全的最后一个好机会。

四月十九日，多铎兵临扬州。史可法同时传檄各镇赴援，但结果却比较凄惨，除了素来敬佩史可法的总兵刘肇基率军队四千驰援外，连一个多余的人影也没望到（无一至者）。然而事情还不仅如此。

所谓没有最好只有更好，那只是个美好的愿望，在现实生活中，通常状况下应该是没有最惨只有更惨才对。在外无援兵的情况下，内乱接踵而至。扬州城内的总兵李栖凤和监军副使高岐凤二人想要劫持史可法降清，却因被人告发而没有成功。于是两个人便连夜拔营出城，投降了清军，并把扬州城内的防守部署和兵力虚实全部透露给多铎。

此时扬州城内守军只剩下不到两万人，而清军的总数至少有十万。扬州的陷落不过是一个时间问题。但是即便如此，围攻扬州的多铎仍想以政治诱降为主，以军事打击为辅。于是，多铎再次拿出了家传的劝降绝招，去史可法身上试验。多铎先后派降将李遇春等人，多次致书招降。史可法对于这种东西向来不屑一顾，便派人将城中的军民都聚集起来，当众焚毁了多铎的劝降书，并向扬州的普通军民下拜。

即便势单力薄，亦要誓死守城！

在史可法弯下腰的那一刻，所有人心中的畏惧恐慌好像全部被一股强大的力量所驱赶，取而代之的则是一个共同的信念和想法：我们可以相信眼前的这个身材并不高大、面目并不清秀的中年人，他会带领我们保卫我们的家园故土并坚持下来，直到最后。

城在人在，城亡人亡！

史可法在坚定了扬州军民坚守的决心后，开始了防守工作的第二步，坚壁清野。

扬州四郊的农民在史可法的感召加号召下，主动坚壁清野，把城外自己家里能带进城里的东西都带走了，不能拿走的则全部加以破坏，最后更绝的是一把火把家给烧了，然后才有序地撤入城内。所以当清军大部队到达时，满眼所见全是残垣断壁，别说是粮食棉被，扬州城外的老百姓连只耗子都没给他们留下。

面对扬州军民的众志成城并考虑到自己有点孤军深入，多铎起初认定与史可法交锋凶多吉少，打算从扬州退兵。但就在这个时候，许定国出马了。

许定国认为降将李栖凤、高岐凤提供的是实情，扬州城正处于孤立无援的时

候，因此更待数日定可攻破。一旦撤军，则必将永远失去这个难得一遇的大好时机。

叛徒永远是最无耻也是最致命的生物，信乎？

在许定国的坚持下，多铎也改变了主意，决定维持包围，同时等待清廷从各地派遣来的援军。

扬州是座大城市，面积大，城门多，交通方便。这些均是江南人民向来自豪已久之处，然而在战争时期，这一优点却变成了扬州保卫战的致命漏洞。当时的扬州，分为旧城和新城两部分。旧城有五个门，分别是东边的宁海门、西边的通泗门、南边的安江门和北边的镇淮门这四个正门，还有东南边的小东门。而且南北各有一个能把市中的河水通向城濠的水门。说到新城，那门就更多了，一共有七个。南面的俩叫挹江、南便门，北面的仨叫拱辰、广储、北便门，东面还有通济门、利津门。而且南北又各有一个水门。因此综上所述，扬州共有十二个城门，且几乎个个都必须派兵驻守。

此时扬州城内的明军不到两万人，就算加上城内能武装起来的民兵，人数也不过是三四万。如果只把城内诸如指挥所等重要地区和这些城门计算上去，平均下来每个地点的最高兵力也就只有一两千人而已。不过幸好史大人对兵力不足这点似乎有所准备，他请来了自己的得力助手——大炮。

史可法并没有死心眼地把兵力平均分配，而是在清军等待增援暂未攻城的这段时间里，展开了大规模的建筑活动。在史可法的带领下，扬州军民夜以继日地修筑防御工事，在四周的城墙和各关键位置搭建了许多木质炮台，用以安放大炮。

等到史可法的工程队基本完成了任务，城外的清军也基本上完成了合围。

清军得到的兵力补充也不仅仅来源于陆续南下的清军，应该说有很大一部分还是附近归降的明军。比如在清军开始对扬州进行包围的当天，原高杰军的部将李本深、杨承祖就率部投降了清军，接下来又有驻瓜洲一带的南明总兵张天禄、张天福等许多明军将领慕名来降，这样清军的总兵力已激增至十五万人左右。

四月二十日，清军多铎部主力进驻扬州城北的斑竹园，战事一触即发。

二十二日，史可法经过考虑，决定部分放弃新城，转而下令全力扼守扬州旧城。这时旧城内的守备已经相当森严，各城门均有重兵把守。史可法派总兵刘肇基守北门，自己负责防守最为重要的西门。

二十三日，等待已久的多铎终于觉得时机已然成熟，向已被围困了三天的扬州城下达了总攻的命令。

必须说明的是，清军的野战技术虽然很强，但在攻城作战方面好像自从努尔哈赤时代起似乎就没有什么大的变动，还是老一套的“三板斧”策略。先是橹兵推着橹车撞城门，接着是弓箭手躲在橹车后面以四十五度的仰角射箭，最后就是骑兵们以最快的速度喊杀着上去砍人。对于这套程序，就算是明军的新兵蛋子也能清楚地讲出其具体的流程和细节来。沈阳是这一套，宁远是这一套，到了几十年后的扬州还是这一套。即使清军的士兵们不烦，明军的士兵们都烦了：吃了那么多大炮的亏，造就了那么多吨炮灰，咋连一点改革的觉悟都没有呢？真是服了你了。

但当时守在扬州城上的明军将士们似乎并未想那么多，只是按照传统工序，瞄准，点火，“轰隆”；再瞄准，再点火，再“轰隆”，以此类推，看着清军喊杀着冲上来，然后被一个两个、三四个地轰上天，然后掉下来。

所以在开战之初，明军打得很是轻松。史可法在拜祷天地后，就命人用沿城墙排列的重炮反击清军，打死打伤了清兵数千人。而总兵刘肇基那边也是发炮连续打退了数次清军的围攻。

对于那些被炮打出卧倒躲避经验并侥幸爬上城墙的清军来说，等待他们的也不是轻而易举的占领和屠杀。一部分明军在副将马应魁带领下，身披白甲，上书“尽忠报国”四字于背，一看到有清军士兵爬上来，就马上跑去热情迎接，当然他们手中拿的并不是漂亮的鲜花，而是锋利的马刀。很快，在负责发炮的明军与负责砍人的明军的密切配合下，清军的第一波攻城攻势被击退了，战场上陷入了短暂的寂静之中，对于这些有着一定战斗经验的人来说，他们当然也知道这意味着什么。

果然，没有让城上的明军等候太久，城下的清军又发动了潮水般的进攻。然而这次绝对是和第一次不一样了，因为在清军人马还没有接近城墙时，战场上就传来了炮响的轰鸣声。负责发炮的明军士兵大都是有一定的训练和战斗实践的，因此绝对不会做出这种浪费弹药的傻事来的，所以唯一的解释是，发炮的不是明军，而是清军。

清军的攻城战之所以没有太大的变动，其实是有原因的，那就是不需要有太大的变动，因为他们也装配了大炮，甚至是红衣大炮（李自成留在北京的和被清军缴获的那一部分）。因此，清军对没有大炮守城的城镇（在明朝境内，不是每一个城市都配得起大炮的），就采取“老三套”攻城方式，简单实用而且经济；而对于扬州这种肯定会有大炮并主要依靠大炮守城的城市来说，清军的战术是以炮对炮，搞对轰。

在双方互用大炮攻击的时候，明守军的弱点也渐渐暴露了出来。扬州城墙的面积相对要狭窄许多，因此有时很难安置大炮，且只能容纳数量有限的几门，而且在被轰击的时候还不好找地方隐蔽。清军的攻城部队由于处于城外，地域视野均十分开阔，所以既可集中众多大炮攻击城头的某一具体目标，又能随时随地找到适合的地方隐蔽。所以几轮下来，清军的炮火逐渐压制住明军的炮火。

清军总帅多铎趁机下令清兵在炮火的掩护下，前去刨城墙。清军在敢死队的带领下，像打了兴奋剂一样轮番冲至城墙根下，开始试图借云梯翻越城墙，从薄弱点进行突破。眼见明军有些撑不住了，这时一支特殊队伍的出现帮助史可法挽救了危局。

明军虽然在城墙上奋力用弓箭、檑木、垒石招呼清兵，但随着己方的伤亡越来越大，也渐渐力不从心了。眼看爬上城墙的清军越来越多，明军也一时没有办法匀出足够的人手前去灭敌，扬州城似乎已经濒临失陷的边缘了。然而就在此刻，一支队伍突然冲了上来，凭借手中各式各样、五花八门的武器，把来犯之敌全部清理掉了。这支队伍既不是从天而降的援军，也不是史大人事先留好的预备队，都是普普通通的老百姓。

于是，城下的清军看到了十分吃惊的一幕。原来在城上越战越少的敌人突然多了起来，而且还有不少是年轻力壮的青年小伙子，甚至更让他们惊奇的是，怎么积极参战并往下丢石头的居然还有街头的老大妈?

清军没有看错，扬州城内的老大妈们确实也加入了战斗。不仅如此，更确切的说法是扬州城内所有能活动的人几乎都加入了这场保卫战中。城内的老弱妇幼在青壮年男子登城防御后，也不约而同地纷纷行动起来，把自家的房子拆了、墙挖了，给守军提供筑工事的材料或打击清军的高空抛物。不能上城直接参战的居民也没闲着，三两人为一组将檑木、垒石源源不断地运往城头。此时，清军仍持续着四面围攻，并放炮多次摧毁了城墙上的雉堞等防御工事，但他们很快就发现，明明刚刚才毁掉的地方，转眼间就被守城军民以最快的速度修好了，有砖头瓦片时就用百姓从自家房上卸下来的砖头瓦片，没有砖头瓦片时就用草袋盛土设障修补好。

在扬州居民与守城明军的顽强抵抗下，多铎不得已命令打了整整一天的清军回营休息整顿。多铎对扬州居民的所作所为，感到异常的不解与愤慨：当兵的与当兵的之间的事儿，你们老百姓闲着没事瞎掺和个什么劲！害得老子的闪电攻坚战打成了持久消耗战，着实可恶！

关于扬州城内的百姓为什么要帮助明军保卫扬州这个问题，其实很容易理解也很容易解释。首先，扬州城本来就是扬州人的家园，如果扬州百姓自己都不愿保卫自己的家，那还想靠谁保卫自己的家和家人呢？其次，可以说是报恩，史可法曾经冒着生命危险使得扬州城百姓免遭高杰军的洗劫和祸乱，而咱中国人向来是讲究知恩图报的，因此在今天史大人危难之际出手拉一把，既不损人且还利己，对于向来做事精明的南方人来说，那真是何乐而不为。最后一点原因，个人认为还是因为史可法，虽然史大人在扬州待的时间并不长，但扬州城的老百姓们却被他独特的人格魅力与高尚的品德深深打动了。

自从史可法进入扬州的那一刻起，扬州的百姓就开始把史大人的所作所为一一看在眼里，记在心上。

在众人的印象中，朝中的达官显贵们向来是盛气凌人、不可一世的，但眼前这位史大人却明显与他们有着很大的不同。史大人在平常十分俭朴，虽然身为太子太保（后又被加封为太子太师）、兵部尚书、武英殿大学士督师，但出行不张伞盖，穿的也是普通衣服。听他家仆人私下透露，这位仁兄还食不兼味，夏不扇扇，冬不衣裘，寝不解衣。年近四十多岁，却连个儿子也没有，家里也只有一个老婆。每当他的妻子劝他纳妾时，他通常只回一句话：“王事方殷，敢为儿女乎！”然后就又跑去忙工作去了，实在是有些奇怪。史大人平日里也比较亲民，一有空就一个人跑出来转悠，搞微服私访，被人认出来了也像是没事儿似的，继续与人家谈这谈那。奇怪的是从他身上完全感觉不出这是个权倾江南的大人物，乍一看还以为是一个普通的私塾先生。

军中的大兵们也都觉得这个长官很不错。他们一致认为史可法这人重信义，能与部卒同甘苦，共患难。但凡是行军过程中，他总是等大家都吃到饭了才肯吃，大家都穿上棉衣了他才换棉衣，所以大家都很喜欢他敬爱他（士卒皆愿效命）。而且在扬州城被围、城内粮食供给开始紧张的情况下，明军将士不得不以草根、野菜充饥，没想到的是史大人竟不搞特殊，而是与众将士一起吃这些东西。

平时吃的差点，穿的破点也就罢了，但过年的时候，您总得换身新衣服，改善一下伙食吧？然而弘光元年这一年的大年夜，史大人是如何过的，许多士兵和百姓不是亲眼看到了，就是亲耳听到了。正是这件事，使得史可法在扬州军民的心目中的形象更加高大了。扬州人争为督师而死的基础，在很大程度上也是因这件感人至深的事奠定的基础。

弘光元年的大年夜那一夜，当其他人都全家团聚在一起庆祝新年时，史可法却把将士都打发去休息，独自留在府衙内批阅公文。到了深夜，史可法感到精力不济，相当疲劳，于是把值班的厨子叫来了，要点酒菜充饥。厨子回报：“遵照您的命令，今天厨房里的肉都分给将士去过节，下酒的菜一点也没有了。”

“那就拿点盐和酱下酒吧。”

在厨子送上了酒后，史可法就靠着几案喝起酒来。据说史可法的酒量很大，但来扬州督师后他就戒酒了。那天由于是大年夜，同时也为了提提精神，就破例喝了点。可是不知不觉就喝多了，随后就地伏在几案上睡着了。

第二天一早，扬州官员们依照惯例到督师衙门议事，却见大门紧闭。大家就纳闷了，因为众所周知，史督师平常都是起得极早、开工极早的。官员们怕有什么不测，就找了个人去问。不久，有个兵士出来，告诉诸位说：“督师昨晚喝了酒，还没醒来。”

扬州知府任民育听完，马上吩咐："督师大人平日操劳过度，昨夜睡得这么好，真是难得的事。大家别去惊动他，让他再好好休息一会。"并且又把打更的找来，让他重复打四更的鼓（打四更鼓，表示天还没亮）。

史可法一觉醒来，看到天已经大亮，侧耳一听，打更人还在打四更，当即就怒了，立刻叫来士兵，命令把乱打更鼓、违反军令的打更者抓起来，严加查处。那个士兵是知道内幕的，就把任民育的吩咐说了。史可法沉默了片刻，之后就赶快接见官员，处理公事。不过从那天起，史可法就再也没有喝过一滴酒。而他的威望却在不知不觉中，达到了无人可超越的顶峰。

因此，虽然四月二十四日早晨，在得知清军即将攻城的当天，史可法便在城中发布公告："此守城，皆我一人当之，不累百姓。"但是城中的居民依旧自觉自愿地登上城楼，帮助兵力本来就严重不足的明军一起守城杀敌。

扬州城内居民的这一行为使得史可法非常感动，但同时也使得另一个人非常的冲动，而冲动的那个自然是清军的统帅多铎。他在士兵们得到一定的休息后下达了另一个命令——夜战。

多铎之所以做出夜战的决定，显然不是一时冲动所致。作为十万清军的统帅和以足智多谋著称的多尔衮的兄弟，多铎先生也是有脑子的。因而夜战看上去是因为白天打了半天没有得手，继而为了挣回点面子的举动，其实上却是在深思熟虑的基础上做出的准确判断和最为合适的措施。

在多铎看来，明军在白天能够抵挡住自己军队的进攻，不过是侥幸而已。明军的人数本来就比较少，经过一天的战斗又伤亡了不少，而清军这边虽然也死了几千人，但如果考虑到人数，己方还是占有明显的优势的。即便是打消耗战，清军也足以用三班倒的方法，昼夜不停地发动攻势折腾精力有限的守城明军，直到把对手全部完全拖垮。明军精力被耗尽时，也正是清军取得战役胜利的时刻。

于是，当夜幕缓缓降临的时候，扬州城外的喊杀声再次响起。此时清军的战术已经由全面进攻转变为重点进攻。在多铎的命令下，清军把这两天内能够运到扬州的所有红夷大炮集中安置在同一地点。随着清军将领的一声令下，众炮齐鸣，就此开始了对扬州城西北角城墙的连续轰击。

虽然清军的红衣大炮多半是山寨版，且其中的正版货又少得可怜，但我们不得不承认，山寨版的东西在某些时候用上去也与正牌的差不了太多。清军欣喜地看到，扬州城西北角那坚固城墙虽然刨了一整天才掉了几块砖，但此时在集中火力轰击下，终于崩塌了。城下的清军趁明军陷入慌乱的时机，纷纷聚集在城下，开始爬城。史可法则以最快的速度稳定好守军秩序，随后马上命令弓箭手们对爬城的清军士兵进行还击。

在扬州城的西北角，攻守双方展开了激烈的争夺。清军已经开始爬城墙，明军的炮打不到，所以基本是用不上了；清军方面也因为己方士兵已经攻上城墙展开混战，所以也不能继续开炮了。双方展开了白刃战加肉搏战。事实证明，清军在玩命方面确实具有优越性。随着城下的尸体越堆越高，加之上端的城墙已塌，清军的士兵们连云梯都不带了，踏着同伴们的尸体作为梯子，个个不要命似的向上爬，“籍以登城，蜂拥而上”。

清军登上城楼后，也不耽搁，见到人就砍，一时间不论是守城的明军还是助守的百姓都一个个被砍倒。见到这血腥的一幕，明军并没有慌乱，因为他们大多有一定的战斗经验和心理准备。但是帮忙守城的扬州居民却不同了，大家只不过是深受史督师精神的感动来上城帮忙，从来没想到自己的敌人会如此恐怖。因此他们在见到有人被清军士兵砍上一刀而鲜血喷溅，听到受重伤倒地者发出痛苦的呻吟声，再迎面看清楚了清兵凶神恶煞般的狰狞面目后，率先慌乱起来。原来在城墙防御工事沿线搬运石块、檑木的百姓们开始争相跳上木制炮台，以便能够爬上最近的房顶，逃离战场。然而几天之内赶制出来的木制炮台本来就不结实，再加上跳上去逃生的老百姓越来越多，所以在很多地方过重的炮台坍陷了，守城明军士兵和忙着逃跑的百姓就这样被压死（新板不固，托足即轻，人如落叶，死者十八九）。

据某些史料记载，当天夜里，在城墙崩塌后，扬州地区又突然下起大雨。守城军民不得不冒雨作战，因此扬州保卫战的形势更加严峻了。在清军攻势迅猛、滂沱大雨与守城部队崩溃三者的共同作用下，史可法苦心构建的新城防御阵地就此失守。

重新召集并整顿剩余的明军后，史可法不得不率部退守旧城。

接着，更为严重的事发生了，死亡的恐慌在整座扬州城里蔓延开来。清军总帅多铎在完全占领旧城后，向继续坚守的史可法下达了最后通牒：“若好让城，不戮一人也！”这句话意思很容易明白，不用翻译。

不投降，就去死吧！

在多铎的威胁下，史可法依然选择了坚守。

我常常会想，面对着严峻的形势、死亡的威胁以及寒冷的城头风，史可法独身一人屹立于城上，此时到底在想些什么？

他或许很愤怒，很绝望，因为朝臣的碾压，因为自己的无助。他或许也早已预见了清军破城的那一刻，猜测到自己的归宿。不过，史可法依然没有放弃，仅为了一句没来得及回答的承诺。

“我死就死了，你来这里干什么，万一出了事，将来国家怎么办？”

夜，已经深了，史可法兀自站在城上，抬头仰望着远方的星斗。

老师，您曾教授与我的，我一直未敢忘记。

# 第十二章 弃守

新城已陷，援兵没谱，伤亡过半，全城大乱。当时的史可法面对的就是这样的情景。

史可法知道大势已去，于是把部将史德威叫到自己面前，然后问了一个问题："你愿意做我的儿子吗？"

听到史督师突然问出这么一句莫名其妙的话，史德威有点发蒙。

史可法见史德威没有接话，于是略带悲伤地继续说道："拼死以报国家，你和我有同样的决心，我很看好你，所以我希望你能答应做我的义子。"

原来是这么一回事儿，还以为您突然把我叫过来是因为有了守城的好办法了呢。所以史德威不再沉默了。他已经完全理解了面前这个人此时的心情，以及他下定的决心。

面对史可法充满期待的眼神，史德威终于给出他自己的回答。

"德威自有宗谱，况无父母命，安敢为他人后？相国为国杀身，德威义当同死，何敢偷生？"

我不是不愿意做你的义子，只因我想选择与您一起走完最后的这段路，为国尽忠，杀身成仁。

史德威跪在地上泪流满面，而此刻的史可法也不知何时流下了热泪。"我为我的国家而死，但我希望你能为我的家庭而活下来。我把我父母的奉养大事交付给你，你不要再推辞了。"

不等史德威回答，史可法就走进书房，写下了他最后想说的一些话。

书遗表一道，以上朝廷。又手勒遗书五封，一遗豫亲王多铎，一遗上夫人，一遗叔伯兄弟，一遗夫人，一遗德威。

“败军之将，不可言勇；负国之臣，不可言忠。实有余恨，得以骸骨归钟山之侧，求太祖高皇帝（朱元璋）鉴此心，愚愿足矣！”这是留给敌军总帅多铎的。

“可法死矣！前与夫人有言，约当于九泉相候也。”这是留给妻子的。

好了，我要办的事情已经全部做完了，接下来就是面对我最后的归宿的时刻了。

二十五日拂晓，史可法率残存明军开门出战，不利，回城退守。与此同时，清兵攻破北门，进入旧城。

“上阵不利，守城；守城不利，巷战；巷战不利，短接；短接不利，自尽。”在史可法开战前的这一主导思想的指引下，城内的明军利用大大小小的建筑物与入侵的清兵开始了激烈的巷战。

## 巷战！最后的坚守

在扬州旧城也被清军攻破的情况下，巷战有条不紊地展开。具体组织指挥巷战的除了史可法外，主要有三个人。一个是左都督刘肇基，另一个是副总兵庄子固，最后一个则是同样以文官身份带兵的遵义知府何刚。

这三个人都对史督师十分佩服，而且一直都是帮助史可法领兵守城的得力干将。他们当中最有名并最为众人熟知的应该还是刘肇基。

刘肇基，字鼎维，辽东人。出身于将门之家，祖辈世袭指挥佥事，早年生活还算不错。后来在与民军作战的过程中屡立战功，被升为辽东副总兵、总兵官。接着又在猛人洪承畴手下干活，被洪大人调至辽东，负责训练宁远诸营士兵。并有幸奉命与另一位大名人宁远总兵吴三桂合作，参加了救援锦州的战役。不过就是因为此次作战没有成功，刘肇基也不幸背了黑锅，明明亲率士兵千余人救援了兵败的吴三桂，却被言官以临阵退却的罪名弹劾，并遭处分解职。

弘光在江南即位后，史可法被马士英排挤出朝廷，当时谁也不愿主动随有名无权的史督师去扬州前线喝风，然而刘肇基却自请随史可法从征效力，并因此得以加授左都督、太子太保衔（从一品）。事实也证明，刘肇基积极要求跟随史可法确实不是为了复官、搞投机。在史可法经略扬州的过程中，刘肇基发挥了很大的作用，比如稳定扬州局势，收复宿迁，逼使清兵撤去邳州之围等。

得知清军正开赴扬州的消息并接到史可法的传檄后，当时奉命守白洋河的刘肇基二话没说，带上四千人的全部家当就奔扬州城去了。在开赴扬州的路上，路过高

邮时，刘肇基便得知妻儿已为清军所屠杀的噩耗。所以在防守战中明军的士兵常常能看到刘肇基拼死杀敌的身影。在接下来的巷战中，这个名字将成为清军的噩梦。

所谓巷战并非如同大家想象的那样，在街头巷尾互相肉搏，直至一方完全消灭另一方为止。其实如何打好巷战也是一门很讲究技术性的学问。由于城市一般比较大，街道通常比较多，而攻入城中的部队向来比较有限，所以作为攻击一方的作战部队常常会因地形和建筑物的原因被分割为多个部分，且每一部分的人数不会太多。街道纵横交错，使得作战展开地幅狭小，不方便进行大规模的战斗，所以说是巷战也确如其名。这一点对于人数极具优势的清军来说是不利的。因为率先攻进城内的清军的先头部队是由明军降将许定国、李栖凤、杨绳武指挥的降军，人数本来就和守城的明军人数差不了太多，现在又因为被拖入巷战而不得不分兵，所以局势在当时来说对于守城的明军来说是很有利的。

其次，由于巷战的作战节奏快，且多是一对一的单兵肉搏战。守城的明军就开始利用这两大优势，对入侵之敌展开了最后的反击。

刘肇基率领敢死队四百多人，在巷战中灵活运用有利地形，不是暗中偷袭清兵，就是打埋伏，设包围圈，始终保持着以优势兵力打击敌人的优势，很快就打出了名声，在城内的游击战中累计杀敌一千多人。其他街区的扬州军民也在明军将领的指挥下奋勇抵抗，又杀伤清兵数千人。

扬州的形势看上去正在逐步向有利于明军的方向转变。可问题是，仅仅是看上去而已。

很快，随着清军后续大部队中真正强悍的八旗骑兵进入扬州旧城，明朝守军的有利局势开始发生急速的大逆转。

多铎一向是不太信任明军的投降者，毕竟这些人连自己的祖国都能背叛，他们还能忠于什么？鬼才知道！因此在士兵向他报告扬州已经被基本拿下的消息后，多铎决定派降军去城内收拾坚持顽抗的明军。降军打明军，打赢了叫除外乱，打输了叫去隐患，何乐不为呢？

就在城内防守的明军与投降清朝的明军打得两败俱伤的时候，正版清军杀到。刚开始，守军利用八旗兵多骑马、作战目标大这一劣势，借助房舍隐藏自己并趁其不备用弓箭、火器进行攻击，或伺机手持短刀长戈鱼贯雁行，突然直冲清兵马前，用戈上刺骑兵，用刀下砍马足，一举干掉敌人。但很明显，这样做的代价是极大的。因为一旦明军的身影在攻击时暴露出来，即便是杀掉了敌人，自己也难免阵亡。所以巷战虽然依旧在持续，双方的伤亡却在以一比一的均势增长。

因此随着巷战的持续，刘肇基在率兵格杀清兵数百人后下落不明，副总兵马应魁在率百余人与清兵厮杀后阵亡，副将乙邦才则在巷战时身中数矢而死。

扬州的陷落已成定局。

领导扬州军民进行巷战的史可法也渐渐意识到这一点，于是他转身对保护在自己身边的副总兵庄子固说："是时候实现你的诺言了。"

就在一天前，史可法与庄子固有过这样一番谈话。

史可法问：庄总兵，如果扬州城陷落，你是不是准备为主尽忠？庄子固想都没多想，就给出了肯定的答案。史可法点了点头接着说：在你死之前，请你先杀了我。庄子固也同意了。

现在史可法眼看手下士兵伤亡殆尽的时候，就说出了自己的请求。

然而，庄子固没同意。

庄子固反悔了。史可法也没多说什么，而是猛然拔出佩剑就要自刎，好在参将许谨反应快，及时双手抱住了史可法，史督师才没死成。但史大人毕竟是伤到了自己，就此虚弱地倒在庄子固的怀里血流不止。

"德威，速杀我！"史可法连叫数声，史德威也没有动手。

大家趁着史可法陷入昏迷的时候，在许谨等数十人簇拥下，带着史可法离开了驻守的西门城楼，向东门前进，希望能够成功护送史可法出城。

然而就在到达东门的那一刻，一排弓箭射来，许谨、庄子固等人当场被乱箭射死，护卫史可法的明军士兵也阵亡了大半。

就在史可法身边的扬州军民一个个被清兵砍倒的同时，史可法从昏迷中醒来，随即挺身大呼："我就是大明督师史可法，所有的事情都有我来承担，不要连累城里的百姓！"（吾史督师也！万事一人当之，不累满城百姓）

对于攻入城中的清军士兵而言，史可法带给他们更多的是仇恨，因为在为期五天的战役中，他们有不少的战友、同乡乃至亲戚都是因为眼前这个人的顽固抵抗而战死疆场。所以在听到史可法的名字后，愤怒的清兵们挥动了手中带血的马刀。

南明第一重臣的辉煌人生就在扬州城这最后的也最为耀眼的舞台上落下了帷幕。

史可法殉国后不久，清军完成了扫清城内残余明军的任务。扬州保卫战以失败而告终。

原任兵部侍郎的张伯鲸被清兵捉拿后不肯顺从，身被数创，自刎而死。部下游击龚尧臣被执，不降被杀。

副总兵楼挺、汪应龙、李豫，参将陶国阼、冯国用、陈光玉、李隆、许纯志，游击将军李大忠、张开忠，都司姚怀龙、解学曾，总旗戴之藩等人，或力战而死，或力竭自杀。他们以自己的行动践行了一个军人战斗到生命的最后一刻的诺言。

与此同时，身为文官的淮扬总督、兵部右侍郎卫胤文在城破之时赴水自尽。

扬州知府任民育在清兵闯入府衙的那一刻，身穿红衣端坐在堂上，于是被杀，全家男女老幼悉数投井殉城。

遵义知府、监纪主事何刚也在手下士兵全部阵亡的情况下投井。

两淮盐运使杨振熙、监赏知县吴道正、江都县丞王志端、赏功副将汪恩成也先后殉城。作为手无缚鸡之力的读书人，他们用自己的方式维护了自己和民族的尊严。

在这场历时十天的战争中，南明方面战死的高级官员达二百余人，扬州军民战死的有一万多人。而清军方面的情况似乎也并不容乐观。据战后清廷统计，在扬州一役中清军死伤近万人，是清军入关后遭遇的较大的一次伤亡。

扬州的事情本该就此随着清军的胜利和史可法的阵亡而告一段落，然而事实上，争议才就此开始。

扬州失陷后的几日以及未来几十年的时间里，一个说法一直在群众中慢慢流传：督师史可法并没有死，而是在扬州城破之前被部将成功地偷偷从扬州救走（与总兵刘肇基缒城潜去），并在一个安全的地方安顿下来，以图组织百姓，反清复明。事实也证明，在从顺治到乾隆这一百年的时间里，以史可法名义发动的反清起义就多达数十次且让清政府很是头疼。据说连当时负责经营江南的洪承畴都曾追问知情者："史可法真的死了吗？还是没有死呢？"（果死耶？抑未死耶？）

从此，史可法到底是生是死，也成为历史上的一桩谜案。

其实之所以会出现史可法未死的说法，不仅是因为史可法在群众中的人气很高，广大反清人士往往喜欢借用这样的人的名义开展武装斗争。还有一个关键的原因就是清政府向来有乱改史料的不良记录，正是这种行为造成了许多不应该是谜的事件被蒙上了疑云。

比如说乾隆年间恰逢盛世，乾隆皇帝对本人的工作业绩感到很满意，反正闲着也是闲着，于是召集一大帮文人来帮自己修部大书，是为《四库全书》。因此官府开始广泛地从民间搜集各类图书，老百姓也在号召下纷纷拿出自家的书籍帮助完成这项伟大的工程。然而，他们没有想到的是，有些书被送上去后就没再给还回来，而是被就地焚毁了。

能收到的书籍全收上来后，乾隆就开始让人审查，然而审查的内容却并非是像今天这样看看有没有限制级的内容，而是对那些记录了对大清统治不利的内容进行查找。

据说乾隆有时也会亲自加入审查的行列中。当看到有骂自己爷爷的爷爷的，一个字：烧！有记录清军入关后杀人放火的暴行的，烧！有揭露清初宫廷内幕的（例如太后下嫁），还是一个字，烧！

而对于实在烧不了的书，那就改，反正绝对不能让对朝廷不利的只字片言再流向民间。

在君臣一番努力下，终于收拾干净了。但是，留下来的书（特别是史书）也基本不能看了。

关于史可法在小东门被愤怒的清兵当场杀死的说法，就是清朝官方修订的《明史》上给出的。

还有一种说法在民间流传较广且可信度比较大，是这样告诉我们史督师的结局的：

二十五日，清兵攻破扬州城的时刻。史可法见大势已去，拔刀就要自刎，结果还是被一参将阻止，并在众人的保护下撤退。当一行人到达小东门的时候，不幸与清军遭遇。在清兵准备好要动手时，史可法突然自报家门，并主动要求清兵带他去见清军的主帅多铎。

看到偶像派人物史可法到来，多铎激动了。

一见面，多铎就马上跑上去鞠躬："我多次以书信召先生，先生不从。如今你已经竭尽全力，算是为明朝尽忠了。如果能替我收拾江南，一定会有重任。"

史可法笑了一下："我来此，只求一死！"

多铎也不丧气接着加把劲："先生没见洪承畴吗？投降后保你富贵无忧。"

"我怎会效法他！作为朝廷大臣，岂肯偷生为万世罪人！"

"头可断，此身不可辱，唯求早死，以从先帝于地下。"

这还没完。

"我意已决，即劈尸万段，甘之如饴。然而扬州百万生灵，望君不可杀戮！"

"我中国男儿，安肯苟活？城存我存，城亡我亡！我头可断而志不可屈！"

于是被押赴军前处斩，年四十四。

对于这个说法，后世大多是比较认可的。因为这段原始记录是出自扬州战役中与史可法一行人失散但却有幸生还的史可法嗣子兼前任部将史德威的私人笔记《维扬殉节纪略》。

作为当时少数幸存的当事人，且是和史可法关系如此密切的人，他的记载可信度应该是相当高，而且据说史可法的幕僚杨遇著及清军将领安珠护等人都可以为史可法在军帐前被害的这一说法作证。

然而就是这样看似权威的说法，还是遭到某些人的质疑。

原因很简单，事后史德威连史可法的遗体都没有找到，最后史家的人不得不在第二年（1646）清明的那一天，以袍笏招魂并把史可法生前的衣冠袍笏等遗物葬于梅花岭旁，才算给史督师立了墓。

所以他们认为如果百分百相信史德威的话，那才是件极不靠谱的事。咱中国人向来讲究的是眼见为实耳听为虚，所谓活要见人死要见尸。毕竟你没见到尸体，如果就这样对外宣布说史督师已经殉国，广大群众是肯定不会满意的。

其实史德威在城破之后回去的那趟，确实见到了尸体，而且还不止一具。因为就在扬州城被清军攻破之后，发生了一件相比史可法的下落更具有争议的大事，而由于这件事的发生，使得那段本来不再清晰的历史变得更加扑朔迷离。

攻下扬州城后不久，不知出于什么目的，多铎以不听招降的名义，下达了一个可耻的命令：屠城。

于是扬州城在遭受战火的摧残后，又遭遇了前所未有的更大的灾难。

清军接到命令后，便开始在繁华的扬州城内展开了屠杀。

据当事人王秀楚的记载，清军杀人、纵火、抢劫等一系列行径一直持续了六天。直到五月初一，清兵才在多铎的命令下开始“封刀”。虽说是封了刀，可是某些地方小规模的杀戮其实并未停止，直到四天之后，侥幸逃生的百姓才敢出来，清兵的行动才完全停止。寺院里的和尚们得以开始收集和焚烧死难者的尸体。

这即是有名的扬州十日事件。

关于扬州十日，争议向来不少，而肯定方和否认方的争议焦点主要集中在两个方面。第一是到底有没有发生过这件事，第二则是如果发生了，到底有多少人遇难。

对这两点，正反双方都曾举出过大量的史料来证明己方的观点，且说得都有一定的道理。但鉴于本人并非是个爱凑热闹的人，对于这些争论也无心参与，因此在这只简单说一下自己的看法。

是否有过屠杀实在不好说，但可以确定的是，当时确实死了不少人，而且很大一部分是扬州军民。

不管这些人是坚持巷战以致阵亡，还是不愿受异族统治而选择自杀殉城，或是被乘势抢劫的清兵为掩盖罪行杀死灭口，反正是有不少人在扬州城破的几天时间里死亡。昔日繁华的扬州城也在很短时间内成为一座废墟。这就是一切的结果，而铭记它已经足够了。

有人说扬州城之所以会遭受如此的灭顶之灾，这都要怪史可法。史大人虽然极有声誉，但真没什么能力；虽然够忠贞爱国，实际上并无过人的军事才能。作为政治家，在策立新君上犯了致命的错误，导致四镇武将窃取了“定策”之功，东林党在他的带领下走向没落从而大权旁落；作为军事家，以堂堂督师、阁部的身份经营江北将近一年，耗费了大量的人力、物力、财力，却一筹莫展，毫无作为。总之一句话，史可法是一个忠荩有余而才质平庸的人。

还有人认为，其实史可法也并非啥好鸟，因为他镇压过农民起义，对朝廷内部的党争处理不足，缺乏战略思维，缺少领袖气质，节制不了江北四镇，等等等等。更为可恶的是他为了成就自己忠臣的光辉形象，显示他的壮烈和对南明王朝的无比忠诚，竟使得八十万无辜的扬州军民作了垫背，实在是罪大恶极！

对于上述种种对于史可法的评价，我们不得不说很有道理。确实史可法并非什么惊世奇才，能力也比较有限，先靠史可法带领明军收复失地击败清军，其可能性基本为零。

后来著名的爱国青年夏完淳同学就曾给史可法这样的评价：“史道邻清操有余而才变不足”，“用兵将略非道邻所长”。意思就是说，史督师品质道德那是相当的好，而领兵打仗、党争权变基本就没一项擅长的。

个人以为，这个评价是相当准确的。史可法确实不是也不可能是岳飞那样有能力改变局势的人，而且军事才干与同样是文官出身的袁崇焕相比可能还差得很远。

比较一下弘光元年的扬州，其实与天启五年的宁远极其相似，同样是孤城一座，外无援兵，城里的军队少得可怜，前来攻城的敌军是自己好几倍，城市比较大，门很多，指挥守城的都是非科班读书人，等等。虽然情况相同，但结果确实完全不同，或是说有天壤之别。一个打退了敌人还顺便干掉了老头子，而另一个却城失人亡，这是为什么呢?

其实很容易回答，而且很早就有人给出了清楚的定位。

“秦桧在内，李纲居外，宋终北辕。”

希望你还记得当年史可法被迫督师扬州时，太学生卢渭说过的这句话。

如果真要把南明比作南宋的话，史可法扮演的是与岳飞同时代的李纲，而并不是岳飞本人。因此才会在守城的关键时刻相信了清兵放出的总兵黄蜚率三千援兵到来的假情报，并出现了放其中一千人入城以致扬州失守的致命错误。

史可法，一个出身寒微、靠刻苦学习得以出人头地的人，一个品德高尚、为官清廉的好领导，一个忠于国家、以死明志的爱国者，一个能够坚持到底的人，一个被历史玩笑似的推到了权力中心、救国领袖的位置，承担重大的历史责任但却其实并不具备相应才能的悲剧人物。

但无论如何都不妨碍在当时乃至后世，这个人成为我们爱国的旗帜与民族的脊梁。

那一夜，我仿佛梦见了这个人。独自在帐篷外边坐着，有时因为感到夜晚的寒冷就站立起来，抖动自己的衣裳，铠甲上的冰霜散落下来，像金属响亮的声音。还有那句“吾上恐负朝廷，下恐愧吾师”的坚定话语。

“千里过师从枕席，一身报国托文章。”你许下的诺言，你已然做到。

难不成，南明就没有一个类似岳飞一样能够力克清军扭转大局的名将吗？别说，还真有，只不过在这一阶段中此人还没有上场表现的机会。因此，悲剧仍将继续着，直到另一个新局面的到来。

扬州那边失陷了，但与此同时，南京城这里却沉浸在喜悦之中。这倒不是像某些书上说的那样是因为弘光君臣只顾花天酒地，整日醉生梦死不理国事，而是因为弘光确实遇到了可以让他们高兴一阵的事：黄得功军再次大败左兵，左梦庚被迫领兵滞留池州，不敢继续东下。



弘光得到消息，极为振奋，而且又听说黄得功在战斗中再一次发扬了“夏侯惇精神”，虽然身中两箭但依然坚持指挥作战的英雄事迹，大为感动，特地下诏直接将黄得功晋升为靖国公，派遣太监王肇基代替自己慰劳前线将士。同时又升阮大铖、朱大典并为太子太保，为参战的总兵张杰、马得功、郑彩、黄蜚等人各加三级，副将以下则各给予晋一级的重赏。

弘光的奖赏果然很有成效。黄得功移守板子矶后，于板子矶一战给了左兵致命的一击。左梦庚的表现却仍是一如既往的稳定，又一次大溃败。但这一次的失败显然极见效果，左兵无论是人数还是士气均严重下滑，对南京的威胁也基本上不复存在。

西墙虽然完全补好了，但东墙却完全崩塌了。多铎拆迁队正以最快的速度推进，准备给弘光朝廷这栋摇摇欲坠的破房子以致命的一击。

四月二十七日，在长江岸边驻守的将领发现江中有四排竹筏。因为怀疑上面的是清兵，于是命令部下在城下架炮进行攻击，连发三炮，将江上竹筏全部炸碎。

五月五日，多铎率军抵达扬子江边。江对岸驻守的是南明镇海伯郑鸿逵。

郑鸿逵在南明将领中，是十分擅长水战的将领。他之所以在水战方面如此精通，其实还要归功于他的哥哥。

他的哥哥叫郑芝龙。

郑芝龙是明末清初时期一个相当重要且有名的人物。具体点讲，他是当时威震东南沿海的大海盗，郑芝龙与兄弟郑芝虎、郑芝凤、郑芝豹四人在连续击败了当时包括葡萄牙、日本在内的诸多海上强敌后，一举控制了中国沿海乃至东南亚的海上贸易并成为当之无愧的海上霸主。而关于这位仁兄具体的传奇经历，我们后面再讲。

郑鸿逵，曾用名郑芝凤。考取武举人后，也许觉得自己的原名太俗，就改名鸿逵，顺道连字也由“曰渐”改成了好听点的“圣仪”，并号羽公。

崇祯十七年，郑鸿逵担任镇江总兵、镇海将军，被派往镇江防范清军。清军到达时，郑鸿逵以舟师分守瓜洲、仪真两地，以图把清军堵在江北。但清军的战斗经验似乎也是够用的，清军将领拜尹图、图赖、阿山等人率舟师从运河偷偷到达了南岸。

在适当的时机偷渡过来的清军，在李率泰的带领下向驻守在岸边的明军营地发动了夜袭，明军大败。郑鸿逵得知清军已经渡过了长江，就连夜率部退往福建。

自此，清军得以全部渡过长江，并向南京城进逼。

五月初八渡江后，清军攻下镇江。两天后，南京城戒严。

忙乎了半天最后还是走到这一步，弘光比较无奈。

经过长时间的思想斗争后，弘光决定向南宋的开国之君宋高宗学习，先跑出去避避风头。于是把与清军议和的任务交付给阮大铖和马士英后，弘光做出了他这一生中最受人非议的决定：在夜深人静之时从通济门逃出南京，将京城的大小官员和所有的一切全部丢下了。

然而弘光没有料到的是，当他放弃一切逃走时，一切也将抛弃了。

听到弘光离开南京城的消息后，奉命守关的刘孔昭也弃关闪人了。第二天，马士英见老板都跑了，只好带着皇太后向南方转移。

南京就此进入无政府状态。

在这一情况下，一件前无古人后无来者的事件发生了。

南京一戒严，傻子都知道情况不妙了。向来以精明著称的南京市民更是加紧对时局的关注。

十一日早晨，大家一起床就得到一个惊人的消息，皇帝陛下昨天夜里跑路了，接着又有新的消息传来，首辅马士英也带着皇太后在黎明时分走人了。

不过在得到这一消息后，大部分南京市民的脸上却并没有流露出太多的恐惧与不安，也没有人忙着收拾东西做好闪人的准备，而是向着同一个地点聚集过去。

到了正午时分，已有上千人聚集在南京中城狱前。大家同时都到这个地方来，只因为要做同样一件事——救人，而且要救的还是同一个人——王之明。

弘光本来打算找个适当的机会，给这个孩子弄个终审，彻底解决这个令人头痛的太子案。只不过还没等到那个时候，让他更头痛的左良玉和清军就杀过来了，因此弘光没有闲工夫再管王之明案了，这事也就这么拖下来了。

所以当南京城的市民们听说弘光逃走了，马士英等人也离开了，整个南京已经处于没人管的状态时，大家终于意识到，动手的机会到了。只要能够顺利救出太子并拥立他顺利即位，那么在崇祯太子的号召下，广大官兵与老百姓一定会再次紧紧地团结在太子殿下的旗帜下，并带领所有人将来犯之敌一个个地消灭掉！于是，南京居民在达成思想上的共识后，纷纷跑到关押太子的中城狱，求监狱里的负责人立即放人。

一开始还好说，南京市民坚决要求放人，监狱方面坚决不肯放人，双方形成了

均势，就此僵持住了。随着到来的群众人数越来越多，大家的抗议声越来越响，大众的情绪也变得越来越激动。监狱的负责人才慌了，再不把这件事当回事，给出一个交代的话，从今天起自己就得准备在监狱里长住了。

但放不放走这个叫王之明的朝廷重犯，毕竟是件很令人为难的事。放了，会得罪领导，没准哪天皇帝陛下又回来了，就会因此事被剁了。要是不放的话，说不定外边的那帮愤怒的群众一不小心从激动转变为冲动，攻入监狱，就把自己给剁了。于是，本着保护狱中公共财产和自己生命财产安全的觉悟，监狱的负责人终于放出话来：我给您们问问先！

皇帝都闪了，首辅也闪了，你还去问谁？听到这个答复，老百姓有些急眼了。但当狱卒说出这个人的名字时，在场的大部分人都表示同意，并且强烈要求让此人亲自来到现场。

弘光虽然跑了，但本着对群众负责的精神，他将南京的一切事务都交由自己十分信任的马士英全权处理之后才行动的，所以老人家走得比较安心。首辅马士英虽然在大早晨也跑了，但同样为了贯彻皇帝陛下对群众负责的精神，马士英是将南京的一切事务都交由自己十分信任的王铎全权处理之后才跑路的，所以老人家走得也比较放心。

而王铎在接到马大人的委托后，本来没想搭理，也想走人，这时才惊奇地发现自己走不成了，因为自己的住所已经被里三层、外三层地层层包围。里面的是得到首辅大人指示，特地跑来请教下一步京城的应对措施的南京城内的文武官员，而外三层则是在外面等待王铎大人出面下令放人的广大市民。

老马，可被你给害苦了。

当时的南京城内也就王大人资历最老、官最大了。因此城里的大事小事轮也轮到王铎出手解决了。

虽然不是很情愿，王铎还是在以一个赵姓监生为首的百姓队伍一路带领下，来到了被群众包围的中城狱。

一到场，王铎就惊奇地发现，现场众人看自己的眼神好像有些奇怪。正在王铎打算看得更清楚时，情况发生了极大的变化。

因为王大人一现身就被群殴了。早在几百年前古人就已经创造性地使用了“群殴”这一既生动又形象且不乏幽默感的词汇，实在是佩服。

好在大家的愤怒还算有限，而王大人的身体状况和抗击打能力还算说得过去，所以虽然被群殴，王铎还是保住了一条命。

但是群众的心情还是比较激动的，特别是没机会出手的那部分人。于是有人就开始质问王铎，为什么不认太子？并一味坚持说太子是假，王之明是真。

王铎当即大呼：“这事儿跟我没关系，全都是马士英指使我干的！”

众人听到这句话后更激动了，于是有人冲出来开始用板子痛打王铎，其他的人也纷纷围上来发泄自己的愤怒。就在王铎即将被大家打死的时候，一个人出面制止了。

这个能够并且敢于在如此特殊的时刻救王铎一命的人不是别人，正是被吓得半死的狱卒赶忙请出来的崇祯太子。

在百姓的欢呼声中，太子被众人簇拥上马，进入西华门，到达武英殿；又随即被拥至西宫换上了因时间紧急暂时借用的龙袍（戏服），在武英殿登上了皇帝的宝座。

明朝历史上第一位也是唯一的一位，在没有大臣主持而是直接由京城百姓拥立的帝国最高统治者就此诞生。

很快在京的大小官员也得到了南京百姓拥戴崇祯太子在武英殿即位的消息，于是开始陆陆续续地有各部的官员前来拜见。随后掌握南京政局的太子在全城内派人张贴安民告示，表示自己已经出狱并得以代替弘光掌管政事，因此希望南京百姓可以照常生活，不要惊慌。

不用说，太子的告示还是相当管用的，发下去后，骚动数天的南京城终于再次恢复了平静。

但是有些人的心里是一点也不平静。说得具体点，这几个人分别是尚在南京的马阮集团积极分子，左都御史李沾、吏部尚书张捷和左副都御史杨维垣。

哥几个都直接参加或参与过对王之明的恶整，因此在得到王之明掌权的消息后都有点肝儿颤。于是三个人在不同的时刻全部做出同一个决定：快跑。

李沾的出逃是这三个人中最顺利的。因为在紧急时刻他找了一个人帮忙，这个人就是当时负责南京防务的赵之龙。在赵之龙的帮助下，李沾换了套行头，凭借令箭，在几个人的护送下得以安全出城。在史书记载中，从此销声匿迹了。

相比李沾而言，张捷就比较凄惨了。听闻王铎被愤怒的群众群殴后，张捷敏锐地认识到如果不马上开溜，自己的下场也许会比王铎更惨。因此张捷在经过一番精心乔装打扮后，秘密出城逃往城外的鸡鸣寺避风头。然而张大人的运气不是太好。不知是化妆画得不够好，还是自身的体貌体征太明显，行至半路竟然被部分群众发现，然后群众就开始一批接一批自发组织起探视团前往鸡鸣寺对张捷进行声讨。张捷被搞得受不了了，最后用佛幡带自我了解。

最后是杨维垣。按理说作为阮大铖的同党，这位仁兄应该最先得到消息然后跟着马大哥一起跑路才对。但是马士英可能出城时太过仓促，竟然忘了叫上杨维垣，老杨就这样被老马撇下了。等到了第二天，杨维垣想跑也跑不了了，于是情急之中杨维垣做出了一件令人费解的事，杀妻。

杨维垣将自己两个心爱的小妾全部杀死后，买了三口棺材，旁边的两个放着自己的两个老婆，但中间的那个杨维垣却不打算进去。而是只往上面贴上一张纸条，上书“杨某之柩”并吩咐仆人将三具棺材郑重地埋在中堂。杨维垣自己则带着一个仆人，在一个月黑风高的晚上逃走了。

杀掉自己的老婆又给自己置办了空棺材及体面的葬礼，杨维垣本来以为一切都可以过去了，但令他没想到的是，噩梦才刚刚开始。

当杨维垣与仆人逃到秣陵时，一个仇家发现了。于是仇家就带人把杨维垣在半路上秘密做掉了，尸体还被随便丢到荒山野岭上，等到几天后他的仆人发现时，尸体已经被野狗吃掉大半了。平日里杨大人常被大家诅咒今后将死无全尸，这时还真的实现了。

由于当时兵荒马乱，而杨大人又是秘密出逃，再加上杨维垣平时的仇家又比较多，所以这事到最后也没查出到底是谁做的。虽然谋杀是大罪，更何况是谋杀政府高级公职人员，这个罪名更加严重。后来即便有人提到过此事，希望朝廷能查出杀人真凶，但这一提议却也在众人的漠然以对中不了了之。

马阮集团的三大得力干将都在马士英与阮大铖的逃离后迎来自己的结局，然而离这两位首脑级人物距离自己的末日还有一段时间。关于他们在弘光朝终结后的活动，我们下文会有交代。

太子殿下在暂管国事后的第二天，开始自己动手，试图扭转危局。

首先太子侠令释放了被群众送进狱中劳改的王铎而且仍任用他为大学士。接着，又召令因案件被一直关押的方拱乾、高梦箕出狱，一同担任礼部侍郎、东阁大学士。最后，太子为了感谢狱中土地爷的保佑，下令敕封中城狱神为王，并派遣差官捧敕加封。三件事干完了，城中的老百姓对太子殿下的三道命令均表示可以理解和比较满意。

然而问题还是有的。这位太子殿下是在未经百官许可和商量的情况下接手南京城的，所以城中的文武百官难免感到有些不自在，于是大家私下在中府开了一个小会。

拥立事件发生后，赵之龙即刻召勇卫营的士兵入城维持了秩序，因此南京城内才没有发生什么大的骚乱。但是赵之龙却认为，南京市民敢擅立太子，这就是最大的骚乱了。顺便说一句，赵之龙起初就是并且一直都是坚定的挺福派。

会议之初，聚集在一起讨论当前局势的百官就表达了自己的忧虑：事已至此，假如弘光又跑回来了，事情该怎么处理?

对此，掌握南京兵权的赵之龙给出了让大家都安心的回答。

赵之龙认为，无论如何弘光还是名正言顺的皇帝，现在百姓虽然迎立了王之明，我们完全可以不当回事，只要继续完成与清廷议和的任务就行了。

听到实权派人物的讲话，其他的人都纷纷表示认同，于是各衙门按照赵之龙的意思贴出安民通告，但其中关于使太子正位为帝的事压根就没提。

这一招糊弄一下没啥文化的老百姓还行，读书人可不吃这一套。

在一眼就看出朝中官员们的算盘后，一个叫徐瑜的监生和他的同学萧某就跑到赵之龙的府上拜见，并提出早奉太子即位的要求。赵之龙用自己的实际行动表现对于这一无理要求的极度蔑视。他以谋反的名义杀掉了这两个热心于国事的年轻人，并派人传令守城部队，加大了巡防的力度。

和弘光关系好的那帮大臣不支持太子也就罢了，令太子痛心的是，即便是一同受到案件牵连，算得上是共患难的方拱乾、高梦箕，也没有给自己面子。太子殿下本来想重用这两个人，没想到在被监狱释放的当时，两个人就赶紧跑路了。传达命令的人命令还没念完，人就没影了，真可谓是移动如风。

选择逃跑的人远不止这二位。其实在太子被迎立的这短短的三天之内，弃官而去的朝廷部长级大员就多达十余位，先是锦衣卫指挥使冯可宗跑了，接下来宫中的太监陈监、王心一也弃官逃走，刑部尚书高倬、户部尚书张有誉一开始传言说是自杀而死，后来才被路边社证实也逃走了。

五月十三日，赵之龙率兵进入西宫，劝太子避位。崇祯太子短暂的执政生涯就此宣告结束。

第二天，豫亲王多铎领兵到达南京近郊。赵之龙在与礼部尚书管绍宁、左都御史李乔等人商议后决定投降。听到这个决定后，南京的百姓不干了，于是有人带着百姓集合在官府外要求收回成命。眼看群情激奋，南京市民又要闹事了，赵之龙出场了。

赵之龙从府衙中走了出来，只用了一句话就成功遣散了全部的百姓。

“扬州已破。若不迎之，又不能守，徒杀百姓耳！惟竖了降旗，方可保全。”

不投降就会死人，而防守也无济于事，扬州就是前车之鉴！为了保住大家的性命，我们才做出这个决定的。

在场的人再也没有一个吭声的了。

随后赵之龙派遣使臣前往清营递交了降书，并约定好第二天出降的具体时间和礼仪规格。

弘光元年五月十五日，洪武门大开，南京城内的文武百官在太子太保、忻城伯赵之龙，保国公朱国弼、镇远侯顾鸣郊、驸马齐赞元等人的带领下，出城献册请降。赵之龙亲自带头叩首，请豫亲王多铎带领大军进城。明帝国的第二都城南京从此陷落。在南明降臣和部分由官府招来的百姓的欢迎欢迎热烈欢迎的呼声中，多铎率军进入南京。

拥有十几万守城部队的南京城，堂堂大明的旧都竟然未放一枪一炮，就这么轻易地改成别人的姓了。如果南京孝陵内的朱元璋真的泉下有知的话，肯定会气得把棺材板掀翻。

然而我们不得不说，即便是重八兄复活后再复出，也不一定能够改变这个已经铁定的事实。

作为五百年来世界始终排前十的畅销书，《孙子兵法》中讲到过：战争艺术的最高境界就是不战而屈人之兵，多铎虽然可能没看过这本书（据相关史料反映，清军高级将领的枕边军事读物叫《三国演义》），不过这回多铎先生终于体验到这种非一般的感觉，而且屈的还是敌国都城的卫戍部队。所以当时多铎的心情完全可以用一句话来概括，真是爽极了！

为了对赵之龙的合作态度表示奖励和赞许，多铎当即决定加封赵之龙为兴国公，并使赵之龙位在朱国弼（靖难大将朱能之后）之上，接着又赐给赵之龙金镫银鞍马、貂裘八宝帽等宝物以资鼓励。

当夜，赵之龙为多铎等远道而来的清军将领举行了规模盛大的接风洗尘酒会。多铎也令设牛酒犒赏三军。

在酒会上，南京投降的官员席地共坐，与清军将领一同联欢。酒喝到一半，多铎突然抬头问："崇祯的太子现在在哪里？"

"没有什么太子，只有个冒充太子的王之明。"

多铎大笑："逃难之人，自然改姓名。若说姓朱，你们早杀过了。"朱国弼接话说："太子原来不肯承认，都是马士英给改的。"

多铎接着大笑并骂道："奸臣！奸臣！"于是多铎派赵之龙将太子带到清军大营，一同联欢。

赵之龙领着太子进来时，多铎立即离席前往营门迎接，并将太子安排坐在自己的右手边相距不到一丈的地方，以示尊重。

每当读到这里，我都会不禁地感叹，少数民族的王公贵族们其实也是懂政治的！

因为我们前面介绍过南京的这个太子从始到终都一直没有能够辨别出真假来，而且在南明太子案案发的同时，北京也出现了一个可能是太子的少年。为了把几乎同时发生的两个太子案相区别开，后人就称北京发生的为北太子案，而弘光朝的那个叫南都太子案或是王之明案。

# 第十三章　争议、疑团，弘光的结局

简单说一下这个北太子案。崇祯十七年十月，一个少年独自拜访嘉定伯周奎家，口称求见在府中养伤的长平公主。据说长平公主一见到这个少年，立即抱头痛哭，并将这个少年留在周府过夜。

不过由于担心被这个少年牵连，第二天周奎就将这个太子交给了清政府。一时之间，崇祯太子现身周府并被送交清廷的消息就在北京城内闹得沸沸扬扬，许多人纷纷上书清廷，为太子请命。

当时多尔衮接手这件事情后，立即给予高度的重视，马上亲自组织相关人士参与对太子的认证工作。

起初被找来的是一帮在宫中工作多年的太监。当太监们慢慢聚集在这个少年的身边开始观察时，没想到，少年先开口了。

他指着中间的一个太监说："这人姓杨，以前曾经服侍过我。"

听到这句话，杨太监差点吓晕了过去。然而接下来杨太监却给了少年意想不到的答复。

杨太监马上说道："奴婢姓张，先前服侍你的人并不是我。"

人家不承认，谁也没办法了。于是多尔衮又找来旧日侍卫十人，一起来加入验证。这十个人看完少年后都给出一个相同的答案：是永王。

接下来多尔衮又找来被李自成当成人质从山西一路带到京师的晋王来验证，晋王一见面就肯定地说少年是冒牌货，因此多尔衮下令继续开庭审理。但却把认为少年为真太子的人全部关了起来。

对于多尔衮的这一做法，马上就有一个官员提出反对意见，并连晋王也一块给骂了。

这个始终坚持太子是真且认为清廷在为了其政治目的搞阴谋诡计的官员叫钱凤览，崇祯时期曾担任刑部主事，清军入关后仍担任原职。

钱凤览认为这个少年确实是如假包换的崇祯太子，理由有三。第一，他认得周府，并在与长平公主相见后，使公主激动不已，热泪盈眶。第二，这个少年对于内宫的人物及宫闱事件极其了解，口熟能详。最后是钱主事根据少年进入监狱后“悲惧言动”的表现给予的判断。所以钱凤览确定这就是真太子。

钱凤览除了提出三大理由之外，还对晋王的证言进行了彻底的否定。因为按照藩封制度，如果没有皇帝陛下的亲自召见，但凡是皇帝那些被分出去做王爷的儿子们是不能离开封地半步的。也就是说，晋王自第一代起就只能在山西的封地一带被实际上禁锢着，哪也甭想去。晋王一家与崇祯一家两百多年都没见过一次面，而且在当时那个既没有照片也不能视频聊天的明代，晋王见没见过太子还是两说呢。所以晋王一见太子就说这不是太子，很显然是扯淡。

虽然钱凤览的个别言辞比较激烈，但实事求是地讲还是很有道理的。不过他这么做最终的效果却是“疏上，下狱”。

逮捕了出言不逊的钱凤览后，前明内阁大学士、后来降清的谢升被找来认人。谢升到场看了一眼，就对担任主审的多尔衮坚定地回答道：“是假的。”

听到谢升的话后，太子再次开口了。

这时太子突然提到了某件事情，并问谢升是否还记得（具体是什么事请别问我，因为史书上没写，而本人也猜不出来）。但史书上对于谢升的反应，却是记载很明确：“升默然，一揖退。”

这也就是说少年提到的确有其事，谢升也没有忘记这件事。因此谢升既想回答又迫于某种压力不能回答（如果回答就相当于默认了这个少年是真的太子），所以只好默不作声，鞠个躬就走人了，赶紧逃离了这个是非之地。

这件事情传出去后，群众反响很热烈。正阳门外有商人市民数人上疏清廷，请救皇子。全城的老百姓也都开始骂谢升禽兽不如，毫无廉耻。对于这些人的激动言行，清廷也迅速做出反应，官府派人根据递交的奏疏上所写的姓名，将带头的几个全部抓起来。由于是按疏抓人，那真可谓是一抓一个准，没一个跑掉的。

第二年（弘光元年）正月初十，摄政王多尔衮召集全体廷臣，并说出了自己对于太子案的最终处理意见。

“太子是真是假，其实不要紧。但如果因此而伤害了以晋王为代表的明朝宗室和以谢升为代表的前明大臣的感情，那就不好了。钱凤览呵责晋王、百姓骂谢升，这些都说明他们是乱民。”

那不知睿亲王对于这些乱民的处理方面，有何高见呢？

答案很简单，一个字，杀！

随后认定少年为太子的钱凤览和杨玉、内监常进节、指挥李时廕等十五人被多尔衮下令弃市。

不久，谢升身患怪病，全身肿溃而死。

多尔衮也不愿担下杀害前朝太子的恶名，没对太子下手。直到几个月后，一个突发事件坚定了多尔衮要尽快除掉崇祯太子的决心。

四月初六日，在朱元璋的老家凤阳，当地百姓张三以杨生员为谋主聚众起兵，立誓救出皇子，恢复社稷。接着，生员孙三率众响应，声势很大。

遗憾的是，大的只不过是声势而已。很快在清兵的大举进攻下，张三的部队一触即溃，参与起义的人全部被清廷下令处死。而在事发后的第四天，多尔衮顶住舆论的压力，将崇祯太子秘密处死。

对于北京和南京先后出现的这两个太子，到底孰真孰假，历来争议很大。比如著名的明清史专家孟森先生就认为北都所杀太子为真，南都太子实伪。然而还有人认为在北京遇害的其实是崇祯的儿子，只不过不是太子而是永王，长平公主等人和永王自己是为了保护真正的太子不被伤害，所以才演出这么一出苦肉计，以图转移清廷的注意力而为真正的太子顺利逃往南方、继承皇位争取足够的时间。

当然还有一种观点是把南北两个太子都否定掉，认为崇祯太子其实是潜逃到粤东嘉应阴那山灵光寺出家为僧。鉴于这第三种说法过于曲折离奇，惊险刺激，读起来更像是什么穿越小说、历史演义的故事情节，在这里我们就不多说了。

但无论如何，所有的人都承认一点，多铎之所以对南京的这位真假难辨的太子态度极其尊敬，服务极其周到，其实都是因为这之中隐藏着一个极其险恶的阴谋。

这个阴谋的名字叫做法统，换句话说得简单点，就是继承皇位的合法性问题。

对于清廷来说，不管这个身在南京的少年是真的崇祯太子还是真的王之明，只要自己肯定了他是真正的太子并给予相应的高规格的款待，就相当于否定了弘光的皇帝身份并顺便为自己洗清了杀害先帝太子的嫌疑。

类似的一石三鸟之计大家都爱用，而且每次都用得很爽。

说你是你就是不是也是，就这么着吧。

别说，效果还真不错。

弘光出城后，本来想去太平先避避风头，没想到老下级刘孔昭竟然先翻了脸，

不论使者怎么喊，都不肯让皇帝陛下进城。弘光吃了闭门羹，没有办法，只好取道芜湖，投奔铁杆黄得功。

弘光到达芜湖时，黄得功刚刚出兵又与左梦庚打了一场。当黄得功听说弘光驾临自己的军队驻地时，二话不说，马上下令收兵回营。

君臣相见，泪眼汪汪。弘光的痛哭流涕主要还是因为感动，而就在那句“时至今日，才知道将军是真正的忠臣”还没出口之前，同样是满眼泪水的黄得功却先说话了。

“陛下死守京城，臣等犹可借势作事。奈何听奸人之言轻出，进退将何所据？此陛下自误，非臣等误陛下也！臣营弱薄如此，其何以处陛下哉！”翻译成现代汉语，这句话应该这么说：您死守京城，我们还可以想点办法。今儿个您却听信谗言开了遛，这叫我们咋办？所以这是您自己耽误了自己，跟我们没干系。再说我这儿的军队也不多，您在我这儿久居也不是个办法。

黄得功这番话虽然带有责备甚至教育皇帝陛下的语气，其实确是大实话。因为黄得功手里的兵本来就不多，往海里算也就七八万人，况且又是和左兵打了这么久的仗，具体数目尚且有待修正。因此现在这种情况下的黄得功部能否保证皇帝陛下的安全，那还真是个未知数。

于是黄得功向弘光提出了自己的建议：尽快转移，到浙江去！弘光答复：不要太着急，让朕先休息两天，两天之后就起程。

弘光之所以不太慌张，是因为他认为有一个人至少能抵挡住一阵清军的攻势，虽然可能拖不长，但两天还是没有问题的。

这个被弘光委以厚望的就是四镇中除了挂掉的高杰、降清的刘泽清和击左的黄得功外，剩下的那位总兵，广昌伯刘良佐。

当时刘良佐领兵十万，在长江沿岸和南京城之间布防。虽然我们以前介绍过刘良佐部的战斗力不是很强，但按照弘光的设想，坚守阵地，把清军拖上个把天，还是没啥问题的。

然而刘良佐的表现却大大超出所有人的预料。

刘良佐在没有浪费一枪一炮、没有损失一兵一卒的情况下，竟然使清军停止了对自己防区的进攻！

看似不可思议，其实原因很简单，因为他投降了。

对于在江湖中混过一段时间的刘良佐而言，讲义气这一点实在是很重要的，在皇帝遇难、国家陷入危局的这个节骨眼上，如果手握重兵的将军在毫不抵抗的情况下就投降了，往远了说是等到了那边将会无颜见死于国事的好兄弟高杰，往近了说是自己将会背上汉奸的恶名，以后是要被别人戳脊梁骨的。

刘良佐不是刘泽清，所以他有自己的道德底线，不想就这样降清。然而随后清军派出的使者却给出刘良佐一个不得不降的合理的理由。

刘良臣还活着，而他就在我们手里。

清使的理由很简单明确，但却直触了刘良佐的要害。因为刘良臣就是刘良佐的亲弟弟。

当年刘良佐在和哥们高杰一起投降朝廷时，刘良佐不光带着他的部队，还带着他的弟弟刘良臣。后来时任游击的刘良臣在崇祯四年（1631）参加了著名的大凌河之役，众所周知，明军在这场战役中遭遇了重大的损失，刘良臣就在战役中随总兵祖大寿投降了。但是那时候的祖大寿只是诈降而已，后来找了个借口，就带了少数几个人回去了，然后接着帮助明朝镇守辽东、防备清军。然而刘良臣却比较惨，他和其他被祖大寿撂下的人一样，就此成为皇太极手里的人质。

说是投降竟敢诈降，放你回去后还老找我的麻烦。对于祖大寿这一比较缺德的举动，清廷方面都很愤怒，因此有不少人提出要杀掉大凌河战役中的这些人质，省得还得养着他们，忒浪费粮食。因此不久后，在外带兵的刘良佐就得到一个让他极为气愤的消息，他弟弟已经被清军杀害了。

国仇加上家恨，弘光认为刘良佐没有理由不抵抗，因而这一点也成为弘光要求休息两天再赶路的最主要的原因。

不过，倒霉的弘光却不幸地被那句老话言中了，人算不如天算。当清使一番辟谣之后，家恨没有了。既然家恨没有了，什么国仇自然也谈不上了。于是在仔细思索一段时间后，刘良佐向清使说出自己的最终选择。

弘光到达芜湖后，没两天清军也跟来了。然而清军面对四镇中第二能打的黄得功，似乎并没有捞到好处。黄得功接到消息后率军在荻港和清兵大战，在战斗中亲自上阵砍人，手臂受伤，几乎脱落，但他却没有因伤退场，而是找了块布将手臂简单地包裹了一下，继续佩刀坐小船，指挥麾下八总兵迎敌。在黄得功和其部下明军的反击中，号称横扫江南如入无人之境的清军也撑不住了，鸣金收兵。

由此看来，明朝方面似乎还是有翻盘的希望的，而这个希望来源就是黄得功。

然而，五月十六日，希望破灭。

五月十六日，刘良佐率军到达芜湖，并派人要求黄得功出营答话。这时候黄得功已经得到了刘良佐降清的消息，于是应邀前往。

黄得功不知是气晕了头还是由于其他什么原因，竟然干了一件大胆的事："单骑不甲而出。"就是说，作为全军主帅、身系皇帝陛下安危的黄将军，在连铠甲都没穿、连个警卫员都没带的情况下，就孤身一人前去赴会了。

到了岸边，黄得功隔河远远见到刘良佐，气就不打一处来，开始痛骂刘良佐背

信弃义。

刘良佐也没脸红，反而劝说黄得功抓住弘光作为降清的见面礼，就此和自己一起接着干。

黄得功不干，高声回答："我黄将军志不受屈！"

就在这时，刘良佐军中的伏弩射出一支冷箭，飞向黄得功。虽然黄将军曾经有过多次中箭后继续行动的先例，然而这支箭却与以前遇见的那几支大不相同。据说这支箭的箭头涂有剧毒，且瞄准的地方正是黄得功的咽喉。

弦响，箭到。毒箭正好射中黄得功的咽喉。黄得功中箭后把刀扔到地上，一手将毒箭拔出，随后死去。临终遗言：吾无能为矣！

带着愤怒与不舍，黄得功阵亡。

黄得功的死讯传回明军驻地后，全军大乱。黄得功手下的左协部将田雄与右协部将马得功密谋后乘势发动兵变，决定抓住弘光投降清军。在兵变中，明军总兵翁之琪投江而死，黄得功的妻子在听说黄得功遇害的消息后也随之自杀。

几天后，南京城内的多铎得到了刘良佐的捷报：击杀明军大将黄得功，生擒弘光并降黄得功余部。

实事求是地说，刘良佐的这份奏报是很无耻的（或者说是很谦虚的），因为：第一，黄得功不是战败而死的，而是被暗箭干掉的；第二，弘光不是你派人搜查出来的，而是被人打包送过来的。

田雄与马得功合谋兵变后，两个人手下的叛军很快就发现了弘光的身影，并将弘光给抓住了。为了确保送人行动百分之百的安全，田雄决定亲自出马，背着弘光到清营投降。

弘光被迫上了田雄的背，非常不爽，因为他知道自己的末日已然到来。在田雄送弘光到清营的这一路上，弘光对这个叛徒却没有任何的斥责和利诱，反而是用另外一种方式表达自己的愤怒：啮其肩。

在田雄送弘光到达清营的同时，大量鲜血已经染红了这个背叛者的衣襟。据说后来每到五月份，田雄肩上的伤便会如期复发，且每次都是痛不可忍，反反复复不得休息。如是者十八年。直到康熙二年五月二十日，田雄才终得到彻底的解脱，死了。

相信不用我说大家也应该能猜到死因（以此疮死）。本人虽然不是报应论者，但这回，我信。

五月二十五日，弘光坐在无幔小轿中，在清兵的看守下入城。轿子里的弘光已经失去了一年前进入南京城时的所有兴奋之情，而是用布蒙住头，身穿蓝布衣，用油扇挡住自己的脸。跟在弘光轿后的是太后和妃子。道路两边则是唾骂不止的南京百姓。

昔日的豪言壮志已经随风散去，留下的只有无尽的悔恨与哀伤。

当夜，为了庆祝清军再次得胜，多铎命令南京城内再次举办大型庆功会。在主会场灵璧侯府，多铎特意规定了到场来宾的座席位置，命人安排弘光坐在太子的下首。接着，多铎吩咐赵之龙安排原弘光朝廷礼部的八人侍宴，并找来乐户歌唱劝酒。

酒喝到一半，多铎开始了准备已久的质问。

“你们的先帝自己有儿子，你不奉遗诏迎立太子，却擅自称帝，这是为什么？”弘光不答。

多铎很得意，以为自己把弘光问住了，吓得不敢回答，十分高兴，就接着问。

“你既然擅立自己为帝，又为什么不遣一兵一将讨伐李自成呢？你的良心到哪里去了？”弘光还是报以沉默。

多铎深感自己的口才有了极大进步，于是问了第三个问题：“先帝遗留下来的，只有这么一个太子。他逃难远来，你既不让位就算了，何必又想方设法要除掉他呢？”弘光依旧沉默着。

眼见得不到回答的多铎要急眼了，太子赶忙出来打圆场。“皇伯手札召我来，反不认；又改姓名，极刑加我。奸臣所为，皇伯不知！”

得到太子的答话后，多铎才又燃起了提问的兴趣：“我兵尚在扬州，你为什么就这样逃走了呢？这是你自己的主意，还是有人教你这样做的呢？”

弘光专心致志地吃自助餐，直到酒会结束，好像完全没有听到多铎的问话。

对于弘光只顾吃的表现，多铎虽然有些不满，但同时却很欣慰。于是他命人将弘光与太后、妃子一同拘禁在江宁县，听候发落。

宴席上弘光始终保持沉默，这一直被某些人视为证明弘光是“阿斗”式昏君的证据，但实际上这应该是聪明的表现，按照古人的说法这叫韬光养晦。

明知道人家办宴会的目的压根就是为了羞辱你，你还在那儿滔滔不绝，显然是弱智的表现，因而保持沉默、不给政敌借题发挥的机会，才是真正的大智慧。所以这样看来，常识告诉我们的无能之辈不一定一无是处，而所谓的贤者有时也并没有传说中的那么贤明能干。

弘光被抓了，南京陷落了，四镇全完了，似乎这段历史是时候画上一个句号了。但有一些人有一些事，这里还是需要提一下的。

比如说那个不能打只能抢的刘泽清在投降清军后不久，因为在南方名声太坏，清廷也不想收他了，于是就以其反复无常为名，将其凌迟。千刀万剐，也算是对那些死在他刀下的无辜百姓一个很好的交代了。

还有一个不得不说的重要人物就是左梦庚。

这位仁兄在自己的老爹病逝后，坚持要将“清君侧，诛马阮”的活动进行到底，于是他继续扣押九江总督袁继咸，对官兵隐瞒了左良玉去世的消息，并成功接管了左兵继续东下。没想到这条“清君侧”之路却远远没有想象中那么顺畅。特别是在遇见黄得功后，左梦庚真是叫苦不迭，天天被黄得功部追着打，屡战屡败，再战再败，终于撑不下去了。打不过你，还跑不过你吗？因此在又一次被黄得功部击败后，左梦庚决定不继续玩下去了，率领残余军队向湖广回撤。然而走到半路，左梦庚却得到了一个令他十分震惊的消息，李自成军已经完全占领了武昌且控制了湖广的大部分地区。

这下左梦庚真傻了。马阮没杀成，老窝却丢了，实在有够倒霉的。因此左梦庚马上在军中与其余高级将领们召开紧急会议，最后通过了留守九江的决定。左兵就此在九江消停下来了。

左梦庚本来打算在九江多等一段时间，观察观察当前的形势，却没想到清军在自己老爹的老对头李自成的带领下，很快逼近九江。

当时率兵追击李自成的是努尔哈赤的第十二子，时任和硕英亲王、靖远大将军阿济格。阿济格打起仗来还是很有一套的，特别是在有吴三桂做先锋的情况下。清军这一路上的追击战打得一直都很顺利，自山西入陕西，追着李自成的大顺军猛打不停。清军在这一过程中连续数次击败李自成，并且俘杀了大顺军的大将刘宗敏和军师宋献策，在军事上获得了极大的胜利。然而阿济格并不知道，这只是好运的开始。

六月，刚刚率军进入江西境内的阿济格部很快接收到一份大礼：左梦庚的降书以及他手下十万多人的军队。当然，除此之外还有一个超值的赠品——九江总督袁继咸。

清廷方面的招降技术似乎是跟同一个人学来的，因为倒腾来倒腾去，终究就只有三招。

第一式：高官厚禄。派人向目标对象承诺，如果你肯入伙，我就能给你封个大官，给你不少钱，而且还能保证你的子孙后代荣华富贵享受不尽。应该说这一招是最低级的，且仅对那些爱财如命、道德水准比较低下的人管用。要是碰到像袁总督这类不图金钱享乐的读书人，往往不会有效果，而且有时弄不好还会产生反作用，帮助劝降对象坚定了誓不投降的决心。

第二式：美女佳人。据说最知名的中招者就是洪承畴。想当年，皇太极为了成功收编洪承畴，几乎什么招式都用过了，但遗憾的是什么招式看上去好像都没用。皇太极和他的大臣们嘴皮子都快磨破了，洪承畴的答复始终是一句：你们快点杀了我！就在皇太极恨不得给洪大人跪下请他为自己工作时，皇太极的夫人出面了。在夫人的亲自探监与公关下，洪承畴终于答应投降，而且是真心实意地投降。从此洪承畴就铁了心跟着清朝干，丝毫没有任何埋怨。但是袁继咸好像明摆着跟洪承畴不是一个类型的，是个十足的书呆子，所以为避免增加袁大人的厌恶情绪，当时阿济格没敢用这招。

那就用第三式温情战术吧。在接手袁继咸的当天，阿济格在军中设宴招待袁大人。哪知袁继咸假称自己是食素主义者，酒肉不沾，婉言谢绝了阿济格的邀请。阿济格碰了个软钉子，但是他却没有丝毫的气馁。

阿济格在考虑了一天后，决定先用第一招试探下。很快，袁继咸得到了清军关于恢复他九江总督身份的允诺。但前提却有一个，那就是出面招降江西等地的抗清武装。袁继咸断然拒绝，当夜回到舟中就自缢殉国，但因被人发现而没有成功。清军为防止袁大人一切想不开的行为，自此只好派专人每时每刻地看管着他。

久而久之，阿济格也无奈了，最后决定将袁继咸押解北京，把这个难题交给睿亲王多尔衮处理。

然而就在北上途中，袁大人又出问题了。先是路经南京时，望着南京的宫殿和明太祖的陵墓痛哭流泪不止，接着又自觉自愿地开展了长达数日的绝食行动。搞得护送的清兵也是痛苦得不得了。好不容易把人安全送到北京，送人的清兵才算是松了一口气，而困扰阿济格很久的头痛也渐渐得以缓解。

不过，这回却轮到多尔衮头疼了。

到达北京后，睿亲王多尔衮代表清廷亲自出面，高官厚禄劝降袁继咸。但袁大人始终不肯买账，每次搞得多先生都是乘兴而来败兴而去。于是多尔衮决定转变战术，找来了清廷中所有能找来的袁继咸的门生，把劝降的重任交给了这些人。

袁老师的学生们在经过讨论后，创造性地采取了一种新形式的劝降方法，并一举打破了劝降技术在这一领域内的国内空白。这一新方法的操作方法其实比较简单，不过效果应该是很有保证的。具体步骤如下：

首先，所有的学生依次出场，将袁老师团团围住。接着在其中一个人的口令之下，全部干净利落、整齐划一地跪下，然后在尽量使自己的感情状态达到饱和的情况下放声大哭，且一边哭一边劝。这种劝降技术看上去似乎与今天的立体声环绕式音响效果有几分神似。

但问题是，袁老师对音效的问题还是不怎么感冒。面对着这些环绕而跪、痛哭劝降的昔日学生，袁老师用一个字完成了对这帮学生的最后教导："滚！"

在又坚持了一年的说服工作后，清廷的耐心终于到达极限。隆武元年（1646）六月二十四日，在清廷最后一次要求袁继咸投降任官、朝见清帝的要求被拒绝后，

袁继咸遇害于三忠祠前。

弘光被俘了，太子（疑似）也在清军手里，这么说来，是时候把东林党心目中的贤者推上前台了。潞王朱常淓在众人的一致呼声中被推为监国。然而具有讽刺意味的是，积极主动要求朱常淓监国的不是向来看好潞王的东林党，而是两个一开始就坚定反对潞王、支持福王的人——马士英与阮大铖。

弘光元年六月初七，邹太后（朱由崧嫡母）颁布懿旨，朱常淓于杭州正式就任监国。

第二天，黄道周建议朱常淓在十日内即位称帝，以团结一切可以团结的力量，有效地组织反清活动。这个意见却遭到了马士英等人的反对，马大人认为，为今之计应该学习宋高宗，与清军议和。在两派意见僵持不下的时候，朱常淓做出了裁决：和议。

于是根据马士英的意见，朱常淓派陈洪范为代表，以割让江南四郡为条件，与清军和谈。

派谁不好，非派了个陈洪范？可见听了老马的意见是注定要倒霉的。

陈洪范见到清军后，马上将杭州城内的布防兵力乃至具体部位守军的具体人数，都汇报给了入浙清军的大帅贝勒博洛。博洛兄本来只是想在浙江地区先打下几座小城市后再逐步深入，缓图苏杭的，在得到陈洪范的情报后信心大增，当即拍板决定：开赴杭州！

六月十一日，清军逼近杭州。马士英、阮大铖、朱大典等知情人士得知情况后，各自开溜。陈洪范则回到杭州，与兵部尚书张秉贞一起做起了潞王投降的工作。

就在城外的清军等待潞王出降的好消息时，一支明军突然杀出。清军猝不及防，阵势一时大乱。

这部分明军的主将正是先前负责率领兵马护送弘光到芜湖的总兵方国安和他的侄儿方元科。

明军趁清军阵脚不稳，一度取得了战场上的主动权。但随着清军反击逐渐稳定，双方在涌金门下陷入僵局。就在双方都打得精疲力竭时，潞王却做出一件十分令人极为失望的事情。潞王派人从城墙上缒下酒食，送入清军营中，美其名曰犒赏。

本来准备拥立潞王保卫杭州的明军当即散伙，收兵东渡钱塘。后来在方国安的带领下投入鲁王的旗下。

六月十四日，潞王朱常淓率众出城投降。

后来许多人都认为，潞王这一系列举动实在是有失男子气概。而对于此事本人也曾经有过相同的看法，直到我看到了这份史料。

清军到达杭州不久，主帅博洛给朱常淓送去一封信，这封信的具体内容虽然没有写出来，但是主题思想却很明确，如果城内军民没有在规定的时间按时投降，那么昨天的扬州就将是明天的杭州！城内的潞王很快给出回答，同意投降，但是同时有一个前提条件：勿伤百姓一人。

虽然没有坚守，不曾血战，但我能够理解。

但无论如何，清军不费吹灰之力就占领了杭州。接着博洛趁势派出使者招降了浙东各府州和避居这一地区的明藩王，并一起打包送到了南京。在杭州的标杆作用示范下，湖州、嘉兴、绍兴、宁波、严州等府州官也纷纷降清，一时之间南方事务看似可以完结了。

因此多尔衮在得到潞王朱常淓等人投降，江、浙一带不战而定的捷报后，终于做出了一个错误的判断：南方用兵已经基本结束。

多尔衮担心起自塞北的满洲士兵在暑热潮湿的江南早晚会待出病来，于是令多铎、博洛班师回朝，并将弘光和潞王、惠王、周王、崇王等一干人及弘光朝廷投降的高官王铎、钱谦益、赵之龙、徐久爵等都随军带回北京。将南京改为江宁府，任命多罗贝勒勒克德浑为平南大将军，同固山额真叶臣接替多铎、博洛镇守该地。同时任命内院大学士洪承畴为“招抚江南各省地方总督军务兼理粮饷”，会同勒克德浑、叶臣接管江南各地。

后来事情的发展证明，多尔衮将会为自己的这一决定付出极其沉痛的代价。

# 第十四章 囚徒到皇帝：朱聿键的奇迹

弘光、潞王以及崇祯太子自被清军抓住的那一刻起，虽然尚在人世，但其实应该算是已经死去的人了。然而为了将大明社稷传承下去，在南方那些尚未被清军占领的地方，当地明朝大臣经过一番考虑之后，决定再拥立一个明朝的藩王继承皇位，以继续带领广大群众把抗清运动坚持到底。

于是，历经层层筛选与讨论，明太祖朱元璋的九世孙朱聿键幸运当选大明王朝的新一任接班人，并于弘光元年（1645）六月正式在福州称帝，改年号为隆武。

虽然贵为藩王，但我们不得不承认，朱聿键在幸运女神垂青之前，其实身世相当凄惨。因为这位仁兄甚至还蹲过监狱，坐过牢。

朱聿键，明神宗万历三十年四月初五申时，出生于河南承宣布政使司南阳府的唐王王庄，是明太祖朱元璋第二十三个儿子唐定王朱桱的八世孙，也是这一支藩王家庭中的长孙。祖父唐端王朱硕熿对于这个小孙子的降临人世，似乎没有普通人家的爷爷在听到后继有人时的那份激动与喜悦，反而是微微显露出了一丝不快。

原因很简单。因为小朱聿键的爹朱器墭虽然是长子，但很不受当时的唐王朱硕熿待见（联想到万历皇帝，这或许也有遗传）。朱硕熿认为长子相貌太寒碜（嘴舌上长了个大瘤子），有损唐王的形象，所以想将王位传给其弟。

朱硕熿这种废长立幼的行径虽然遭到王府内许多人的反对，但鉴于这是老朱家的家事，当地朝廷官员也不方便直接插手干预，所以这些人在劝了两次后就没敢再多说话了。就在朱聿键和他的老爸即将被他爷爷干净利落地收拾掉时，朱聿键生命中第一个贵人及时出现，保护了父子俩并对朱聿键的人生起到了极其重大的影响。

这个在关键时刻稳住老唐王并给予朱器墭父子的人身安全以长期有力保障的人是个姓魏的女性，她有一个很牛的身份——朱硕熿他妈。换句话说，魏氏是朱聿键的曾祖母。

母亲大人一声令下，本来想速战速决的朱硕熿立马老实了。连所有的小动作都在老母亲的严打下销声匿迹，朱聿键开始过上比较安稳的生活。朱聿键八岁那年，魏氏又为他请来当地有名的教书先生，教他学习文化知识。据说朱聿键小的时候就很聪明懂事，所以在获得了宝贵的读书机会后，学习异常认真刻苦。然而到他十二岁能够读懂文章的时候，曾祖母魏氏却突然去世了。

那边老太太的丧事才忙完，这边的爷爷朱硕熿就马上翻脸了。很快，朱聿键父子就被秘密囚禁在亲王府的内官机构承奉司内。老唐王本想通过断绝父子二人饮食的方式将他们弄死，但好在有良心的人还是有的，父子俩在好心人的帮助下坚强地存活了下来。

就在被祖父囚禁的生活中，朱聿键再显好学生的刻苦本色。在借着佛灯照明的情况下，朱聿键日夜苦读，最终掌握了一身经世致用的本领，大大地提升了自身的文化修养和处理事务的能力。后世的史学家也一致认为，正是在这段岁月里，朱聿键为自己的成功之路奠定了坚实的基础。

古人的经历再次向我们印证了一个亘古不变的真理：好好学习，天天向上是真的十分重要必要且需要的！

此时老唐王也惊奇地发现，这对父子在长时间的监禁后不仅没有被饿死，反而活蹦乱跳的，于是他认为这父子俩得了上天佑护，所以此后就没有再打这对父子的主意。

老唐王虽然不想找事整人了，他的次子却继承了这项工作。

崇祯二年二月，朱器墭被朱聿键的叔叔毒死。老唐王便趁机准备立次子为世子，好让朱聿键找个地方凉快去。朱聿键人生的第二次大危机就此到来。

然而此时朱聿键生命中的第二位贵人出手了。说到这个人其实还是个熟人，他就是以参谋策划著称的猛人陈奇瑜。

当时陈奇瑜还在陕西右参政任上，听说了老唐王的这一想法后，二话不说就跑去做他的思想工作。在陈奇瑜的劝阻下，一向坚持立次子的朱硕熿竟被说服了，表示同意以朱聿键为世孙并随即向朝廷上表，得到了批准。

艰苦奋斗十多年的朱聿键终于等到了翻身做主人的这一天，此时他已经二十八岁。三年之后也就是崇祯五年，老唐王朱硕熿去世，在申报朝廷后他继承了王位。

有怨报怨，有仇报仇。这一天终于到来了。

成为唐王后，朱聿键开始动手建立自己的班子，并在表面上与自己有杀父之仇的叔叔保持着传统的友好往来。叔叔以为这位侄子比较窝囊，只是个书呆子，于是也慢慢放松了警惕。

沉默和隐忍往往是为了等待对手露出破绽的那一刻。

在收集了能证明自己的叔叔谋害自己生父的足够有力的证据后，朱聿键露出了雪亮的獠牙。

不久，朱聿键的叔叔就因为谋杀亲兄的罪名被朝廷逮捕，随后不明不白地在狱中死去。

不用猜也知道，这是朱聿键找人干的。

通过这件事我们可以清楚地了解到，朱聿键其实并非像清朝宣传的那样是个十足的书呆子，相反却是个城府极深、有仇必报且少年老成的天才的政治家。

由朱聿键同学主演的这出王子复仇记最终以男主角毫发无伤并杀死叔父为父亲报了仇的皆大欢喜的结局落下了帷幕，然而对于年轻的朱聿键而言，真正的考验才刚刚开始。

朱聿键也像所有的读书人那样，有齐家治国平天下的理想与抱负，并想通过自己的双手来亲自实现。然而藩王的敏感身份却无时无刻不在向这个书生意气充溢的年轻人重复强调着同样一句话：别想了，你没戏。

在对藩王严加控制的明代，所谓藩王其实也就是个囚犯，与普通囚犯的区别无非就是钱多点，牢房豪华点，吃得丰富点，老婆再多点。想要以藩王的身份干出一件除了造反之外的丰功伟绩，简直比登月还要难。

年轻气盛的朱聿键非常不甘心，极力想要冲破这些纷繁复杂的束缚，为这个国家做出点事来，至少也不能仅在历史上留下“朱聿键，第几代唐王，某某年生人，某某年走人”这样单调的记载。于是，朱聿键按照自己的设想开始了活动。

不动还好，这一动，朱聿键倒把自己由实际意义上的囚徒给折腾成现实意义的囚徒了。

当时正值高迎祥、李自成们动辄就带领数以百万计的民军在西北各地搞武装大游行的时候，所以远在南阳当土财主的朱聿键隐约觉得报效国家的时候已经到了，于是头脑一热就给崇祯上了一份奏疏，请求向朝廷借兵三千，自己带兵前去参与镇压民军。

要知道，崇祯是个极其敏感的人物，收到愤青朱聿键的奏疏后非常生气，认为朱聿键是想趁火打劫，趁机造反，于是下旨将朱聿键臭骂了一顿，并告诫他在南阳老老实实地做土财主，少掺和朝中大事。

这件事显然是给一腔热血的朱聿键不小的打击，朱聿键参政议政的积极性自此之后遭受了极大的挫伤。

然而崇祯的训斥虽然伤害了朱聿键的感情，但似乎没有完全浇灭朱聿键心中奋斗报国的火苗。

于是在崇祯九年（1636），在得知清廷派阿济格率骑兵十万人攻打北直隶且威胁京师安全的消息后，朱聿键竟在未经任何人同意、没和任何人商量的情况下，自行在南阳招兵数千，并亲自统领着跑去勤王！

据说路上还遇到了民军，打了几仗，只是战绩比较惨，败多胜少。

阿济格这次率兵前来，估计是清廷方面遇到了经济危机，大家的零花钱不够使了，所以才来抢上一回。但说实在的，这只是清军千百次的抢劫活动中比较大型的一次罢了。清军当时并没有进攻北京的意思，因而沿着北京城的外围抢了一圈后，又按原路返回了。北方各地虽然人口财产损失比较严重，但崇祯基本上没遇到啥事，没有受到人身威胁。

既然皇帝陛下还活得好好的，那你勤王的就该有麻烦了。

崇祯听到朱聿键擅自招兵并率护军勤王的消息后，当即大怒，下令将朱聿键废为庶人，并派专人将朱聿键送到朱元璋的老家凤阳。在那里除了有重八兄的祖陵外，还有一个国家级重点保护单位——皇室贵族的专用监狱。

如果没有意外的话，朱聿键将在这个连城墙都没有的城市中，在阴暗的单间牢房里为他的鲁莽付出代价，从此终了残生。

不过对于蹲牢房这件小事，朱聿键是不放在心上的。因为早年有着充足的经验，所以长时间的牢狱生活并没有摧垮他的意志，反而给了朱聿键一个重新学习，让自己走向真正的成熟的机会。

我们有理由相信在八年的牢中生涯，朱聿键确实思考了很多，进步了很多。

崇祯十六年，时任凤阳巡抚的路振飞到当地巡视。心血来潮之余，路大人决定前往监狱探监，亲眼见一见这位在当时已经很著名的“二杆子”王爷。

在见到了这位前任唐王后，路振飞大为吃惊。因为他真切地感到自己眼前的这个人，根本就不是自己听说的那个不冷静易冲动的愤青！

此时彬彬有礼、博学多才的朱聿键给路振飞留下了极其深刻的好印象，因而临走时这位路大人特地派人要求监狱负责人对这位王爷加以特别照顾。

一年之后，弘光在南京继位。但凡新皇帝登基，按照传统总是要做点利国利民的好事，比如减免赋税，开设恩科什么的。弘光也不例外，刚上台没多久，朝廷就下发特赦令，释放了凤阳高墙内的所有罪宗，朱聿键也因这次大赦而出来了。

但是弘光对这位叫朱聿键的亲戚似乎印象极为深刻，所以并没有给他恢复唐王的爵位，也没有同意朱聿键回南阳老家的要求，而是另外给朱聿键安排了一个新的

归宿——广西平乐府（今广西省桂林市南）。

虽然那个地方的山水风光非常不错，是现在大家旅游常去的好地方之一，但要知道在当时广西一带却是人们望而生畏的穷山恶水、蛮荒烟瘴之地，据说除了少数民族叛乱外，几乎什么都缺。所以弘光的这一安排摆明了是对朱聿键的极度不放心，算是一种流放。

朱聿键接到弘光命令后，却没有丝毫的不满和抗议，而是欢欢喜喜地收拾好行李，开路去也。

倘若是八年前的朱聿键，说不定早就把脸气变色并开始埋怨上了，然而八年后的他却没有。

我虽然不能清楚地了解到在八年的牢中岁月里，朱聿键都思考过什么，学到了什么，但我可以肯定的是，他至少懂得了一点：有时候忍耐是智，沉默是金。

朱聿键在皇帝陛下指出的道路上开始行动。此时他已经四十三岁了。

对于这样一个已经步入中年且失去藩王光环的人来说，安安稳稳到达目的地，并在当地官府的监视下，找到一份教书的工作，再用自己的微薄的薪水和政府的部分补贴置办点产业，平时没事看看书，欣赏一下以桂林为代表的祖国的大好风光，就已经算是很不错的结局了。

然而上天好像突然改变了主意，想给这个生于皇室、命运坎坷但又胸怀大志的读书人一个实现自己抱负的机会。

朱聿键走到半路的时候，一件大事发生了。清军攻破了南京，弘光政权初步垮台。

朱聿键趁乱逃到杭州，前去投奔同样被弘光监视的潞王朱常淓。当时潞王已经在马士英等人的拥戴下，于杭州监国。朱聿键前往投奔，宾主二人进行了长达数个小时的友好会谈。在得知潞王已决心与清军议和后，朱聿键离开了杭州。

路上，朱聿键遇见了另外一个彻底改变他生命的人。这个人正是当时带领部队退往福建的靖虏伯郑鸿逵。在郑鸿逵的诚挚邀请下，已经无家可归的朱聿键决定跟随郑鸿逵一道前往福建，以求躲避战乱。

一行人进入福建境内没两天，潞王降清的消息就传来了。此时在福州的福建巡抚张肯堂、巡按御史吴春枝、尚书黄道周、南安伯郑芝龙等人已经开始商议日后的出路了。最后的结果比较一致，大家都认为应该拥立朱聿键暂时作为监国，以便领导处于群龙无首状态的抗清势力。于是在以黄道周为首的众位大臣的拥护下，朱聿键先在建宁（今福建建瓯）称监国。二十天后，朱聿键又在大臣劝进的情况下于福州正式称帝，改元隆武，遥尊清军手中的弘光为“圣安皇帝”。此后对于朱聿键，我们就要改口称为隆武帝了。

其实如果依据传统伦序的要求，当时最有资格继承皇位的并不是隆武，而是该轮到在广西的桂王朱由榔。当年史可法就曾提出过这一观点，他认为与其拥福或者拥潞，倒不如请桂王来当皇帝。因为这不仅可以保证血缘关系的亲密，还可以避免两派的纷争。不过史大人在提出这一意见之后，很快遭遇两派的联合攻击，所以吓得史可法后来也没敢提这件事。

桂王距离江南实在是太远了。鉴于时间紧任务重，所以当时参与讨论的黄道周等人也不得不舍弃这一方案，而是选择就近拥戴隆武称帝。另外还有一个比较有意思的原因，那就是他的封地在南阳。

两百多年前，当年的朱重八在谋士李善长的建议下向汉高祖刘邦学习，因此重八兄才得以一步一个脚印地打拼出自己的事业，建立现在的这个王朝。现在大明王朝已陷入了前所未有的危机，所以大家开始希望能有一个像东汉光武帝刘秀那样的人出来挽救危局。

如果有熟悉东汉历史的朋友应该知道，刘秀就是南阳郡蔡阳人，而且还是汉高祖刘邦的九世玄孙。如此看来，如果明太祖朱元璋扮演的是几千年前的汉高祖刘邦的话，那么出生在南阳的朱聿键就应该是这个时代的汉世祖刘秀！

在这一奇妙的巧合兼心理暗示的作用下，大臣一致认为，能够重振大明的就是他了。一个暗合天意的明朝的“光武帝”就在眼前！复兴明朝，指日可待！

大臣们的兴奋也或多或少影响到隆武。随后隆武下令改福州为天兴府，以布政司为大内。大赦天下。

然后隆武开始分封有功之臣并建立自己的领导班子，建立拥有阁臣三十多人的明代历史上最为庞大的内阁。

南安伯郑芝龙晋爵为侯，拥立护送有功的郑鸿逵也被升为定虏侯。接着隆武又封郑芝龙的弟弟郑芝豹为澄济伯、郑彩为永胜伯。并重设了六部九卿，以张肯堂为吏部尚书、李长倩为户部尚书、曹学佺为礼部尚书、吴春枝为兵部尚书、周应期为刑部尚书、郑瑄为工部尚书、马思理为通政使、郑广英为锦衣卫都督。

隆武即位后的第十天，清朝就派来了使者马得厂。这位马使者的来意也比较简单，有且只有两个字，招降。

对于这样的慰问，隆武显得很生气。再加上这位使者又用词不当，隆武一激动就把马得厂给砍了。

隆武回到宫中，还是越想越生气。于是怒火中烧的隆武向外传达了一个惊人的命令：做好准备，御驾亲征。

接到隆武的这道命令后，内阁的大臣们全都快疯了。隆武政权现在虽然是有一定的势力，但基本上只能应付清军的进攻，除此之外完全没有多余的兵力。而且政

权初建，国库还比较干净，国家现在尚无稳定的收入。没钱，咋打仗啊？而且最重要的一点是，朝廷中能打的将领虽然有，但擅长的主要还是海战和水战，所以要跟擅长骑兵作战的清军交锋，基本是抓瞎。

于是，以苏观生为首的大学士们很快就驳回了隆武的旨意。接着，郑芝龙兄弟也马上出面，向隆武系统地分析了当前形势下北伐清廷的现实不可能性。

好在隆武虽然比较容易冲动，但是却有一个善于纳谏的好习惯，因此在大臣们的劝说下放弃了御驾亲征的打算。

就在隆武为自己不能动手一雪国耻而叹息时，一个令人振奋的好消息传了过来，使隆武朝廷陷入空前的喜悦中。

李自成在湖北通山县九宫山地区被当地一个叫程九伯的山民和他的外甥做掉了，而李自成的军队则在事发后，在郝摇旗、刘体仁的带领投降了当地的明军。

这回不是假降，是真心诚意地归降明朝。

所以当地官府十分重视此事，当地最高领导人则亲自出面接收了李自成的这支部队。说到这个人，我们必须要提一下，他在当时是一个极其重要的人物。因为没有他的强力支持，隆武也不可能得到当时大多数反清势力的尊重与支持。所以将心比心，隆武对这个人也是自始至终都非常信任的。

这个人就是被后人誉为“南天一柱”的何腾蛟。

何腾蛟，字云从，又字祥升，贵州黎平府人。三百多年前的云贵地区基本属于未开发地区，文盲普及率更是高得惊人，因此纵观有明一代，当地的高考（科举）成绩向来是相当的差，考了几百年连一个三甲都没出，而且进士录取率也是在各省之中年年垫底的。但即便如此，贵州的读书人也从未放弃希望。大家往往是第一年考不中就第二年去，爷爷考不中就让孙子去。在这一精神的激励下，当地人久而久之率先形成了一个共同的观念：再穷不能穷教育，再苦不能苦孩子。何腾蛟就是在这样一个读书氛围十分浓厚的书香门第中出生并成长起来的。

何腾蛟的祖父何志清是个典型的读书人，老人家是嘉靖年间的贡生，虽然高考成绩不太理想，但却至少被国家包分配了，曾经做过四川夔州府开县的主簿。何腾蛟的父亲何东凤也没有给家里丢脸，万历年间就像自己的父亲一样成为贡生，不过唯一遗憾的是，从此往后就一直是个贡生了。前两代人由于科举之路频频失利，就把中进士的梦想寄托在了老何家的第三代也即何腾蛟的身上。

据传说何腾蛟诞生的那一刻，曾有乡里人看见有金色双鲤飞入何宅，顷刻消失，所以大家都认为何腾蛟是井里神鱼所化而生的。按理说是神鱼转世的何腾蛟多少也应该是个神童，虽然家里人不期待小何腾蛟一生下来张口就说句“学而时习之不亦乐乎”，但至少应该比较聪明，一看就会，一学就通。因此当何腾蛟四五岁的时候，身为云南楚雄府新州学正的父亲何东凤就积极承担了对何腾蛟的早教工作。

然而史料却告诉我们，真实的情况却恰恰相反。

有一天，何东凤给何腾蛟讲课。有一个问题，何腾蛟怎么弄都弄不懂，所以兼职家教的何东凤被这个不太聪明的学生搞怒了，气得举起桌上的石砚就朝何腾蛟的头打去，一边打还一边说："这小子这么笨，就算打死了我也不后悔！"(子不受教，击死无悔)

都气成这样子了，看来除去何爸爸脾气不好的原因外，小时候的何腾蛟的脑子看上去还真不太好使。

成大器的孩子有的是夸出来的，有的则是训出来的。相信如果何腾蛟看到这句话一定会坚定地点点头。

父亲的暴怒似乎给何腾蛟极大的鼓励与刺激，于是何腾蛟开始艰苦卓绝的学习生涯，"岁试拔前茅"，终于考取了秀才。

但在参加省里的乡试时，何腾蛟由于文笔过于犀利，对时政的抨击言辞比较激进，因此被考官判为四等。第四等基本就等于落第了。

听到这个消息的何父再次怒了，这回的后果更加严重。何父对外放出话来，等何腾蛟回来要好好收拾一下这小子。好在何腾蛟的母亲廖氏暗中派人把情况报知了何腾蛟，叫他不要回家，何腾蛟才免遭一番皮肉之苦。

有家归不得的何腾蛟于是决定前往内江，投奔在那儿做官的堂兄何起蛟，先混口饭吃。然而一路风餐露宿好不容易到达堂兄家门时，何腾蛟却得到了门房传来的一个看似冷淡的答复：让他走人！

其实作为堂兄的何起蛟是知道堂弟苦衷的，但为了刺激何腾蛟的进取心，何起蛟便下了逐客令。不过人虽然没有见到，何腾蛟却收到堂哥让看门人捎来的两件礼物：《百中经》一本和铜钱一贯。

拿到这两件东西的何腾蛟似乎明白了什么，因此没有要求再与堂哥见面，而是默默回到家乡，敛迹于南泉山的天香阁，再次开始了刻苦攻读，而且昼夜不懈，无论天寒酷暑也没有停歇。

天启元年，因父亲去世而家境中落、陷入贫穷境地的何腾蛟，在他常去的书店的掌柜李静溪资助下参加了贵州省的乡试，接着又参加了会试。虽然没能成为进士，只考取了举人，但至少是完成了何家三代人突破贡生的瓶颈的梦想。

随后，何腾蛟被任命为山西榆次县教谕。教谕这个官海瑞就曾经做过，品级就基本上等于没品。即便是你在这个职位上干得再好，外加你的运气也不错，最多混到个县太爷当当也就算到头了。前面虽然有个同样举人出身同样做过教谕而最后却一举成为朝中高级官员的海大人在，但大家能做的也只有身不能至，心向往之。

在众人眼中，海大人永远都只是个奇迹，而对于普通人来说，奇迹是不可能重复发生的。鉴于朱由校天天从事繁忙的木匠工作没时间看奏折和崇祯比较敬业的客观现实，想要靠骂皇帝得到提升的日子已经一去不复返了。所以之后何腾蛟虽然凭借自己的努力被上级提升为山西介休县县令，但再往后就几乎没有什么大的变动了，只不过是由介休换到汾阳，又由汾阳调到南阳，最后再到陕西大兴，跑来跑去，依旧是个小小的县令而已。

就在何腾蛟不知还要在基层锻炼几年的时候，因为一个人的推荐，何腾蛟的人生开始改变了既有的轨迹，开始走向大明三百年来举人出身的知识分子能够到达的最高峰。

这个对举人出身的何腾蛟十分器重并且极力向朝廷推荐的人就是史可法。所以在当时东林党首领史大人的举荐下，何腾蛟的仕途实现了跨越式的发展，由淮徐兵备道（从五品）升任右佥都御史（正三品），并接替前任王聚奎巡抚湖广。

任命一下来，当时就有人找到了何腾蛟并对他诚恳地说道："我劝你还是不要去为好。"对于这一建议，大多数人都认为极为合情合理且合法，而且这完全是为了何腾蛟好。因为当时湖北的大部分地区已经被民军攻占了，只剩下武昌一座城市还在明军的手中。所以一个人跑去赴任是极不安全的，很容易就被附近的民军抓住后干掉。而这也就罢了，其实更让朝廷官员们感到头痛的应该是驻守在武昌的那支明军军队。此部分明军虽然特别能打，但问题却明显且突出：素无纪律，好勇斗狠。当兵的更是以蛮横无礼著称，甚难对付。

何腾蛟不是不清楚自己此去将要面临的危险与挑战，但他的回答却依旧自信而坚决。

"国家养士设官，原以救倾危之急，当立千万年不朽之功。今日偷生畏死，岂人臣之职乎？"说罢，何腾蛟在众人看笑话的眼神中慷慨赴任。

几个月后，朝廷中等着看热闹的大臣们得到了一个叫他们不敢相信的消息：何腾蛟到任后，不仅与几乎所有的明军大兵关系搞得非常之好，就连向来桀骜不驯的"刺儿头"左良玉也被何腾蛟搞得服服帖帖的。时值崇祯十六年。

一年后，在左良玉与何腾蛟的共同部署下，明军收复了德安府及随州，武昌的局势得以稳定下来。在此过程中，左良玉也开始对这位看似不起眼的读书人显露的军事才能刮目相看。

弘光在南京即位后，派使者前往湖广颁布诏书。诏书送到了，左良玉却一点也没有摆设香案、下跪接旨的意思，弄得朝廷的使者相当尴尬。就在左良玉想找点事的时候，何腾蛟出马了。

何腾蛟手持宝剑就往左良玉的住所去了。当时左良玉的属下卢鼎正在给左良玉做思想工作。两人见到何腾蛟拿着剑就奔自己这边来了，都很吃惊。左良玉刚要开口问话，何腾蛟就先开口了：“社稷安危，系此一举。倘不奉诏，吾当以死殉之。”说着就准备拔剑抹脖子。

要知道何腾蛟在左兵心目中的地位，基本是与左良玉差不多的。何腾蛟一死，左兵虽说还不至于哗变，但左良玉在士兵眼中的光辉形象必定大打折扣。

人心散了，队伍就不好带了。左将军是知道这个道理的，所以左良玉当即表示，不要着急抹脖子，咱先听完诏书写了什么再说！

朝廷与左良玉之间的紧张气氛终于在何腾蛟的协调下有所缓解。得知何腾蛟的杰出贡献后，弘光十分感动，于是升任何腾蛟为兵部右侍郎，继续兼抚湖南等地。不久又将湖广、四川、云南、贵州、广西军务交由何腾蛟总督。

对于这个该软的时候善怀柔、该硬的时候敢拼命的读书人，左良玉是十分欣赏的。因此在决定“清君侧，诛马阮”的时刻，左良玉诚邀何腾蛟加入自己的行动之中。

何腾蛟不喜欢马士英和阮大铖，但相比之下他更不喜欢看到自己人打自己人。所以何腾蛟力劝阻左良玉打消这一念头。左良玉愤怒了，然而他却没有想杀掉何腾蛟，而是胁迫何腾蛟随军同行，一起东下。

当何腾蛟所在的小舟行至汉阳门的时候，何腾蛟乘守兵不备，以一个标准的跳水动作跃入江水之中。

江水滔滔，水势正急，在船上水性最好的士兵给出“死定了”的结论后，左军士兵满脸忧伤地将这一不幸消息告诉了左良玉。

左良玉听后，据说十分伤心，下令严惩了负责看守何腾蛟的船上的士兵。而后来袁继咸之所以在成功跳水之后能够在极短的时间内被左军士兵同样成功地捞上来，也正是拜何大人这件事所赐。

要说何腾蛟之所以会有神鱼转世的那个传说，看似也不是没有道理的。何腾蛟跳入水中并随着江水漂了十余里，竟然除了磨破了点皮外嘛事儿没有。入水三昼夜，漂流十余里，既然没有死。何腾蛟从此在湖广人民的心目中已经不再是一般人了。

但事实上何腾蛟依然是个一般人。其具体表现是，在被渔船救起后，何大人不能像孙猴子一样腾云驾雾一个跟头翻到长沙，而是要绕道浏阳，还得骑马乘船。而且何大人也没能以一己之力阻止左良玉率兵东下，只能眼看着内战爆发，清军乘虚而入，南京投降，皇帝被俘，眼睁睁地看着他寄予厚望的一切化为乌有。

明知故事是悲剧的结果，却只能坐视一切的发生，这才是一个人最大的悲哀。

虽说何腾蛟没有能力改变这一切，但至少做了他所能做到的一切。而能做到这些，对于当时的何腾蛟甚至未来的隆武政权来说就已经很不错了。

回到长沙后，何腾蛟立即召集部属，商议抗清战守的策略。何腾蛟命令堵胤锡为湖北巡抚，傅上瑞为湖南巡抚，分别稳定两地的局势。又调调副将黄朝宣、张先璧、刘承胤率兵聚集长沙，确保了明军对湖南的控制。

隆武在南阳当唐王时，就听说何腾蛟这人不错，所以知道何腾蛟尚在人世并屯军湖南的情报后，马上派人与何腾蛟取得了联络，商议重振大明的相关事项。何腾蛟听罢相当激动，马上表示愿意帮助隆武实现这个大家共同的愿望。

其实李自成是否真的在九宫山被当地人误杀，这件事直到今天也是有争议的。有人认为李自成事实上一直活到了康熙年间才去世。之所以对外宣称死亡，是李自成为了联合明军共同抗清而假装的。因为李自成的死亡既可以减少大顺军与官府合作的阻力，又能转移外界的视线，帮助李自成躲在暗处进行指挥。

李先生出去探路那一天带的人本来就不多，只有二十八骑。后来突发冲突以致李自成被杀后，其中的大部分人都畏罪逃走了。后来李自成的部将寻找到尸体时，据说尸体早就腐烂了，以至于连李自成的亲属和亲信也无法通过辨别容貌来确认到底是不是其本人，所以这事儿也就成了一件悬案。

老大死了本可以再选，但令人费解的是当时领队的刘体仁、郝摇旗似乎没有想做老大的意思，而是达成了一个共识：投降何腾蛟。

弘光元年五月，刘体仁、郝摇旗率领五万人的部队突然进入距离长沙只有百余里的湘阴境内。当时的通信手段不太发达，城里人不知道这帮人忽然跑来是来投降的，还以为是像以前那样攻进城池抢一把，所以都吓得不行。守将黄朝宣得到消息后，当即就带兵跑到燕子窝隐蔽了。而与此同时，巡抚傅上瑞则极力劝说何腾蛟也出去避一避。

然而何腾蛟却拒绝了。

这时长沙知府周二南在得到何腾蛟允许后，带了一千多人出去探听情况，但全被大顺军收拾掉了。当这个消息传回城里后，城中就更加慌乱了，人人都确定地认为大顺军此来就是来找麻烦的，于是各家各户纷纷开始收拾行李，做好了随时逃生的准备。

城里乱了套，但是何腾蛟没有乱。在与监军章旷商量后，何腾蛟决定再次派人一探究竟。

一千个人才去，就全都死光了，现在您竟然还要派人送上门去，这摆明了就是嫌活得时间太长嘛。

出于对何大人的信任，部将万人鹏等二人接受了这个看似不讨好的任务。

当两个人一路前行与大顺军相遇时，对方果然没有向他们发动进攻，反而派人把他们迎入了演武场，请两个人喝酒。万人鹏也二话不说，接过酒就与大顺军的将领痛饮起来。

喝完酒就该切入正题了。万人鹏大胆地向大顺军问明来意。

“我们是来投降的。”万人鹏有点不相信自己的耳朵。

于是大顺军又重复了一遍。万人鹏这才知道自己的耳朵并没有出毛病。

万人鹏回去向何腾蛟说明了事情的原委后，何腾蛟顺利地收编了郝摇旗部。

不久，李自成的侄子李锦和李自成的妻弟高必正又率领数十万人出现在了常德，这回有了先前经验的何腾蛟又成功地指示湖北巡抚堵胤锡收编了这一部分军队。

正是这一部分投降何腾蛟的原大顺军的军队，在后来逐渐发展成为战斗力极强、使清军将领极为头痛的著名抗清武装——夔东十三家军（荆襄十三家军）。

一下子有大约四十万左右的兵力投降于湖广总督何腾蛟。隆武感到自己的腰板终于可以挺直了。于是何腾蛟被任命为东阁大学士兼兵部尚书，封定兴伯，负责督师收复江西等地。

有了新鲜血液注入的明军果然不同凡响。隆武元年春，清廷派兵进攻湖广，何腾蛟带领这支整编没多久的大军由长沙出发，与清军交战，大败清军于岳州。紧接着明军再现神威，又在藤溪、湘阴等地连战连胜，一度使得清军不能再向南进军。

隆武是个比较有追求而且有能力的皇帝。在系统总结了万历以来的党争给国事带来的危害后，隆武提出了消除党争的要求，下令吏部务必要本着“用舍公明”的方针来选取人才，只要此人能参与抗清，就不咎既往、量才而用，因此一时之间，许多人纷纷前来投奔。

如果要为明代的皇帝来一个个人品德和治国素质的综合评比，隆武肯定是能进前三的。因为隆武平时没有什么特殊的爱好，就是喜欢读书。

隆武爱书如命，在历史上是出了名的。隆武元年，当清军大举进攻福建，在极其危险的情况下，隆武决定率群臣转移到清军力量薄弱的江西。然而正是在清军乘胜追赶这种要命的情况下，隆武竟然每天只走十几里路。究其原因就是书太多，据说有几十车。好在隆武虽然被清军的骑兵赶上了，但还是成功逃脱了。所以说有时候太看重一件东西也绝非什么好事。

做了皇帝之后，隆武与当年的崇祯一样，依旧像做王爷时保持着艰苦朴素、厉行节俭的生活作风，在日常生活中经常身穿土布黄袍。隆武不仅吃得简单穿得朴素，就连私生活方面也是相当检点的，宫中几乎没有什么妃子，只有一个皇后

曾氏。

曾皇后是一个很知书达理的女性（性儆敏，颇知书，有贤能声）。据说每次隆武召对大臣们奏对时事时，曾皇后常躲在屏风后面一块听，还往往与隆武一起决定国家的大政方针。对于这样一个既有能力又有主意的老婆，隆武是比较尊敬的（颇严惮之）。

隆武的所作所为与任用马士英与阮大铖的弘光有着极大差别，因此很受当时南方各地老百姓的欢迎与支持。在听说隆武在福建登基称帝之后，无论是在湖南的何腾蛟还是两广地区瞿式耜等人，都先后表示对隆武的承认并衷心拥护这个曾经当过囚犯的皇帝陛下。

然而不服的人还是有的，而且还不止有一个。首先对这位新任皇帝表示不满的是当时在广东西部的靖江王朱亨嘉。

虽说同样是明朝藩王，然而这位靖江王的直系祖先却并不是朱元璋。当年朱文正被朱元璋抓起来囚禁致死，但是客观地讲，朱元璋对于这个侄子多少还是有点感情的，所以在洪武三年，朱文正年仅八岁的儿子被封为王，就藩桂林。朱亨嘉就是朱元璋那位名将侄子朱文正的后代。

弘光元年八月，隆武派人前去两广传诏安民。当使者到达朱亨嘉的地盘时遇到了麻烦。朱亨嘉自称监国，拒不承认隆武继位的合法性，并且扬言要举兵东征，干掉隆武。

隆武当然也不是吃素的，所以知道靖江王这小子要挑事后，当即下令让广西巡抚瞿式耜做好准备。瞿式耜早就料到会有这么个情况，所以事先就移书两广总制丁魁楚加强戒备，并又檄思恩参将陈邦傅重点防御广西重镇梧州。

没等几天，朱亨嘉果然采取了行动。朱亨嘉亲自提兵包围了梧州，并命令瞿式耜易服投降，然而瞿式耜死活不答应。就在朱亨嘉准备以兵胁迫梧州城投降时，丁魁楚的军队到了。

事实证明，朱亨嘉继承的只是他祖先的部分性格，而要说到军事才能，那真是一点也没有。所以战斗的结果没有悬念，在丁魁楚率领的明军的迅猛的攻势下，靖江兵大败，退还桂林。

斩草务必要除根，瞿式耜决定彻底解决朱亨嘉这个社会不安定因素。于是瞿式耜想了一个密计交给了当时还不出名的焦琏。在焦琏与参将陈邦傅的共同努力下，靖江王朱亨嘉很快被连锅端了。朱亨嘉本人与他的拥护者、吏科给事中顾奕等人被押解到福州，奉旨砍了。而凭借着平定靖江王叛乱的功劳，丁魁楚被封为伯，瞿式耜则升任兵部侍郎兼左副都御史。

对于隆武而言，靖江王朱亨嘉的否定只不过是一个小问题，而真正困扰隆武的还是他的邻居兼堂侄，鲁王朱以海。

朱以海，明太祖朱元璋的第十个儿子鲁王朱檀的后代。朱以海本来是第八代鲁王朱寿镛的第五个儿子，按理说是没有资格继承王位的。实际上也确实如此，在老鲁王去世后，朱以海的哥哥朱以派被嗣封为鲁王。不过情况在崇祯十五年（1642）的时候发生了转机。

崇祯十五年，清军南下山东，攻破了鲁王的封地兖州，朱以派在战乱中遇难，朱以海也差点被清军杀害（据说被清兵砍了三刀，但却奇迹般地活了下来）。

俗话说大难不死，必有后福。这句话其实有时也是很有道理的。在兄弟姐妹全部遇害的情况下，死里逃生的朱以海于崇祯十七年二月袭封鲁王。不过朱以海的福还没享多久，大顺军又来了。同年三月，大顺军攻入北京，继而进兵山东，朱以海这次吸取了上一回血的教训，迅速收拾好东西南逃。

而对于这位同样是遭到大顺军侵扰的亲戚，弘光似乎是非常同情的，所以朱以海被弘光妥善安排在浙江台州住了下来。

等到南京投降、弘光被俘的消息传到浙江，而在浙江除了台州的鲁王朱以海外明朝亲王、郡王纷纷投降清朝的情况下，前任兵部尚书张国维便与大臣陈函辉、宋之普、柯夏卿等人商议，拥戴鲁王就地监国。

弘光元年六月二十八日，朱以海在张国维、方逢年、方国安等人的拥护下，自台州来到绍兴，正式就任监国，并立王妃张氏为元妃，改明年为监国元年。以张国维为大学士，起用旧大学士方逢年入阁，并宋之普和朱大典都加为大学士入阁办事。接着为严防清军继续南下，朱以海任命陈函辉为兵部侍郎管理军队，派遣张国维督师江上，又调方国安守严州、张鹏翼守衢州，巩固前线。补御史陈潜夫原官并加为太仆寺少卿，负责监督各藩镇兵马。

鲁王政权就这样基本上算建立起来了。不过这下子问题也就来了，因为就在朱以海当上监国后不久，在绍兴的明朝大臣就得到了唐王朱聿键早在六月初七就已于福州称帝的消息。于是鲁王属下的大臣中产生了巨大的争议。

九月，当隆武听说鲁王在绍兴被推为监国后，就派遣兵科给事中刘中藻为使者，前往绍兴颁诏，要求朱以海取消监国的称号。并借此向朱以海的大臣们宣布了一个激动人心的通告：唐、鲁两家无分彼此，但凡是在鲁王监国时期被委任的朝臣，均可凭借自己在鲁王处拿到的相关证件，前往隆武朝廷中担任同等官职。

此消息一经传出，立刻便在鲁王的大臣中掀起一场轩然大波。承认隆武的正统皇帝地位的大臣和极力反对承认隆武的大臣几乎各占一半。

要求开读诏书主张尊奉隆武的大臣以钱肃乐、朱大典等人为首，他们认为虽然算起来朱以海应是明太祖朱元璋第十世孙、崇祯帝朱由检的族叔，但隆武的辈分却

比朱以海更高（太祖九世孙），而且已经建号称帝了，南方的大部分明朝统治区域也都承认隆武并愿意接受他的领导，所以这样看来朱以海也应该立刻宣布服从隆武的号令，团结一致共同抵御清军。

反对派的大臣们则是以张国维、熊汝霖等人为首，这一拨大臣认为在当前形势下只要是朱元璋的子孙，都有权利和义务承担起复兴大明的任务。至于最后要听从谁的领导选谁当老大，就要等抗清运动取得彻底胜利之后再具体商量。

在绍兴的群臣还没争论出结果的时候，朱以海却失踪了！大臣们即刻陷入慌乱之中。

原来朱以海见自己属下朝臣之中有不少人主张归属隆武，于是生气了，当即宣布退归藩位，并于九月十三日悄悄返回台州，继续当王爷去也。十月初一，主张承认隆武朝廷为正统的大臣趁机开读了诏书。然而这种趁火打劫落井下石的行径很快遭到张国维、熊汝霖等人的坚决反对。经过几番争论后，鲁王属下的大臣们终于意见统一，决定拒绝接受隆武政权诏书，重新迎回朱以海。

仅仅是不肯承认，对于隆武而言其实也没什么。毕竟让一个人领略了权力的好处后，再让他就此放弃原有的权力，这本身就是一件需要花费很长时间、做不少工作的事情，所以隆武决定不着急，慢慢来。

但是不久之后发生的一件事却成为致命的导火线，并引燃了隆武与鲁王之间的火药桶。

当时隆武为了展现自己的诚意，在向绍兴派出使者的同时，还命都御史陆清源送去了一些比较实惠的东西，譬如说粮饷。虽然隆武那边自己的财力也不宽裕，但是这笔钱是必须要送的，所以隆武在福州率先缩衣节食，好不容易凑足了十万饷金，就马上派人给朱以海送去了。可是这笔钱还没送到朱以海手上，就被人给劫了。

劫钱的人正是朱以海手下第一大将方国安。把别人的礼物不打个招呼就强行带走也就罢了，方国安却把恶人做到底，顺道还把隆武的使者给扣下了，并写檄文声讨朱聿键的罪状。

其实方国安之所以敢于明目张胆地这么干，倒不是因为人浑胆子大，究其原因还是缘于方国安背后两个巨大的阴影，一个叫马士英，另一个则是阮大铖。

潞王在杭州投降清军后，马士英等人就一直在浙东一带转悠。由于南方的老百姓普遍比较厌恶马士英，所以长期以来马士英和阮大铖始终没有找到一个可落脚的地方。直到有一天，马士英听说鲁王朱以海在绍兴监国，就率所部跑到赤城，请求入朝朝见朱监国。不过张国维却拒绝了马士英的要求，并在朱以海面前参奏了马士英的误国十大罪。老马得知后非常地害怕，打死也不敢入朝了，便转而投奔了朱以海手下的方国安。

其实张国维不让马士英入朝参见，也不仅仅是出于公愤，实际上也是为了顺便报一下私仇。当年张国维在弘光朝中曾当过兵部尚书，后来因为在某件事情上与马士英意见不合，两个人闹翻了，于是便自请回归故里。当时正是马士英得意的时候，所以张国维的这个请求很快便被马士英批准了。马士英原本以为张先生是很好欺负的，但实际上情况并非如此，因为张大人的性格向来是忍而后发的。

二十多年前以浙江全省第七名的好成绩赴京参加会试，并一举成为二甲第十二名进士的张国维，在回家乡的途中顺道去拜访了一个人。这个人就是当时已经致仕在老家的前南京兵部尚书许宏纲。张国维到达许府的时候时间还挺早，所以就按照许家人的要求，暂时在别室等待许宏纲出来接见。没想到张国维从早晨等到中午，许宏纲就是不出来。要是换成现在的某些人，说不定早就急眼骂娘了，然而当时张国维却并未显出一丝不快，而是不急不躁，继续耐心地等待。

张国维一直等到了晚上，且连个午饭都没人招待。这时许宏纲才悠闲地慢慢走出来会见这位被晾了大半天的客人。许宏纲一见面，就对依然没有显出丝毫疲倦之色甚至没有一点愤怒神情的张国维说道："我观察你很久了。有人说你等久了必然急躁，然而你没有急躁；中午没吃饭人必疲惫，而你并不疲惫。人不急躁能忍事，人不疲惫能任事。以后你就是国家的人才。"

个人以为，这位许大人的眼光是很精准的。

因为张国维不仅是一个政治家，而且还是一位杰出的水利专家。张国维曾把他在江南十多年的治水经验记录了下来并付梓刊刻，写就了一部七十万字的作品《吴中水利全书》。这本书被公认为我国古代篇幅最大的水利学巨著。随便说一下，张先生还曾经主持过《农政全书》的编撰工作，并为这本造福于世人的最伟大的农业百科全书的广泛传播起到极其重要的作用。

弘光元年七月，张国维带兵收复了富阳。鲁王朱以海对此非常满意，因此加封张国维为太傅，并赐尚方剑以统领诸军。张国维的声望就此达到了峰值，所以当绍兴的群臣在为要不要奉隆武为正朔一事争论不休时，张国维给鲁王的一封奏疏一下子解决了所有的问题。

依照张国维的意见，朱以海同意称隆武为"皇叔父"而不称"陛下"，摆明了绍兴方面不承认隆武政权的强硬态度。

虽然鲁王不愿意承认隆武，但手下的许多文官武将却纷纷暗中向隆武朝廷上疏表示愿意效忠，而隆武也来者不拒，对于那些表示愿意服从的大臣们加封了官爵。朱以海对隆武这种公然挖墙脚的行为非常气愤，所以在派出使者向隆武提出严正交涉和强烈谴责的同时，也给予了适时的反击。

隆武元年四月，朱以海派左军都督裘兆锦、行人林必达来到福京（福州），封

郑芝龙兄弟为公爵。隆武帝闻讯大怒，马上派人将这两个人给扣了。不久，隆武又在看完鲁王方面的回信并得知方国安的所作所为后，于盛怒之下把朱以海派去的使者陈谦给杀了，并且发誓从此与鲁王势不两立。

在大家的共同努力下，隆武与鲁王合作的事情彻底掰了。

然而客观看来，相对于隆武来说，朱以海的执政能力和水平差得还真不是一点半点。

当时著名的文学家、史学家张岱就曾对朱以海用人方面的能力有过这样的评论："从来求贤若渴，纳谏如流，是帝王美德。若我鲁王，则反受此二者之病。鲁王见一人，则倚为心膂；闻一言，则信若蓍龟，实意虚心，人人向用。乃其转盼则又不然，见后人则前人弃若弁毛，闻后言则前言视为冰炭。及至后来，有多人而卒不得一人之用。"

说得简单点，朱以海就是一个比较喜新厌旧而且没有什么主见的人。

所以虽然他在清兵侵入浙江时能够亲临前线犒师，但实际上却没有什么过人的才干。后来张国维也发现了这一点，不过为了体现自己当初选择的正确性和准确性，张大人也只有硬着头皮上了。

好歹就是此人！

事情的发展证明，张大人的一世英名就毁在这个决定上了。

# 第十五章　愤起

虽然福建的隆武政权和浙江的鲁王政权相继成立，但其实真正把江南的抗清运动搞得有声有色并使其发展到一个新高潮的人却既非朱聿键也非朱以海。这一切的始作俑者其实应该是清廷的睿亲王多尔衮自己。

在消灭了南明弘光朝廷并把李自成的部队打得溃不成军后，睿亲王终于做出了被世人认为是他这辈子以来做出的最坏的、一个极不睿智的决定：让原来明朝的所有男性全部依照满族人的样式，一律剃发！

此令一出，全国上下的汉人必定哗然继而强烈反对，而原本已经趋于安定的部分地区必然也会生出事端。这种结果，本人认为多尔衮一定是很清楚的。

明知道会惹出大事却一如既往、义无反顾地去干，只因为这件事不得不干。

纵观中国数千年的历史，曾经入主中原的少数民族政权其实用两只手是数不过来的。即便如此，每当有少数民族统治了中原地区，当地的汉族百姓却从来没有产生过过度悲观的情绪。而之所以会有这样一种现象，是因为当地的汉族人民始终坚定不移地相信着同样的一个曾被数次验证过的预言，那就是“胡虏无百年之运”。

这句话到底是谁先提出来的，具体已不可考证了。但不管怎么样，这句话在明代之前一直是比较灵验的。比如说割据一方的前秦、北魏是这样，后来打遍天下无敌手的蒙古帝国也是这样。所以再一次以少数民族的身份统治中原的多尔衮不得不想办法改变这一情况，既而打破这个神话。

其实今天看来，真正使得“胡虏无百年之运”的东西实际上并非什么超自然的

神秘力量，也不是受压迫汉人的一种纯粹的心理安慰，导致这一结果的幕后操盘手其实有一个我们十分熟悉的名字——文化。具体到古代我们可以称之为汉化。因为中原的文化相对于边疆少数民族的文化而言，确实是比较丰富和深邃的，所以每当有少数民族进入中原地区生产和生活时，他们就会在自觉或不自觉的情况下被周围的广大汉人所影响与同化。不管是你衷心向往中原的文化也好，还是你压根不喜欢中原的文化也罢，总之只要你在这中原大地上落了脚，即便你不承认自己是汉人其他人也会把你视为汉人，即便你认为自己不是汉人，过上几代后你的后代也会对外宣称自己是汉人。这就叫文化的力量。

一旦少数民族进入中原地区，就会面临一道必做的选择题。这道题的选项则有且只有两项：A. 汉化；B. 不汉化。

如果你选择了第一个选项，那就得恭喜你了。因为无论你是当年驰骋大漠强悍无比的匈奴人，还是精于骑射身手敏捷的契丹人，甚至是以捕鱼打猎为生的蛮夷戎狄也不要紧，你们大家以后都将有一个共同的称呼：汉族人。当你们学习了汉人的礼仪服饰、语言文化后，你们自己也是汉人了，所以也就不存在什么“胡虏”了。这就是造成“胡虏无百年之运”这一神奇现象的第一个原因，少数民族同胞被同化了。而选择这一项的杰出代表就是北魏孝文帝元宏（曾用名：拓跋宏）。

大多数同学在做这道选择题时，往往会毫不犹豫地选择第一个答案。但是也有的同学喜欢选第二个答案，虽然在之前的许多同学中只有一个同学。

对于选了第二个答案的同学我们同样要说恭喜恭喜，因为这就预示着在你的孙子的孙子那一代将有幸重归草原或戈壁，重温你们这一代的游牧生活。这一选项的主要实践者就是来自大草原的蒙古同胞们。在历代蒙古皇帝的倡导下，广大蒙古人特别是蒙古贵族相当反感汉族的文化，且对汉人采取了奴役压迫和民族隔离加歧视的政策，因此汉族百姓终于被逼到了忍无可忍无须再忍的地步，纷纷发动反元的民族起义，最终在以朱重八为代表的汉人的反抗下，被撵回塞北继续放羊去了。而总计蒙古人在中原的统治时间，也确实没到一百年。

所以说，选择后者的下场也很明显，从哪儿来您还回哪儿去。

因此，现在换到多尔衮来代表清朝做这个题目了。多尔衮自己也非常清楚，无论是选择哪一项，其实都不是自己心里最想要的那一项。多尔衮既不想像先前的金国祖先一样被汉族文化的大熔炉搞成汉族人，又不甘心自己的后代在不到百年的时间里像蒙古兄弟般再去过那种单调的游牧生活。于是，多尔衮选了 C 项，一个创造性地综合了两个选项的新答案——互化。

具体解释一下，所谓互化其实可以简单理解成互相学习，就是满族人不积极主动地学习中原文化，但同时也不坚决抵制汉族文化的影响，而是在让满族在自然被汉化之前，先在服装发式方面把汉族人满族化。也就是说，满族人可以在心理语言上逐渐与汉族人趋于一致，但是在外貌服饰上汉人必须先变得与满族人一样。

让满族人统治下的汉族人改发易服，其实并非是多尔衮的原创。因为早在努尔哈赤时代，努先生就在自己控制的地区内推行过同样的政策。但是当年这一政策造成的后果却是相当严重的。剃发令一下，大批汉人不是成群结队地大批逃亡，就是丢下农具改拿武器在后金统治区域内开展此起彼伏的激烈的武装暴动。当时努尔哈赤不得不付出大量的财力和兵力来为自己这项错误政策买单。

虽然当时多尔衮可能还没出生，但是作为一个掌握当时清廷大权的人物，相关事情应该多少还是有所了解的。所以在初入北京时，为了争取汉族百姓的支持，减少清军深入内地的阻力，多尔衮并没有考虑过这个问题。

真正帮助多尔衮下定决心将剃发政策再次提上议事日程的则是一个汉人。

哦，对不起，说错了，因为以这个家伙言行之无耻、人格之卑劣和表现之令人作呕来看，如果真把他当人来看的话，这简直是对人类这一名词的极大侮辱与不尊重。因此本着以人为本的原则，还是有必要道个歉的。

从努尔哈赤时期开始，每次后金开会时总是分成满汉两班，一边是满族的大臣，另一边则是投降后金的汉族大臣。其中，满族官员自然是和现在清宫戏中的造型是差不了多少的，剃发留辫，身着满族服饰；然而明朝的汉族降臣却依旧是束发冠带的明朝官员打扮。就是这种看似有趣且泾渭分明的上朝形式一直沿用了二十多年，也没人提出什么异议或者感到有何不妥。所以皇太极时继续用着，顺治入关前也一直沿用。

然而清军入关不久后发生的一件事，却彻底改变了这一切。

某一天，顺治帝突然接到了一份奏折："陛下平定中国，万事鼎新，而衣冠束发之制，独存汉旧。此乃陛下从中国，非中国从陛下也。"

那该怎么办呢？上疏者认为应该在全国范围内推行剃发令，使得汉人男子也改为满族发式，以求体现出大清对万民的统御。

据说顺治看后颇受震动，因而对左右发出一声长叹："不意降臣中有作此说者。"

因为上这本奏章要求汉人剃发的并不是满族的官员，反而正是一个读书人出身、名叫孙之獬的汉族降臣。

孙之獬，山东淄川人，明天启年间进士，时任礼部左侍郎兼翰林院侍讲学士。不过在他改行做汉奸之前，这厮还有一个令人不齿的身份，阉党。

无耻的人在读书之后往往会变得更加无耻。孙之獬就是对这句话的一个"完美"的印证。

而孙之獬之所以要给顺治提出这么一条建议，其实倒不是真正从清廷角度出发，想为清廷稳固统治提供一些好的方法。这么做，实际上不过是孙之獬为了发泄一下自己的愤怒。

就在几天前，孙之獬为讨得顺治的欢心，突发奇想，打算“标异而示亲”。所以他就叫来家里人，让他们照着满族男子的样子把自己的头给剃了，并换上满族官吏的服装，然后满心欢喜地跑去上朝。

到了朝堂上，孙之獬面容亲切地走进了满族大臣的行列。不过没想到就在此时，意外却发生了。

虽然同是为一个老板打工的打工仔，满族的官员似乎对于这些同朝为官的汉人降臣并不感冒，甚至打心眼里对这些背叛自己国家和民族的同事存有一种鄙视，因此也就更谈不上友好。当孙之獬混入满族官员的班列中不久，很快就有人把他认出来了。满族官员认为孙之獬是汉人，按规矩是不能和自己站在一起的，所以很快就将他逐出班外。

本来想改换门庭，没想到却自讨没趣，碰了一鼻子灰，所以伤心的孙之獬只好悻悻然向汉臣的班列队伍中走了回去。

然而当孙之獬想要回到汉班的时候，却突然发现这边的情况也不对劲。他面前的汉臣班列里，官员们竟然站得非常紧凑，几乎是一个紧挨一个，前胸贴后背，中间连个缝隙都没有，想插个队都插不进去。出现这种情况的原因很简单，虽然大家都当了汉奸降了清朝，无非是想求个进步，混口饭吃而已，心理上本来就或多或少有些愧疚，但是至少脸面还是要的。今天却突然看到自己人中间出来个主动剃发易服的彻底不要脸的，因而内心自然产生了一致鄙视的共鸣，不约而同地不让改成满人的发式和服饰的孙之獬入列。

这下子，徘徊于两班之间的孙之獬丢人可就丢大发了。无奈之下，孙之獬不得不忍气吞声地跑到汉官班列的末尾站着去了。

下朝回家后的孙之獬越想越气，越想越不爽，于是愤怒之余，终于丧心病狂。

孙之獬一怒之下写就的那份提出应下令让汉人剃发留辫的上疏，没过多久就传到了多尔衮手中。本来多大人一直在等待一个合适的时机提出剃发令，突然见到竟有汉族降臣主动提出这一要求，自然是乐得顺势采纳了这一提议。

顺治二年（1645）六月，清廷正式下达剃发令。凡清军所到之处，以十日为限，“文武军民一律剃发如满族式样，不从者治以军法”。七月，又下令“禁中外军民衣冠不遵国制”。

以“留头不留发，留发不留头”闻名于世的剃发运动就此被启动了。一旦启动，任何人都将难以挽回这个使得千万人丢掉性命的事件的发生。

至于那个直接导致后来一系列事件发生的孙之獬，下场也不是像他预期的那样好。在递交了那份改变了无数人命运的奏疏后，清廷觉得这个奴才比较善于迎合上意，于是在多尔衮的授意下，孙之獬被任命为招抚江西提督军务、兵部尚书兼都察院右副都御史、翰林院侍读学士，前往江西招抚明朝官兵和农民义军。

孙之獬到达江西后，据说干得还不错，一举招降了一直未真心臣服明王朝且盘踞险阻、啸聚山林二百多年的陈友谅的后裔柯、陈两户大姓人家，还与降将金声桓等人擒杀了不愿归降清廷的李自成部将王体中。不过，孙之獬的好日子到此也该结束了。一年后，孙之獬因在招抚江西时擅自授予副将高进库、刘一鹏总兵衔被人上疏弹劾，丢了官。于是，孙之獬只好就此返回老家居住。

顺治四年，在山东抗清的谢迁义军攻克了孙之獬的老家淄川城。义军将孙之獬活捉后，五花大绑，游街示众。在向百姓宣布其献媚清廷、首创剃发、残害同胞的罪行后，孙之獬被斩首示众，并暴尸于通衢大街。但是愤怒的百姓们似乎还不解气，于是有人将其头颅钻洞数个，以稻草插于其中，用这种方式为孙之獬“复发”，并表达对因“护发”而死的广大百姓的悼念。

恶贯至此，终至满盈。对于当地群众对孙之獬的这种处理方式，我虽不赞同，但我可以理解。

剃发令一下，举国沸腾。原来已经归附清政府的许多地区纷纷表示反对，有的地方为了剃头的事发动了反清的武装起义。不过这一切似乎都在多尔衮预料之中。清军每次几乎都能在起义爆发的不久就闻讯而来，迅速赶来镇压。因此虽然北方地区的反剃发斗争也算是轰轰烈烈，但是往往是刚有个苗头就被灭了。所以北方的起义基本没有什么大的影响。

在多尔衮看来，只要能够成功地搞定北方地区，那么在全国范围内成功把剃发令推行下去，就不是不可能的事。众所周知，有中原之称的北方各省历来就是中华文化的发祥地，且是受中原正统思想文化影响最久的区域，如果能够在这些地区成功推行剃发令并能控制住基本局势，那么相对于在受中原文化影响较短且思想比较开放的江南地区推行同样的政策，就不会是什么难事了。

事实证明，理想和现实是有很大的差距的。多尔衮没有想到的是，南方那些看似易接受新思想新事物的汉族人反对的声音，竟然比北方人还要强烈。太仓、秀水、昆山、苏州、常熟、吴江、嘉定等广大地区的汉族百姓纷纷杀死清军安排的地方官吏，开始了反清复明的抵抗运功。其中闹得最出名的并非南京、苏州这样的大城市，相反却是江南水乡一个本来不太出名的小县城。

弘光元年（1645），如同清军大举南下后的许多城市一样，位于长江下游的小城江阴也紧跟着投降的浪潮宣布归附清朝。不久，由弘光朝廷委任的江阴知县林之

骥解印去职，接替他的则是由清廷派来的一个叫方亨的继任者。不过随着方知县到来的却不止是继任状，还有顺便带来的需要循例颁布的剃发令。

六月二十八日，以普通市民何茂、邢毂、周顺、邢季等人为首的民众来到县衙，指名要拜见清廷委派的方知县。对于群众的信访工作，新任的知县大人显然是非常重视的。于是在方亨的授意下，衙役们赶忙将这十来个人请进了县衙内堂。在与方大人谈了谈国内的大事以及百姓与官府共同关心的一些问题后，身负重任的市民代表终于委婉地提出了此行的目的：请官府上疏朝廷，允许江阴百姓留发留衣冠。

方县令表示：什么愿望都可以，但是这个真不行！

市民代表：那您给写个折子请示一下吧。

方县令表示：我也没办法，你们请回吧。

接受了父老乡亲们的一致委托，而且还打好了包票，如果就这样回去，以后还怎么在这一带混！因此市民代表们坚决不肯走，坚持要求方县令为民请命。

这么一坚持，就把方大人搞怒了。此时方亨也顾不得什么县太爷的光辉形象了，冲着这几个在他看来是纯找碴的人就一顿破口大骂。估计方县令虽然是读过书的，但骂起人来也是比较难听的，所以何茂等人也被骂怒了，于是开始回骂。

对骂的结果自然是双方不欢而散。

这件事情不尽快解决是绝对不行的。于是本着严格执行上级命令的决心与意志，三天后，方亨以为孔子上香的名义，将江阴城内的地方诸生、乡绅、百姓全部召集到文庙的门口。

众人见到知县大人，都很激动：“现在江阴已尽归顺，应该没有什么事了吧？”

方亨点点头：“没错，不过只剩下剃发了。刚才我四处派出士兵，就是为了帮大家剃发的。”

“头发可以不剃吗？”

“这是大清律法，不可违背。”方县令厉声说罢，扬长而去。留下孔庙门口的百姓们愣在那里。

一片寂静的大成殿明伦堂之中，一个坚定的声音陡然响起：“头可断，发决不可剃，我中国男儿岂可失身！”发言者是一个名叫许用的读书人。

许用的话很快就得到了在场百姓的一致响应。而正在这时，江阴城内接连传开的两个真实消息则将江阴百姓的怒火真正完全点燃了。

首先是常州府发来了严令剃发的文书。这份已经贴满大街小巷的告示上有着这样一句著名的话：“留头不留发，留发不留头。”据说方亨叫府中的书吏把这篇文书写成布告张贴，而书吏写到这句话时，气得把笔都扔了。所以当江阴的百姓读到这句话时的反应，更是可想而知，那真是相当的愤怒。接着方亨向常州知府请求派兵“多杀树威”的秘密报告也在派送过程中被江阴百姓发现并成功截获。面对着这一极其不利的形势，江阴上下甚至包括县衙中的衙役们都发出了共同的呼声：就死也罢！

事情到了这个地步，再不起义就真说不过去了。

于是当日下午，驻守县城北门的乡兵突然发动兵变，把以方亨为首的所有县衙官员全部予以扣留，并把这些人关进了县里的宾馆中。

随后，城内外群起响应的数万名愤怒的群众聚集在县城的兵器库，要求分发库内收藏的火药、器械。负责管理军火库的典吏陈明遇是反剃发派的坚定拥护者，于是当即同意了在场群众的要求，将库中的兵器分发一空，并亲自带头斩杀了清廷常州府的差役，打出“大明中兴”的旗号，带领江阴军民正式开始了反清复国的起义。

清廷任命的常州知府宗灏在接到江阴民变的消息后，并不觉得意外。毕竟自剃发令下达以来几乎每个地方都会发生类似的事情，而如果没有引起一点民变那才是怪事，所以宗灏照例下达了出兵平乱的命令。几天后，知府大人派出的清兵很快就传回了消息，战报倒是简单明了，一目了然：全军覆没。

之所以会败得这么惨，倒不是江阴义军很能打，说到底还是个心态问题。常州知府宗灏自从接到报告以来，压根就没把江阴的事当回事，认为这只不过是几个顽固分子搞的暴力不合作运动罢了，因而派去镇压的军队数量也比较有限，加起来一共才三百人。反观江阴，义军虽然没有受过系统的军事训练，但在人数上占有明显的优势而且还是宁可拼上命的。所以一打起来效果立现：清兵三百人被全歼于秦望山下，而这意味第一拨清军连江阴的城墙都没看到就完蛋了。

对于这次完败，知府很生气，后果很严重。因此宗知府调兵遣将，一批又一批的清兵开往江阴，但结局都是同样的：战败。这个后果对于知府宗灏而言真的是很严重了，再不把这件事摆平，那么自己这官儿也就算当到头了。

江阴军民在陈明遇的带领下，多次打退小股清军的进攻，所以城中军民的士气都很高。在抗击清兵的过程中，又有越来越多的人主动加入这支队伍。

给江阴军民最大帮助的人有一个共同的称呼：徽商。徽商邵康公因为武艺娴熟而被大家拥立为守将，而邵康公对于大家的认可也很感动，于是拿出家财帮助江阴招兵自卫。接着另一名徽商程璧听到江阴百姓为护发而揭竿抗清的消息后欣然入城，把自己经商多年的所有积蓄都交给了义军领袖陈明遇充当军饷，他自己则主动要求联络在附近率军抗清的明朝总兵吴志葵，请求他的支援。

更为重要的是，江阴的百姓给予了更大的支持。自从宣布抗清起义后，江阴城

内的百姓们就展开了自发性的严查城中奸细的活动，同时义军负责人也开始积极配合，宣布有能检举、抓获奸细的人，赏银五十两。所以很快众多出卖情报、有投敌企图的奸细逐一落网，江阴城内的布防等具体情况从此不至于再被透露。把城内的间谍一锅端后，义军当众将这些私通清朝的奸细与原县令方亨一同处决，江阴内部自此达到了空前的团结。

然而就在江阴城内万众一心之际，江阴在军事上却遭遇了前所未有的危机。宗知府痛定思痛，亲自诚挚邀请在南方负责攻城略地的清贝勒博洛前来助拳。接到宗知府的委托后，博洛命前任四镇总兵之一的降将刘良佐统重兵摆平江阴城。

二十四日（闰六月），奉命而来的刘良佐率军抵达江阴城郊。不过已经到了城墙边的刘良佐却并没有急着让士兵爬墙架云梯，而是做了另外的一件事：写信。

刘良佐先生穷尽毕生的文学灵感写好招降书后，绑在箭上让士兵从江阴东城外射入城中。江阴军民得到刘良佐的招降书，经过全民公议及举手表决后，在很短的时间内便达成了一致：回书拒绝。

刘良佐见劝降无效，决定先给城内的军民一点颜色看看。于是在随后的几天内，清军虽然并没有发动大规模的攻城攻势，但城外义兵遭到四处捕杀的消息却不时传来。刘良佐的企图很明显：断绝城内军民外援，最好做到不打死先围死，甚至是不打死先吓死。

不过这一招对已铁了心要与江阴城同生死共命运的江阴军民来说，似乎没有什么太大的影响，唯一效果反而是大大坚定了城中军民的守城决心。刘良佐在发现了这一状况之后，遂于七月初一正式下令开始攻城。

由于城中防御比较严密，所以清兵也不犯那个傻，冒冒失失地冲上去送死。一番观望后，清兵决定先用远距离的杀伤性武器对城内的军民进行一番干扰。至少要让他们深切地体会到死亡的恐怖！

我们常说天上会下雨下雪下雹子，但一般不会想到其实古时候偶尔也会有其他的东西从天而降，譬如说箭雨。

明天江阴大部分地区将会有中到大范围的（箭）雨，夜晚则有零星小（箭）雨，所以想要外出的朋友务必要做好防箭准备，出门时要记得带上锅！如果当时已经有天气预报的话，那么内容肯定会是如此。

箭如雨注，用这个词来形容弘光元年七月初江阴那几天的情况，估计是再合适不过的了。如果当时江阴城内的人随便出门走一圈，等回到家里时，他用来护住头部的锅盖就基本就是刺猬型了。

据记载，江阴城每天的接箭数大致是在三四百支（一作三四十万支）！

城内被折腾得不行，而与此同时，城外的战况也一日不如一日。

先是清兵攻打西城，继而移至南关。义军在邵康公的率领下前往防御，却被清军击败。清兵乘势烧毁了东城，乡兵死战后虽然暂时击退了清军，但自身的死伤已经过半。接着前明都司周瑞龙出兵东门，与清军展开激战，结果义军战败，周瑞龙坐船逃走。前去求援的程璧那儿也传来了坏消息，总兵吴志葵、巡抚田仰拒绝出兵，程璧因此出家，带发为僧。

内无勇将，外无增援，江阴的好运到此似乎是走到头了。

面对日益严峻的形势，陈明遇自感缺乏军事组织才能，于是他决定去请一个人出山。在陈明遇看来，只要这个人肯出手相助，那么江阴还是有希望的。这是个能够力挽狂澜的人，陈明遇认为相信他，没错的。

陈明遇在城防会议上提出，想推荐赋闲在家的前典吏阎应元代替自己的职务，领导军民守城。守备顾元泌表示坚决反对。虽然陈明遇是义军的领袖，如果他坚持要请的话，其他人也不好回绝，但是陈明遇是一个比较推崇民主的人，见到有人反对，就先将这件事搁置了下来。

当清军的全面攻势进行到第五天时，陈明遇发现了问题——顾元泌有问题。在当日的守城的战斗中，顾元泌亲自登城用弓箭射击敌人，然而他放出的箭每每在距敌人还有很大的一段距离时就突然坠落在地了。如此这般射出了 N 次后，在场的众人达成了共识：这个人有问题。

不久，顾元泌的亲信马矮子偷窃火药并从城上投给敌人，被众人发现。大家便把顾元泌捉住，同时派人前往顾元泌的住所搜查。果然，在顾元泌的家中找到一道清军文书。于是守军在确认了顾元泌暗通清军的罪行后，处死了顾元泌及其同党四十人。至此，江阴彻底清除了清兵在城内的所有内应。

内部问题解决后，陈明遇再次提出了请阎应元主持守城的建议，并随之得到大家的一致赞同。于是陈明遇专门委派十六人连夜出城，到阎应元的住所请他出山。

四天后的晚上，阎应元带领江阴祝塘少年六百人，在潇潇细雨中悄然进入江阴东门，并在孔庙大成殿后面的明伦堂，正式宣布接手主持守城军务。

江阴的阎应元时刻就此到来。

阎应元，字丽亨，北直通州人（今北京通县）。说句寒碜话，阎应元其实压根连个官都不是，因为此前他的职务和陈明遇一样，不过是个典史，按今天的话来说，也就是一个正科级的县公安局长罢了。按照当时政府官员的编制，这类人基本有一个统一的称呼：不入流。虽然同是国家的公职人员，但官与吏的差别是相当大的。具体说来，是有事小吏做，有锅小吏背，而官老爷只需坐在衙门里发布命令、等待回报就行了。所以小吏们虽然干活但不一定讨好，即所谓的有功劳我领，有黑

锅你背是也。

而且对于阎应元这种既没有功名文凭又没有后台背景的小吏来说，要想实现由吏到官的大翻身，无疑也是相当困难的。然而就是这样的一个看似平常的无名小吏，其实却并不寻常。

如果把军事指挥才能和战绩战功作为参考依据的话，在南明的将领中，阎应元应该可以排在第三名。之所以排名第三倒不是因为前两位实在是不可超越的，而是历史给予阎应元表现的舞台和出场时间还是太短了。

即便是上场时间有限，舞台也不够华美广阔，但真正的牛人却往往能够充分利用这些看似美中不足的条件并凭借自己那无与伦比的能力，瞬间吸引所有观众的目光，在史书中留下同样不逊于大人物的浓墨重彩的一笔。

阎应元就是这样一个真正的牛人。

崇祯十四年，阎应元赴任江阴典史。上任伊始，阎应元就遇见了比较棘手的事件。江阴地处东南沿海经济发达地区，所以附近的海盗常常愿意前来光顾。海盗顾三麻子就是江阴地方的常客之一，当他再次率数百艘战船进犯黄田港，想如以往一样大抢特抢、满载而归时，阎应元却以实际行动给出了答复：此路不通。

得知海盗来袭，阎应元立即领兵拒守。在战斗中阎应元连发三箭，皆有人应弦而倒。入寇的海盗被这个狙击手先生弄得个个精神高度紧张，谁也不敢肯定下一个被射到的是不是自己，于是就此转身开溜，并从此不敢再到江阴一带转悠。

赶跑海盗后，阎应元又连续平定了盐盗，平服了民乱，因此上级比较器重他，大笔一挥，把阎应元调任广东韶州英德县担任主簿。阎应元本来打算去赴任，但因母亲病重，且战乱频发，道路堵塞，未能成行。后来江阴降清，原任知县林之骥离职，阎应元也挈家出城，寓居祝塘。

当受命邀请阎应元入城的十六人找到阎应元并说明了自己的来意后，阎应元提出了自己的要求。“你们能从我则可。不然，不为你们主持。”

“敢不惟命是听？”

好的。在众人的跟随下，阎应元进入了这座注定将成为他的舞台的城市，并展现出他过人的才能。

说到当时的江阴，其实跟二十年前的宁远比起来，情况还真是极其相似的。同样是外无援兵，守军人数少，战斗力也不强，城市较小，而且同样面对的是兵力远远超过自己且训练有素的敌军，还有拥有丰富战斗经验的敌军将领。

不过好在宁远有的江阴也有，比如誓死守城的军民，极富军事才华的将领，以及那随之传承下来的坚持到底的决心。

出于对这个从来没有上过战场但却极富军事天才的小吏的好奇，本人曾经花费了近一个月的工夫去各个图书馆、资料室查询关于这个人的一切。等到能找的都找了，我才惊奇地发现：阎应元在担任江阴典史之前的履历几乎是个空白。他的出身、家庭背景都统统不详，甚至具体到他是哪年生人的史料都没有记载。如此看来，这还真是个不上道的人。

但是查一查毕竟还是有好处的，至少在繁杂的史料中我发现了这样的一条记录，阎应元曾经担任过京仓大使。

京仓大使，单从名上看确实像是个大官，但实际上这依旧是个以看管仓库为主要工作的小吏。不过在当时能够担任管理仓库的小吏，至少需要具备两方面的素质：一是要多少有些武艺，在自卫有余的情况下能切实负起保卫仓库的职责；其二则是要有协调统筹能力。从之后发生的江阴防守城战中我们不难看到，阎应元确实是具备这两种素质的，而且更为可贵的是，他将这两种素质在指挥作战过程中发挥得淋漓尽致。

阎应元入城并宣告接手城防重任后，开始了到任后的第一项工作：人口普查。

阎应元把江阴全城户口分为丁壮老幼等不同的类别，并进行了详细的调查。普查之后，阎应元对江阴潜在的战斗力情况就有了一个大致清晰的了解。随后阎应元从其中挑选出年轻力壮的男子组成民兵，并会合城中原有的守军，分成数个班次轮流上城防守，且保证每个城垛都能拥有十名士兵并可按时换班，得到充分的休息。

接下来是明晰责任，分配防守任务。阎应元召集了城内所有懂得军事的人，并综合其各自能力，做出了明确的安排：县城东门由武举人王公略镇守，曾在军中任职的汪把总守卫南门，而镇守西门的任务则交给了陈明遇，阎应元自己则留守清军重点进攻的北门。除此之外，阎应元还和陈明遇另给自己添了任务：兼负昼夜巡查四门的责任。

至于清除内奸的工作，阎应元认为江阴军民做得很不错，且老百姓的觉悟也比较高，但是这些还是不够的。鉴于清军亡我之心不死，阎应元要求在原有排查内奸工作的基础上加强对城中过往行人的盘诘，确保彻底肃清内奸。

最后，也是兵家作战最为关键的问题，就是军械粮饷供应问题。为解决这一后顾之忧，阎应元同城内的商人百姓商议后，把城内所有公私藏储物资一律分类征集，委任擅长理财的人士统一分配使用。

在阎应元的悉心安排统筹下，守城防务的相关各方面工作都已经做得井井有条。现在阎应元要做的就只是等待第二天太阳升起之时，应对城外清军潮水般的进攻。

虽然自己并不是袁崇焕，手下也没有像满桂、祖大寿那样的名将，没有机会得

到像孙承宗那样的老师言传身教的机会，没有指挥数万人作战的经验，甚至可能看不到那遥不可及的胜利，但阎应元仍然坚持着，坚信着。只要敢于拼搏，就一定会有收获。

现在，一切就绪，一决雌雄吧！

七月十一日，清兵在统帅刘良佐指挥下，开始了对江阴的攻城战。这是清军围城以来发动的规模最大的一次攻势。刘良佐选择的主攻方向，正是阎应元负责镇守的北门。清军士兵很凶猛，所以冲锋的速度特别快，声势也十分惊人。然而不幸的是，江阴城上投射的矢石很明显比清兵更加凶猛。“矢石如雨注”，清兵的先遣队顿时伤亡惨重，后续的士兵看到了这一景象，吓得不敢接近。眼看清军士兵不往前冲了，刘良佐大怒，当即命令手下的上将九员为全军做个榜样，先架云梯上城。

领导既然发话了，而且全军都眼睁睁地等待着自己的杰出表现，此时不上，更待何时！九名清军将领迅速展开了行动，亲冒矢石，成功地来到了城下并竖好了云梯，开始爬城墙。

这几位的进程看来相当顺利。就在他们好不容易左闪右躲，避过守军抛落的高空坠物时，城上突然停止了往下投掷石块的工作。对于这一改变，爬了一大半云梯的九员上将都感觉十分幸运，因为他们在同一时刻都作出了同样的错误判断：守军的滚木、礌石正好用完了，所以不得不停止攻击，进行补充，而这也就意味着，现在是一举冲上城楼的最佳时机！于是这九个人就像打了鸡血似的，开始用百米冲刺的速度奋力向上攀爬。

终于快要到达城头了。第一个看到城墙内部的那个人却吃惊地发现，出现自己眼前的并非是正在手忙脚乱地寻找、搬运檑石的守军，而是一排锋利的长枪以及正等着他们露头的那一刹那的士兵。

枪打出头鸟我们听说过但是没见过，然而枪戳出头将的一幕却在江阴城头真实上演了。随着整齐划一的戳刺动作以及随即接连传来的声声惨叫，刘良佐部下的九名上将霎时间五死四伤。跟着爬上来的清兵们也好不到哪儿去。有的身中数箭，有的被劈去头颅，有的被掀了云梯堕下摔成肉饼，有的则被火箭烧死。

在目睹了九位大将和先头部队的悲惨境遇后，清军士兵即便被上级骂遍三代祖宗，说什么都不肯再向前走一步了。

面对这一窘境，刘良佐不得不下达了丢人的命令：鸣金收兵。

可想而知，回营后刘良佐对全军指战员进行一番深刻的思想教育工作自然是免不了的。为了挽回一些面子，刘良佐传令十营内选猛将几员，步军三万，扎云梯十张，来日分十处上城！而且为了避免今天的故事在明天的作战中重演，刘良佐还特地体贴地加上了一句：如有退者，立斩！

次日，清兵在死亡的威胁下，向着另外那生死未知的地方发动了新一轮的进攻。估计刘良佐是个极爱面子的人，或是“在哪里跌倒就在哪里站起来”这一类名言警句的忠实拥护者和遵守者，他选择的主攻地点仍旧是北门，而在那里等待他的也依旧是阎应元。

新的一天肯定会有新的气象，所以这回发动进攻的清军和昨天有明显不同。在炮声与呐喊声中，三万清军士兵从容不迫地在通往江阴的护城河上搭建了浮桥十条，并一齐渡过了外城河。过河后清军士兵一步步向着城墙处靠近，一旦摸到了城墙，便立马分做十处，登云梯上城。

城上的阎应元倒也不慌张。面对城下有序执行攻城任务的清军，阎应元从容不迫，指挥城上守军用砖石投掷在城下的敌人，安排长枪手用长枪猛刺快要爬到城头的清兵。一时间乱石纷飞，溅起处处血花；炮火连绵，摔死多少豪杰。攻守双方渐渐在城墙一线陷入了激烈的搏斗之，而就在这时，一个不知姓名的满族将领的玩命冲击险些使得守军功亏一篑。

一名身穿满族盔甲的大将身穿三层重甲，腰悬双刀、双斧、弓箭，手提长枪，装备比特种兵还拉风，就这样开始率众攀登云梯，充分发挥了搏命精神，表现得十分勇猛。守城士兵无论是用刀砍还是用枪刺，都不能穿透满将的重甲。眼见他已经跨上城垛，对守城士兵挥刀乱砍。有人急中生智，大声喊道：“刺他的脸！”于是守军纷纷用枪朝着这满将的脸招呼起来。

此人仗着身上的重甲，在城头单打独斗，越战越勇，曾一度使得城上守兵几乎无可奈何，死伤惨重。但在这一句的提醒下，守城将士很快掌握了战斗的主动权。满将在以手护面的同时，旁边一个汤姓的少年趁机用钩镰枪《水浒传》中徐宁用的那种）钩住他的铠甲，成功地把他弄倒，接着少年手持铁钩镰，用力钩断了他的喉管，竹匠姚迩顺便割下他的头。满将死后，身子就此坠落了城下。

虽然史料上没有清楚地记载这位大将到底是谁，但可以肯定的是，他一定不是等闲之辈。因为就在他的尸体坠落城下的那一刻，上千名清兵像发了疯似的，一齐跑到城下去抢尸体。城上守军又趁此时机用砖石弓箭对城下的清兵展开了猛烈攻击，成功造成了清军千余人的伤亡。

清军把那名满将的尸体夺过去后，竟然就此停止了进攻。接下来发生的场景，则更让守城的江阴军民觉得难以解释。

不打了就回去吧。城下的清军虽然停止了攻城，然而阎应元发现他们似乎没有要走的意思。紧接着，令人惊奇的一幕发生了：城下的清军竟然集体向阎应元及城上守军下跪，要求守兵能够归还刚才被杀的那个满将的首级（皆跪下求还首级）。

刘良佐也亲自派军士致意阎应元，索要那名满将的头。对此，应元的回答却让

刘良佐恨得牙痒痒：就是不给你！

刘良佐不惜代价也要要回人头，再次派人表示愿意用银赎买，而且命人将银子当面装入银鞘，吊入城内。即便是这样，刘良佐还是觉得不放心，又命军士在城下不断哀号："还我将军的头！"

阎应元被这哀号声搞得心烦，于是决定好好恶心一下刘良佐。阎应元让人用蒲叶包裹了一个黄狗头掷还给了清军，不一会儿又将满将的头悬在城上示众。直到刘良佐亲自带人在城下苦苦哀求，阎应元才同意把头扔下还给清军。

清营得到满将的首级后，马上找人把头和身子缝合在一起。接着就宣布全军举哀，挂孝三日。

看来还真是杀掉了一个大人物。

# 第十六章 小吏的力量

摧强军，斩大将，小吏出身的阎应元能取得如此战绩，无论在谁看来都是很了不起的。但是阎应元并没有过度兴奋，因为虽然自己击退了清军对北城的攻击，但之前的军事经验却告诉他，清兵不日必将会有更大规模的攻击。

趁着清军挂孝休战的几天时间，阎应元也开始忙活起来。

首先要做的是积极铸造守城工具，以弥补前两日战斗中的消耗。阎应元考虑到江阴守军大部分都是民兵，很少有人有拉弓射箭的经验，为了减少箭的浪费，提高守军射击的精确度，阎应元请人招来了青阳弩王黄鸣岗和他的徒弟们共计千余人，入城制造了小弩千张、小箭数万支，分派给守城军士使用。

据说，这些弩长一尺多，箭长五寸，百步之外皆可命中目标。所以一旦江阴守军装备了这样的武器，那么守住江阴的概率无疑将大大地增加。

虽然有了这些先进的武器，阎应元还不是非常满意。为了确保守军一射就中，清军一中就死而不至于落下什么残疾，体贴的阎应元特地请季从孝将火药敷在箭头之上，以达到射人之后见血立死的功效。先前被义军杀掉的守备陈端之的儿子此时也在狱中，他则帮助守军制造了大量的木铳。

这种木铳从表面看很像银鞘，长三尺五寸、宽约二三寸，木制，中间藏有火药。在敌人到来时投下，机关触发，木壳就会崩裂。而且更为厉害的是木铳内部还藏着许多铁鸟菱，在木铳爆炸的同时铁鸟菱也会随之四散飞出，碰到的人就算侥幸不死也得成为植物人。而即使不成植物人，这人也基本废了，堪称是那个时代的手

榴弹，所以实在应被列入大规模杀伤性武器之内。

除了邀请当时的著名工匠、任用城内能人制造防御武器外，阎应元自己也积极投身于新式武器的发明与制造之中。阎应元经过一定的研究，最终设计出一种极具新意的武器，并给它起了一个合适的名字：铁挝。具体用法是：用一根长绳系住它，然后就可以握紧绳子的一端，在城墙外让它来回摇摆。据说这个铁挝能从城上刺人于十步以外，甚至还可以把它钩住的人也一块吊进城内，实在是令人听后不禁胆寒。

不要看阎应元小伙长得比较老实，但事实上面对敌人时，他也是很奸的。缒城夜袭就是阎应元最爱干也最常干的事。阎应元认为，仅靠在城中消极防守，是不能够有力地打击清军并坚持到胜利的，因此他还时常主动发起进攻。当然，他组织的进攻大都在夜间进行，而且用的还都是火攻。白天，他看准了风向，夜间就会派敢死队出城放火。“遣壮士夜缒城入营，顺风纵火。军乱，自蹂践相杀死者数千。”

刘良佐一度被这位不按规矩出牌的对手搞得叫苦不迭。惹不起我还躲不起吗？于是为防止阎应元一再夜袭，刘良佐下令全军后撤三里。这才使清军避免了夜间饱受骚扰之苦。

打也打不过，耍阴谋诡计更不是对手，还每每被气得半死。再这样下去不在攻城中战死，也快被阎应元玩死了。于是刘良佐做出了一个决定——劝降。刘良佐亲自主持开展了劝降宣传的具体工作，并挖掘自身潜在的音乐细胞，创作了最新劝降单曲《劝民歌》。接着刘良佐便派人四处传唱这支新单曲，希望能够凭借音乐的力量使得江阴投降。

个人认为刘良佐出此下策，真是比较搞笑了。你都没能力打败我，我凭什么要投降？难道就因为你的歌好听么？

音乐有时并不像传说中的那样神奇。所以别说阎应元没有答应，就连江阴城中的老百姓也懒得搭理刘良佐费尽心思发动的这一宣传攻势。

劝降不成，就还得接着回到战场上用刀枪说话了。再次发动进攻的时候，顺利到达城下的清兵就不仅仅专注于登梯爬城墙了。为做好长期战斗的充分准备，清军士兵摸到墙根后就开始在城墙下搭建简易的临时住所——牛皮帐篷，以便能夜以继日地开展拆毁江阴城墙的工程。牛皮那是相当皮实的，城上守军无论射箭还是放枪，在那些牛皮面前好像都失去了效用，因此阎应元只能眼睁睁地看着清军拆迁队在江阴城下安全驻扎并日夜不停地施工。要是连城墙都没了，那时还守个啥？但是阎应元没有干着急，而是开始琢磨击破那些牛皮帐篷的办法。

城外的刘良佐似乎不想给阎应元太多想办法的时间。七月十五日，刘良佐决定也玩点花招，来个声东击西。他在命令清兵进攻江阴的东北角的同时，安排西南的小部队放炮佯攻，但其实还是要配合东北角的主攻。此时清军掘城队的前期工作也为攻城制造了极大的便利。由于城墙已经被凿得表面凹凸不平，所以有些清兵连云梯都不用了，开始像爬山一样爬起了城墙。城内虽然继续用火球、火箭抵抗，但是清兵的爬墙积极性反而没有受到一丝干扰，往往刚掉下去一个底下就会有两个人补上来。再这样下去，这江阴是肯定要守不住了。

不过阎应元很快还是想到了法子。在继续命守城军民投下砖石的同时，阎应元找人弄来了一些体积更大的巨型石块，然后让几个年轻力壮的士兵同心协力抬上敌楼，搬到城墙边，用力举到最高处，对准清军密集处，一撒手，巨石便以自由落体运动的形式砸了下去。牛皮帐篷下的清兵不及闪避，数百人就这样被高空坠物压扁在城下。

为避免类似情况再次发生，清兵对城下的简易帐篷进行了改造，将顶上的牛皮加厚为三层，且只守在城墙下刨墙而不再登城进攻。为了使牛皮帐篷能够承受巨石的重量，刘良佐又派人将帐内结构设计为九梁八柱，矢石或射或扔在上面，都能够被反弹起来，而不能伤到清军。然而阎应元再次用事实告诉了清军一个道理：天下没有不破的牛皮。

阎应元下令用粪便掺上桐油，大火煎熬，等到锅内的混合物被烧得滚烫时，再一口气冲着城下的加固版牛皮帐篷浇下去。不用说是三层牛皮了，就算是三十层牛皮也挡不住。牛皮被烫穿了，一大锅的沸腾的混合物浇在清兵身上，帐里的清兵全部玩完。恰好没在帐内的清兵见到这恐怖的一幕，全部惊惶散去。守军则趁机把阎应元制好的铁挝拉出来试效果。逃散的清兵中有几个不走运的，还真被钩子挂住了，随即借着惯性来到了他们梦寐以求进入的城中，只不过是当了俘虏。

手足无措的清兵纷纷向清营逃散。而大晚上的，清营还以为阎应元又派敢死队杀下来了，于是清将命令营中士兵发射枪炮给“来犯之敌”以迎头痛击，结果又造成了自己士兵的更大伤亡。等到弄清楚跑来的是自己人时，原来驻守在江阴城下的挖墙队几乎已经死伤殆尽了。

阎应元的这一系列反制举措，给清军的士兵造成了极大的心理伤害且留下了一辈子都难以磨灭的心理阴影。之后无论清军内部如何动员做思想工作，那些深受戕害的士兵也没有一个人愿意再去加入拆墙的队伍了。

基于士兵积极性不高等一系列原因，刘良佐不敢再像以前一样派兵攻城，而是改变了战术，只用火炮轰击北城。清军的炮手也相应地改成三班倒，彻夜不息地向江阴发炮。先前被人挖过，接着又是一炮接一炮地猛击，这么下去就算是钢筋混凝土的城墙也是受不了的，何况江阴的墙还只不过是石头糯米砌成的？所以江阴的城垛在炮火的轰击下塌陷了数丈。

阎应元深知，按照这个进度，不用多久自己就可以在清军的簇拥下去和刘良佐见面了，于是急忙命人找来了石匠并对他说，希望你能尽快把墙砌好。石匠摇摇头表示，这事不能干，你找别人吧。

得到这样的答复其实也很容易理解。因为砌墙的确是个技术活，不仅需要一丝不苟手法娴熟，最为重要的，把塌陷的城墙补得完好如初是需要一定时间的。但是当时的情况却是清营发射的炮弹在城墙附近不停地落下，偶尔还会有几个清兵躲过守军的视线冲到塌陷处砍人。所以要在那样的情况下完成城墙的修补工程，基本上是一个高难度任务，而且它还要求修城者要有壮士一去兮不复返的思想觉悟。

石匠只不过是个普通的石匠，没有当烈士的觉悟，所以也就不愿做壮士。

但是阎应元如果不能劝服这个石匠，他就不会是阎应元了。关键时刻，他总能想出好办法。

在听完阎应元言辞恳切、动之以情、晓之以理的话后，石匠的思想竟然发生了一百八十度的大转变，同意接受这项危险的工作。于是在守军的掩护下，石匠冒死登城修葺城垛，并最终完成了阎应元交给的任务。

所以说，平常没事多练练嘴，提升自己的口才，那是很重要的。

有的朋友也许看完了上文阎应元在守城过程中的所作所为后，会觉得这个人有些残忍，甚至还有些狡诈。在这里我也必须再次重申一点，阎应元确实是比较喜欢玩点阴的。

比如说刘良佐刚刚率兵前来的时候，清军每次攻城都很少见到城上使用火炮，这一现象就直接导致了刘良佐的错误判断：江阴城里要不然是没有大炮，要不然就是极其缺乏弹药。所以早先刘良佐便放心大胆地将军营安置在了离城不远的地方。而实际上，江阴城里是有大炮这种设备的，还不止一门，且弹药也相当充足。阎应元之所以不用，为的也就是让刘良佐把营扎在城上大炮的射程之内。因而到了夜里，阎应元等到清营陷入一片寂静的时刻，就命令士兵瞄准清营开火，结果万炮齐鸣，清军一时间伤亡惨重。

这还不算是最狠的。阎应元利用刘良佐招降的机会，对外表示愿意投降。没过多久，城内果然派出一批老者带着几千两银子赴清军营中慰问。刘良佐此时一直紧绷的神经也松懈了，于是他派遣军中一些要员赶去迎接、安抚归降的百姓代表，并验收由几个青壮年抬出的那几个据说装满了银两的箱子。

其实如果当时清军中但凡有个清醒的，是不难识破这个诈降计的，因为在整个投降活动中作为最为关键的人物之一的阎应元连个面也没露。所以当负责验银的士兵打开箱子，真的看到了箱中表层的银子时，清军几乎所有的人都放松了警惕，甚至有人开始准备庆祝胜利了。

就在箱子送到清军营中的同时，随之入营的老者们将置于箱子底部的火药捻点燃，两千多清军士兵、两名清军高级将领（据说还有一个王爷级别的人物）跟着前去慰问的老少青壮们一起，在烟火漫布了整个天空的爆炸中同归于尽。

为破劲敌而不惜此残躯，壮哉！

阎应元虽然为了打击敌人而不择手段，什么阴招、坏招、损招都能想出来，而且在维持军纪时相当严厉，但他在城里军民中的口碑却是相当好的。“战士困苦，必手自注汤[illegible]酒，温言慰劳；如害，则立棺衿，哭奠而殓之；接见敢死士，则不名，称兄弟。”所以大家无论是对于“日坐卧城上，与民共甘苦，战则当先”的陈明遇还是昼夜不寝地巡城查岗的阎应元，都是极为尊重的。

当然除了上述的这些原因外，据说江阴军民对阎应元敬若神明其实还有这么一个看似迷信的原因。据史料《江阴城守后纪》的描述：阎应元生得躯干丰硕，双眉卓竖，目细而长曲，面赤有须。每次巡城，身边有一人执大刀跟随左右，颇有云长再生之感。清兵望见，以为天神。这里提到的云长就是我们敬爱的关羽，所以这样看来大家服从阎应元指挥还基于对阎应元就是关公关老爷再世的这一认识。

虽然现在看来这一段记载有些可笑，甚至令人感到有些无厘头，但是我们从这些文字记载中确实能感受到当时江阴百姓对阎应元的尊敬。

对同志要像春天一样温暖，对敌人要像严冬一样残酷无情。或许这句话才是对阎应元的行为和这个复杂的人的最佳诠释。

刘良佐虽然在攻城方面没有什么大的进展，但我们不得不承认在“围点打援”方面，他还是有两把刷子的。

江阴被重重包围后，附近的各路抗清武装纷纷赶来援助。明宗室义阳王派兵来援，被清军在砂山击败；秀才金矿会集精勇四百余人来援，也被刘良佐用铁骑三千拦截在周庄附近，以致全军俱没。

甚至有一支阎应元未曾料到的武装也加入了增援江阴的战斗中。这支援军就是阎应元任江阴典史期间击败的顾三麻子带领的海寇。顾三麻子虽然也就是个海盗，但他却是个有原则的海盗。因为他认为“盗亦有道”，抢劫越货不过是人民内部矛盾，而抗击清军反对剃发则是涉及民族安危的大事。所以在听说阎应元领导江阴军民在与几倍于己的清军死磕时，顾三麻子便率自己的舟师来援。经过接连三日的苦战，靠海吃饭的海盗还是在靠砍人谋生的清朝正规军猛攻下战败，顾三麻子无奈扬帆远去。

外来的援兵不是被打败了就是被歼灭了，所以此时在清军面前的江阴是一座名副其实的孤城。

既然是孤城，那么劝降的可能性就大大增加了，因此刘良佐再次要求江阴举城

投降。刘良佐这次将大本营移到了十方庵，派十方庵的和尚们跑到城边陈说利害，劝江阴军民早降。但是城中的军民立场很坚定，纷纷表示愿以死报国，要求和尚们赶紧离开。当晚，不知道是这些出家人的慈悲之心又产生了作用，还是刘良佐仍旧不肯死心，这帮僧人又来劝降，结果当然与白天相同，再次被众人遣走。

按理说一个月内劝降了无数次都被回绝了，换成一般人也就不再动这个心思了。但刘良佐估计是二杆子精神大爆发，第二天竟然亲自出来喊话劝降（策马近城谕降），并且要求阎应元出面答话。

刘良佐发自肺腑地喊道："朱由崧已经被抓到北京了，江南也几乎被拿下。如果足下愿意转祸为福，爵位一定不在良佐之下，何自苦如此？"

"江阴士民，三百年来食毛践土，深戴国恩，不忍望风降附。应元是中国典史，深知大义所在，绝不服事鞑靼。将军位为侯伯，掌握重兵，进不能恢复中原，退不能保障江左，有何面目见我江东忠义士民！"

刘良佐无话可说，只好离去。

刘良佐刚走不久，清廷又派人来到城外的清军大营，告诉刘良佐：你得再去一趟，劝江阴士民接受招安。

听说刘良佐去而复返，而且一回来还是要求江阴投降。阎应元的忍耐终于到达了极限。

"有降将军，无降典史。"

伴随着坚决表态的是城上发射的火箭。刘良佐只好在"江阴人没救了"的叹息声中，结束了清军对江阴的第一阶段的进攻。

七月十九日，努尔哈赤的亲孙子、饶余郡王阿巴泰的第三子博洛抵达江阴前线，接手了江阴战事的指挥权。这标志着江阴之战开始进入第二阶段，也是最后一个阶段。

十万人打一个小小的县城，打了近一个多月竟然还没打下来，而且部队已伤亡上万人，连带着还搭进去了几员大将！多铎得知这一消息后，极为震怒。要知道，自从入关以来清军几乎是所向无敌的，不管对手是拥有数十万军队的李自成还是平定左梦庚叛乱的猛将黄得功，清军一路下来基本上没有遇到过什么大的障碍。而现在却在一座小城、一个小吏面前栽了大跟头，因此多铎深感气愤。于是愤怒之余，他决定加大江阴战事的筹码，务必要给那个不自量力、螳臂当车的无名小卒一点颜色看看。

为此，多铎先给恭顺王孔有德下达了"率所部兵协攻"的命令，接着又派贝勒博洛和贝勒尼堪带领真正的满洲兵携红衣大炮前往攻城。

然而这时的多铎似乎忘记了一个道理：战场如赌场，往往押上的越多，赔出去的也越多。

这个博洛堪称满洲皇室第三代中最能打的人之一。他在二十岁时就已是多铎麾下的一员猛将，曾跟随多铎数次出征，什么硬仗难仗找死仗几乎都打过，有二十余年的戎马生涯，所以作战经验十分丰富，是个极为难对付的对手。接到多铎的命令时，博洛刚刚攻克了松江。为了尽快为多铎了却这个心头之患，博洛在军队稍加整顿后，就统率所部二十万大军奔赴江阴城下。

到达江阴城外的第一件事当然就是惩戒办事不力者。再讲得具体点就是处理刘良佐。于是这位曾任明朝伯爵、手握重兵的四镇总兵，在众目睽睽之下被新任的统帅喝令拉了出去。鉴于刘良佐还是有点功绩的，所以博洛给予的惩罚不是杀头而是打屁股。即便如此，后来刘良佐对人提到此事时还时常是气得不行。

自己人打完了，接下来就该让我们开开眼，看看您是怎么打击敌人的吧。

不过博洛的回答却是，先不用着急。

博洛之所以这么说，是因为他认为这仗也许可以不战而胜。这一切的自信则来源于博洛随军带来的两个人。

博洛带领的清军在进军松江途中，与黄蜚、吴志葵领导的明军在太湖相遇，于是仇人见面分外眼红，双方就此展开了遭遇战。这场战斗的结果则是黄蜚、吴志葵二人兵败被俘，所部明军全军覆没。

俘获这两人之后，博洛并没有杀掉他们，而是将二人囚禁在军中，以备不时之需。到达江阴后，博洛认为用到这两个人的时机终于到了。于是他命人将被绑缚起来的黄蜚、吴志葵押到十方庵，命令他们作书劝降。

黄蜚明确表示拒绝："我在城中没有相识，写了劝降书又有何用？"博洛觉得黄蜚的话有道理，于是改变主意，派人将二人送到城下，让他们凭借现场发挥来劝降江阴军民。

到了城下，吴志葵大声呼吁江阴军民早降，然而黄蜚却默不作声。就在吴志葵涕泪交加，情词悲楚以至于不能自控的时候，阎应元出现了。

"汝不能斩将立功，一朝为所缚，自应速死！"

吴志葵听后，面向江阴城，拜泣而去。黄蜚则还是默不作声，跟着离开了。或许他们已经预感到此番回去后的那个必然的结果。

劝降失败，博洛这回开始认真起来。在黄蜚、吴志葵与城上对话的同时，博洛也没有闲着。他趁此机会登到高处观察了江阴城的全貌，接着向部将说出了攻破江阴的方法：此城舟形，攻两端于大局无伤，必须从中间要害处下手。

博洛是这么想的，当然也是这么做的。

第二天，即七月二十日，战斗再次打响。

清军鼓吹前导，再次向着眼前这座残破不堪的城池发动了最为猛烈的攻势。因为这次主帅博洛下达了死命令：限攻城部队在规定的期限内破城，否则将校以下将全部受罚。

也就是说，倘若不在冲锋爬墙中战死，就很有可能被上面整死，所以算起来还是阵亡的好，至少家里还能有笔抚恤金拿。因此这回上阵的清军士兵横下心来，在后方炮火的掩护下不要命地往前冲，前一批刚躺下后边马上就有顶替上来的。清军的神机营则先是向南门发炮，炮弹击中之处，石泥俱碎，城墙崩塌，这回真的是想补也补不了了。

清军的炮之所以如此彪悍，是因为他们用的是博洛大老远从南京运来的几十门红衣大炮。

所谓红衣大炮其实也就是明军神机营长期装配的红夷大炮。清廷认为自己在明朝人眼中看来就是“夷”，忌讳这个字眼就给改了名字。对于红衣大炮这玩意儿，凡是用过的人都说好。这是因为此炮系纯进口货，且完全由国外生产组装，其优点是威力大、打得远还不炸膛，所以一经引进就博得了一致的好评。无论是当年的宁远大捷还是锦州大捷，明军可以接连打败战斗力极强的清军骑兵，应该说有很大一部分的原因是仰仗于它。

但现在麻烦的问题却是，清军用来打江阴的就是这些武器，那该怎么办？对于这个问题，答案其实很简单但又很无奈，只能凉拌了。

这红衣大炮实在强悍得过分，所以在没有火箭筒和手榴弹的当时，阎应元只能眼睁睁地看着这座本来就不是很牢固的小小县城在大炮的怒吼声中土崩瓦解。

据当事人的记载，当时有一个士兵立于城头之上，他的头随着射来的炮弹飞去，而身体却依旧僵立不倒；另一个人则是胸背都被打穿，也仍直立在那里。由此可见，这二百门火炮的威力还不是太大，而是特别的大。

按理说，此时城中军民面对清军的凌厉攻势和大炮的死亡威胁，应该已经恐惧和困乏到了极点。清兵只要能安全爬上那残破不堪的城墙，这江阴就基本算是拿下了。

但事实却并非如此。

面对汹涌而来的清兵，守军在阎应元与陈明遇忙碌身影的指挥下仍继续坚守，并拿出了城中所有的大炮，接着燃火发炮，与清军阵地对轰。虽然没有详细的资料显示江阴是否也有红夷大炮，但是实践证明，选择与敌对轰对江阴的守军来说，实在是没有选择的情况下最好的选择。

清兵当即被城上的大炮击死无数，其进攻态势也有了一定的减弱。

于是趁清军攻势减弱的时机，阎应元发布了一道令人十分难以理解的命令：快去把城中所有的空棺材都搬过来！

下属有点晕：这城池还没失陷呢，您也还不用殉国，您这着急要哪门子的棺材啊？

阎应元似乎看出了大家的疑惑，一句话就驱散了疑云：快去取来用以修补城墙。

空棺材还能用来补城墙？虽然个别脑子转得不快的人一时还不能理解，但当看到阎应元一脸严肃，赶紧纷纷照做了。

有一则广告语告诉我们：一切皆有可能。还有一句则和它差不多：只有你想不到的，没有你做不到的。

空棺材到底能不能发挥其除了装尸体外的其他作用，还得看它在谁的手里。在阎应元的手里，这东西确实是能用来补城墙的。具体的使用法如下：

对于那些城墙裂开的地方，守城的人先用铁叶裹住，再用铁块将它护起来，然后大家再用空棺装上实土，去填补毁坏的地方，这样就行了。但是为了防止敌人采用火攻，火攻专家阎应元还特地嘱咐大家，最后一定要用棉絮浸水覆在城墙上。以上就是全部的工作流程。如果有兴趣的人不妨试试。于是在阎应元的发明创造下，江阴原本已经塌陷的城墙又在清军眼前奇迹般再次站立起来，并为之后江阴军民的继续抵抗奠定了坚实的城墙基础。

当时，东、西、南面三门都有不少人在坚守，只有北门的人比较少。所以贝勒博洛叫人竹笼盛放火药，抬到君山脚下，并命放弹的人用竹栈包泥，躲在旁边伺机进攻。发弹的时候，就抹去其中的泥土，然后装上火药再放，连珠不绝。城上的守兵每次想予以还击，都会因为射出去的铅子、铁弹打到了松软的泥土就停住了，所以一直不能伤到他们。但是阎应元却很快想出了办法，命人把陈瑞之的儿子制造出的火砖、木铳拿过来用。果然不出所料，这批原本看似难缠的清军没几分钟的工夫就全被解决了。

在炮轰的同时，清军再次派出了高手。当时攻城战已经打到了中午，守城的士兵们才开始吃饭。陈明遇却突然听到了铁器敲碰岩石发出的“铮铮”声，于是马上警觉了起来。他往下一看，果然发现有情况。

原来在博洛的命令下，六员全身配备各种武器且身穿重甲的清将，正在用铁钉插在城墙的缝隙上，慢慢地向上爬。看起来似乎是要仿效之前的那名满将，对城上来个突然袭击。而接下来的场景也跟当初比较相似，守军用火枪、弓箭反击，完全没有效果，用刀斧砍也不能伤到人家，所以城上的人一时之间都有些紧张。

上次来的那一个还是大家一起动手好不容易才杀死的，这回竟一下子上来了六个，江阴看来十分危险了。然而焦急的神情在守军的脸上并没停留太久，就被笑容

取代了。因为随着六名清将越来越接近，城头视力比较好的士兵就发现了敌人的漏洞：这一批清将的脸庞部分同样是没有盔甲遮挡的！

有了上回的惨痛教训还不吸取，那俺们也就不跟你客气了。于是在陈明遇的带领下，守兵们再次重复了当时的那几步动作：瞄准，戳刺。被枪刺中脸部后，六名清将这回连城墙都没有爬到头就去找那位满将前辈做伴去了。其余的清兵见偷袭失败，也赶忙退走了。

虽然好歹守住了城，阎应元却不得不面对一个新的难题：城中的箭用完了。箭没了是可以再造的，不过问题是现在连造箭的材料都用光了，这可就麻烦大了。要知道当时虽然已经有了火枪，但火枪的射程却远远比不上弓箭，因此如果到明天还不能想出一个可以妥善解决的好方法，天一亮有枪的士兵们还可以放枪，没有枪的士兵就只能靠丢石头来远距离打击敌人了。好在阎应元不仅与诸葛亮一样喜欢用火攻，还成功地做到了传说中诸葛亮干的另一件漂亮事儿：借箭。

同样是借箭，但由于所处环境不同，所以借的方法也应该不同，这才符合我们常说的具体问题具体分析的要求。因而当年诸葛亮用的是草船，而这次阎应元用的则是草人。

当天晚上，正在营外巡逻的清军士兵突然发现，江阴城上一下子用绳子缒下来上百个黑影，于是有着丰富的被劫营经验的清军就马上判断，这是阎应元又一次想要派敢死队来偷袭。所以在请示了相关领导后，营中士兵仅凭弓箭就给予了前来偷袭的敢死队以全歼的打击。

数万支箭就这样射过去了。当然对于这些不要白不要、要了不白要的东西，阎应元也来者不拒，全部打包带了回去。准备第二天打仗时再给人家射还回去。

二十八日，清兵再攻北城并集中火力炮击北城的一角，直接导致北城城墙再次开裂。阎应元闻讯，亲自带领守军和抢修队前去修补。可就在阎应元指挥部队与乘势抢城的清兵作战时，一颗铁弹击中了阎应元的右臂。就在部将想搀扶阎应元下场疗伤时，我们的阎应元却再次用自己的行动，向我们证明了什么才是真正的彪悍，什么才算真正的纯爷们儿。

据记载，右臂负伤的阎应元似乎对负伤压根儿没有什么感觉，方才的那一击带给他的唯一影响只是改用左手握长矛罢了。没一会儿工夫，阎应元就凭借着他过硬的身体素质与高超武艺格杀了数名清兵。

主将都已经不要命了，当小兵的如果再不玩命，怎么也说不过去了。于是在阎硬汉的鼓舞下，守军士兵气势大振，奋勇杀敌，再一次击退了清军并成功地掩护了修墙的任务。

博洛听说阎应元受伤了，十分高兴。因此等到夜晚一过去，再次命令清兵攻打北城，以便让阎应元得不到有效的治疗时间，最好是伤重而死。

对于这一点，阎应元却早有准备。毕竟他伤的是胳膊不是脑子，所以早就考虑到如果清军第二天接着打北门，北门一定会受不了的。于是阎应元命令北城的士兵们，明天一早登城防御时，每人务必找来一块石头。

到了天明集合的时候，阎应元下达了这日防守的第一道命令：堆！顷刻之间，像山一样高的石头堆就拔地而起，这就等于又在城墙里面筑了一重墙。所以外面的清兵眼看打了半天也不能攻破，就转而去攻打南城。

南门的守将汪把总虽然只是个把总，可也不是吃素的。在大炮的帮助下，南城的守军也打退了敌人的进攻并杀伤了清军几千人。

博洛眼看这一打又拖了将近一个月，而且同样是久攻不下。为了避免今后被大家划到与刘良佐们同等的层次内，博洛决定重新劝降。

不久，博洛派人向城中带去了新的谈判条件。博洛声称，只要江阴肯拔去大明中兴的旗号，四门悬挂大清旗号并斩杀带头起义的那几个人，其余的江阴百姓士兵可以一概不论。而自己也可以保证即使江阴百姓不剃发也会撤兵。阎应元在朝廷里摸爬滚打的时候博洛可能还在吃奶呢，对于这种从《三国演义》上学来的反间计，阎应元都懒得理他，于是阎应元对博洛派来的使者放了话："只斩我一人？也不是不可以。但我又没有罪，凭什么杀我！"

博洛没办法，只好又称，只要在四城竖起四面大清旗，也会立刻退兵。对于这一要求，史书上记载的回应则更为简单："（阎）应元知有诈，不应。"

虽然每次攻城都是无果而终，博洛仍不想放弃。对此，前明军门督军王海防主动请缨，前去劝降，并称江阴归顺后绝对会禁止杀掠。但热脸贴到了冷屁股，城里还是没有反应。最后摄政王多尔衮亲自上阵，派人从北京远道送来了晓谕招安的文书，命博洛派人用箭射入城中。

要说还是做领导的有水平。因为多尔衮的这封招降书既无什么长篇大论也没有什么封官许愿，只是简简单单的八个字：汝明已亡，何苦死守？

是啊，你们的皇帝都没了，都城也投降了，你们区区一座小小的县城为什么要继续费力不讨好地与这么多人死磕呢？这是何苦啊！

是的，我们的国家确实已经灭亡了，我们的君主也被敌人俘虏了，我们的国都确实也沦陷了。但是，我还在这里；我们还在这里，为了一个共同的东西而奋斗着，而坚持着，那就是大明最后的尊严！

所以阎应元命人在多尔衮的劝降书后补上这样的几句话："愿受炮打，宁死不降！"随即射还清兵。

清廷的多次劝降虽然没有动动阎应元，但城内已经有人开始犹豫。然而大家却

因阎应元镇守的北门始终誓死固守，而同样放弃了这最后一次的投降机会。

八月初八，这天，雨很大。江阴军民站在雨中守城，任凭清军如何炮轰，也依旧一点投降的意思也没有。夜半时分，阎应元派善于游泳的部将陈宪饮悄悄渡过护城河，钉死了清兵的炮眼，使得清军的炮击不得不迟缓了两天，不能全力攻城。阎应元则趁此良机，带领城里的所有工匠连夜修好或加固了所有的城垛。

其实堵炮眼不是办法。一旦清军将炮筒疏通好，日夜不绝的炮轰仍将会继续。阎应元对于这一点是心知肚明，但他真正能够做到的也只有这些了。

不过在接下来的几天里，修好了大炮的清军却不急于动手，甚至不再进攻，而守军也乐得不再防守。这是因为大家都在忙着同一件事情：过节。

二十多万清军已经在江阴被拖了近两个月，转眼间一直打到中秋。

要知道，尽管博洛和刘良佐手下的部队也被称作清军，但他们中的绝大多数人都还是汉人。既然是汉人就必须要过自己的传统节日，所以被硝烟笼罩了一段时日的江阴终于迎来了暂时的和平。

八月十三日，距中秋还有两天。此时的江阴城内因被困得太久，粮食越来越少，只能靠征集民间的米以备缺乏。而为了能再多坚持一段时间，阎应元下令两日领一次米，且不得预先领取。此时已近中秋佳节，如果不发些东西鼓舞一番日渐低落的士气是绝对不行的。因此阎应元决定向百姓发放赏月用的月饼和酒、菜等。到了中秋之日，城中同意让百姓带酒登城，举杯痛饮。

秀才许用模仿楚歌，作《五更传》曲，令善歌者登高传唱，城内的居民则用笙笛箫鼓相和。一时之间，天无纤翳，皓月当空，清露薄野，剑戟无声。唯有那略显悲壮的歌声回荡在云霄之端。深夜寂静，万籁无声，就连城外的清兵也听到了这首歌，以至于他们争向靠前倾听，或怒骂，或悲叹，或哭泣。城上城下几乎每个人都已经忘记了这是在残酷的战场，而再过不久城内城外又将是你死我活的敌人。

不过即便如此，所有的一切在此时看来似乎也不再那么重要了。

如此悲壮的欢乐，一直持续了三天。

本来应该欢欢喜喜的中秋节会变得如此充满悲伤，这一切似乎是因为城内的居民都隐约产生了同样的预感：现在的江阴已经到达它的极限。

没错，此时江阴城内伤亡惨重，拥有战斗力的人员日渐减少，尚能战斗的士兵也因为昼夜守御而开始备感疲惫。再加上城中的粮食紧缺，甚至连石灰的供应也出现了短缺，以致不能再乘夜修补好在白天被炮火轰塌的城墙。一切都看似到了尽头，即使换成历史上任何一个名将，相信也是一定无法守住江阴的。对于这一点，城里的大家都很清楚，于是江阴内部渐渐开始有人出城投降，虽然这些只是极少数。剩下的大多数人也做出了他们最终的选择：与江阴共存亡。

八月二十日，清兵开始了新的一轮攻势，主攻东北城。真正意义上的生死决战也就要开始了。

不过就在大战即将开始前，一个偶发事件差一点就改变了当时的整个战局。清军统帅博洛为了尽快拿下江阴，就带领了四十多名骑兵绕到江阴城旁的君山青龙庵观察地形，但被城上的人看见了。城上的士兵虽然不知道这个人就是博洛，但也是预料到至少是个高级将领。于是一时之间，大炮和弩箭齐发，博洛身边的骑兵一下子被打死了很多，而博洛也拨马就跑，这才捡回了一条命来。

此时清军又从南京运来了二十四座大炮，而且据史书记载，这些大炮比以前的更大，因此每条运输船只能载一座。与此同时，清兵搜刮沿城百姓家的铁器铸造炮弹，每颗重二十斤（收沿城民家锅铁，铸弹子重二十斤纳大炮中，用长竹笼盛炮），所以现在可用于攻打江阴城火炮，其总数已经达到了创纪录的二百五十门了。

不要说史可法了，就连李自成也没享受过如此的重视与“待遇”。

除了添置大炮外，清军又修筑了许多土垄，以躲避守军的弓箭和石块。清军之所以上上下下都准备得相当之充分，是因为被江阴惹急了的博洛规定了最后的破城期限：三天。

三日内必须拿下江阴，不然死的就是你们。

于是真正无间断不打烊的炮轰就此开始。

当夜二更，江阴的城墙在大炮的连续轰击下全部被轰塌。接下来天降大雨，似乎在预示着一切的终结。

二十一日晨，博洛还嫌江阴城墙塌得不彻底，又令数百人把二百余座大炮全部搬到花家坝，专打东北城。“铁子入城，穿透洞门十三重，树亦穿过数重，落地深数尺。”当日雨势更加急骤，清军在城外支起牛皮帐保护大炮和火药不被雨水淋湿，而此时的城头却是一片死寂。

当时城上的守军因为清军炮火过于猛烈，所以一见有人燃火，就马上躲到围墙后面防止受伤。而且往往要等炮声过后，才再次登上城楼防守。清兵看到这种情况后，就故意放空炮，并让炮中只放狼烟（作用类似于今天的烟幕弹），搞得附近空气质量极度之差，“烟漫障天，咫尺莫辨”。守城的士兵只能听到炮响，却看不清外面的确切情况，所以不知道清军其实已经在炮火的掩护下渡过了护城河。等到爬完城墙的清军士兵从烟雾中现身并蜂拥突上砍杀守军时，众人才知道自己被忽悠了，但是此时一切都已经来不及了。

很快，江阴向来坚固的防御体系就完全崩溃了。江阴终于被攻陷了。

据说当时有一部分清兵上城时，正好看到有一队民兵正在对城列阵。几个月来，这些苦大兵们被阎应元耍计谋玩得怕了，所以清兵怕有埋伏，竟然僵持了大半

天都不敢进攻。一直等到了黄昏时，城中的居民得知江阴失陷而陷入混乱时，这部分清兵才敢开始行动。

城破后，阎应元气定神闲，端坐在东城敌楼上，因为他刚刚提笔在城门楼门上题下了他最后的留给世人的一句话：

八十日带发效忠，表太祖十七朝人物；
十万人同心死义，留大明三百里江山。

阎应元写完题词后，跃上战马，带领身边仅有的千余人奔赴城中展开巷战。在击杀了部分清兵后，阎应元打算带领部队夺门西出，但没有成功。而当他再次环视四周时，身边已经遍是清兵。

时至今日，唯有一死报国了。于是阎应元对部下说道："为我谢百姓，我报国事尽矣。"说罢拔出短刀，刺胸自尽，未死，再投入湖中。

阎应元想投水殉国，旁边的人却不答应。当时在阎应元身旁的市民陆正先见他投水，就马上跑过去把他给拉出了水面。阎应元人刚被救出来，恰好刘良佐的部下就赶到了。清兵一拥而上，终于将这个阻挡了他们近三个月的小吏抓了起来。

当清兵押着阎应元回到清营领赏时，刘良佐正坐在乾明佛殿上，焦急地等待着结果。远远看见阎应元被押来了，刘良佐就跳了起来，快步走到了这位宿敌先生的面前。

按照古装电视剧中的故事发展情节来看，倘若交战双方中的一方主帅战败被擒，另一方的主帅一定会幸灾乐祸一番，即便是不好好羞辱一下，"早知今日，何必当初"这类的话肯定也是少不了的。但是迎面向阎应元走来的刘良佐却并没有像电视剧中演的那样做。

真正近距离见到了这位曾经多次让自己尴尬不已且吃尽苦头的对手，刘良佐伸出两只手拍了拍阎应元的肩膀，而后开始失声痛哭。

我们有理由相信，刘良佐的眼泪并不是"鳄鱼的眼泪"或猫哭耗子假慈悲，应该是发自内心的对一个极具军事天赋的无畏的守城者的肯定，对眼前的这位敌人的高尚气节的崇高敬意。

阎应元抬头看了看这位已经哭得不成样子的昔日敌人，微微一笑："何必哭呢？事情到了这个地步，只有一死罢了，快杀我！"

刘良佐本来还想说些什么，但由于在县衙里的主帅博洛也着急要见阎应元，士兵就将人先带走了。阎应元到了堂上，见到了博洛也不打个招呼，而是挺立不屈，背向博洛，开始大骂。不过博洛似乎对于这个能够抵挡扫平江南、所向无敌的清军近三个月之久的小吏十分景仰，所以虽然挨了骂，博洛也不怎么生气。就在阎应元大骂清廷时，在场的一个清军士卒用长枪刺中了阎应元的小腿，顿时血流如注，阎应元倒了下去。

杀了我们那么多的人，害了我们受那么多的苦，到现在都当俘虏了，还敢如此狂妄！清兵们很愤怒。

日暮时分，阎应元被囚禁在栖霞庵。据说那一天的夜里，庵里不断传出“速杀我”的叫喊。然而到天明的时候，喊声停止了。因为阎应元终于遇害了。

阎应元死后，他的家丁还有十多人，但都因不愿投降而被杀。而那个曾把阎应元从水中救起的百姓陆正先也跟着阎应元一同被捕，继而遇害。

阎应元死了，但是陈明遇仍然还在坚持。在自家男女老幼四十三人阖门自焚殉国后，陈明遇孤身一人持刀到兵备道前下马与清兵肉搏。在亲手砍杀了几名清兵后，陈明遇已是身负重伤，此时的他虽然还用手握着刀，但实际上却耗尽了自己所有的体力。

越来越多的清军士兵缓缓地从四面八方向这个人聚拢过来时，才发现这个敌人早已经没有了呼吸。他之所以没有倒下，是因为他在临终前一刻一直靠在一堵已经塌陷了大半的墙壁上（握刀僵立，死时，身倚墙边，屹立不倒）。

他是力竭而死的，而且直至最后他也没有倒下。

“我会为江阴战斗到自己生命的最后一刻！”当时在江阴百姓面前立下的铮铮誓言，今天的他做到了。

训导冯厚敦穿着公服在最初宣布起事的明伦堂自缢，他的妻子和姐姐投井而死。中书戚勋和首倡抗清的书生许用举家自焚而死。

读书人许王家被清军拘押时，有人劝他说：“你不过是前明的一个普通的读书人罢了，况且你并没有做过明朝的官、接受过朝廷的俸禄，何必以身为它殉葬呢？”许王家回答道：“君臣间的道义，难道还需要考虑有没有当上官吗？你们不用再劝我了。”随即英勇就义。

同为书生的笪某，在被清军抓获之后，临刑前也叹道：“我一介小人，今日得之士大夫之烈，为忠义而死，死之犹生也。”神色不变而死。

八月二十二日，清军开始屠城，以发泄他们心中的愤懑与仇恨。但与此同时，不愿意投降的民兵还在巷战不已。最后清兵凭借优势兵力和火攻，才终于击败了他们，并将城内的民兵基本杀尽。接着清军下令从东门出去的不杀，然而城内的百姓却很少有人前往东门求活。江阴百姓的顽固更加激怒了清军，于是军中又下达了十三岁以下的童子不杀、其余人等一律杀绝的命令，因此自扬州之后江阴再次遭遇了悲惨的屠杀。

二十三日，封刀止杀。午后，清廷出榜安民。而此时此刻城中的人却已所剩无几。侥幸活下来的人要么是躲在寺观塔上的隐僻处，要不然就是和尚，共计才有大小五十三人。以至于次年正月，合城百姓无一人不披麻戴孝，为在这场战役中丧生的人哀悼。

江阴一役，守城八十一天，城里九万七千余人丧生。据保守估计，清军的损失则大致在七万五千余人。



有明之季，士林无羞恶之心。居高官、享重名者，以蒙面乞降为得意；而封疆大帅，无不反戈内向。独阎、陈二典史乃于一城见义。向使守京口如是，则江南不至拱手献人矣。

本人以为，此言甚是。

阎应元，北京通州人。身材魁伟，面庞微黑，唇生少髭，性格严肃果断，机智有谋略，娴熟于骑射。崇祯中，始为小吏员。后转为江阴典史，辅助知县主持缉捕、监狱之事，多有功劳。

十七年以防御海盗有功加都司衔，升广东英德县主簿，道阻未去，而寓居江阴外东乡镇。弘光元年（1645），清兵南下，席卷江淮，继而下令剃发。然江阴数万百姓为保中华发服愤而起义，以典史陈明遇为首领导抗清战事。后因清兵逼临，江阴势危。首领陈明遇与百姓共请阎应元统领守城大事。

阎应元应邀力担重任，坚守城池。以九万军民血战八十一天，抵御二十四万强敌，并数破清军，总计杀敌七万五千余人，并使清廷折三王、十八员大将。然终因清军调集大炮强攻，城池毁损，而不幸被俘遇害。

在这看上去并不算很长的八十一天里，这位小吏出身、未受过任何专业化军事训练和教育的阎典史，凭借着自己的杰出的军事天赋和无与伦比的战术头脑，几乎使用了三十六计中的所有计谋，诈降、设伏、火攻、草人借箭、装神弄鬼、声东击西、夜袭敌营、城头楚歌，不一而足。阎应元也因其率军民死守抗清的出色表现而驰名天下。

一百多年后，有个人偶然得知了这段由一个明朝小吏创造的壮举后，曾经公开对其人大加赞赏。毕竟当时已经是清朝了，而且朝廷还喜欢时不时搞一两次文字狱，打压一下汉人的反抗情绪，所以如果有人敢于在公共场合对这位曾让清军很丢脸的阎应元表示推崇，不用说是一件极其危险的行为，而且弄不好是要掉脑袋的。但是，这个人不但大大地夸赞了阎应元，接着还又使劲地把后来在东南沿海坚持抗清达十余年的郑成功也说得很好很伟大，而且还对外大肆宣扬，唯恐大家不知道这话是他说的。然而令人感到奇怪的是，这个人发表完这些言论后，却嘛事儿没有，官府也无动于衷不去制止。

之所以会产生如此令人难以理解的事情，是因为说这番话的不是别人，而是清高宗，即大家十分熟悉的乾隆帝是也。

据说乾隆帝深受阎应元抗清英勇事迹的感动（奇了怪了，你有什么好感动的？），便赐他谥号为“忠烈”。又过了十多年，道光十七年（1837），通州知州李宣范为表彰和祭祀这位抗清英雄，在旧城大关庙西侧建造了一所阎忠烈公祠，以示崇敬。

有人跟我说过这样的话：“人这一辈子，活着本来就是一件很不容易的事儿。”我很同意他的这个观点，但在此时我想有必要再补一句：人在百年之后，还能经常被人怀念和谈论，则是更为难得的事情了。

即使是有诸多的不易，但阎应元做到了，而且他所能做到的也许也是我们穷其一生都难以办到的事情，所以我们怀念他，铭记他。

只因他为我们证明了一个道理：小人物只要敢担当，也会有机会成就不朽！

# 第十七章 脊梁

从古至今，战争中最令人不齿的就是两件事：一件是杀俘（杀降），另一件就是屠城。

清军自入关以来虽然第一件事没怎么干，但是第二件事却没少干，比如扬州和江阴就是其中比较著名的两回。但如果有人要问，有没有比扬州和江阴的遭遇更惨的，别说，还真有，这座城市就是嘉定。

嘉定之所以会比扬州、江阴更为悲惨，这是因为遭到了三次大规模的屠城，即史上著名的事件——嘉定三屠。

嘉定事件的起因和发生时间其实与江阴极为相似，都是因为知县强制推行剃发令，而城中百姓不愿意换发式变衣冠，于是城郊居民就干脆一呼而起，起义顿时爆发，并打败来剿清军，从此走上了抗清反剃发斗争的道路。而且两座城市都是在六月份左右开始行动的。但是最后的成果却有天壤之别。

江阴打了三个月并且给清军造成了南下以来最为严重的打击，然而嘉定就战绩平平。唯一值得说的，就是在战斗中打死来镇压嘉定起义的清将李成栋的弟弟李成林这件事了。

当时领导嘉定地区抗清运动的人也主要有两个，但级别却比阎应元与陈明遇高出的不是很多，而是非常的多。

嘉定城的第一号守卫者名叫侯峒曾，字豫瞻，苏州嘉定（今属上海）人，天启五年进士。此人为人正直，为官廉洁，在任南部文选主事时，被誉为“南部三清”

之一。他曾任南明弘光朝的通政司左通政（三品），地位相对于不上道的阎应元来说，那真是相当显赫。他的助手、嘉定地区排名第二的守卫者黄淳耀也不是一般人。

黄淳耀，字蕴生，崇祯年间进士。虽然他少时家境贫困，十岁才入私塾读书，但学习却极为刻苦，再加上他天资聪明，不到二十岁便有诗名，而且还很受当时江南比较著名的“嘉定四先生”之一程嘉燧的欣赏，并数次推荐给钱谦益，去做钱府的执教蒙馆，因而名重一时。

这两个人虽然都很有文化，名声也很大，但综合看来却有一个极为致命的弱点。而在本人看来，正是这一弱点导致他们没能取得阎应元的战果。

这个致命的弱点就是，他们并不真正懂得军事。

战争应该算是一门学问，而且是一门特别的学问。因为想要真正地了解并能够掌握它，不仅需要书本上的知识，比如说阅读一下《孙子兵法》等兵书，还通常需要一定的实践，即上阵杀敌或至少步入沙场见识一下战争的残酷与血腥。

当然，没有上过战场甚至没怎么看过兵书就会打仗（还是胜仗）的人确实也是有的，譬如洪承畴。鉴于这种人还是比较稀缺的，所以秀才干不过大兵，这是很容易理解的。

闰六月十七日，侯峒曾带领他的两个儿子侯元演、侯元洁与前明都察院观政、进士黄淳耀及弟黄渊耀，倡议守城，起兵守城。

第二天黎明，清兵就来攻罗店，在打败乡兵后入镇屠杀，居民上千人死难。后来侯峒曾为鼓舞军民的士气，便下令在嘉定城楼上悬挂了一面写着“嘉定恢剿义师”的大旗。同时在城楼上“集众公议”，决定“划地分守”嘉定城：南明诸生张锡眉率众守南门，南明国子监太学生朱长祚守北门，黄淳耀兄弟守西门，侯峒曾亲自守东门。

接着与江阴一样，嘉定军民也自制了各种武器。而且为了阻止清军进犯，侯峒曾又下令将城外各桥毁坏，还向嘉定总兵吴志葵（就是后来被博洛俘获送去劝阎应元投降的那位）请求支援。

前任左通政的面子是必须要给的，于是六月二十五日，吴志葵派遣手下游击蔡乔率兵支援嘉定，并扎营在嘉定城外，帮助侯大人守卫城池。然而这支部队在第二天一早就遭到了清军伏兵的袭击，被清军全歼，游击蔡乔当场战死。不过，在这里有必要说明一下，来援的明军被全歼，在本人看来其实是迟早的事，因为此次跑来帮手的明军人数也就只有二百多人，所以与其说吴总兵是派人来帮忙的，不如说他是叫这帮兄弟来送死的。

清兵获胜后，在回吴淞大本营时恰巧路过新泾桥。看到此地风景优美，生活富

庶，于是就顺便留了个纪念：纵火焚屋，鸡犬不留。在一番好抢好杀之后，清兵怀揣着满口袋的财宝，扬长而去。

仗还没有真正打起来，嘉定就接连遭到了洗劫，所以嘉定的老百姓们终于出离愤怒了。因而七月初一，各路乡兵共计十万余人会集在砖桥，与前来应战的清兵开展了决战。

但遗憾的是，虽然是被称作决战，战斗过程实际上还真没啥好写的。因为乡兵是一触即溃，一溃就跑，一跑就死，战斗的结果几乎是毫无悬念。清兵分左右两翼冲杀，乡兵大败，被追杀不计其数。接着获胜的清军又按照惯例，进入附近的娄塘镇抢掠一番后，回营去了。

之所以败得如此惨，其实还是那个原因，这里没人懂军事。乡里乡亲虽然基于保家护土的热情前来与敌人拼命，但是在没有名将的指挥下，贸然就进行了清军最擅长的野战，这个下场注定是比较悲惨的。

所以太仓清兵加入后，清军很快完成了对嘉定城的合围。随即开始攻城，并日夜炮轰。

乡兵虽然不擅长野战，守城技术还是拿得出手的。嘉定的民众虽在清军的炮火和进攻中“亡失甚众”，但仍顽强不屈。一旦有某段城墙被炮火轰塌，城内民众便及时用木料和充土布袋将缺口堵塞好。因而清军一连打了几天也未能攻破城池。

然而到了七月初四，嘉定已经撑不住了。当夜到五更，大雨滂沱，而守城军民已在城头连续守备了三昼夜，饮食几绝，因而渐不能支。于是清兵趁机潜伏城下，开始挖城墙，随着城墙一隅在炮声和清军的施工努力中轰然倒塌，清兵发动了急攻，攻破了东门，涌入城内。城内难民因街上砖石阻塞，不得逃生，“皆纷纷投河死，水为之不流”。

嘉定失陷时，侯峒曾正在东门城楼上。但他并没有题什么字也没有带领士兵进行巷战，而是拒绝了手下护卫出走的请求，赴水而死。他的两个儿子则在与清兵的白刃战中，身受数十刀后战死。黄淳耀、黄渊耀兄弟在同一个僧舍中自缢而亡。

嘉定的第一次反抗也就在黄、侯等人自杀殉国后宣告结束，并遭遇了第一轮的屠杀。清军杀了两万余人后，弃城而去。

不久，江东人朱瑛自封游击将军，率兵五十余人回到嘉定城，并会同城内存活下来的市民，再次将驻在城内的清军驱赶到城外，再度举起抗清的旗帜。于是清军在万国昌的率领下再次到来，开始了第二次的攻城。

比较不幸的是，这位朱瑛似乎也只能算是个军事爱好者，因此才进入城中不到两天，七月二十六日清晨，嘉定再次宣告沦陷。

对于嘉定市民的一再反抗，当时领兵的清军将领虽然表示很不理解和极为愤怒，但是考虑到曾经对嘉定进行过一次屠杀，所以一时之间也没有好意思再下达相同的命令。然而就在他打算抓完抗清分子便就此走人时，一个人说话了。

“若不剿绝，后必有变。”

发言者名叫浦嶂。关于这个人，我们只要知道他是个特别无耻的汉奸就可以了。

在浦嶂的极力撺掇下，清军开始了第二次屠城。由于清军破城的时间正好是黎明，因而城内的许多居民尚未起床，大家就这样在家中遭到飞来横祸。

然而厄运之神似乎特别垂青那个名为嘉定的城市，所以在接连两次惨绝人寰的屠城后，嘉定即将面临第三次腥风血雨的洗礼。

嘉定二次失陷刚刚过去整整一个月，八月二十六日，原南明吴淞守将冯献猷手下的绿营把总吴之番起兵抗清。很快，他带领的部队反攻嘉定城。城内清兵猝不及防，被吴之番部杀散。然而，这支军队的战斗力实在叫人不敢恭维。清兵得到消息后，又马上聚集到嘉定与吴之番部对战。按照史书记载，吴之番部见到清兵后，“一时溃散”。军兵表现很差劲，但是吴之番的表现却是可圈可点。据史载，吴之番在连杀数人后，因不能安定逃散的士兵而仰天大呼：“我死，或许是命中注定的。然而未战而溃，我死不瞑目！”说罢挺枪迎敌，在东门战死。

吴之番阵亡后，清兵顺利地涌入城内。恼怒的清军统帅第三次下达了屠城令。嘉定再遭浩劫，城内外又有两万多人被杀，这即是嘉定的第三屠。

三次屠城中，嘉定城内民众无一投降，即便没能像江阴那样取得赫赫战功，然而嘉定军民亦可堪称不朽！

其实说句实在话，在当时的那个时代背景下，无论是江阴还是嘉定，任何一个起义抗清的城市但凡处于清廷控制区内，都不可能会获得真正意义上的胜利。就算当时的江阴守军用枪炮射杀了跑去查看地形的博洛，而阎应元又再现神威一举击败了刘良佐，全歼了包围江阴的清军，江阴军民也不可能迎来最后的胜利。因为即便打死了博洛、刘良佐，消息传到北京后多尔衮一定会很生气，一生气所导致的结果必然是新的征讨。要么多先生带领人马亲自去江阴走一趟，要么多先生会派出比博洛更厉害、更能打的将领，带领人数更多、战斗力更强的军队前来一雪前耻。

不惜一切代价，务必要把江阴给我拿下！

也许事情真的如此发展，那么这句话必然是多尔衮一定要说的台词。而江阴要迎来的也将是更为严峻的挑战，一批来后，还有一批，这种情况会一直延续到江阴军民再也撑不下去的那天为止。

袁崇焕能凭借孤城弱兵取胜，那是因为在他的身后完全是大明的领土，所以袁崇焕只要能守住处于咽喉之地的宁远并且坚持下去，那就没其他问题了。因而在把老头努尔哈赤一炮干掉后，袁崇焕可以从容地看着后金军向着老家的方向悲伤地

离去。

而江阴无论打退了几次清军的包围，放眼望去，四周却仍然是清廷所控制的地区，而且新的敌人又会在逼近中。因而想要赢到最后，基本还是没戏。

但是不管最终的结果如何，以江阴和嘉定为代表的广大南方城市的抗清护发运动确实是打出了气势，打出了效果。据说后来隆武帝听说泾县和江阴百姓的事迹后，非常感动："我们朱家的子孙如果今后有遇见来自这两个县的百姓的，即便对方只是个小孩，我们也应当对他们表示尊敬。"（吾家子孙即遇此二县之人，虽三尺童子亦当怜而敬之）

江南的老百姓用自己的行动否定了当南京投降时钱谦益、赵之龙等人对多铎说的那句话："吴下民风柔弱，飞檄可定，无须用兵。"

谁言南人文弱？临危尽显豪情！

## 发服与道统

不过，也有人对江阴等地百姓的这一系列行为表示不理解：就为了不换发型和服饰而死了十多万人，这到底值不值？客观地说，如果只是为了不改变原有的生活方式，那真是太不值了。但是当时人之所以要不惜性命去维护它，那是因为它在广大汉族百姓心中是另一种不可撼动的事物的代表，而这件事物就是我们常听到的道统。

说到道统这个东西，似乎还真有点玄。因为它既看不见也摸不着，甚至没有人能真正地把它说得清清楚楚。然而，即便如此，仍有很多人依旧坚信，道统是存在的。只不过当它出现时，人们往往会用其他的名字来称呼它罢了。比如，有时道统可以被称为公平正义，有时又可称为民族气节、真理信仰，等等等等。

所以，为维护道统而舍命，这在那会儿是被大家视为义不容辞的事情的。

再者说，汉族自古以来就非常重视衣冠服饰。小孩子初进私塾读书，老师会先教一些基础课，而其中有一部必读的经典就是《孝经》。《孝经》第一章中就有这么几句："身体发肤，受之父母，不敢毁伤，孝之始也。"因此生活在中原的汉人和那些已经接受汉化的少数民族朋友们，在行冠礼（象征成年）之后就不可再剃发了，大家都要把头发绾成发髻盘在头顶并就这样一直保持下去。

而入主中原的满族人的发型，看上去就与以农耕生活为主的汉人有着很大的差异。由于近年来清宫戏很火，所以人人都知道当时清朝人的发型是什么样子：前颅头发剃光，露出锃光瓦亮的脑门，后脑的头发则留下来编成一条长辫垂在后背上。要知道，任何一个民族的生活习惯与方式其实都是由他们生活的环境所决定的。满族人也不例外。

由于整天生活在草原上与牲畜为伍，满族男子倘若不把发型弄成前半部分没头发、后半部分留辫子，可能会麻烦到不行。譬如说骑马打猎的时候，如果像中原一样弄成束发，说不定在马背上颠簸了几下，还没跑上几个来回，就该披头散发了，继而要是被散下来的长头发遮盖住眼睛的话，这很可能会导致刮蹭、追尾等交通事故。

况且在长期的游牧生活中，如果真留一头长发，也是很不卫生的。茫茫大草原上，什么样的生物没有？要是真的不剃头，那游牧民族男子们的头发注定将会成为类似虱子、跳蚤等小动物与小昆虫肥沃而美好家园。

因此，为了更好地适应逐水草而居的生活，满族人不得不剃发。而为了实现同化，不致像匈奴、契丹等民族一样被强大的汉族文明消融和汉化，所以也一定且必须让所有归降的明朝百姓留辫子、改服饰！

个人认为，老百姓不肯接受剃发令其实还有一个原因，那就是大家一致认为清廷要求的那种发型实在是太难看了！

当时清廷对外推行的剃发的标准其实并非是像现在我们在电视剧中看到的那样（将顶发四周边缘只剃去寸许，而中间保留长发、分三绺编成辫子一条垂在脑后）的样式，反而是一种让百姓们很难接受的样式，并且还有一个特定的称呼："金钱鼠尾"式。

头顶只有金钱大小一片头发，后面的头发则要求被蓄为手指粗细的小辫子。这才是那会儿的剃发标准即金钱鼠尾式的基本要求。而且这还不算是要求严格的，真正要追究起来，脑后的小辫子必须得能穿过铜钱的方孔才算合格。所以很早以前就有明朝人说女真人的头型是"剃发如僧"。

所以，一下子就让所有人都来留这种要多难看有多难看的阴阳头，广大群众在心理上不能承受，自然就不干了。

老百姓不高兴，自然要找政府，然而现在是多尔衮当家，所以行也得行，不行也得行。朝廷不管，老百姓自然就闹事儿了。而百姓闹事，清廷就自然要进行镇压。于是江阴、嘉定为什么会成为多尔衮乃至全国人民关注的焦点和对象，也就不难解释了。

对于剃发的事，不但民间的反对声很大，就连清廷内部不赞同的声音也很多。针对这些朝中反对的汉臣们，多尔衮的处理意见是比较简单的。

一个人反对，就是：杀！两个人反对，就是：杀！杀！三个人反对，就是：杀！杀！杀！反正不管有多少，只不过是多说几个杀字而已。

比如说，降清的前明大臣中比较出名的陈名夏。

陈名夏，字百史，江苏溧阳人。崇祯十六年（1643）进士。但这个说法应该算是很谦虚的，因为在那场考试中陈名夏的具体成绩是殿试一甲第三名（也就是我们常说的探花）。据说陈名夏还是“读万卷书行万里路”的忠诚践行者。他曾在山东、河北等地游学。喜结天下名士，为诸生时便已名重天下。人缘好，名气大，考试成绩又很好，于是陈名夏马上就成为当年各个政治势力或组织极力希望拉来入伙的对象。在众多政治派别伸出的橄榄枝中，当时的陈名夏最终做出了坚定的选择，并在大家的掌声中进入其中。

这个被他选中参加的组织叫复社。

陈名夏进入复社后，凭借自己的才学和出色的诗文写作能力，很快就成为复社的名士，并在崇祯朝中混得如鱼得水，左右逢源。先由翰林院修撰升为户科都给事中，接着又转任兵科都给事中。照这个速度来看，要进入大明帝国的政治中枢——内阁，也不过是十年之内的事。

然而就在陈名夏眼看前途一片光明的时候，麻烦来了。李自成打来了。

在北京城被攻破的十天前，陈名夏向崇祯建议召集山东义勇救援京师，但此时已经太晚了。京城很快便陷落了，陈名夏上吊自杀未果后，却不知道出于什么考虑，竟然在不久就投降了李自成。又没过多久，陈名夏趁乱跑到南京想投奔当时的弘光，然而因为听说阮大铖、马士英正在搞“顺案”，就又跑回了北方，并在保定巡抚王文奎推荐下入仕清朝。

降清之后，陈名夏的仕途仍然是一帆风顺，由原职干起，居然很快便被升为吏部尚书，加太子太保。几年后，又被授为弘文院大学士，进少保，兼太子太保衔，可谓是后生可畏，相当牛。

而让人感到诧异的是，最终改变这位仁兄命运的，竟是因私下议论时对别人说过的一句话：“只须留头发、复衣冠，天下即太平矣！”就因为这样的一句话，陈名夏遭到言官的弹劾，并最终被处以绞刑。

虽然朝中风声日紧，上面压力很大，但是明确表示反对的人却似乎并没有因此而退缩。

顺治二年十月，原任陕西河西道孔闻謤上书要求朝廷停止执行剃发令。因为在这位孔大人看来，自汉、唐、宋、金、元以迄明时，三千年来没有人曾经要求剃发易服的。而这之中不仅连现在满族人的祖先金国人和相对不屑中原文化的蒙古人都没有下过类似的命令，所以孔大人认为应该“诚以所守者是三代之遗规，不忍令其湮没也”，最好能按照旧制保留传统叫停剃发令。

对于如此无礼的请求，多尔衮自然是很不爽的，于是他很快对外公布了回复：“著革职永不叙用。”将孔闻謤炒了鱿鱼。没有杀掉孔闻謤，说实话，倒不是多尔衮不想杀，而是不敢杀。这是因为这位孔闻謤先生有个特别强悍的祖先，以至于即便是多尔衮这样权倾天下的主儿也不敢动手。

没错，这位孔闻謤兄的祖先就是儒家的创始人，被千万黎民各代君王所仰慕的大成至圣先师孔仲尼，孔夫子是也。

但是连孔子的后人都差一点被多尔衮做掉，因而其影响下渐渐地朝中的降臣也都再也不敢提及此事了。面对着剃头师傅身后面目狰狞的清兵及其滴答着鲜血的屠刀面前，除去被杀的，逃到海外的，遁入空门、带发修行的汉人外，其余大部分汉族人都被迫接受了剃发结辫、改穿满族衣冠的命令。只为了一件事：活着。

在多尔衮“各处文武军民尽令剃发，倘有不从，以军法从事”的明确命令之下，清廷控制的所有地区基本实现了全部成年男子的剃发易服。

也许是真的感觉多少有点有碍观瞻，因此到嘉庆年间，在官府的默许下民间开始流行发辫较粗的“猪尾”，再往后才逐渐出现我们今天在电视里见到的那类清朝人的头型。

一百多年后，原来曾经强烈反对的老百姓们也逐渐淡忘了原有的服饰，并习惯了满族的发式和服装。以至于到辛亥革命推翻清朝，号召民众剪去辫子时，竟然有许多人不愿意剪了。这是后话不提。

为保守头颅柔顺如羊之汉人，今则因保守其发而奋起如虎。

镇压了南方各地因推行剃发令而引发的起义后，多尔衮终于认识到，这些看上去极为老实且怕死得要命的老百姓其实有时候并不怕死，而当他们能够在一个有能力的且受大家公认的人物（譬如阎应元）的领导和组织下时，往往可以展现出非同一般的实力。

要命的是，这种力量足以打败任何强大的军队，并且可以轻而易举地将自己和入关的军队通通赶回东北放羊！

所以在一番得意自大之后，南方的战事再次让多尔衮冷静下来。

于是多尔衮开始认真审视起那两个在南方出现的新对手，并思索击败他们的方法。

## 朱聿键的烦恼

根据当时的情况，所有的清朝大臣经过一番对比后一致认为，可能对清廷统治构成最大威胁的势力，就是在福州建立的隆武朝廷。

隆武朝廷之所以会对清廷形成最大的威胁，首先还是因为隆武帝很得民心。

在清廷强制推行剃发令期间，很多已经被迫剃发和一些不愿意剃发的南方百姓逃到了隆武政权所在的福建地区寻求避难。在边境驻守的明军有时会把他们误认为

是清兵或清廷奸细，而对这些剃了发的逃难者进行驱赶甚至诛杀。但当隆武听到这个消息后，就特别下诏，明确告诉边防的明军将士，“有发为顺民，无发为难民”，各地州府一定要对这些难民进行合理的安置并且严禁不分青红皂白地滥施屠杀。

所以这个政策一经颁布，便很快地同清廷的“留发不留头”形成了鲜明对照，从全国各地前来投奔隆武的人就更多了。

其实收留难民此时不过是锦上添花。在最初，老百姓对这个新皇帝的印象就比较不错。

隆武登基后，朝廷干的第一件事就是颁诏各地，而这个接替弘光继续带领大家复兴大明的皇帝陛下很快就得到了两广、赣南、湖南、四川、贵州、云南等地官员与百姓的承认。所有的人都把大明中兴的希望寄托在这个书生出身的接班人身上。

朱聿键是个好王爷，而且是被后世公认的南明三位皇帝中最有雄心壮志的一个。之所以给他这样高的评价，是因为他确实实至名归。

对于隆武而言，抗清北伐、振兴大明不仅仅是个口号，因此在称帝后不久就开始积极筹划恢复南京的战略计划，并力图付之实行。

隆武元年七月初，朱聿键便在发布的登基诏书中，向朝中百官和百姓们宣布了自己制定的五路出兵北伐的详细计划：

> 故今大出二十万之雄兵，先钦差御营御左先锋定虏侯郑鸿逵统领大兵五万，内令前都督府总兵官施福道出广信，后都督府总兵官黄光辉一军道出金衢。该爵亲领右都督府总兵陈顺等，及中军文武监纪推官等副参游击兵八十员驰赴前适中调度。
>
> 再钦差御营御右先锋永胜伯郑彩大兵五万，内令前都督府总兵官陈秀、周之蕃一军出汀州，直抵南昌；王秀、林习山一军出杉关，直抵建昌。该爵亲领都督副将洪旭督运及中军文武监纪推官等副参游等八十员，驰赴军前，适中调度。
>
> 再差都督总兵官郑联、林察领兵一万，舡三百号，出惠潮，直抵南赣；再差副将李一、崔芝领水兵一万，舡三百号，由福宁直抵温台。此水兵二枝，俱听定虏侯节制。
>
> 以上勋臣兵将自七月二十八日悉集于御营。中军平虏侯郑芝龙、总兵郑泰、武英殿大学士蒋德璟、黄道周及文武五府六部大小诸臣共一百四十六员，尽起福州三卫戎政五营兵二十万，正天讨之亲征，为四路之后劲！

说得简单点，就是朱聿键打算先派郑鸿逵、郑彩各带二路大军，从陆上远征浙江与江西。其中，郑鸿逵部施福、黄光辉主要在赣北与浙江作战，以吸引清廷的注意并拖住清军的主力；郑彩部陈秀、周之蕃、王秀、林习山诸将分为两支出击江西，主要在江西中部作战以便趁机收复江西的失地。另外派出二支水师分路出兵，一支北上，一支南下，对清军的后方进行骚扰。最后则由隆武本人亲自出场，在郑芝龙军的伴随下作为殿后。当然在五路大军出发的同时，湖广总督何腾蛟也应该伺机而动，给北伐军以相应的配合。

纵观朱聿键的战略意图，我们可以得出这样的结论：隆武是打算先稳定东南沿海，然后再相继收复西南、西北，以图最终达到将多尔衮和顺治一家子以及他们手下的清军全部一个不留地赶回东北老家重过渴了喝矿泉水、饿了啃高丽参的原始生活。

如果单从战略的眼光看，隆武的这套中兴计划其实与当年蒙古灭宋的战略有着异曲同工之妙。众所周知，蒙古在攻打南宋之前先干了这么几件事：先是与南宋合伙灭了金国，继而出兵西北一举搞定了由党项族建立的西夏，接着马不停蹄地深入西南征服了正在青藏高原忙着内讧的吐蕃各部并迫使大理国投降。东北、西北、西南都彻底搞定后，这才开始向以前的盟友南宋下手。

由三个方向向南宋发动攻击，要把人家赶出东南并最好是赶到太平洋里去喂鱼，可见蒙古的贵族们为了实现征服全中国的理想，还真是够狠够有战略眼光的。

虽然我们不知道隆武心中是否有把清廷赶到西伯利亚和北极熊就伴的打算，但是我们至少可以肯定，隆武至少想要恢复崇祯时期的大明版图的。

隆武元年（1645）六月十七日，朱聿键在浙江衢州检阅军队时，再次发布了誓词，表示将亲提六师，“恭行天讨，以光复帝室；驱逐清兵，以缵我太祖之业”。

与几百年前那个也曾经嚷嚷着要派军队北伐中原、收复失地的宋高宗比起来，当时的朱聿键可以说是少了很多后顾之忧，因为就在隆武一切北伐的准备即将就绪的时候，一个确切消息传来：首位南明天子弘光被清廷以图谋不轨的罪名处死于北京宣武门外的柴市，时年三十九岁。

记得某天一位本来对历史不太感冒的朋友，遇到我时十分兴奋地告诉我，由于受到某部电视剧影响，他花了数月时间阅读了和宋朝有关的许多史料，而在一番浏览后他发现在宋代的史书中，真正的潘美其实并不像评书中描述的那样心理阴暗，是个大奸大恶之徒。朋友认为他是一个在历史演义中被人为抹黑而由此成为反面典型、被大家无数次地批评唾弃的可怜人。由此他得出了一个结论：评书演义里讲的那些历史故事，在非公共场合向不懂历史的人吹吹牛还可以，要是真把它当成史实跟了解的人说，那是要丢大人的。

对于他的这一研究成果，作为朋友，我深感欣慰。

是的，因为有时候真相并非如你亲眼看到的那样。而这一结论无论对于小说演

义还是官方主持修订的史书而言，都是一样成立的。

理论上说，作为史官，他的职业要求他将眼前发生的一切都完整无误地详实记录下来。而且无论是作为当时的最高统治者的天子还是卿相，都不能也不应该干预史官的这一工作。

说到史官，其实历史上能够坚持职业要求秉笔直书的史官也不在少数。比如说，春秋时晋灵公想干掉当时一个喜欢给他提意见的大臣赵盾，结果反而被赵盾的手下人干掉了。等赵盾被手下们从他避难的场所接回国内主持政务的时候，当时的晋国史官董狐就在史书上写下了“赵盾弑其君”五个大字。后来赵盾听说到这个消息后，就跑去要求董狐修改，董狐却拒绝了这位已经将晋国朝政大权握于手中的执政大臣的要求。

不过，赵盾虽然手握大权，对这位不肯听话的小小史官也是真的没辙，所以最后赵盾不得不承受了弑君的恶名（说句公道话，杀掉晋灵公的事，赵盾没有指使而且是真的不知情）。

无独有偶，后来同样的事情在齐国也发生了。当时的齐国大夫崔杼因为国君与自己的妻子私通，一怒之下就把齐庄公给骗进家里做掉了，并趁机掌握了齐国的大权。事情发生后，齐国的太史在史书上写下了相似的话：“夏六月，崔杼弑其君。”这个崔杼显然没有赵盾那样的雅量，看到这句话之后就把太史给杀掉了，然后按照当时的规矩，又叫来了被杀太史的弟弟来接替他的职位。没想到在随后送呈上的史书上还是那句话：“崔杼弑其君。”崔大人怒了，又把齐国太史的弟弟也杀掉了，并找来了他家的老三继续担任齐国太史。接下来的事情不用说也能猜到，老三写下的还是与被杀兄长们一模一样的话语：“崔杼弑其君。”这回崔杼也无可奈何了，只好长叹一声，从此不再过问此事。

真实地记录历史，宁死也要维护历史的真相，这才是作为史家的基本的职业素质。

然而随着时代的发展，事情还是发生了变化。第一个真正意义上大规模动手篡改历史、隐瞒真相的人，却是被世人公认为“有道明君”的唐太宗。

李世民在老百姓的口碑那是相当的好，有关他的种种功绩和美誉我们在这里也不想多说，这里要提的只有一点，就是太宗对待历史的问题。

唐高祖武德九年六月初四（626 年 7 月 2 日），当时还是秦王的李世民由于受到哥哥太子李建成和弟弟齐王李元吉两个坏小子的共同排挤，在诸位王府文臣武将的极力劝说下，不得已发动了著名的玄武门之变，先下手为强，干掉了两个心怀不轨的兄弟。而他的父亲李渊一看李世民平乱有功，帮助自己杀掉了两个不着调的儿子，也激动了一把，二话不说就把皇帝的位置传给了众望所归、战功赫赫的李世民。

以上就是唐代官方史书和后世小说演义对于玄武门之变的最为标准且简略的描述。

对于这段记载，唐太宗去世后不久就有人提出了异议。而对于那段历史的真相的好奇也引得了以后许多学者的考察与关注。

经过数百年的争论与调查，到今天我们大致可以得出一个比较公认的真相：太子李建成和齐王李元吉其实并非昏庸无能的花花公子、酒囊饭袋，在唐朝建立的过程中也是立下了许多不可磨灭的功劳的。虽然二人的才能可能确实不如李世民，但是当时朝中支持太子李建成的大臣也不在少数。不过随着功劳日渐增多、声望日益提高，身为次子的李世民慢慢就对哥哥的地位产生了想法。而他们的弟弟齐王李元吉及时发现了李世民的变化，就建议李建成尽快除掉李世民这个威胁，但是李建成因顾及兄弟情谊迟迟不肯出手。后来这件事被李世民知道了，世民兄就在秦王府大臣们的帮助下果断地发动了政变，杀掉了两个兄弟并且趁机带兵入宫，逼迫自己的老爹李渊封自己为太子，同时发布命令为自己的兵变正名，且将实权交给自己。这才是“玄武门之变”背后的实情。

但是为什么唐人的记载会与我们现在看到的这段真相有如此大的差别呢？原因我已经说过了，因为在“一代明君”的授意下，唐代史官对相关的所有历史文献都进行了修改和文饰。李建成和李元吉就这样被永远钉在了历史的耻辱柱上，李渊也从此被巧妙地冠以有德无才、懦弱昏庸之名，留于青史。

唐太宗的这一行为，直接给后世带来了一个严重的恶果，那就是在史家的圈子里就此彻底形成并贯彻了“为尊者讳”的理念。即使皇帝陛下再如何不堪，史官们也会尽量地少讲略讲，而敢提出批评的，也是在绕了七八个圈后，才十分委婉地把这种态度表达出来。

一个真正的历史研究者或是爱好者要做的，就是将自己所知道的、所发现的历史真相告诉他人（不带个人主观感情，以较为客观的态度去讲述历史，这是其中的最高状态）。

事情发展到了清朝后，满洲的贵族们虽然不愿意继承汉族的文化礼仪，但对于这一点还是比较欣赏的，于是历代清朝皇帝都喜欢在搞文字狱的基础上顺便改改史书，美化一下自己，丑化一下对手。

而在当时清廷的众多对手之中，弘光就是其中比较重要的一个，而且极有必要将一盆盆脏水泼到他身上以体现大清一统天下的必要性和必然性。

俗语有云：“成者王侯败者寇。”哪怕你失败前是多牛的人，只要你失败了，那你就不能再算是个好人了。

对于清廷而言，既然是敌人，那就对不住了。特别是对于弘光这种前朝的敏感人物，如果不把他塑造得越让人恨得牙痒痒越好，就很难体现出大清派兵消灭这些人的行为是合天意、顺民心的。所以针对这些被自己直接消灭的对手，就要不吝时间和精力多踩上几脚，以体现自身的伟大与英明。

于是在清廷史官的集体智慧和艺术创作下，我们现在看到的、听到的弘光是这样的一种形象：只知享乐，不问政事，沉湎酒色，荒淫透顶，是典型的亡国之君。但这还不算什么，因为有人还把弘光与历史上的一些“名君”放到一起。

“自古亡国之君，无过吾弘光者。汉献之孱弱，刘禅之痴呆，杨广之荒淫，合并而成一人。”这句话比较容易理解，就是说往前看亡了国的君主们，没有能超过我们弘光的，因为弘光是一个综合了所有前辈缺点的综合性的人物，他将汉献帝的懦弱、阿斗先生的痴呆和隋炀帝的荒淫很好地结合并发扬开来，堪称是亡国之君中的极品。

能得到如此之高的评价，可见广大清朝的历史编修人员还真是不负领导厚望，在毁人不倦的精神指导下下足了功夫。

但是事实终究是事实，凭良心说话的人在当时还是有的。

> 一年天子小朝廷，遗恨虚传覆典刑。岂有庭花歌后阁，也无杯酒劝长星。
> 吹唇沸地狐群力，嫠面呼风羯鬼灵。奸佞不随京洛尽，尚流余毒螫丹青。

这首诗名叫《一年》。在诗中，作者深沉地慨叹了当时一些人对弘光肆意污蔑的普遍现象，明确指出朱由崧荒淫之事其实并不存在，可视为为弘光写的辩护之作。作者则是我们的老朋友、前东林党的首领、后来投降清廷的钱谦益。

要知道，钱谦益的人品比较靠不住，人也比较怕死（有和柳如是相约投湖殉国一事为证），然而在大家都说弘光坏的关键时刻，钱谦益却没有随大流而是坚持说没有这事儿，可见，是真的没有这回事。

纵观清代史书，对弘光的指责无非有以下三点：人品不佳（昏庸），不懂政治（无能），任用奸佞（马阮）。

虽然本人不敢打包票说朱由崧是个大好人，但却敢保证他不是一个大坏蛋。因为一个人品极端龌龊的人是不可能在真正手握大权后对当日反对立自己而力主立潞王者的姜曰广、史可法等一批东林人士毫无动作的。而一个长时间将注意力集中在吃喝玩乐上的昏君也不可能有时间与勇气为那些早被众人遗忘的政治斗争的失败者恢复名誉的。

正是在弘光的努力下，被历代前任冷处理了一二百年的朱标、朱允炆、朱祁钰均得以被追复为帝，并有了相应的谥号、庙号（朱标谥曰兴宗孝康皇帝；追上建文帝为让皇帝，庙号惠宗；追上景泰帝朱祁钰为孝景皇帝，庙号代宗）。尔后，在靖难之役中被朱棣所杀的忠于建文帝的大臣方孝孺等七十余人，英宗复辟时蒙冤被害的于谦，也得以获得了他们应有的恭敬与认可。

所以后来才有史家面对弘光这一追封帝号、谥号、庙号的行为，大发感叹："海内望此典几百余年矣，至是始克举行，详书于册，深善之也！"

前文曾介绍过书生与文人的不同点以及东林党的成分问题，但是我似乎忘了介绍一点，那就是弘光朝时的东林党成员大多说话很刻薄、语气很严厉。特别是姜曰广、高宏图等老一辈从政人员，每每上疏言辞都是比较激烈的，似乎和他们交谈的对象不是皇帝陛下而是他们的儿子晚辈，动辄就说你这个不对，那个不能那么干之类的话。

是的，我年轻，需要你们的指点，但却不需要你们指指点点！

倘若是换成了弘光的爷爷万历皇帝，早就气得跳脚了。但是，虽然是万历爷爷的孙子，弘光却并没有发火，而是每次都对这些老臣的进言温言回应，表示嘉奖。且每次召见大臣时都表现得十分真诚恳切，毫无做作之态。

对于一个不具有博大恢宏的政治气度、不具备宽容厚道的人品的昏君来说，能够做到这一点是难以想象的。

前文曾经说过，弘光是一个很有能力的政治家，在这里仍要重申一遍。

在他即位伊始，朝中的党争便早已开始且打得已是难解难分、不可开交。那时，由勋臣及前阉党成员构成的马阮集团和东林党复社可以说是天天打回回打，每一次都不断借题发挥，欲置对方于死地。如果真要换上个没有能力的，说不定没两天就被大臣们斗了下来，但是我们看在弘光掌权的时间里，即便两拨人斗得再怎么激烈，似乎也没出什么大乱子。而且不仅是没出大乱子，有许多事还在这期间给办成了。诸如设立四镇，稳定江南人心，整顿漕运等工作，都是在大臣们忙着党争的时候搞定的。

很显然，如果不能高屋建瓴，摒弃个人恩怨，以大局为重，合理地调节臣下的关系，想要把一件事办成都是很难的。然而弘光却竟在这种情况下把N多件事都办成了，所以再要睁着眼睛说他无能，那确实是很难的。

在马阮派企图通过推翻逆案借以打击东林党人的时候，弘光也没有因当年自家老爹和奶奶吃过东林党的苦头而偏私报复，借刀杀人。当时通政司杨维垣在奏请重颁《三朝要典》的同时，本来想着顺便追究一下当日主张判定三案的相关人士并牵连东林党人的。可是弘光很快就看透了他的真实目的，所以最后的处理结果是《三朝要典》虽然被礼部访求入史馆。但是当年参与判案的人却始终毫发无伤。弘光采

取了平衡战术，仅为当时所定逆案之个别阉党人物适当平反，并没有彻底清算历史旧账，大搞株连，所以一场血腥的政治风暴才得以就此变成了毛毛细雨，既为定逆案以来一再受压制、受歧视的名列逆案的人物抚平了心中的创伤，又帮东林人士成功脱险。缓和双方矛盾，使人人心情舒畅，以求社会安定，政局稳定，真是用心良苦。

后来马士英嫌当时的江西总督袁继咸向着东林党，为自己的敌人说话，便想找个由头整整他。马士英不愧是只老狐狸，知道对于一个在中央干的内阁大学士而言，要动手整一个远在外地的地方大员，技术层面的要求比较高。于是，老马就为此想了一个好主意。

没多久，弘光就收到了一封奏章，不用说，这是马士英的作品。不过，在奏折中，马士英并没有要求处置多管闲事的袁继咸，反而是称赞袁总督能力超群堪为大用，建议朝廷将袁继咸由地方调回朝中担任刑部侍郎或户部侍郎，以充分发挥他的才能，为国家做出更加突出的贡献。

马士英这一推荐，不知道大家是否看出些门道来。如果没有发现其中的真实目的，那在这里我解析一下。

老马的计划是这样的：先把袁继咸召回朝中担任官职，然后再伺机动手把人往死里整。化鞭长莫及为鞭长可及，以后的事情就好办了，以后的机会也多得是。这就是马士英那份推荐信后不可告人的秘密。

“彼地需继咸耳，此地何需继咸？而一拟再拟！”这是弘光的答复。

这句话从表面上看是说，江西需要袁继咸，但是朝中不需要，所以以后不要再用这件事来烦我。可实际上是在表达另一种含义：我知道你看袁继咸不爽，想把他调到身边恶整，但是现在我摆明了告诉你，只要有我在，就别再打这个主意！

弘光不但会保护、支持东林党的大臣，在关键时刻也会向他本来就不太喜欢的东林党伸出援助之手。

崇祯十七年八月之后，朝中就基本上是阮大铖和马士英的天下了。在马阮集团的迅猛攻击下，失去统一领导的东林党很快败下阵来，且在朝中已经基本上销声匿迹了。一些东林党的骨干成员纷纷下场，回家养老去了。然而阮大铖对于这个结果显然还是不太满意，于是一场矛头直指东林人士的“顺案”随即被提上了日程。

客观地讲，作为一个承袭了大明祖业的政权，追究并惩治叛逆大臣是一件无可厚非且必须要干的事。而马士英所谓的“闯贼入都，侍从之班，清华之选，素号正人君子者，皆稽首贼庭”的现象也是实际存在的，所以对于那些确实有辱国家的叛臣给予相应的处罚是必须的。不过，阮大铖却想趁机罗织罪名，借此将东林人士一网打尽，所以不久就上奏了一份列了许多名字的黑名单，希望弘光批准对这些人的定罪，并斩首示众。

然而直到第二年的四月，一向办事极有效率的弘光才下令三法司从速结案，但最后仅批准杀了确实有从贼行为的光时亨、周锺及武愫三人，同时以“结党乱政”之名勒令周镳、雷缜祚二人自尽而已。虽然周镳、雷缜祚二人罪不至死，但这至少稍微满足了阮大铖的报复之心，也保护了大多数的东林和复社人士。

弘光在处死了这些人后，又特别发布了一道命令：“此外，当日有挟持异议者都与大赦。朕为天子，岂计匹夫夙嫌？并案内曾得罪皇祖妣、皇考者，俱勿问。文武诸臣，不许再提往事，屡污奏章，违者治罪。”这也就是说，该死的人都已经死了，而其他的人就不要再找他们的麻烦了。这句话很明显能够听出来是对谁说的。

说了这么多，但最终的结果毕竟是马阮集团得到了重用，掌握了朝政大权，弘光本人在清军南下的紧要关头抛弃南京军民逃跑，这点又该怎么解释？

其实这些并不难解释，因为只要将弘光的行为都与一个词相联系，相信大家对后来所发生的一切都将豁然开朗。

这个词，就是权力。

没错，导致东林党下台，马阮集团借机当政，和弘光最后的行为的一切的根源，就是权力二字。

如同所有的帝王一样，弘光也是一个权力欲望极强的人，同样渴望获得至高无上的权力，说一不二，统御万民！

所以，为了获得这么具有诱惑力的权力，弘光必须打击压制由东林党控制的内阁。而为了对抗势力强大的东林党，弘光必须寻找同盟者。但很不幸的是，老百姓与东林人士对于万历、郑贵妃乃至老福王朱常洵的诸多劣迹都深怀不满，所以恨屋及乌，大家也一直不看好弘光。因此弘光找来找去，也就只能找到马士英和阮大铖了，以至于最后控制内阁的东林党彻底消停了，而马阮集团却精神了，开始接着闹腾。

弘光倚重马、阮，终于铸成大祸。最后在大权旁落的情况下，已经身不由己的弘光只能眼睁睁地看着马、阮的战车载着半壁江山，沿着灭亡的道路一路狂奔。

重用阉党余孽，自然有东林党人及其支持者会骂；丢了首都使得国家败亡，自然有爱国人士和大众舆论会骂；而作为前朝被替代的末世君主，自然有新朝代的官方史家会骂。因此，在众多起因不同、目的不同的谩骂声中，一个共同的结果产生了，那就是作为一个真实存在过的弘光帝，其形象在这些声音之中渐渐被扭曲了。

个人认为，一个有良心的读史者要做的就是探讨历史事件的真相，还原历史人物的真实面貌。

所以真实的弘光，应该是这样的一个人：

一位有治国思想，胸襟宽广，气度恢宏，勤于政事，欲有所为的政治家；一位被世俗成见束缚，生活在父祖带来的巨大阴影中，无法解脱，无法自拔的党争的牺牲品；一位曾有意为明主，但却因为一着不慎，而导致满盘皆输，一直背负骂名的满怀兴复祖业的热血的青年人；一个在马阮及勋臣武将眼中，由自己扶植而可以摆布的傀儡；一个在东林党眼中，不得不承认的虚充帝位的小鬼；一位真正无权、无人、无军队、无人望的孤家寡人。

总而言之，言而总之，这是一个可怜的人。

与弘光一道被清廷处死的还有当年曾和弘光竞争过皇位的潞王，以及轰动一时的南都太子案的主角少年。这回清廷也没心思过问这个崇祯太子是真是假了，凡是能够对清朝统治构成威胁的一切因素，在此刻都要一并予以彻底粉碎。

不过，这倒也方便了隆武。因为即便是北伐胜利了，隆武也不用担心自己的地位会受到弘光抑或是崇祯太子的影响了。而且清廷这一不得人心的行径，反而给了朱聿键发兵北伐的一个绝佳的理由：为先帝和崇祯帝太子报仇。

但是，当朱聿键做好所有准备将要出兵的时候，他才发现自己这一看似完美的中兴计划中存在的致命的疏漏。

并不是所有的人都像朱聿键一样有追求，热衷于北伐事业的。隆武朝廷中不想出去打仗的人还是有的，而他们之中最不愿出兵的人，即是那个中兴计划中最致命的漏洞。

这个漏洞就是郑芝龙。

# 第十八章　郑芝龙：海上的霸业

相信大部分人第一次知道这个名字，主要是由于这个人养育了一个相当了不起的儿子。但是在明末清初那个时候，如果你对别人提到他儿子的名字时，可能大多数人会告诉你，不太清楚。而要是你再提起郑芝龙这个名字时，可能知道的人就会很多了，尤其是在东南沿海省份。

在当时，郑芝龙不仅是国内的大名人，而且他的名字也早已传出中国，享誉亚洲，甚至一度冲出亚洲走向世界。

名人，真正的国际名人。

而之所以能在信息传播交流尚不发达的十七世纪就成为国际名人，说实话，靠的还是实力。

郑芝龙是典型的实力派人物，没有他就不会有什么隆武政权，当然，更不会有我们著名的民族英雄郑成功。

郑芝龙字飞黄，小字一官，万历三十二年（1604）出生在福建南安一个叫石井的闽南小渔村里。

对于现在的人来说，能够出生在经济发达的东南沿海地区无疑是件好事，但在当时的情况下看来却未必如此。东南部经济繁荣不假，因为据说中国早期的资本主义萌芽就是在这一带产生的，可是，如果把地点具体点放到福建，特别是闽南，那就有点假了。因为直到明代，福建还一直被认为是不文明未开化的地方。再加上当地的自然环境比较恶劣，地狭人稠，地形以山地丘陵为主，好不容易发现一块平

地，还是盐碱地。所以地是基本上种不成的。好在天无绝人之路，靠着海，还可以通过打鱼贩卖勉强维持生计。话是这么说，但如果真的只靠海吃饭，那也是件不靠谱的事。

郑芝龙这个名字应该和朱元璋的名字一样，应该是在干出一番事业后自己给自己取的。准确地说，当时的郑芝龙被村里人称为“一官”或“郑一”，在家中排行老大，因此很早就承担了支撑家庭的重担，或出海打鱼，或外出打工。转眼间，数年很快就过去了。

万历四十八年（1620）应该是个特殊的年份，这一年大明帝国的两个皇帝先后离开了人世。明神宗万历皇帝、明光宗朱常洛的驾崩，带给帝国极其严重的影响，也使得全国处在一种持续的悲痛氛围中。

然而远在闽南的郑芝龙似乎并不关心也不伤心。为了生计，郑芝龙不得不带领着两个年龄尚小的弟弟郑芝虎、郑芝豹远离他乡，去投奔一个在外地的亲戚。这一年郑芝龙只有十七岁。

不过，也许谁都未曾料到，正是因为这次投奔，郑芝龙才得以开始了自己新的人生旅途。

郑氏兄弟的目的地是澳门，因为他们的舅舅黄程是个海商，主要在澳门从事海外贸易。当时的澳门可以说是全国比较与众不同的地方了，因为那里已经被朝廷租借给葡萄牙人，所以各国的商人、商船经常在澳门出没。澳门也由此成为人们了解世界的窗口。

到达澳门见到舅舅后不久，郑芝龙便被留下来做帮手，协助商务。

郑芝龙的舅舅黄程名义上是个商人，但实际上他并不是一个普通的商人，因为黄程这类人在明朝政府的词典中还有一个特殊的称呼——“海寇”。

因为当时政府的海禁令只是部分解除，所以所谓的海商或者海寇其实依然是一种职业，而且是和以前出名的汪直、徐海之流从事的工作比较类似，有东西卖的情况下就正常地卖东西，没有东西卖的情况下就正常地抢东西。不管别人怎么看，不论别人怎么说。对于这些人来说，这不过是一种能让他们生存下去的方式而已。

来到澳门的郑芝龙，他的目标也很明确，那就是不仅要生存下去，还要很好地生存下去。于是，在激烈的商业竞争和利益角逐中，郑芝龙很快展现了自己过人的智慧和才干。

虽然不爱读书，但这并不说明郑芝龙不爱学习。事实也告诉我们，郑芝龙是很好学的，而且学习能力很强。只不过普通人学的多是书本知识，郑芝龙学的是实用知识罢了。在澳门的生活中，他学会了许多，包括大量的商业知识、辨别货物优劣、讨价还价的技巧、应付突发事件的能力，以及对他未来影响最大的航海知识。

这位郑一官在与葡萄牙人长期接触与打交道过程中，甚至还学会了卢西塔语和葡萄牙文，并接受了天主教的洗礼，取了一个教名 Nicolas，翻译成中文就是尼古拉。因此郑芝龙也被外国人称为尼古拉·一官。

黄程见证了郑芝龙的成长，也逐渐地认可了郑芝龙的才能，于是他决定交给这个外甥一项任务。

## 霸业的起步

黄程决定委托给郑芝龙的这项任务其实很简单，就是送护一批货物并保证其安全抵达日本的平户港。

虽然这批货物包括白糖、奇楠、麝香等多种类别，但说实在的确实不算是什么十分重要的工作。然而即便如此，郑芝龙仍是很爽快地答应下来，特别是当他听到这些货物将搭乘的船只主人是李旦时。

中国历史上叫李旦这个名字且比较有名的，仅我知道的就有两个，第一个李旦比较牛，因为他的亲戚们都很有名，而且职业也比较特殊。对，他就是唐睿宗李旦，职业是皇帝，有个特有名的老娘叫武则天，有个特有野心的妹妹叫太平公主，还有个更有名的儿子叫李隆基，也就是常被后世称道的唐明皇或唐玄宗。

明朝的这个李旦虽然没有唐代同名同姓的那位哥们那样显赫的地位、那么多有名的亲戚，但在当时中国那些从事海上贸易的人的眼中，却是比唐朝皇帝更加吸引他们的人物。因为他是被时人公认的全中国最大的海商，在那个时代被誉为传奇英雄。

李旦，福建泉州人氏，最早开始在吕宋（菲律宾）下海经商，凭借着自身独具特色的经营艺术和人格魅力并加上长期的奋斗，很快就成为南海海上贸易中响当当的人物。由于当时吕宋的华人很多，所以生意很好做。眼看全东南亚的海上贸易将要被李旦垄断时，西班牙人来了。

漂洋过海而来的西班牙人带来的并不只是大量的货物以及友好贸易的诚意，所以他们一上岸就占据了吕宋。万历三十一年（1603），由于当地人在几个华人的带领下发动了反对西班牙人殖民统治的武装起义，因而西班牙人为了报复，在吕宋展开了针对华人的屠杀，二万五千名华人因此遇难。在西班牙人打击吕宋华人的过程中，李旦也受到了一定的影响，被西班牙人逮捕入狱，并且被没收了十多年海上贸易积累的所有财产。后来李旦找了一个机会逃出吕宋，但是这时的李旦在外人看来，已经彻底走到了事业与人生的最低谷。

如果就这样被打倒，李旦也不可能成为后来的郑芝龙与许许多多人心目中的偶

像了。

经历了吕宋噩梦后的李旦很快振作了起来，转而将目光投向了东方的新市场——日本。

众所周知，日本国内的资源是相当贫乏的。在那个温泉还没有得到人们青睐的时代，鸟不生蛋的日本除了火山、地震几乎什么都缺。不过，虽然日本当时只开放平户一地进行对外贸易，但当时统治日本的德川幕府对来自曾经间接帮助自己搞垮老对头丰臣秀吉的大明商人，是非常友好的。德川幕府对来自中国的商人不仅很尊重，而且还给予很多的优惠待遇。

由于有过在吕宋的惨痛教训，李旦开始积极结交平户的头面人物，包括长崎奉行长谷川权六、平户岛主法印镇信、英国派往日本建立商馆的赛利斯、荷兰人宋克等，都和李旦建立起非常亲密友好的关系。这也使得李旦在平户得以左右逢源，成为在日本最大的华人海商集团的领袖和中国海外贸易中公认的大哥大（虽然没有前辈汪直那么牛）。

搭乘心目中的偶像人物李旦的船只到日本，这对于郑芝龙来说，不仅是他人生第一次远距离的海上旅行，也意味着他向成为像李旦那样成功的海商又迈了一大步。

郑芝龙到达日本最大的贸易港口平户后，这才惊奇地发现，原来传闻有时真的只能是传闻。

展现郑芝龙眼前的平户，是个相当祥和与安宁的地方。在这里除了有时会在路上看到一两个揣着武士刀、自以为很牛的职业武士（粗人的代名词）外，几乎看不到什么好勇斗狠的人。除了中国商人，平户还聚集了一帮来自葡萄牙、荷兰、英国等国的商人以及各种各样新鲜的商品。所以在短期的停留后，郑芝龙做出了他人生中的第一个重大的决定：留在这个有很多发展机会的港口城市，开始真正属于自己的事业！在与舅舅沟通之后，郑芝龙最终得到了舅舅的允许开始了自己在日本的创业生活。

创业之初，不得不承认，郑芝龙的生活是比较凄惨的。靠着在澳门打工一年存下来的少得可怜的积蓄，郑芝龙开了一家小鞋店。有时没有生意可做，就只好去给人家做些缝缝补补的工作，挣点小钱以求糊口。然而没过多久，郑芝龙的生活就逐渐有所改善了。之所以能获得改善倒不是得到了舅舅黄程的救济或是得到了什么贵人的帮助，一切其实靠的都是自己！

在关键时刻，郑芝龙的语言天赋再次帮了他的大忙。在日本生活的岁月里，郑芝龙以惊人的速度完成了对日语的学习，并得以熟练掌握了除葡萄牙语外的第二门外语，而且还交上了几个日本朋友。要在平户混得开，有些阶层的人是不可以不接触的，比如说武士。

日本的武士虽然大多数没什么文化，更没有啥钱财，但是他们却有着其他日本人所不具备的两大特权：称姓和佩刀。说来比较搞笑，那时候的大部分日本人是没有姓氏的（日本人姓氏的普及还是一百多年前，明治维新时候的事儿），即便有名字，也不过是什么大郎、次郎之类的称呼。如果当时有人在街上喊一声：次郎！相信街上会有许多人同时回头的。

但是作为武士，他们是可以有姓氏的，所以这也就证明人家是“名人”。而且除了有姓也有名外，日本武士还有刀，日本刀，这个在今天也是在世界上比较著名的东西。据说每把日本刀均为纯手工制造且从不批量化生产，刀身系精钢打造，锋利无比，无坚不摧，堪称杀人越货、沿路打劫之时最为高级、最受欢迎的装备。

郑芝龙虽然不想当武士，甚至可能打心眼里看不起这些整天吊儿郎当的无业游民，但这却丝毫不妨碍郑芝龙为了生活得更好而去主动结识这群人。

不知道具体通过了那些途径，郑芝龙很快便与平户当地一些日本武士成了好朋友、好哥们儿，有事没事就聚在一起，关系相当之要好。在与日本武士的接触中，我们有理由相信，郑芝龙除了大把地往外花钱得到了武士哥们儿的好感外，还有了另外的收获：一身娴熟的日本刀法。

当然，郑芝龙也知道还是中国的武术博大精深，所以在刻苦训练日式刀法的同时，郑芝龙又向中国海商中的武术家讨教了中国功夫，并且最终将二者全部牢牢地掌握了。

上阵砍人时的熟练技术以及对待朋友时的重情重义，这两点是日后郑芝龙开创自己事业的过程中最为重要且最为令人折服的两大法宝。

通过那帮武士，郑芝龙还得以认识了一位专门为平户贵族锻造刀剑的泉州冶剑师翁昱皇（一作翁翊皇）。希望大家能记住这个名字，因为正是这个人，将会对郑芝龙的未来以及之后发生的许多事产生极为深远的影响。

学会了日语，搞定了武士，这就表示郑芝龙已经能够成功地融入平户的社会了。

然而对于郑芝龙而言，这一切还远远不够。因为郑一官的理想并没有随着艰难的创业过程而被消磨掉，他还在为成为像李旦那样成功的海商的目标而一直奋斗着。

经过一段时间的观察，郑芝龙发现在平户最有影响力的势力除去当地的日本人和以李旦为首的华商集团外，还有另外一伙人也必须纳入自己的社交范围之内，那就是来自欧洲的荷兰人。

荷兰人的势力远远压过了平户的葡萄牙人、英国人与西班牙人，而且在港口贸

易中一直占据着优势地位。所以想要在平户的商场上站稳脚跟，就必须要博得这伙人的好感与信赖。

曾经有一位外交经验很丰富的驻外大使在回国后对周围的人感叹道："想要获得一个陌生的外国人的好印象，既是很简单的，也是很困难的。为此必须要先做好两件事：第一件就是微笑，第二件就是一开口便说出他最为熟悉的属于他们的语言。因为使用同一语言，即便对方是不同民族、不同的肤色，也会很容易使人产生一种亲切感，增进一些信任而减少一些戒备。"

几百年前的郑芝龙应该没有可能听过这句话，但是他却深谙其中的道理，所以没有用多长时间，郑芝龙便掌握了第三门外语：荷兰语。

能够同时熟练运用包括日语、葡萄牙语、荷兰语在内的三门外语，而且还是自学成才的，这样专业性超强的涉外翻译人才，即便在今天也会很快成为各大外资机构或者是外事单位争相聘请的对象。所以自此之后，那个本来名不见经传的郑一官开始凭借着这一特长和扎实的商贸能力，很快便成为旅日华商中非常特殊的人物。

在郑芝龙的不懈努力下，日本华商的巨头李旦终于向这边投来了目光。

要知道，当时李旦虽然是中国最有实力的海商，经营范围遍及东亚、东南亚，但他的商船的主要贸易对象还是暹罗、柬埔寨、交趾等相对老实且海域较为安全的东南亚国家。然而问题是，想从海上贸易中捞一笔的不只是李旦一个人，虽然中国的海商包括海盗都很给李先生面子，但是西洋人可不吃这一套。

已经介入东南亚海上贸易的外国海商，特别是荷兰海商和葡萄牙海商，特别喜欢与李旦抢生意、争市场，有时抢不过生意就直接抢李先生的运货船。这些洋鬼子手里有枪有炮，一向令李旦颇为无奈。因此李旦一直在寻找一个既懂这两国语言又有天主教背景的人（最好是中国人），来协调自己与这两伙人在贸易上的纠纷与冲突。

当李旦几乎望穿秋水之时，有人告诉他，郑芝龙也许是您要找的那个人。

于是李旦很快派人找来了郑芝龙。在还没有进行深入考察的情况下，就先将几艘将要前往东南亚做生意的船交给了他。

信任来自于实力。而对于一个好员工来说，老板交代的第一项任务是一定要保质保量地完成的。

郑芝龙果然没有让偶像失望。凭借着与荷兰人、葡萄牙人的毫无障碍的言语交流、共同的宗教信仰（天主教）和自身的精明能干，郑芝龙以近乎完美的方式完成了李旦交付的第一项任务，同时为李旦带回了大把白花花的银子。

由于郑芝龙干得确实很漂亮，李旦决定将这个小伙子留在身边，好好培养。

然而，李旦很快便发现，自己想要培养郑芝龙的打算是完全错误的。

虽然是生意人，但鉴于海上贸易有其相对的特殊性（时不时会遇到海盗什么的），所以李旦的商船上几乎全部配备了比较先进的火炮和刀枪剑戟等兵器，以防备意外的发生，保护船上货物的安全。

即便手里有武器，且无本的抢劫显然要比有本的贸易来钱来得快，但是作为一个从事正当海上贸易的海商，李旦先生一般是不会同意并纵容手下们去进行抢劫等非法活动的。

不过，凡事只要有一般就会有特殊。对于李旦的手下们而言，那些悬挂着西班牙国旗的商船便属于那种不一般的情况。

由于早年在吕宋吃过西班牙人的大亏，所以李旦对西班牙人有着刻骨铭心的深仇大恨。于是李旦和他的手下之间就因此产生了一种默契：凡是西班牙人的船，就可以上去抢！

按理说，是西班牙政府没收了你的全部财产，但你闲来无事总喜欢找西班牙商船出气，这明显给人一种很不地道的感觉。但是只要再一想西班牙海商也是西班牙海盗第二身份时，大家也就不去管这么多了。

抢西班牙的商船往明里说是为了帮李老板出口恶气，往暗里说就是挣点零花钱顺便锻炼一下身体，何乐而不为？

入道的时间虽然不长，然而在对西班牙商船进行打劫的过程中，郑芝龙又很快在速度、质量和效率等各方面全面超过了他的同事和前辈们，成为在战斗中打得最英勇、夺得战利品最多、杀敌也是最多的那个人。

郑芝龙身上体现出的那种好勇斗狠的性格和坚忍不拔的精神，渐渐折服了他身边的许多人。在历时一年的商业贸易和海上的战斗中，郑芝龙也以他的才干迅速在众人中间崛起，并慢慢成为李旦手下不可或缺的核心人物。这时郑芝龙只有二十岁。

郑芝龙对于自己的偶像李旦相当恭敬，早请示，晚汇报，“以父事之”。李旦也觉得郑芝龙为人聪明能干、忠实可靠。终于在一次会议中，李旦当众宣布将郑芝龙收为义子，并当即将自己的一部分资产和船只交给郑芝龙，让他到越南做生意。

在我们中国人看来，随便给人家做儿子，是件比较对不起列祖列宗的事，而且郑芝龙本来是有老爹的，现在突然又添了一个老爸，别说是郑芝龙的亲妈可能不干，就连他的弟弟们也应该是不乐意的。但消息传出去后，老郑家的人却没有一个人站出来表示强烈反对的，因为所有的人都清楚，被当时中国最大的海商李旦收为唯一的养子意味着什么。

也就是说，一旦李旦完蛋了，他所拥有的一切都将属于郑芝龙。这其中不仅包

括巨额的财富、上百艘商船、平户华侨首领的地位，还有一支装备精良身经百战的强大的海上武装！

郑芝龙在事业取得巨大成功的同时，在爱情方面也有了收获。来自福建的华侨冶剑师翁昱皇在与郑芝龙交往过程中，对这个年轻人的好感与日俱增，于是有一天翁老头一拍大腿，决定将自己的日本养女田川松子嫁给郑芝龙。

根据许多史料对郑芝龙的描述，我们可以知道郑芝龙这个人长得确实不错，虽然称不上帅呆了，但说是英俊潇洒、器宇轩昂，也是错不了的。所以在翁老头儿的撮合下，天启三年（1623），二十岁的郑芝龙与十七岁的田川松子结为夫妻。

离家三年后，郑芝龙凭借着自己的双手，给了自己一个完全属于自己的家。

郑芝龙婚后不久，养父李旦在日本病逝。

被誉为明代最著名的华侨首领和航运家之一，一位在中日通商贸易史上书写下了无数传奇的传奇人物，就此走完了他的一生。然而，如果李旦泉下有知的话，也不用因自己的生命过于短暂而感到悲伤，因为他的事业即将在郑芝龙手上被真正发扬光大。

李旦去世了，理论上我们该开始对郑芝龙的创业活动进行全方位介绍了。不过在此之前，有一个人在这里却不得不说。正是这个人，再次改变了郑芝龙人生的轨迹。

这个人就是颜思齐。

提到这个名字，可能大多数的朋友都会感到陌生，而且还不是一般的陌生，是非常极其以及特别的陌生，压根儿就没听说有过这么一号人。但是如果你在台湾的大街上随便找一个人，对他说起这个名字，相信他一定会回答说，他对这个名字是再熟悉不过的了。

因为在台湾，这个名字真是如雷贯耳，家喻户晓。

众所周知的前国民党主席连战之父连横是台湾著名的史学家，他一生中被公认为最重要的一部著作就是《台湾通史》。书中有为台湾历史人物所立列传，放在第一位的那个人就是颜思齐。

所以在台湾，颜思齐还有一个非常响亮的称号——“开台王”。

颜思齐，字振泉，福建海澄县青礁村（现属厦门海沧区）人。生性豪爽，仗义疏财。由于身材魁梧，且精熟武艺，所以在乡里很受大家的待见。

万历四十年（1612），由于遭到当地官宦人家的欺辱，颜思齐就学了把梁山好汉，一怒之下杀掉了这个当官的手下的一个仆人。但是大明不比北宋，毕竟是个法制社会，甭管什么原因，但凡杀了人都是要偿命的，而且那个年头大老远跑到远在山东的水泊梁山和官府搞武装对抗，其可能性并不是很小，而是根本没有。所以杀人在逃的颜思齐一咬牙一跺脚，就逃到日本去了。

跑到日本后的颜思齐由于人生地不熟，便像后来的郑芝龙一样开始以手工业起家，以裁缝为业，并兼营中日两国之间的海上贸易，说白了，其实也就是干海盗。

可能因为手脚比较勤快，别人干一次的时间，颜兄就尽量做两次，所以没两年就积累了一定的财富，成为海上华人中的大哥级人物，与李旦齐名。颜思齐在做海上贸易的过程中结交了许多新朋友（也是海盗），其中关系最好的是经常到长崎贸易的晋江船主杨天生。两个人合作，手下很快聚集了一批流寓日本并且从事海外冒险事业的闽南老乡。

有了足够的资金与人手后，颜思齐便带头成立了由自己控制的海商组织（相当于闽南老乡会性质的海盗集团），并且在日本沿海地区越混越壮，闻名遐迩。最后连当地的日本政府也不能再忽视这股由颜思齐带领的海上武装，于是平户当局便任命颜思齐为甲螺（头目的意思），以示对颜老大的尊敬与承认。

日本当局应该不知道，其实颜思齐是一个比较有想法的人。他的志向既不是就此当一个大海盗，也不是通过当海盗而被日本人收编，做上日本的大官。这些对于颜思齐来说，都太不值得一提了。颜先生有着自己远大的政治抱负：推翻日本德川幕府的统治，建立起一个由华人领导的日本政府！

颜思齐之所以会产生这样令人激动的想法，在本人看来倒不是日本清酒喝高了的结果。而是一个基于认真分析和严密的逻辑思维后所产生的必然结论。

因为在长期的海盗生活和海上贸易的经历影响下，颜思齐逐渐理解了朝廷实行海禁的原因。

大明之所以严令禁止与日本通商，那是因为日本人长期以来留给中国人的印象实在是太坏了。远的不说，大明开国之初就有倭寇经常跑到中国沿海四处烧杀抢掠，而且日本政府也不怎么管。嘉靖年间就更过分了，成千上万的倭寇经常有秩序、有批次地进入中国的浙闽等省进行无秩序、不预约的抢劫，给沿海居民造成了深重的灾难，幸亏出了个戚继光才把这些家伙赶回海里喂鱼。到了万历年间，事情的发展已到达了最恶心的程度，一个丧心病狂的疯子丰臣秀吉竟满怀着蚯蚓吞恐龙的野心，妄图通过发动朝鲜战争，先占朝鲜再灭大明，然而这一图谋也在名将李如松带领的明军入朝作战后化为泡影。

所以，综合上面无数次的历史经验，它们都化为一个共同的声音，无时无刻不在告诫着朝廷：小鬼子是靠不住的！

于是，颜思齐就有想法了，假如由中国人来领导日本人，使得日本政府变成了由一群爱国的中国人来控制的政府，那事情的发展会是怎么样的呢？

假如在日的华人掌握了日本的政权，那么这就意味着原来那个经常搞小动作的

蠢蠢欲动的邻居将从此一去不复返，取而代之的则是一个永远不会对大明形成威胁的自家人，那么朝廷也应该会相应地修改并调整海禁的政策，真正实现官府与海商的互利共赢。

于是在得到自己的最好朋友杨天生的响应与支持后，本着“建立功业，扬中国名声”的原则，颜思齐和杨天生开始了拉人的行动。

经过一番努力，两个人一共召集了二十六人。这些人都有一个共同点：全部都是福建人。

在通过中国特色的创建利益共同体——江湖结义的方式，使得大家都结为异姓兄弟后，颜思齐向众人说出了自己考虑已久的建国计划。

应该说在拉人之初，颜思齐和杨天生肯定是打过小算盘的。因为纵观这些志同道合的老乡们，其中没有一个人的年龄比颜思齐大，所以一拜把子，颜思齐就当仁不让地成为这伙以推翻德川幕府统领的日本为目的的福建老乡会的老大。

或许是因在到达平户之初曾得到颜思齐的帮助，那时已经稍有名气的郑芝龙也是这二十八人之一。但是由于年龄条件的限制（年仅二十一岁），郑芝龙在这个组织中位列末席，成了名副其实的小弟。

人都拉来了，接下来就要说明一下成立本组织的目的和本组织的具体活动了。作为当时老乡会智囊的杨天生这时终于向大家和盘托出：“日本地方广阔，上通辽阳、北直，下达闽粤、交趾，真是鱼米之乡，若得占踞，足以自霸。”听到这番话，众人并没有一个显出丝毫的吃惊与紧张，反而是一脸由衷的兴奋与激动。

干出一番大事业的时机终于到来了。

“座中诸人，苟有异心者，天其殛之！”在座的所有人发出了同一个声音。我们的时代，一个由中国人掌控日本的时代即将到来。

就在所有人都开始为推翻德川幕府的起义小心谨慎地做准备的时候，事情还是出了岔子。

当时德川幕府的将军德川秀忠虽然没有他老爹德川家康的军事才能，是一个即便在日本国内也很少获得正面评价、活在伟大父亲阴影下的可怜人，但由于本人毕竟也曾经跟了德川家康那么多年，所以发觉个把武装起义的能力多少还是有的。

就在颜思齐事先预定的起义时间的两天前，即八月十三日，日本军队开始组织行动，准备消灭这支由中国海商组成的反幕府武装。

不过，虽然幕府的耳目众多，但事实证明中国海商的耳目也不少。在得到了日军将要突袭颜思齐等人大本营的消息后，很快就有人通知了颜思齐。颜思齐当机立断，马上通知所有弟兄紧急向海上撤退。

天启四年（1624）八月十四日，包括颜思齐、郑芝龙、杨天生等人在内的所有二十八人，带领着他们的手下、武器和战舰安全撤出了日本，进入了茫茫的大海之中。就在一行人离开后不久，日军就按原定计划凭借大炮攻占了颜思齐等人经常集会商议的场所。

幸亏跑得快，要不然还真就被日本人给一块包了饺子。

大家固然逃出生天，幸免于难，但是有一个问题还是不得不考虑，那就是这一帮人到底该何去何从？

伺机重新在日本某个浅滩登陆并对幕府发动突然进攻，这个显然是不靠谱的。因为颜思齐他们本来就没有当年梁山好汉那样庞大的组织基础（有钱有粮还有座山寨），也没有梁山那样多的牛人猛人和专业性很强的人才（譬如神偷时迁、神医安道全），而且手下的士兵也不是很多。如果贸然发动进攻，大家的下场很可能是还没有见到江户城的大门，就被日军围歼在沙滩上。

那么不去攻击江户，而是另寻一块比较荒芜的海岛作为根据地，以便重整旗鼓呢？客观地讲，这比攻打江户还不靠谱。因为当时日本幕府为了防止受到以西班牙等国为首的欧洲海盗的侵扰，也学习大明制定了闭关锁国的政策。所以日本除了平户等极少数的几个港口对外开放外，其他的地方也都禁海。再加上日本诸岛本来就大量缺乏生产与生活物资，如果真的要占岛为王（非荒岛就容易招来日军）做了岛主，那么面对着一片连海盗都不愿意打这过的空空如也的大海，大家除了能体验一下荒岛余生，再每隔几个月喝点东南风，日子基本就是个悲剧。

登陆不可行，占个荒岛也不可行，而长期海上漂就更不可行了。

鉴于时间比较紧迫，所以当初出发的时候大家都比较仓促。比如说我们的郑芝龙，连个招呼都没有跟家里打，便撇下老婆和刚出生不久的第一个儿子，即我们伟大的民族英雄郑成功跑了路。所以这些船上所储备的粮食、淡水都是比较有限的，往海里算最多也就能支撑半年的时间，因此当务之急就是要马上找到一个合适的落脚点，而且这个落脚点还最好是能够为自身进一步发展壮大提供有利的条件。反正总不能让大家靠每天在海上撒网捕鱼，一日三餐都以吃海鲜为生吧。

上帝在为你关上一道门的同时，往往会给你打开一扇窗户。作为一个天主教徒，郑芝龙虽然不敢说是一个虔诚的教徒，但至少还是听过不少类似的话的。因此在日本诸岛海域四处漫无目的地游弋的时候，郑芝龙并没有灰心丧气。他相信天大地大，一定会有一块适合这些海上漂泊者的土地的。

哪怕前途如何黑暗漫长，我也永不放弃希望。

所以在生活中往往就是因为有了坚持，而后才有了希望。

## 目标！台湾

一个叫陈衷纪的人率先为大家找到了新的归宿，并在一次讨论中提出了自己的看法。

“吾闻琉球为海上荒岛，势控东南，地肥饶可霸。今当先取其地，然后侵略四方，则扶余之业可成也。”这句话翻译成现代汉语就是，我听说有一座荒岛地理位置非常好，它位于中国大陆的东南方，土地也极为肥沃，如果以它为根据地，不断发展自己的势力，接着再向外扩张，那么成就霸业也不是不可能的。

陈衷纪提议大伙入驻的岛屿，就是我们的宝岛台湾。它当时广泛被使用的名字是琉球。

陈衷纪的意见很快得到了在场大多数人的同意，于是十三艘帆船便朝向这座寄托着众人希望的岛屿扬帆前行。

台湾，我们来了！

天启四年（1624）八月二十三日，经过八昼夜的令人疲惫不堪的海上航行，颜思齐率领的十三艘船终于驶进了台湾岛，并在宝岛的西部浅滩成功登陆。这个当初颜思齐一行人登陆的地方被后人称为笨港（北港）。

虽说是土地肥沃、风景秀丽，但当年的台湾还真是个不太适宜人类居住的地方。

就在一千四百年前，同样也有一批人到达了这个地方，想要开始好好开发经营这座当时还被称为夷洲的岛屿。然而由于这些上岛的人实在无法适应这里过于闷热潮湿的气候，也缺乏在原始丛林里生存下去的经验，因而没过多久，来时的一万人中便由于受到丛林弥漫着的瘴气的影响而纷纷倒下，最后染疾身亡的士兵高达九成，所以台湾岛迎来的第一批开拓者们不得不放弃了开发计划，全部返航。

台湾就此失去了第一次被大规模开发的机会。然而即便是没有成功开发台湾，我们却有必要铭记这首批拓荒者的身份，他们就是三国时代吴国将军卫温和他带领的勇敢的吴军。

一千多年后，当颜思齐到达台湾岛时，虽然台湾已经在当地土著的努力下得到了一定的开发，不过颜思齐他们看到更多的还是茂密的丛林、长满野草的土地和数个世纪无人问津、在开阔平原地带静静淌流着的小溪。

美丽是很美丽，然而众人也意识到这片土地名不虚传，是真正意义上的蛮荒之地。

要在这片荆棘丛生、不易居住的蛮荒之地上开拓出一片崭新的适合人类生存的家园，对于大家来说还真是一项极为艰巨的任务。

海商当过，海盗也做过，甚至连日本政府都反过，这个世界上还有什么事情是不能尝试的！

在颜思齐的带领下，大家开始从船上卸下所有物品，准备在这片土地上自己动手开辟家园。

船上大部分人的家乡都是福建，所以岛上湿热的气候并没有让这群人有任何不适的感觉，反而是产生了一种如同回到家乡般的亲切感。在一切准备就绪的时候，大家开始进入丛林用大刀砍伐树木，并在离海岸不远的高地上树立起栅栏，建造一个个的居住点。

要知道，台湾虽然当时还比较荒凉，然而来自欧洲的海盗和中国东南沿海的海寇时不时也会来到这里歇个脚整修一下什么的，所以颜思齐等人还必须提防这些敌人的入侵以及当地土著不友善的偷袭。

对于远道而来的人们，岛上的土著居民并没有“张开怀抱等你”的热情。这是因为在郑芝龙等人上岛之前，台湾的土著们听到了从岛屿南方传来的消息：有一伙长着红色头发有着绿色眼睛的外来人强行地占领了岛屿的南部地区，抢走了当地人好不容易开垦出的土地，并开始修筑城堡准备常住。

天知道这帮人和南方的那批是不是同一类人？所以颜思齐一行登陆后没多久，当地人就开始向他们发动了进攻。

打不过装配着火枪大炮的日军，还打不过拿着弓箭木棒的土著吗？对于来犯之敌，郑芝龙等人很轻松地便击退了他们。

不过颜思齐也意识到，每天都这样干仗，不仅不利于自己理想的实现，无休止的冲突反而还会加深双方的矛盾。于是几经思索，颜思齐决定与当地土著的首领见上一面。

颜思齐先派人给土著首领送去了礼物，表达了自己停战求和的意愿，并反复强调自己与他们一样，是大明帝国的子民，此次前来不过是迫于生计混口饭吃而已，完全没有巧取豪夺、危害当地人的意思。

随着双方交流的深入，颜思齐与当地土著终于达成了和解，颜思齐甚至还亲自出面与土著首领举行了友好的会晤，解决了共同关心的地盘问题，取得了互不侵扰的共识。

从此颜思齐一行人开始与当地人和平共处，并且还经常以船上的物品与土著人换取食品，实现了长期的和睦相处。

颜思齐除了会经商能打仗之外，应该说在建筑方面也是有一些天赋的。在笨港东南岸的平野（今新港），颜思齐亲自设计规划并动手建筑了几个井字型的营寨。这些营寨中间为大高台，所以在生产时极为便于组织、指挥垦荒，而在作战时也十

分利于观察敌情与指挥战斗。

与此同时，为了解决垦荒人手不足的问题，颜思齐派杨天生率船队前往众人的故乡漳州、泉州故里招募移民，前后计三千余人。对于这些愿意远离家乡的老乡们，颜思齐也开出了很吸引人的价码：但凡来台湾的，一并赠送土地并发给银两、农具和耕牛。

于是台湾最早的大规模拓垦活动就此开始了。

垦荒也是需要投入一定的资金的。虽然颜思齐的船上起初应该带了些银子，但是随着前来投奔自己的移民越来越多，颜思齐也逐渐发现自己的荷包快要撑不住了。因此为了解决资金问题，思齐从移民中间挑选了一些有航海经验的漳州和泉州人，并以自己原有的十三艘大船为交通工具，利用台湾岛在海上交通的地理位置的便利条件，开展和大陆的海上贸易。同时又组织了一批以前干过渔民、猎人的老乡，从事海上捕鱼和岛上捕猎，发展经济，顺利地解决了移民生产生活所需的物质条件的问题。

就在颜思齐与众人一起不避寒暑、筚路蓝缕地进行艰苦卓绝的辟疆开土活动时，郑芝龙却没有加入劳动的人群里去。这倒不是因为郑芝龙擅长偷懒，而是因为此时的郑芝龙为了完成颜思齐交给他的一项更加艰巨的任务而离开了笨港。

在台湾北部不断发展壮大的颜思齐的势力，对于同时在南方扩张势力想要控制全岛的荷兰人来说，无疑是一个极其严重的威胁。

然而令人奇怪的是，即便如此，在一年多的时间里，北方的颜思齐和南方的荷兰人在同时扩大自身势力的时候竟没有发生任何大规模的冲突，甚至连点突发的摩擦都没有。

对于这一现象最为合理的解释就是，有人充当了协调者的角色，并且成功地化解了双方本应出现的种种冲突。

在当时能够做到这一点的不用说也知道，有且只有一个人——郑芝龙。

到荷兰人的控制区，将竞争者的角色转化为一个可以合作的伙伴角色，这就是颜思齐交给郑芝龙的任务。于是郑芝龙便奉命来到台湾南部并且担任在台湾实行殖民统治的荷兰东印度公司的翻译一职。郑芝龙在日本平户时，便与荷兰人打过许多次交道，非常了解荷兰人的底细。共同的宗教信仰和相通的语言再次帮助郑芝龙成功地获得了荷兰东印度公司的信任与重用，所以即便是在外国领导和外国同事之中郑芝龙也混得很开，而且这样看来要升为公司的高级主管也不过是几年内的事。

但是，郑芝龙却并没有在荷兰东印度公司停留很久，终于有一天他还是返回到北港，当初登陆的那个地方。

因为此时的颜思齐也不再是一年前刚刚登岸时的颜思齐了。经过一年多的经营，颜思齐的海商大本营已经从海岸线向岛内大大延伸，颜思齐所控制的地区也从北港拓展到牛朝溪、八掌溪流域。而且随着新开垦土地的大大增加和新的居住点的不断增多，前来归附颜思齐的人也越来越多。颜思齐已经成为当时东南沿海拥有最多数量的船只和相当强大的海上武装力量的巨头。

放弃一些东西，通常为的是获得更多更好的东西。

所以从南方回来的郑芝龙，重新开始了他的海商兼海盗的生涯。

郑芝龙离家数年之后，他的父亲也去世了，因此留在澳门的弟弟郑芝虎、郑芝豹在得知大哥跑到台湾后，也纷纷前来投靠。除了亲弟弟前来归附外，郑芝龙的堂哥郑芝莞听说了堂弟的事情后也前来投奔。这些人将会成为郑芝龙日后成就海上霸业不可或缺的人才。

虽然离开了平户，但郑芝龙仍然是前海商巨头李旦的义子（这时候李旦还活着），所以那些属于李旦的船队和郑芝龙的来往依然非常密切。内有兄弟们的帮助，外有义父故人老部下的撑场，郑芝龙由此为颜思齐从事的海商事业提供了极大的便利。凭借着这一贡献，郑芝龙在以二十八人为核心的集团中也越混越壮，地位随之与日俱增，一跃成为众人心目中一个极为重要的人物。

实力得到增强后的颜思齐即便是在台湾当了一年多的土财主，也未曾忘记过他的理想：占据日本，建立一个由中国人控制的日本政府。

然而上天似乎却不打算给颜思齐这样的机会。

天启五年（1625）九月，颜思齐和部众到诸罗山捕猎。在成功捕获了大量猎物后，颜思齐与大家开怀畅饮，把酒言欢，然而在回程中不幸染上伤寒，之后的数日里竟因此一病不起，英年早逝，年仅三十七岁。

临终前，身体已经极度虚弱的颜思齐召来了所有的兄弟，在将众人一一看遍后，颜思齐说出他对这些曾经跟随自己出生入死的好搭档最后的期望与嘱咐："不佞与公等共事二载，本期创建功业，扬中国声名。今壮志未遂，中道夭折，公等其继起。"

壮志未遂，中道夭折，公等其继起！

能说出这种话的人，即便说他是海盗，他也真不是一般的海盗。

被誉为第一位开拓台湾的先锋颜思齐，就这样带着满腔的遗憾，离开了这个他曾经无比留恋的世界。随后颜思齐被众人安葬在今嘉义县水上乡与中埔乡交界处，位于诸罗东南三界埔山的山巅，至今其墓犹存。数百年后，人们又在云林县北港树立起一座石碑，上面赫然写着"颜思齐先生开拓台湾登陆纪念碑"。

出师未捷身先死，长使英雄泪满襟。

在对着颜思齐的灵位流完了眼泪后，小弟们就开始关注这位带头大哥留下的那个最有价值的遗物——新老大的位置。颜思齐海上贸易劫掠无限公司（股份制）内部的权力斗争也开始进入白热化阶段。

兄终弟及，父死子继。这是中国人向来尊重的传统，但是现在没有什么明确的史料能够证明颜思齐有儿子或者其他亲戚在台湾，所以这样看来就可以轮到把兄弟们继承这份丰厚的遗产了。

当时颜思齐遗产的主要竞争者有两个，一个当然是郑芝龙，而另一个是当年主张进入台湾东山再起的陈衷纪。

陈衷纪是比较有实力的新首领的有力竞争者，而且相比而言，他具有郑芝龙所没有的三个优势。首先，陈衷纪的年纪要比郑芝龙大，虽然当时颜大哥挂时没来得及任命新一任的老大，但是按照正常的思维应该是由年纪第二大的二哥来当家，就算二哥不能服众，也应该选个年纪稍长的人来领导大家，如果选用在把兄弟中辈分最小的郑芝龙来当老大，而让其余的把兄们来向这个小弟点头下拜，这实在有些说不过去。

其次，陈衷纪也是个比较有能力的人。当年密谋推翻德川幕府的行动中，他是干得最卖力的成员。再者说了，要是没有深谋远虑的陈衷纪提出占据台湾的主张，相信此时大家还不知道在那个岛礁上吹海风晒鱼干呢。

最后，虽然这二十八个人都是福建人，但只有少数几个跟颜思齐一样来自海澄县，是纯老乡，而陈衷纪就是这少数纯老乡中的一个。颜思齐真正意义上的同乡，这个身份使得陈衷纪与颜思齐的关系始终非常密切。

即便陈衷纪有众多优势，但最后被众人推上新首领位置的人还是郑芝龙，只有二十二岁的郑芝龙。

二十二岁，也就是今天一个刚刚毕业的大学生的年纪，但他却成了一群亡命之徒的首领，还在事实上掌控了众人的生死。这在我们今天看来，着实是一件难以想象的事情。

郑芝龙最终得以胜出，历来流传着有各种各样的说法。比如有一种说法是，颜思齐去世后众人经过开会讨论决定，以掷碗来决定首领的人选。当其他人把碗掷到地上时，无一例外都摔得粉碎，只有轮到郑芝龙掷出时，那个碗竟然没碎，更邪的是连个裂纹也没有，于是郑芝龙就这样成为新的首领。还有另外一种说法和这个也比较类似，只不过是方法由摔碗改成拜剑了。当其他人向宝剑下拜的时候，那柄剑纹丝不动，而轮到郑芝龙拜的时候，那剑居然飞了起来，所以众人一看便认为这是天意，于是就共尊郑芝龙为老大了。

就本人看来，上述记载已经远远超越了正常现象的水平，应该划归为超自然现象被送入科学研究所研究。因为这些记载别说似曾相识（在古代的历史演义小说里），而且手法也相当的老套外加无厘头。在塑料碗、不锈钢碗未被生产出来的古代，真的要实现这一理想，相信是与把已经离世的颜思齐再救活一样的困难。

当然，也有学者为郑芝龙的得胜给出了看似合理的解释。据说在台湾时的郑芝龙有一位颜姓的妻子，而这位颜氏可能就是颜思齐的女儿。也就是说，郑芝龙是以颜思齐女婿的身份来继承首领的位置。这种说法虽然可能性是有的，但是证据显然还是不足的。

其实，真正的事实应该是，打颜思齐归天的那天起，首领的位置就注定只属于一个人，即郑芝龙先生是也。

因为郑芝龙此时所拥有的个人势力，已经是其他人望尘莫及的了。他的义父海商巨头李旦是先于颜思齐一个月前去世的，所以郑芝龙得以继承了李旦庞大的船队与巨额资产。而且在有着不俗能力的亲兄弟的帮助下，财大势大又有能力的郑芝龙无疑是继承老大之位的不二人选。

再加上兼职海盗的弟兄们为人比较实在，谁实力强有钱又有枪，还能带领大家抢船致富奔小康，谁就该是老大。要搞任人唯亲，玩暗箱操作，别说都是福建老乡，广大乡里乡亲也是不会答应的。

所以在大家的一致拥护下，郑芝龙成功地将李旦与颜思齐这两支明末最为强大的海商（或者说是海盗）的力量合二为一。郑芝龙也就此成为东亚、南亚、东南亚最为强大的海上力量。继大明的郑和后，中国最强的海上力量再次出现，中国人的身影也在这片与我们相邻的海洋上再次活跃了起来。

为了进一步巩固自己的势力，自立门户后的郑芝龙又从福建招来了郑兴、郑明、杨耿、陈晖、郑彩等人作为自己的心腹部将。接着是整编军队，郑芝龙将部下分为十八先锋，号称“十八芝”，并从此正式由郑一官改名为郑芝龙。这时候的郑芝龙已然拥有近七万人的海军和大小一千多艘船，俨然成为当时大明最强的海上武装。

但是对于中国第一海上强军这一现状，郑芝龙却并不太满意，因为在他周围还存在着西班牙人、荷兰人、葡萄牙人和英国人的海上武装以及其他大大小小的中国海盗。所以在还没有成为这片海洋中独一无二的霸主之前，郑芝龙还不愿意停下他前进的脚步。

现在该做些什么，或者说下一步该怎么走，郑芝龙并没有十分明确的目标。

郑芝龙虽然继承了颜思齐的基业，却没有继承颜思齐的事业。在郑芝龙看来，日本那几个小破岛即便是真打了下来，也没有啥发展前途，所以日本人得以有幸免遭这支强大的郑家军的进攻。

郑芝龙是一个比较传统的人。在他的观念中，衣锦还乡、功成名就才是正道，如果就这样长期待在台湾岛做个岛主，实在不太光彩。因为甭管实力再怎么强大，在其他人的眼中也终究就是个海盗。

所以在考虑了很久之后，郑芝龙打算让大明承认自己是大明的骄傲，使得那些像自己一样迫于生计而不得不出海谋生的大明子民真正得到政府的谅解，让那些暂居在海外的华人也能够获得强大帝国的保护。

我们不是祖国的叛徒！不是的！我们同样可以成为祖国的骄傲！

## 身份问题

“贫僧一行是奉唐王御令，由东土大唐前往西天取经的……”众所周知，这是唐僧堪称经典的开场白。

由长安出发去印度取经这事不假，且唐太宗对取经之事也是知情的。

然而，当唐太宗得知玄奘西行时，下达的命令却不是小说中写的那样，太宗命令唐僧等人可能经过的沿途州县务必进行全力的帮助与支持。真实的情况应该是：太宗命令唐僧等人可能经过的沿途州县务必进行全力的盘查与抓捕。

对，你没有看错，我也没有写错。不是给予全力的帮助，而是要求全力抓捕。因为在当时，玄奘大师的行为是不合法的，用今天的话说应该算是偷渡（学名：非法出境）。

即便是在素来以对外积极开放而著称的唐朝，假如兄弟你未经官府同意而私自离开祖国，那往小里说是违法，往大里说，性质就更严重了，算是叛国。

之所以会出现这么大的差异，究其原因，还是因为在那个时代，人口被国家认为是最为重要的资源。

春秋战国几百多年，打来打去其实为的就是土地和人口。而之后的那些所谓军阀割据、诸侯混战，似乎始终也没有脱离对此二者的追求。而且在某些时候，人口还要明显地比土地重要得多。

还是以我们心目中最强盛的时期——唐代为例。大唐帝国最牛的时候，幅员万里，人口众多，且家家富足，处处兴旺。四周由少数民族建立起的政权也安分守己，从来不敢闹事。大唐帝国是当时世界上名副其实的超级大国，比美利坚还美利坚。

但究竟是什么原因，使得这个看似强大到没有一丝弱点的超级大国在一夜之间趋于崩溃呢？答案看似很简单，只要上过学的几乎都知道，都能从容不迫地给出正确的回答：安史之乱嘛。

这个答案确实无懈可击，是百分之两百正确的。可是，实际上这只是一个十分表面化的回答，就像你在饭馆门口遇到个熟人，问他吃了什么，对方回答吃了午饭一样，是一个可以让你为之抓狂的答案。所以为了体现出本人让大家真正了解真实的历史事实这一原则，在这里我们简单说一下唐朝衰落的真正原因。

众所周知，大唐能在皇帝跑路（唐玄宗幸蜀），丢失了包括洛阳、长安两都和北方几乎全部的领土的情况下，得以翻盘取胜，主要是基于两大因素。其一是因为有郭子仪、李光弼等不世出的名将带领唐军屡破叛军，其二则是靠回鹘军队的全力帮助。

少数民族的同胞们大都是十分善战的，所以在回鹘军的援助下，唐军平定安史之乱的时间得以大大缩短。不过少数民族的同胞们同时又是比较实在的，也就是说，一旦出兵，唐朝就必须要给一定的好处。

当时的唐朝已经不是以前那个十分有钱、富得流油的唐朝了，所以这群雇佣兵要账，朝廷只能一拖再拖。然而少数民族的朋友们却给出了明确的答复：不给钱，就干你！反正拖欠雇佣兵工资的事情绝对要杜绝在摇篮中！因而朝廷不得不一再派人与回鹘的首领进行交涉，最后双方终于达成了一致：叛军手中的城池收回之时，子女金帛归回纥，土地城郭归大唐。

也就是说，等到北方失陷的城镇被收复时，所有值钱的东西都让回鹘人带走了，而在战乱中幸免于难的老百姓们也通通被拉到草原放羊去了。唐朝最后得到的，不过是一座座因战乱而成为一堆堆大型建筑垃圾的空城而已！

老百姓死于战乱的有一大部分，侥幸活下来却又被打包带走的又占了很大的一部分。百姓几乎都没了，你还统治个谁去？难道让皇帝陛下、官老爷亲自下地，去自己动手，丰衣足食不成？

这就是大唐衰亡的真正原因。

人口对于一个国家来说，那真是很重要的。因为无论交税、服役都少不了他们，而民间的非法出境却会导致大量的人口流失，并直接影响到朝廷的统治和国家的长治久安。所以说，在历代大一统王朝的眼中，任何类似于唐僧的取经活动或者是以出国谋生为目的的擅自离开故土的行为，都属于十恶不赦的汉奸行为，都应该受到国家法律的严厉制裁，并遭到所有老百姓的鄙视与唾弃。

因此，过去所谓的华侨华人，在各个时期的政府那里一律被视为汉奸、叛国者。后来海外华侨之所以那样支持伟大的孙中山搞革命推翻清政府，其实也就是为了建立一个能够真正认可华人并对广大海外同胞的利益给予切实保护的政府。

现在，郑芝龙打算要做的就是当时广大海外华人一致渴望做的那件事。让朝廷承认这些身处海外的大明子民的合法地位，认可海上贸易并最好能开放海禁，使得

大家能够堂堂正正经商，干干净净做人！

当然，除去想为广大华人（包括郑芝龙自己）争口气外，郑芝龙选择先与官府干一架，还有一个不得已的原因。

由于朝廷向来对华人不太看好，而且也因为确实有许多中国人暗地里当海盗，不时对东南沿海地区进行抢掠与骚扰，因此对于这些自称为海商的非法武装，沿海各省的官府都给予了密切关注与高度重视。而当时最有势力的李旦海商集团和颜思齐海商集团，就更是朝廷的重点监视对象了。

然而虽然时过境迁，当年的两大海商已纷纷离世，但是这个叫郑芝龙的年轻人却不知突然从何处蹦了出来并且将两大势力合二为一，一跃成为海商巨头（也是海盗中的大哥大）。所以郑芝龙也自然成为官府与明军要重点注意且必须消灭的首要对象。

为了正名，所以要打；为了证明，所以也要打；最后为了不被打，所以更要打。

那还多说什么，打吧！

# 第十九章 怒海争锋

先下手为强，后下手遭殃。基于长期作为一个商人所养成的良好的职业习惯，郑芝龙从来不愿意自己的利益受损，更不想遭殃，所以他率先对明军发动了攻势。

天启六年春，郑芝龙乘着福建因旱灾闹饥荒的机会，率军攻下了位于闽南的漳浦县，紧接着又连续攻打了附近的金门与中左所（厦门），最后挥师南下，进攻粤东，彻彻底底地搞了一次闽粤地区沿海游。

当然战果也是很明显的。在此次出击中郑芝龙连战连胜，明军屡战屡败。迎战的明军士兵除了望着郑芝龙的大船感叹一番，接着被大船上安装的大炮射出的炮弹的威力所震撼，然后被炮弹掀起的巨浪把小舟掀翻外，其他的详细战况基本就没有什么可说的了。

听说以郑芝龙为首的海盗势力很强很嚣张，但真没想到会有这么强，这么嚣张！

所以福建总兵在上交给朝廷的报告中反复强调："其船器皆制自外番。艨艟高大坚致，入水不没，遇礁不破；器械犀利，铳炮一发，数十里当之立碎。"用今天的话来说就是，人家海盗郑芝龙用的船舶武器都是进口货，不仅每艘战船都极为高大坚固，即便是船体进水了也不会沉，触了礁还照样能开，而且船上还装备了洋炮，一发炮弹就可以伤及数十里。相对而言，明军的装备简直就是小儿科。因此，在海战遇到了这样的对手，真的是要人老命。打败了也不能完全怪我们啊！

虽然报告中的言语似乎是这位总兵在为自己战败找借口，但实际上总兵大人说

的确实是实情。要想凭借只能打打普通小海盗的帆船去对抗郑芝龙的巨舰，这无疑是件很作的事儿。因而在切实了解到郑芝龙装备的强大和其手下海战素质的过硬后，朝廷终于有了一个比较清楚的认识：消灭海盗郑芝龙势力的唯一方法就是不消灭郑芝龙和他的海盗手下们，换句话说，招安这批人，将海盗郑芝龙变成自己人。

为了实现这一目的，朝廷特意起用曾经担任过泉州知府且对招安流程较有经验的蔡善继出任泉州巡海道，以求成功实现招抚工作。

在收到由蔡善继派人送来的劝降书后，郑芝龙集团的内部产生了极大的分歧。

前文说过，郑芝龙之所以要打仗，其实为的就是得到政府的认可，以便衣锦还乡、光宗耀祖。所以郑芝龙打心眼里是想接受朝廷的条件的。可是，在郑芝龙的海盗公司里郑先生虽然是老大，团伙还是那个团伙，实行的是股份制，民主多少还是要讲的。所以在这一决定公司发展和众人前途的关键时刻，就必须召开股东大会了。

当时郑芝龙面对的情况是这样的：相当大的一部分人激烈地反对接受招安，此外有一部分人保持中立。中立的虽然没有明确表示反对，但是不用问也知道这些人是不愿意支持的，只是碍于郑芝龙的面子才没太激烈而已。不过，作为当初创业的那二十八个老股东且是前任董事长颜思齐的心腹的陈衷纪、杨天生就不管那么多了。在郑芝龙与众人商讨招安事宜的会议中，陈衷纪、杨天生率先提出了一个大家都关心的问题：朝廷会不会出尔反尔？

嘉靖年间，威震海上的海盗界老大哥汪直就是被朝廷以招安的名义骗上岸后随之挂掉的，因此在之后众多海盗头目的心中，朝廷都是不能轻易相信的。大家都生怕自己一旦交出武器，朝廷就会立马翻脸将自己处死。所以大家向来都坚信：就算路要一直走到黑，也不能冒接受招安的风险。

然而郑芝龙从来是喜欢冒风险的人。在他看来，如果没有当年冒险独闯澳门、定居日本和反抗幕府的郑一官，就不会有今天的郑芝龙，所以在力排众议、干净利落地压制了内部的反对声音后，郑芝龙决定先跟朝廷谈谈。

于是在泉州附近的海面上，率领八百多人前来谈判的郑芝龙，终于见到了那个脸上堆满了笑容的招抚工作的蔡善继。

郑芝龙对于蔡善继的印象是蛮好的。因为自从两人见面的那一刻起，蔡大人就一直在笑。所以为了表示友好，郑芝龙也同样露出了难得一见的笑容。然而在谈了几句后，郑芝龙脸上的笑容却渐渐消失了。实在是笑不出来了。

估计是对于郑芝龙的资料了解不全，或者是因为之前招安小鱼小虾的过程中养成了不太好的习惯，反正在谈判中蔡善继始终以一种居高临下的口气来教导郑芝龙，好像眼前的这位不是一个手握重兵、连政府军都打不过的海上巨头，而是一个犯了过错请求悔改的孩子一样。蔡大人的言语那是相当的不客气，然而郑芝龙忍了，因为他还想知道朝廷为了招降自己到底能给出什么样的条件。

等到郑芝龙一行唯唯诺诺地听完了蔡善继口水横飞的训斥，并时刻准备对朝廷开出的条件进行一番坚决的讨价还价时，已经坐在旁边喝茶休息的蔡善继奇怪地问道："我要说的都已经说完了，你们现在就可以缴械投降了，还愣着干什么？"

听你嘚嘚了半天原来就是这么个结果。朝廷竟然连条件都不愿意跟我们谈。实在是欺人太甚！

见朝廷如此没有诚意，不仅是陪着郑芝龙前来的郑芝虎、郑芝豹，就连郑芝龙本人也火了。当在场的众人都嚷嚷着要将这个蔡善继就地处死、接着继续回去兢兢业业地做海盗时，郑芝龙再次强压下怒火，命令放走了蔡善继。因为在郑芝龙看来，这次的失败只不过是因为朝廷还不知道自己的真正实力，所以不愿意多下本钱进行招抚。如果真的就此杀掉了蔡善继，这也就意味着招安之路将会更加坎坷，而两拨人也将注定要死磕到底。因此郑芝龙放走了人也没有进行任何报复，便马上离开了泉州，重过海上生活去也（当然还有一种说法是，郑芝龙嫌朝廷未授官职，所以不告而别）。

总之，明朝对郑芝龙的第一次招安就此宣告失败。

招安失败的消息很快传到了朝廷。但是鉴于当时朝廷内部魏忠贤魏公公正忙着整敌人当圣人，外面后金在东北地区正闹得欢，所以即便是招抚失败了，似乎也没多少人把这件事儿当成个事儿。

不过对于朝廷不太重视的这件事，作为直接责任人的福建巡抚朱钦相却是相当重视的。当收到对郑芝龙等人的招抚工作失败的消息后，朱巡抚很气愤。

然而朱大人气愤的原因倒不是因为蔡善继过于自大而坏了事，而是愤怒于郑芝龙这帮海盗竟然敬酒不吃吃罚酒，拒绝投降。

不过是个弃暗投明的海盗罢了，竟敢如此不识时务！不追究你们所犯下的累累罪行就已经是天恩浩荡了，到这时候还敢和朝廷叫板，真是岂有此理！

于是在与郑芝龙谈判后不久，朱巡抚就对福建境内的明军下达了命令：但凡是福建海域内有悬挂郑氏旗号的船只，无论是商船还是战舰，一律给以最猛烈的招呼。

在朱钦相的这一指示下，巡海的明军数次袭击了许多属于郑芝龙的商船，所以遭受到经济损失的郑芝龙也随即命令手下对明军的挑衅予以还击。

除了小打小闹袭击郑芝龙的商船外，朱巡抚也想效仿一下前辈戚继光，平定东南的海患。在朱钦相的亲自策划下，明朝的福建水军接连几次大举出兵，想要一举

剿灭郑芝龙。本来武器装备就不如人，战斗经验也不一定多过做海盗的，因而朱巡抚的围剿计划无一例外遭到了失败。甚至在一次与郑芝龙的海战之中，明军的水军高级将领，曾经跟着戚继光打过倭寇的卢毓英也做了郑芝龙的俘虏。

虽然几乎每次作战都能俘虏大量的明军士兵和一两个明军将领，然而对于这些人郑芝龙从来没有痛下杀手，而是将其全部释放。临走了还好吃好喝招待，只为了让这些人转告上级一句话："苟得一爵相加，当为朝廷效死力，东南半壁可高枕矣。"

做了这么多，就想从朝廷那得到一个官位而已。只要官府肯点头，授予我一定的官职，我郑芝龙不仅愿意归顺，还将以我这强大的海上力量，保卫祖国东南沿海的安全。

但是对于郑芝龙数次通过俘虏表达的这一愿望，官府的回复还是老样子：不行。

如果要说句心里话，福建官府其实也很想接受郑芝龙的条件，因为福建方面已经为进剿郑芝龙付出了太高昂的代价了。打仗要用的军饷粮草的花费暂且不说，光是因海战福建明军就已经损兵折将而且能用战船几乎也都被郑军的炮弹打成了破船、沉船，所以再要接着打，福建的政府机构就要宣告破产了。不仅如此，因为对郑芝龙的作战屡屡失败，福建巡抚朱钦相也倒了霉，被言官们群起参劾，一顿臭骂，不得已回家养老去了。

虽然打不过，但是还要坚持打继续打，坚定不移地打下去，争取打成持久战，这说到底还是因为涉及面子的问题。毕竟在怎么打都打不过海盗的情况下才与海盗谈条件，谈招安，这对于任何一个政府和任何一个领导来说，无疑都是一种耻辱。

实在丢不起那个人啊！因此战斗还要继续。

接替因弹劾退休的朱钦相担任福建巡抚的人恰好也姓朱，名叫朱一冯。不过这个朱巡抚和上任朱巡抚或多或少还是有些不同的。这位朱巡抚虽然也认为对郑芝龙要以军事打击为主，政治招降为辅，然而与朱钦相不同的是，朱一冯认为他自己比前任要幸运得多。因为朱一冯到任之后不久就惊喜地发现，在福建的将领有一个人或许可以成为自己的王牌。

这位很是被新任巡抚赏识的将领即是福建总兵俞咨皋。

天启四年（1624），在朝廷的命令下，福建水师对侵扰澎湖的荷兰人进行了坚决的打击。此次战役中，明军在总兵俞咨皋和守备王梦熊的共同带领下，大败荷兰人，擒获了荷将高文律并将其势力彻底逐离了澎湖地区。俞咨皋也因此役而成名，成为明军水战中比较能够拿得出手的将领之一。除了有过水战的丰富经验外，俞咨皋还拥有其他人所不具有一个荣誉，那就是他是一代名将、抗倭英雄俞大猷的儿子，俞家军的第二代领导人。

所以基于以上原因，朱一冯将消灭郑芝龙海盗势力这一光荣而艰巨的任务交给了俞咨皋。

天启七年，俞咨皋联合了当时已经和郑芝龙转为敌对的荷兰人的舰队，在福建铜山包围了郑芝龙。开战伊始，俞咨皋先派遣手下马胜、杨世爵率船二十艘出港作战，结果没过多久就传来了二人全部战死的消息。无奈之下，俞咨皋只好拿出了全部家当——第二代的俞家军主力，并又派出副总兵陈希范带领归顺朝廷的前大海盗杨禄、杨策等人前往出战。

不知是被郑芝龙海盗军的精良装备吓住了还是见识到与郑军交战的惨烈，作为阵前指挥的陈希范竟然带头逃跑了。这一白痴举动直接导致了明军的整体崩溃。最后，明军把总张选举、洪应计战死，士兵伤亡过半。

铜山之战把老爹留下的老班底几乎打光了，俞咨皋再也坐不住了。俞咨皋随后调来了闽安、兴化、泉州、漳州各镇的军队，集中到中左所（今厦门），摆明了要与郑芝龙决一死战。

据说郑芝龙得知消息后，曾对人笑道："俞咨皋不过是个纨绔子弟，只是读了几本他爹的兵书，实际上是不懂什么兵法的。"

说句公道话，俞咨皋是会打仗的，只不过相对于郑芝龙而言还是差了一截罢了。所以在接下来的海战中，明军几乎全军覆没，俞咨皋本人被迫逃往三叉河。郑芝龙则又一次取得了对朝廷的军事胜利。

由于对郑芝龙的围剿再次失败，人员伤亡极其严重，甚至丢掉了重要的军事据点中左所，本来对郑芝龙的事不太上心的朝廷这回也终于有了反应。战败的俞咨皋以畏缩观望、坐失战机、毫无建树等罪名，在言官的一致弹劾下被解除职务，逮捕入狱。后来俞咨皋又背负领导责任与那位临阵跑路的副将陈希范一同被朝廷处死。一代名将之后就此殒命。

其实最让官府感到恐惧的倒不是明军的一再战败，而是福建的当地老百姓们与这拨海盗越来越融洽，甚至显得亲密无间了。

在翻阅相关史料时，我偶然发现了一份当时官员为此事给朝廷的上疏。其中有这么几句很有意思的话，现抄录如下：

其一，"郑芝龙生长泉州，凡我内地之虚实，了然于胸。加以岁月所招徕，金钱所诱饵，聚艇数百，聚徒数万。城社之鼠狐，甘为爪牙；郡县之胥役，尽属腹心。乡绅偶有条陈，事未行而先泄；官府才一告示，甲造谤而乙讹言。复以小惠济其大奸，礼贤而下士，劫富而资贫，来者不拒而去者不追。"

这就是说作为福建老乡，郑芝龙既不忘家乡也不忘老乡，经常隔三岔五地跑来

召集老乡往台湾移民，还常常给当地人发钱，结交当地小吏乡绅，且礼贤下士，劫富济贫的事也没少干，因此当地群众都十分欢迎，郑芝龙的船队来了也不组织抵抗，郑芝龙的人走了也不派人去追击。

其二则是以事实说明了。“偶或上岸买货讨水，则闾阎市里牵羊载酒，承筐束帛，惟恐后也。”翻译过来就是说，偶尔有几个郑芝龙属下的人上岸买水买东西，整个市场的人都会牵羊带酒、装满礼物跑去犒劳，走得慢的还怕去晚了。这简直比子弟兵还要子弟兵。

所以该文作者、时任工科给事中的漳州人颜继祖向当时已经成为皇帝的崇祯发出由衷感慨：“真耳目未经之奇变，古今旷见之元凶也。”一辈子也没见到过甚至听说过有像郑芝龙这样受群众欢迎的海盗，郑芝龙实在不是个一般人。

确实，正如颜继祖所说的那样，这个海盗不寻常。郑芝龙的海盗集团不但军事力量强大而且纪律严整。郑芝龙不仅明文规定不许掳妇女、屠人民、纵火焚烧等，还规定对贫困的老百姓进行一定的资助。要真的说到违反大明律法的事，也就只有抢劫富户助饷和招募饥民当兵这两件了。

所以官府很快就发现，郑芝龙越挨打他的实力就会越强，而且再这样下去，所有政府机构都会因为郑芝龙的缘故而走向老百姓的对立面。真到了那个时候，一切势必无法挽回。

禁止部下抢掠，放还被俘获的明军士兵和将领，对战败的官军也不进行追击。很快就有许多人把郑芝龙军事行动背后的用意看得清清楚楚，明明白白，真真切切了。泉州知府王猷是少数几个率先再次向朝廷提出重启招抚计划的官员之一。王猷认为，基于郑芝龙的表现，可以看出郑芝龙有归顺朝廷的意思，所以与其和全福建的老百姓闹僵，不如“遣人往谕，退舟海外，仍许立功赎罪，有功之日，优以爵秩”。这样不仅可以缓和官府与民间的紧张关系，还能够得到郑芝龙的那支强大的海上武装，为国家巩固海防，实在是有百利而无一弊。

王猷是这样想的，同时他也是这样做的。在王猷的游说下，兴泉道邓良知接受了招抚的建议。于是，邓良知派人向郑芝龙表达了朝廷想要对他进行招抚的意思。

可是，邓良知的使者虽然带去了招抚的消息，郑芝龙那边却没有太大的反应。明白的人都看得出来，郑芝龙这回是在等着朝廷开出合适的条件。即便如此，福建方面也没有人敢先出来与郑芝龙谈条件。因为上次的惨败导致到任不久的巡抚朱一冯也引咎辞职了，所以现在福建全境在共同等待一个新的巡抚大人前来主持大局，并接手与郑芝龙和谈的这件大事。

时值崇祯元年（1628），巧了，恰好此时人人都很忙。皇帝陛下很忙，是因为想要实现顺利执政、令行禁止就必须铲除魏人妖的残余势力，所以正忙着净化风气，打扫人渣。大臣们同样也很忙。以前曾经巴结过魏太监向阉党示过好的，正忙着与阉党划清界限，四处找人托关系，以求案子不要办到自己头上来，以便争取能继续在朝中混碗饭吃。曾经骂过魏公公挨过整的（譬如东林党）和那些谁上台也不得罪中间派官员则也正忙着，大家都在按照崇祯的要求夜以继日地清查阉党，实现对朝政的彻底整顿，但是顺便掺进去点私货，想办法趁机恶心一下自己平时看不顺眼的某些人也是可以做一下的。所以大家真的都很忙。

鉴于大家都很忙，吏部就随手安排了一个看上去不着调的人前去补任福建巡抚的空缺。

然而令所有人都没有想到的是，这个随便的安排竟然起了出人意料的成果，拖了好多年没有解决的东南海寇问题竟在此人手中得到了最后的结局，一个皆大欢喜的大结局。

## 超级大忽悠

三月，被吏部起用的都察院右佥都御史正式到任，开始巡抚福建。这个人的名字有些朋友可能比较熟悉，他叫熊文灿。

熊文灿来到福建的时候，福建人民的老乡郑芝龙刚好也再次返乡，并开始了新一轮的军事提醒性行动——进攻铜山。

明明说好了要招降我，咋现在又没信了呢？所以郑芝龙此行虽然带的兵力不多但声势却很大，甚有一举扫荡明军一大片的苗头。这样一来就搞得福建全境震动，且连邻近地区都纷纷戒严了。

熊文灿在后世许多人的眼中是个十足的白痴，但如果你要真的说熊大人的智商和他的狗熊兄弟有一拼，那也是比较冤枉的。熊文灿对郑芝龙及东南沿海的时局还是有着比较清醒认识的。至少，他看出了郑芝龙此次军事行动的真正用意。

等到郑芝龙率军离开福建后不久，熊文灿就向朝廷提交了第一份报告，一份关于解决郑芝龙海盗集团的建议草案。

同年六月，兵部代表皇帝陛下，代表朝廷对熊巡抚的意见给出了答复：同意批准福建方面做出的招抚郑芝龙的决定。于是第二次招安行动就在熊文灿的任期内再次敲锣开幕。

想要招抚郑芝龙，必须有一个品级够大且又能很容易得到郑芝龙信任的人。虽然这两个条件比较简单，但对于当时的熊文灿而言还真是个难题。福建的武将们由于长期与郑芝龙进行武装斗争，所以大都对郑芝龙多少抱有些敌意，何况玩刀弄枪的将领们又大多不善言辞外加脾气粗暴易怒，因此显然不是充当使者的合适人选。

不过要找文官似乎也不太可能。在后人的总结中，崇祯年间为朝廷打工的文官一般有三大普遍的共同点，第一是喜欢推卸责任，第二是爱财胜过一切，最后则是特别贪生怕死。因此福建省的官员们也具有同样的共性，想要让他们挺身而出，大义凛然地走入拥有坚船利炮数万强兵的大海盗郑芝龙的大本营，去据理力争，去与传闻中无比凶恶的头子郑芝龙谈条件讲道理，除非太阳打西边出来。

在左看右看，上看下看，发现每个手下都很不沾的情况下，熊文灿打算自己走一趟。

消息一出，福建大小衙门的官吏们都着急了：别价啊！堂堂巡抚大人因深入虎穴与敌谈判而英勇殉职，这倒不怕。怕的就是万一您没就义成，还被人家扣为人质，要挟咱交钱交粮、割地赔款，到时朝廷怪罪下来，可就麻烦大了！

所以为了避免大家一起背上黑锅带集体下岗丢饭碗，有一个人站了出来并且主动找到了熊大人。

这个人就是之前极力主张对郑芝龙进行招抚的泉州知府王猷。

不过不要误会，王大人这次主动上门为官请命找到熊大人，并不是毛遂自荐想要去冒这个风险。王猷此行，其实是为了向熊巡抚推荐一个合适的人选。

王知府举荐的这个人前文也提过，就是那个曾经被郑芝龙击败并俘虏的卢毓英。

毕竟曾经打过败仗，毕竟又当过俘虏，毕竟回来后还给郑芝龙说过好话，所以言官们很快认定：这是个有问题的人。不是暗中变节投了敌就是收了郑芝龙的黑钱。因此卢毓英在“获释”后很快就接着“获罪”，遭到了广大言官的攻击，被朝廷严厉处罚了一番，且事业和生活一度为此陷入窘境。只要一被人认出来就会有人脱口而出：您就是那个被郑芝龙俘虏后放回来的那个将领！失敬！失敬！这搞得老头儿相当郁闷。

因而此时王猷推举卢毓英去担任招抚大使劝降郑芝龙，不仅是因为卢毓英与郑芝龙有过那次较为亲密的接触、双方比较熟识外，还为了能够帮助闷闷不乐日渐抑郁的老将军一把。

王猷的建议马上得到了熊文灿的认可。于是，熊大人下令派遣卢毓英前往招降郑芝龙。

有过第一次招抚被冷落的经历后，此时的郑芝龙对于招抚一事更为小心谨慎了。当然，与此同时，郑芝龙谈判的价码也随之水涨船高。

在与代表政府前来谈判的卢毓英会面后，郑芝龙提出了自己的要求，也是郑芝龙能够同意的最终底线。

第一，接受招安后朝廷不得要求自己遣散手下的这帮兄弟，这支军队必须还要掌握在郑芝龙的手里。要是没有手里的这支武装，自己便是一个平凡的人，郑芝龙十分清楚这一点，所以这是郑芝龙提出的要求中最为重要的一点。当然这层意思虽然很明显，不过也是不能明说的。于是郑芝龙也提出了一个比较冠冕堂皇的理由：保留这支军队是为了将来能帮助朝廷“剪除夷寇、剿平诸盗”。

第二，朝廷一定要授予自己一定的官职，否则就不用再谈了！

最后，郑芝龙要求福建方面通行各处，以方便自己手下的军士采买粮食。

对于这三个条件，卢毓英马上表示自己会立即向朝廷上报，并尽全力保证这些要求得到批准。然而临走前，卢毓英也提出了一个条件：“将军亦当约束诸人，登岸毋得放纵。”

郑芝龙注视着带着“决不负将军归诚意”的承诺离开了郑军营寨的卢毓英那渐渐模糊的身影，望了望宽广的海面，一声长啸：愿有天佑，吾人夙愿就此成真！

朝廷在进行了行政系统的垃圾清理后，办事效率果然有了一定的提高。没有半个月的工夫，朝廷就批准了郑芝龙的要求，而且是所有的要求。

于是到了七月份，收到了消息的郑芝龙正式对外宣布，率众投降官府。为了表示对于一些官员对自己投诚事业的支持，郑芝龙还特地派遣弟弟郑芝燕、郑芝凤携带金银币帛，同卢毓英一道来到泉州，拜见了知府王猷和巡道邓良知。送上厚礼后，会来事的郑芝龙又婉转地表示“愿拜门下”，希望过来做官后能够得到两位大人的照应。

看到郑芝龙如此乖巧，两位大人自然也很高兴地答应了郑芝龙的请求，并开始着手为将要进入政府机构工作的郑芝龙上下打点，搞好关系。

在郑芝龙上岸投降后不久，卢毓英按照约定，向沿海的各处卫所下发公文，允许郑芝龙的军士登岸采买日用的必需品，又向省里呈上文书，称“芝龙倾心向化，情愿自新，立功赎罪，从此沿海地方得以宁靖”，为郑芝龙归降说好话。得到属下奏报的熊文灿也立刻通告全省，“准郑芝龙招安，候旨定夺”。

于是在动用了大批海物珍奇贿赂了福建各级地方官员和朝中权贵后，同年九月，朝廷终于批准了熊文灿题奏，授予郑芝龙守备之职。同时，又委任与郑芝龙交好的卢毓英担任郑芝龙的监军，以监督郑军扫平各路海盗，切实保护帝国的海上安全。

既然朝廷已经承诺立功之日将再以功升职，那就好办了。卢毓英带着上面的檄谕，先随同郑芝凤回到泉州拜见泉州府、道时，邓良知和王猷二位大人也委托郑芝凤代为传达自己对郑芝龙被招降授官而感到的欣喜，并提出了两个人共同的愿望：希望郑将军能在卢监军的帮助下迅速立功，不负浩荡之皇恩！

带着各级长官的美好祝愿以及朝廷授官的喜讯星夜兼程的卢毓英终于赶到了郑

芝龙军的驻地，会见了郑芝龙。听说朝廷已经同意授给自己官职等消息后，郑芝龙大为高兴。在向卢毓英致谢后，郑芝龙便随即整顿船只，准备出海，开始作为大明正规水师的第一次征剿行动。

见到郑芝龙突然如此积极踊跃地准备出征，卢毓英有些好奇："将军此行，欲先平何人？"

"陈衷纪等原与某有八拜之交，今为李奇魁所并，当誓师先除此贼，则公私可以两尽。"

这里提到的陈衷纪就是先和郑芝龙争夺首领之位后来又带头反对郑芝龙接受招安的那位仁兄。在第二次招安不久前的一次海战中，被当时另一股海盗的老大李奇魁的手下击毙。所以郑芝龙所说的报仇即是由此。

不过说句实话，郑芝龙其实应该好好地感谢一下李奇魁兄的。正是借助李奇魁之手，郑芝龙才得以除掉了这个在集团中唯一可能对自己的地位构成威胁的陈衷纪，并进而保证了招抚行动的顺利实施。

虽然可以这样想，但是绝不可以这样讲。

听到了郑芝龙的话，卢毓英大为感动："将军情义深重，调度有方，真令人感激敬服。"马上向上级熊文灿通报了郑芝龙的这次军事行动。

顺便一提，这个李奇魁应该也可称得上是一个奇人。此人本来是泉州惠安的一个普通渔民，不过他却有一样不普通的本领。也许是由于自幼出入湄州沿海，深识水性，李奇魁据说可以深藏在水底半日不出，口能转气，眼睛可以看清水里的东西。虽说比起水泊梁山那个传闻中能在水底待上七天七夜的"浪里白条"张顺差得远，但是也算得上很牛的了。

当时李奇魁二十九岁，正当盛年，所以力气也不小，对外号称有负重七百来斤的力气，因而在当地也是颇有些声望的。鉴于海上打鱼实在不怎么挣钱，于是当地的许多渔民为求个进步尽快步入小康家庭行列就纷纷改行做了海盗。而为了方便招集手下，众人就一致推举了与众不同的李奇魁为首，纠合当地的渔船开始了四处劫掠商船的海盗生活。

李奇魁部众的活动范围在澎湖一带，而且一直以拦劫从吕宋过来的洋船为生。正巧当年郑芝龙第一次接受招安时，陈衷纪、杨天生等人坚决不予同意，与力主招安的郑芝龙闹了矛盾，陈衷纪一气之下擅自脱离组织，带了些人马返回了台湾。陈衷纪后来听说郑芝龙接受招安不成，便又率领部下来与郑芝龙相聚。也是该陈衷纪倒霉，当时他路过的海域恰好就是澎湖一带。可能那天李奇魁的心情恰好不大好，所以陈衷纪一遇到李奇魁的船队，就被李奇魁指挥部众围攻。陈衷纪等出其不意，遭到袭击后大败被杀，仅有李英及翻译何斌乘一小船逃回台湾捡回了命，其他的人则全部被包了饺子，手拉手见了阎王。

郑芝龙后来得知此事，那是相当的愤怒。竟然敢在海上第一强军的头上下刀子，反了你了！

所以郑芝龙立即派遣快哨，出洋打探李奇魁的行踪。虽然直到接受招安郑芝龙都不曾动手，但李奇魁的一举一动都完完全全地掌握在了郑芝龙的手中。想要下手除掉李奇魁这伙小蟊贼，不过是分分钟的事。

在得知捅了大娄子后，李奇魁也没有显出丝毫的慌张。因为在李奇魁看来，虽然外界一直将郑芝龙传得神乎其神，不过真正打起来还得两说呢，亦商亦盗的郑芝龙不一定能打得过向来专心致志从事海盗事业的自己，所以李奇魁一直在等待，等待着郑芝龙向他发动进攻。

郑芝龙，你快些来吧，看我李奇魁如何击败你，再从你手上吞并你那支人数庞大的军队，成为史上最强的中国海盗！

想法是很好的，现实却是很惨的。李奇魁满怀兴奋地等着，等到花儿开了又谢，大雁来了又回，别说是郑芝龙的战舰，就连挂着郑芝龙旗号的渔船都没见到一只。

等了这么长的时间竟是这样的一个结果，李奇魁终于出离了愤怒。于是，李奇魁决定先给郑芝龙这小子一点颜色看看。

在长期的博弈之中，因沉不住气就率先下手的人往往是那个弱者，也即最终的那个失败者。李奇魁将再次用自己行为去验证这一真理。

崇祯二年四月，李奇魁等纠集战船二百余艘开赴福建沿海地区，先发制人，攻到了金门一带，并示威似的将舟船泊于料罗湾，还四下派人叫嚣着要与郑芝龙进行战略决战，实在是不知死活。

得知李奇魁进军料罗湾并发布言论要与自己玩命后，刚由非法海盗转变为帝国军官的郑芝龙也十分高兴，因为这就意味着郑芝龙可以名正言顺地以大明水师的名义，着手开创真正属于自己的霸业了。

为了好好报答李奇魁的大恩，郑芝龙决定拿出自己的真正实力，先让李海盗开开眼界。

郑芝龙在得到熊文灿的批准后，立刻率兵前往料罗湾征讨李奇魁。郑芝龙令弟弟郑芝虎、郑芝豹为先锋，郑芝鹏、郑芝彪为应援，自己则带领着郑芝鹗等人为中军，有序前行。在与赶来参战的卢毓英会合后，郑芝龙命令部下先发动了试探性的攻击。

没想到这一试探，倒试探出郑芝龙意想不到的两个效果来。一是驻守金门的明军哨船听到郑军出兵的炮声后，也从附近的城仔角主动出击参加战斗，夹击李奇

魁。二是乘兴而来的李奇魁忽然发现郑芝龙的力量实在是过于强大，深感自己寡不敌众，便下令水手转舵跑路。

李奇魁想跑，但是郑军却死死咬住不放。在追击过程中，郑芝虎使用了火罐、火喷筒等先进武器对李奇魁的海盗船发动了火攻战。李奇魁船队的海盗们猝不及防，一时阵型大乱。

由于先锋郑芝虎的座船是当时世界比较先进的战船，所以郑芝虎很轻易地乘风追了上李奇魁的帆船。看到李奇魁的身影后，郑芝虎麾下的众将士就像是看见了金子一般两眼发亮，不等郑芝虎下令就纷纷跳上敌船，与李奇魁手下的海盗喽啰们展开激烈的厮杀。慌乱中李奇魁被郑军将领陈秀一枪刺死，李奇魁的余众也在郑芝龙"降者不杀"的政策宣传下纷纷降下头帆，以示归降。

得胜之后，郑芝龙将李奇魁的头颅割下，设灵位哭祭了被李奇魁杀死的陈衷纪等人，然后回师，申报军功。

首战即得大胜，熊文灿接到捷报自然十分高兴，于是在给朝廷报功之余，派人携带谕帖、银牌到料罗湾犒赏，泉州府与巡道在得到消息后也派人带银牌、羊酒前去犒赏。所有的人全都十分高兴，欢庆这一次出征的伟大胜利。

因为消灭李奇魁海盗团伙有功，熊文灿也没有食言，立马提请升郑芝龙为参将。郑芝龙除了得以升官外，也得了不少实惠。再将李奇魁的余部收编后，郑芝龙的势力又一步扩大，澎湖一带从此再也无人敢向郑芝龙公然叫板。

在得以进一步控制台湾海峡后，郑芝龙开始在开发台湾上投入了更多的心血。

崇祯三年，福建大旱，田中颗粒无收，农民无粮可食，流离失所。虽然政府竭尽全力赈济，无奈饥民太多，政府的安置点有限，难以实现对饥民的全部妥善安置。郑芝龙便乘此机会向巡抚熊文灿提议，招纳泉州、漳州等地灾民前往台湾岛垦殖，以便缓解政府的压力。对于郑芝龙的这一建议，熊文灿觉得可行，便马上予以批准。

随后台湾海峡便出现了让世人叹为观止的一幕：数百艘巨大的帆船在全副武装的明军战舰的护卫下，满载着数万名无家可归的灾民，被有序地分批运往台湾安置。

为了安置这些移民，郑芝龙也是出了血本的。据《台湾外志》记载，郑芝龙开出的补助的具体价码是"人给银三两，三人给牛一头"。除此之外，对于那些情况特别困难的人家，郑芝龙还给予他们数目极为可观的额外补助。据说当时这次大规模移民几乎花尽了郑芝龙从李旦那里继承的和自己多年经商积累下来的全部家财。

即便这些钱财有一部分确实是从沿海百姓身上抢来的，郑芝龙最终却把这些钱用来购买耕牛和粮食，并运往台湾，分给饥民。所以那个时候的郑芝龙本人是很干净的。

作为台湾的第一批大规模的移民，这群为了躲避灾荒而来到台湾的大陆移民，用他们的双手为台湾的开发起到了决定性的作用。

由于岛上土地肥沃、气候适宜，再加上移民大军带来的先进的耕作工具技术和丰富的劳作经验，辛勤的劳动在第二年的秋收时分终于换来了巨大的成功。台湾岛上平均一亩地的收成竟然两倍于福建。远道而来的灾民们也彻底摆脱了饥寒交迫的窘境，迎来了他们祖祖辈辈梦寐以求的丰衣足食的生活。当然，老百姓对带来这一切的郑芝龙也十分感激。所以郑芝龙的人望在极短的时间里得到了迅速攀升，民意调查支持率再创新高。郑芝龙在台湾的地位更为巩固了。

作为台湾岛内最大的地主，郑芝龙收取了大量的田租，也攒够了支撑庞大的军队的足够粮食。而这也意味着新的征伐即将开始。

郑芝龙将要扫除的第二个敌手，是杨禄、杨策。

杨禄、杨策又称杨六、杨七，共拥有战船一百多艘，在当时的东南沿海也算是一支不可忽视的海盗力量。有意思的是，在此之前，杨禄、杨策当时的身份是官军，而郑芝龙的身份才是海盗。

也奇了怪了，在崇祯年间，无论是生龙活虎地闹腾大西北的民军还是来而复往地骚扰东南部的海盗，不管是混海上的还是混陆上的，都有一个相同的共性，那就是对他们而言，今日投诚明日叛变的事，都是家常便饭。反正，闲着也是闲着，打累了就投个降，精神了就接着闹，活跃活跃一贯紧张的气氛也没有什么不好。所以久而久之，大家也都司空见惯，认为这是个见怪不怪没啥大不了的事了。

杨禄与杨策就是反复无常的海盗团伙之一。他们曾经被总兵俞咨皋招降，后来在征剿郑芝龙的战役中不去救援陷入苦战的洪应计、张选举而致其全军覆没，因害怕上头怪罪下来，哥俩一合计就再次叛变入海为盗，重拾老本行。

重新做回海盗的杨禄、杨策在乌洋一带再次招集徒众。这一回与以往不同，二杨惊奇地发现此次竟然找来了比投降前更多的人。于是有了可观数量的手下为基础，杨禄、杨策开始了对沿海各处的新一轮的大骚扰、大劫掠。

降而复叛的民军和海盗，往往比普通从业者更难对付，这是当时各个地区明军将领的共识。因为这部分人也曾经当过官军，所以非常熟悉明军征剿的战术与程序，而且有些有经验的头领可能还熟知各处明军的布防情况，可以切实地做到哪弱打哪，哪富抢哪，搞得明军措手不及。

二杨的实力和能力虽然差点，不过好歹在政府军中干过，对福建一带明军的虚实多少还是知道一点的。因此随着几次偷袭的成功得手，势力也有所增强，手中的

战船增加到百余艘，兵力也上升到近万人。二杨闹得最厉害的时候，曾四处分兵出击到悬钟所、卸石湾等地进行抢劫，极为嚣张。

与李奇魁唯一不一样的地方是，杨禄与杨策是两个人带头，而李奇魁是一个人当家。所以说穿了这也是一群纯粹的海盗。他们不仅在海上打劫掠夺财物，而且更过分的是这伙人还焚烧兵船、民舍，对沿海的居民烧杀抢掠，比土匪还土匪。所以即便都是海盗，既有像郑芝龙那样盗亦有道、劫富济贫极受百姓欢迎的海盗，也有像二杨一样因无恶不作而受到万民唾弃的海盗。

当杨禄、杨策打算再接再厉干上几把大买卖的时候，郑芝龙率军前来征剿了。听说郑芝龙部此来是要消灭二杨的，当地百姓很快就为明军提供了包含情报粮饷在内的支持与帮助。郑芝龙也不负众望，在随后的金门港战役中大败杨禄、杨策，二杨被当场阵斩，其部众被郑芝龙收编，人心大快。

杨禄、杨策曾经参与对郑芝龙的征讨，没想到今天风水轮流转，让郑芝龙灭掉了，也算是郑芝龙得报当年的一箭之仇了。

除掉二杨之后，郑芝龙又奉熊文灿之命剿灭了劫掠闽安的海盗褚采老等人。此时，一年前熊文灿委任郑芝龙“海防游击”时所提出的“所有福建以及浙、粤海上诸盗，一力担当平靖”的条件，算是基本完成了。大明东南近海一带终于趋于安定。

崇祯四年四月的一天，北京。崇祯召集廷臣和各省的监司，在平台上问对。

在问完了其他一些官员问题后，崇祯将目光投向了福建布政使吴砀和陆之棋：“海寇备御若何？”

吴砀马上回答：“海寇与陆寇不同，故权抚之，但官兵依赖招抚，以为海上因此可以安定，而一些海盗因为官府的招抚却更为恣肆，因此海上骚乱数年得不到平息。”

崇祯点了点头，于是提出了心中的一个疑问：“以前已招抚了李奇魁，又为何将他杀了呢？”

吴砀接着回应：“李奇魁与郑芝龙不同，即使接受了招抚，最终也不为我们所用。如今海寇钟斌虽然也接受招抚，但他同样也心怀叵测，不可保证就不叛去。”

是这样啊。崇祯于是问了一个关键的问题：切实可行的平定海患之法是什么？

这回换成陆之棋回答了：“海上官军肯出死力，有司团练乡兵，多设火器，以守为战，剿之不难。”

崇祯似乎对海患的问题越来越感兴趣了，接着便问到巡抚熊文灿的情况。

吴砀的评价比较中肯：“文灿胆识俱优，但视贼太易，故前有吉了之败。”

吴砀说得很到位，因为自从熊大人上任以来，除了靠着郑芝龙打人就是自己忙着拉人，搞招安。但是海盗们的素质本来就良莠不齐，并非每一个海盗头目都是真心实意想要归顺朝廷的，所以归降之后难免就有接着重操旧业的。

而吴大人看人也是相当的准。他说钟斌会闹事，果然没过多久钟斌就真的闹了起来，率部进攻福州。巡抚熊文灿赶忙与郑芝龙联合讨伐钟斌。明军将钟斌引诱至泉州后，郑芝龙奉命出击，才最终将其击败，钟斌之兄被杀。但钟斌却侥幸逃脱。不过后来因为感到郑芝龙势力太强，自己终将无法立足，一时想不开就投海自杀了。

崇祯四年九月，已经归降的海盗钟凌秀再次叛乱。叛军在平远举事，接着就一举占据了上杭、武平等重要城镇作为据点。巡抚熊文灿提兵汀州，想要对叛军进行围歼，但钟凌秀也不是傻子，在看出了老熊的“熊招”后便主动放弃了上杭、武平，而将兵锋直指广东，试图避免与郑芝龙水师作战，化水战劣势为陆战优势。

果然，熊巡抚只不过是福建巡抚，管不了广东省的事，所以叛军进入广东境内，他只能看着干着急。叛军士气大振，很快便袭破了始兴县，并逐渐显示出在广东常住的打算，一时间军情万分紧急。

熊大人都插手不了的事，郑芝龙作为一个小小的参将自然也没辙。况且众所周知，郑芝龙部在海上作战打打海盗海寇那是绝对没得说的一流水准，但对于其在陆上的作战能力，大多数人在心里恐怕都是要打一个大大的问号的。不过眼看广东局势严峻，朝廷也顾不得那么多了，于是皇帝陛下下旨命熊文灿会同江西、广东两地明军对叛军进行会剿。

熊文灿接旨后，亲自率郑芝龙驻兵于上杭。郑芝龙接到上级的指令，先从三河坝进剿敌巢，并成功将其焚毁。第二年春，郑芝龙又追击钟凌秀至石窟都，迫使钟凌秀带领残余的二百人再次接受了招抚。

不过鉴于钟凌秀有降而复叛的前科，必须要对他有所惩治，以儆效尤，告诫今后投降的海盗们收回他们的花花肠子。在钟凌秀被擒后，郑芝龙斩断了他的右臂，又将其关入监狱吃了许多天的牢饭，这才将他送交上级。与此同时，郑芝龙又再次发兵包围了钟凌秀的兄弟钟复秀所带领的叛军余部。虽然钟复秀最后成功突围而出，后来还接连骚扰惠州、潮州等地，但是郑芝龙已经通过登陆作战的首秀，向世人再次证明了自己无与伦比的战斗指挥能力。

其实对于大明和郑芝龙而言，真正令他们感到棘手的倒还不是再次叛乱的钟凌秀，因为无论是姓李的、姓杨的还是姓褚的、姓钟的，此时都难以进入势大气粗的郑大人的法眼了。郑芝龙一直关注的那个海上的最后劲敌是个姓刘的，名唤刘香。

刘香，道上尊称刘香老，漳州海澄人氏，与颜思齐、陈衷纪等人是同乡。此人虽然生得五短身材，海拔不高，但志向却相当高，一直想要成为像汪直、徐海那样传说中的大海盗，称霸海上。于是乎心动促使行动，在很早的时候刘香就开始招引无业游民，最后以至于“聚众数千，有船大小百余号”。

由于刘香“性极骁勇，又兼精通水性”，因而即便起初大多时候是驾小船出入金门附近的水域，进行对过往商船的打劫活动，也没有人能够抵挡住其迅猛的攻势。而且除了抢商船外，有时刘香竟连官府的货船、运粮船也敢下黑手。与一般的海盗不同的是，在对付官军的时候，以刘香为首的海盗们不但敢于死磕，还特别喜欢使诈。刘香往往会通过假消息来迷惑明军，进而诱之深入，最后予以全歼。所以明军虽然筹划了数次针对刘香的大规模围剿行动，都因刘香过于彪悍狡诈而以失败告终。

在屡次杀伤官军后，刘香一跃成为横行粤东碣石、南澳一带的最强海盗，甚至还曾一度与荷兰人达成协议，联手进攻明军。

不仅刘香本人极难对付，他的部下也不是白给的。有一个名叫李虎三的仁兄也极为剽勇，在打劫商船和攻击明军的过程中时时发挥模范先锋带头作用，因而被刘香视为最得力的帮手。刘香的势力逐渐庞大，名头越来越响，到崇祯年间已拥有数千精锐、百余艘战船的海盗部队，敢于公然与政府军对抗，极为猖獗。

兼具李奇魁的勇猛善战、二杨的丰富经验和钟凌秀的狡猾奸诈，郑芝龙将要面对的就是这样的一个劲敌。

崇祯五年（1632）十一月，刘香进犯福建小埕。当时刘香正率船队进攻小埕，并且在岸上一如既往地杀人放火，抢掠钱财。可是，没想到半路杀出个郑芝龙。

这是号称东南沿海明军最强水师的郑芝龙与号称东南沿海海盗最强武装的刘香的第一次交锋。

郑芝龙突然统率舰队赶来，刘香没有丝毫准备，猝不及防，被明军用火炮猛轰了一阵后，海盗们大败。不过在整顿败军残部之后，刘香还是带领余下的海盗向南有序撤退了。

第一次交手，郑芝龙虽然轻而易举地取得了战斗的胜利，但看到刘香收整余部时所表现出的从容与镇定，郑芝龙也认识到刘香是一个不可小觑的敌人。刘香回到老巢后，越想越生气，于是派人联络了荷兰人，决定联合这群盘踞在台湾南部的欧洲外援的力量，共同对付明军，特别是那个令人讨厌的郑芝龙。

然而在出使荷兰的使者还没有返回的时候，另一个使者已来到刘香的驻地。派来这位使者的人还是我们的老朋友熊文灿。但是这个时候，熊文灿熊大人已经不再是四年前那个谁也不待见的熊大人了。就在这年的二月份，凭借着平定闽中海寇的功劳，熊文灿成为朝廷比较看重的并给予重点培养的中青年干部之一，被吏部提升为兵部右侍郎兼都察院右都御史，总督两广军务，兼巡抚广东。也就是说，熊文灿由管一个省的正四品巡抚变成了一下子能管几个省的正二品总督，着实很牛。

不过熊文灿虽然不再是昨天的熊巡抚，但是随着岁月而得到提升的，除了他的官职和年龄外，似乎就再也难以发现别的什么了。因此面对着同样强悍的海盗刘香，熊大人又拿出了他最擅长的那一套，招安。

此次熊文灿派去的使者是两个人，正使参政洪云蒸和副使康承祖，级别比招安郑芝龙的那会儿可要高得多。由于刘香一开始是假装同意投降，所以两位使者也没带领过多的士兵护卫，就直接到了刘香的船上。上船之后洪云蒸兄就先按照惯例，向众海盗们宣谕政府宽容开明的政策。只是没有料到懒得搭理熊文灿的刘头领对这一套向来是不感冒的，直截了当就把二位给扣下作为人质。虽然没有向政府索要赎金放人费，但是无论熊文灿这边怎么说，刘香就是死不放人。

使者无端被扣还不用说，更惨的是，这件事情不知被谁捅到了崇祯那里。皇帝陛下当即大怒，下旨严厉斥责了熊大人一顿，并且亲自给予熊大人贬官降级、戴罪自效的奖励。面对残酷的现实，这回熊文灿也不得不转变态度，开始采取强硬的手段对付刘香海盗集团。

崇祯六年（1633）六月，与荷兰人联手的刘香在欧洲先进战舰武器的配合下，对以郑芝龙部为主力的明军发动了进攻。这是一场决定了中国沿海乃至整个亚洲东部海洋命运和海上霸权的大决战。鉴于此战还涉及郑芝龙与荷兰人的种种恩怨情仇、分分合合，所以我们后面再讲。虽然过程这里先不讲，但结果还是可以简单说一下的。那场战役是以郑芝龙为首的明军水师的完全胜利和中外海盗联军的完全失败而告终的。

六月的那场惊天动地的大战结束后，刘香虽然元气大伤，然而却仍不消停，除了一如既往地光顾粤东外，竟然还将自己的活动范围拓展到福建、广东一带沿海。

七年四月，刘香率领海盗手下们洗劫海丰，给当地群众的人身财产安全造成极大的破坏后，扬帆而去。

刘香的暴行再次引起了所有人的愤慨。于是明军与刘香海盗集团一次新的大决战就在所难免了。

## 必杀刘香

崇祯八年三月，明军与刘香海盗团伙的决战正式开始。

此次战役是由熊文灿会同福建巡抚邹维琏共同发起的以彻底消灭刘香为最终目的的军事打击。当然，作为熊文灿手下实力最强的部队，郑芝龙军再次作为明军主力中的主力参加了战斗。

当刘香听说郑芝龙军已经磨刀霍霍，即将南下广东沿海与自己会战并一举歼灭

自己的消息时，正在意气风发地向祖国沿海挺进的刘香很是不屑。因为在刘香看来，郑芝龙不过是个毫无骨气可言、甘当朝廷鹰犬的无耻小人，是不足以和作为真正“英雄好汉”的自己相提并论的。

于是自信心超级膨胀的刘香终于说出自己的心里话：“一样皮毛，素无仇隙，何苦为人作鹰犬也。他见我前岁小埕之役，稍避其锋，彼就洋洋得意。吾誓必擒灭，方快我愿。”

所以为了一雪小埕兵败之耻，刘香命令手下第一悍将李虎三在田尾洋一带组织防御，自己则亲率主力舰队为第二梯队，随时准备支援前线战斗。

明军方面，郑芝龙将战船分为三部分。第一部为先锋队，由擅长突袭的郑芝虎、郑芝豹率领；第二部为中军主力，由郑芝龙亲自坐镇指挥；剩下的为后军，由郑芝彪等人率领保卫大军后方，防止被狡猾的刘香抄了后路。

作为明军先锋，郑芝虎和郑芝豹共有十艘大船，四艘哨船。当二人的舰队行驶到田尾洋一带海域时，正好与李虎三的海盗舰队相遇。双方随即展开了遭遇战。

郑芝虎不愧是有着丰富作战经验的先锋，在得到手下关于前方有不明身份的船只游弋的奏报后，马上做出了正确的判断：那是刘香的战船。于是郑芝虎立即下令各船准备作战。

与此同时，海盗舰队也发现了他们，并发动进攻。由于双方几乎势均力敌，所以这场遭遇战从白天一直打到晚上还是同一个结果：不分胜负。因为双方各有损失，又加上夜幕降临，双方便各自停止了战斗，停泊休整。

次日凌晨，精神头超足的李虎三就率领海盗船队率先发起了进攻。明军闻讯后，也马上起锚迎战。就在双方刚刚交手之时，南面的海面上出现一支更为庞大的船队。刘香率领主力舰队抵达战场。

郑芝虎虽然是员猛将，而且没有受到过什么像样的正规教育，但是在经商过程中简单的算术还是必须会的。发现局势对己方明显不利的郑芝虎马上下令，让舰队北撤，以保存实力，等待大哥郑芝龙的主力舰队到来决战。所以郑芝虎亲自率众断后，掩护部队后撤。

想走，没那么简单！李虎三也不愧极具悍匪本色，亲自率领所部船队死死地跟上郑芝虎部，试图先将这部分明军拖住，再干掉。看出李心腹意图的刘香也马上命令主力舰队全速前进，合击明军。

李虎三果然十分难缠。在他的带领下，海盗们追上了郑芝虎部就一口咬住，而且一旦咬住就任凭明军如何猛烈反击也不肯松口。眼看刘香的海盗军主力离自己越来越近，郑芝虎、郑芝豹和明军的先锋部队都将要被海盗们一口吃掉，即便是奋力死战，苦苦支撑，也不过是延缓一下被干掉的时间而已。在这种兵书上称为“死地”的情况下，虽然我们不清楚包围圈中的明军是否已经感到对死亡的强烈畏惧，但是史料却告诉我们，即便是这样，士兵们在郑芝虎等人的带领下，本着杀一个不赔、杀俩赚一个的信念，依旧始终坚持与敌人进行残酷的肉搏。

生与死的差异往往就在一念之间。

就在郑芝虎等人手下的士兵一个个倒下，船上的火焰越烧越旺的危急关头，郑芝彪率领船队及时赶到了。

战斗之初，郑芝龙交给郑芝彪的任务除了防卫后路外，就是尽可能地救应各方。所以当郑芝彪手下的哨船发现田尾海域发生激烈战斗后，郑芝彪就立刻带上所部明军赶往该海域。

到了地方仔细一看，原来是自家兄弟已经被人家合围了。于是为了尽快救出兄弟，郑芝彪也不要命了，率领战船就是一波猛冲。海盗们虽然因突然出现的明军而显出些许慌乱，但在十分精通海战战术的刘香的指挥下，海盗们也迅速冷静了下来，并且很快地发现这支前来救援的明军，数量比较有限。

确实，郑芝彪带来的只是直属他自己的那部分明军，而并非所有的后军。所以在郑芝彪好不容易在海盗们的包围圈打开一个缺口，奋力冲杀进去，与两位兄弟见了面后，三个人才认清了现实的情况：大家全被围了。

所谓打虎亲兄弟，上阵父子兵。虽然这种组合有致命的缺点，就是一个人带头跑路大家会跟着一起跑，但必须肯定的是，这种组合也有一定的优点。一旦到了生死攸关的时刻，亲兄弟、父子兵们往往能发挥出意想不到的力量。更何况此时包围郑家兄弟的不是真老虎而是李三虎，所以在经过短暂的商议后，郑氏兄弟决定将所有的战舰和兵力合在一处，攻其一点，以求突围。虽然突围战打得的确是相当的艰辛，不过好歹大家是成功地冲出了海盗船的包围。随后郑芝虎等人向北一直撤退了十余里，这才算彻底摆脱了海盗们的追击。

此役明军前军的损失较大，郑芝虎等人也多少挂了彩，然而不幸中的万幸是明军并没有因此伤到元气。郑芝龙在听说自家兄弟差点被人做掉后也极为气愤，发誓要与刘香对战到底。明军士兵则更是激动异常，纷纷表示要一雪此耻，灭掉刘香。

第一战虽然未能将明军前部一口吃掉，不过刘香对交战结果也还是十分满意的。战胜归来后，刘头领大开筵席，犒赏各位海盗兄弟，打心眼里则更加轻视郑芝龙率领的这支明军。

同样是在遭遇战后的那个晚上，郑芝龙痛定思痛，在带领的主力舰队与郑芝虎、郑芝豹、郑芝彪等人会合后，就开始开会，细细询问战斗的每个细节，且与明军的其他高级将领共同商议击破刘香海盗军的方法，直至深夜。

第二天天明时分，郑芝龙亲率手下所有的战船，南下搜索刘香的海盗船决战。

得到消息后的刘香也不愿示弱，于是准备列队迎战。当刘香真的看到了郑芝龙带来的明军主力时，一切的自信都在一瞬间消失无踪。

为了彻底歼灭刘香，郑芝龙此行带来了他最为先进的武器——从西班牙、葡萄牙人手里买到的最新式的战舰与火枪大炮。见到郑芝龙雄赳赳气昂昂的士兵和擦得闪着亮光的炮口，刘香顿感心理压力极大，因此为了搞个平衡，刘香率先拿出了他准备已久的底牌。

这个底牌就是人质。刘香将之前被他扣留的官员洪云蒸等人押到旗舰甲板上，向郑芝龙发出了威胁：汝等若胆敢贸然进攻，这些人的安全我便不敢保证了。



毕竟洪云蒸是朝廷任命的地方高级官员，又是熊文灿熊总督手下的得力助手。郑芝龙手下的士兵轰也不是，不轰也不是，明军方面一时陷入两难境地，不敢主动发起进攻。

停军不动也不是办法，眼看着刘香那边的海盗们已经趁着明军发愣的时候发动了攻势，负责指挥的郑芝龙有点着急加胸闷。

不过，似乎还有比郑芝龙更加着急的人。这个人就是被刘香劫为人质的洪云蒸。看到有些明军士兵已经因为自己的缘故被冲上前去的海盗挥刀杀死，洪云蒸再也看不下去了："我矢志报国，请赶快击贼，不要失去时机！"

就在洪云蒸奋力挣脱左右的海盗、准备跳海殉国时，早已愤怒不已的刘香拔出了长刀。

洪云蒸死了，明军却冲了上来。

连一个手无缚鸡之力的读书人都有如此胆识，视死如归，作为以保境安民为主要工作的大兵来说，再不拼死一战就实在太说不过去了！

在郑芝龙的命令下，明军向海盗们发动了最为猛烈的全线进攻。

虽然丢了底牌，然而好在刘香还有两把刷子。面对奋勇争先的明军，纵横海上多年的海盗刘香也发出了怒吼：给我消灭敌人，生擒郑芝龙！

明末两支最强大的海上力量（中国）再次展开了激烈的厮杀。

双方都将自己手下的全部船队不做任何保留地投入了战场，所以这一打就是整整一天。不过，还是因为两边几乎势均力敌，因此任何一方都没能占到一点便宜，当然更不可能获得绝对的优势。上午，不分胜负；中午，不分胜负；到了傍晚，仍然是不分胜负。

于是互有损伤的双方最终鸣金收船，等待明日再战。再战不胜的郑芝龙将舰队停泊在赤湖，刘香舰队则仍然停泊于田尾洋一带。

收兵之后，士兵将领们都纷纷回去休息，以求养精蓄锐，来日接着打。但是作为全军的最高指挥，郑芝龙却没有停止对战事的思考。

如果就此坚持死磕下去，虽然郑芝龙很有把握，那个可以坚持到最后的人一定会是自己，然而说心里话，郑芝龙却并不愿意那样做。因为两败俱伤的话，从中最终得利的将会是作壁上观的荷兰人、葡萄牙人、西班牙人。总之，真正的胜利者不会也不可能是大明。

要以最小的代价换来最大的收获，这不仅是做海商时郑芝龙一直坚持的原则，也是作为一名负责任的将领给予属下们的最佳承诺。

一时未能想到好的破敌之策，郑芝龙决定先出去透透风。正是这次透风，挽救了郑芝龙自己和上万明军士兵的性命。

本来是漫无目的地看看海景吹吹海风，但由于有多年的海盗生涯所赋予的丰富经验，看着看着，郑芝龙就看出问题来了。在观察了赤湖的港湾地形后，郑芝龙惊奇地发现自己竟然犯了一个严重的错误。一个当年于禁犯过的极为严重的错误——将军队驻扎在这么个破地方！

正如郑芝龙观察到的那样，这个驻扎地对明军非常不利。赤湖处于当地的下风向，而且按照当地的潮汐规律，每到半夜这里是会涨潮的。也就是说，海盗舰队很有可能会利用顺风与涨潮的优势，在夜半时分发起偷袭，一举击败明军。而如果此计一旦得逞，整个明军将会一触即溃，全军覆没。

在认识到问题的严重性后，郑芝龙当即调整了部署。他命令郑芝豹带几艘船往来游弋巡逻，加强戒备，又命令郑芝虎带五艘船停驻于前湾警戒，并一再告诫郑芝虎，一旦发现敌军偷袭，应立即放起连珠火箭，向港湾内的主力舰队发起警报。

防御体系的漏洞补好了，其他的人也不能放松警惕。接着郑芝龙命令所有船只均不得拉下船帆，船上的火炮与弹药均要处于战备状态，军士不得卸下身上的铠甲。一旦海盗来犯，务必予其迎头痛击！

事实证明，郑芝龙做出的这个判断真是极为靠谱的。十多年的海上战斗，已真正将郑芝龙锻炼成一名优秀的海军将领和令人信得过的统帅。因为就在几乎同时，刘香一方也有人发现了这个致命的漏洞，发现郑芝龙的舰队停靠在一个不利位置上，并随即向刘香报告，请求对明军水寨进行偷袭的人，正是李虎三。

## 夜袭

李虎三一直是大家公认的刘香海盗集团中的第一猛将（粗人的代名词），不过历史与现实告诉我们，人只要肯动脑子，无论遇到任何事都多少会有个思维的火花什么的。

不过这次，思维带给李虎三的并不只有火花，还有火攻。

“郑芝龙恃勇，不懂得水战，将船泊停靠于赤湖。主公可点齐船只，多设火器，俟夜半水起，乘潮顺风冲去，芝龙可擒。”我们效法传说中周瑜、诸葛亮火烧赤壁的办法，给他来一个火烧赤湖，即便不能红烧郑芝龙，生擒郑芝龙还是很有可能的嘛！

听完了李虎三的计策，刘香非常兴奋。他以相当欣赏的目光望着眼前这位“周瑜”（虽然形象上可能差得有些多），一拍大腿：“就按你说的办！”

二更时分，刘香按照李虎三的计策，率领大队的战船，趁着涨潮顺风的有利时机扬帆起航，直抵赤湖，准备在郑芝龙毫无防备的情况下好好玩把火。

玩火一般会有两种结果，第一是成功烧掉了敌人，第二却是所谓的玩火自焚。不过，刘香这回却创造性地搞出了第三种结果：刚要点火的时候，让消防员发现了。

作为火攻行动的策划者，李虎三再次当仁不让地担任了海盗军的前锋角色，冲在最前头带头纵火。然而当李虎三的船队行至港湾的入口处时，一个突然的情报打乱了李虎三的全盘计划。

负责侦察海域情况的海盗慌忙来报：前方发现了一艘船，极有可能是明军的巡航船。

李虎三大惊：“郑芝龙的船只都停泊于赤湖港，这里怎么有船呢？”马上命令各船严密提防，听自己的炮声再发动进攻。

要说那位仁兄的眼力还真是很不错，竟然能在那么黑的情况下看到有巡航的船只，着实是相当了得（换成本人就可能不行）。那艘船正是郑芝龙派出巡逻的兵船，指挥者就是郑芝彪。

此时郑芝彪也发现了在港口处鬼鬼祟祟的船只，马上通告部下：“马上扬帆，安炮守候，听我的口令，一面攻打，一面放连珠炮。”

果然，在郑芝彪向外发出信号后不久，海盗们就在李虎三旗舰的带领下，向着港内冲杀了过来。见到有人前来夜袭，郑芝彪也不废话，随即命令手下向逼近的海盗船开炮，同时继续使用连珠火炮发出信号，通知附近的郑芝虎、郑芝豹船队以及停泊在港湾中的主力舰队前来会合，共同作战。

由于郑芝龙事先做好了相当充足的准备，这次明军反击的速度是相当的快，以至于快到郑芝龙已经率军赶到了现场，刘香和李虎三这才发现自己也同样陷入麻烦之中。虽然刘香军占据了顺风的优势位置，但由于夜太黑再加上现场过于混乱，所谓的优势也基本等于没有优势，明军与海盗两拨人马就在这种摸黑的情况下开始了惨烈的厮杀。原本平静的海面顿时不再平静了。在伸手不见五指的海面上作战，说是混战是一点也不为过的。当时的夜色真的很黑，以至于而在后来双方撤军检验伤亡之时，都或多或少地发现存在着可观的误伤现象。

原本的夜袭竟然演变成了混战，而且还一直打到了天明，李虎三甭提有多郁闷了。然而在李虎三郁闷的同时，有人却对李虎三的英勇善战给出了相当高的评价。

这个人就是郑芝龙。

在双方士兵筋疲力尽后稍事休息的间隙，郑芝龙抽空再次召集手下的将领们开会。在会上，芝龙高度评价了海盗首领刘香在战场上优异的指挥艺术及其在调度战船上、组织进攻中所凸显出的杰出的才能。同样，在得知那个献计夜袭的人竟然是自己一向认为有勇无谋的李虎三时，郑芝龙也并未感到丝毫愤怒，反而是赞不绝口。

“大哥何必过誉，谅此贼有何难破？待吾擒他。”说这句话的是同样以善打先锋而闻名的郑芝虎。

于是不等郑芝龙下令，郑芝虎便带着自己手下的战船，冲入了刘香的舰群之中，并直奔刘香的旗舰。

虽然以孤军之势就敢往敌方大本营里冲、力求擒贼先擒王的大有人在，如当年鄱阳湖大战中的张定边和丁普郎就接连带来过精彩的定点冲锋演出。但是本人认为郑芝虎的这次冲锋应该算得上是有史以来较为生猛的一次。

据相关史料记载，郑芝虎出发时的造型那是相当酷的，“口含钢刀，手持藤盾牌”，还在船尾的缆绳上荡跃。等到自己的旗舰终于接近刘香所乘的战船时，郑芝虎一个标准的跳帮动作，就稳稳地落在了刘香的船上，并随即与刘香身边的海盗们展开了激烈的肉搏。

郑芝虎素来以勇猛果敢、武艺过人著称，因此当时江湖上有对郑芝龙与郑芝虎兄弟二人“龙智虎勇”的美誉。刘香身边的普通海盗们自然不是郑先生的对手，很快便几乎被郑芝虎杀光了（格盗殆尽）。郑芝虎正忙着与敌人拼命的时候，性命陷于危机之中的刘香却没有闲着。在这段时间里，刘香已经想出了排除危机的好方法。

在郑芝虎一边砍人一边寻找刘香的过程中，刘香终于露脸了。

众里寻他千百度，得来全不费功夫。

郑芝虎终于发现了他苦苦寻找的那个人，于是向着刘香的方向冲了过去，再于是乎就出事了。

在郑芝虎即将接近目标的同时，一张大网从天而降。

所谓的大网其实就是一张普通的加宽版渔网，然而就是这张渔网要了郑芝虎的命。

海盗们按照计划网住郑芝虎，随即以最快的速度将网口封死，紧接着连人带网

掷入海中。郑芝龙部下的第一先锋就此结束了他的冲锋生涯。

战斗结束后，郑芝龙听到自己的长弟郑芝虎阵亡的消息后，哀痛万般，并一度为之昏厥。因为郑芝龙虽然兄弟很多，唯有这个郑芝虎长期陪伴在自己身边，从十四岁时起就跟着自己，一起流浪至澳门，后来又到了日本，转战台湾，一直辅佐着自己，一路伴随着郑芝龙在海上称雄且屡建战功。

在家中郑芝虎与郑芝龙的感情是最好的，所以见郑芝虎擅自出击后，郑芝龙随即下令明军各部全面出击，接应老弟。

当时离刘香最近的是郑芝鹄的战船。但郑芝鹄的战船在向刘香的旗舰发起攻击后不久，就被刘香船上的大炮击中，应声发生爆炸，郑芝鹄当场阵亡。然而与此同时，郑芝蟒的船也靠近了刘香的旗舰并抛出了火罐。火罐这个东西比较类似于今天的燃烧弹，装有大量的诸如硫黄硝石等易燃易爆物，一经点燃就会以迅雷不及掩耳之势迅速燃烧，粘到哪儿，哪儿就是火光一片，所以刘香的战船很快就变成了一片火海。

见到刘头领的旗舰遭到了明军的围攻且燃起了熊熊大火，正在前线指挥战斗的李虎三马上命令水手掉转船头，全速前往营救。不过就在这时，郑芝豹的船从后面逼近，一炮命中了急行中的李虎三的船只。李虎三船上的舵手被当场轰上了天，整艘船随即陷入火海之中。由于火势太猛，海盗们救应不及，来不及扑救的李虎三情急之下跳入海中，溺死。

对于李猛人这种憋屈的死法，说实在的，我是有些怀疑的。按说在海上混了这么多年，李虎三肯定是有些水性的，但是鉴于事发之时本人尚未出生，更谈不上前去记录并采访李先生落水之后情形和具体感想，所以既然许多史书上都说是溺死的，那就算是溺死的吧。

目睹了附近的数艘海盗船逐一在明军的攻击下起火，进而沉没，站在甲板上的刘香已经清楚地认识到这场最终较量的胜负。他拒绝了海盗手下提出的乘小船逃走的建议，拔剑，自杀。

终为芝龙所败！刘香带着他的遗恨，随着他已经被大火烧毁的旗舰一起沉入了这片他曾纵横往来无数次的海洋之中。

刘香、李虎三相续死去，刘香海盗公司已经失去了他们的领导。因此在郑芝龙的乘胜追击下，海盗们十分配合地将大败发展成大溃败。海盗船多半被明军的火炮击沉，数千名专职海盗葬身大海，而此时赤湖港也变成了真正的赤红港，天空被火焰映红，海水被鲜血染红。

所幸一切都结束了。随着明朝水师发出招降的信号，除了一艘海盗船成功逃脱外，刘香余部全部投降了郑芝龙。侵扰东南沿海的刘香海盗集团终于在今天正式宣告破产。

在“一破之于石尾，再破之于定海，三破之于广河，四破之于白鸽，五破之于大担，六破之于钱澳”的六次针对刘香的战役后，郑芝龙终于在广东田尾获得了最后的胜利。

而且此役也可以说是郑芝龙大获全胜。因为除了基本上全歼刘香的势力，扫平了这个最强悍最难缠的对手外，郑芝龙还成功地解救了被刘香扣为人质的副使康承祖等人，并迫使刘香党徒千余人到浙江去投降官府，改过自新，重新做人。

消灭了刘香后，自此在台湾海峡以及中国近海地区，再也没有任何海盗力量（注意这个词）可以同郑芝龙相抗衡了。

胜利是光辉的，但是藏在胜利背后的泪水无疑是苦涩的。

郑芝虎、郑芝鹄皆在这次海战中战死，外加明军也多有伤亡，郑芝龙不得不重新长时间整备军队，以求恢复元气，重整旗鼓。

田尾海战全歼刘香的捷报传来，朝廷方面异常高兴，崇祯也极为大方，马上给郑芝龙升了级又加了工资，而且对郑芝龙的二弟郑芝虎也予以优厚照顾。郑芝龙与手下在战后曾数次潜入海底寻找到郑芝虎的遗体，几次行动均以失败而告终，之后官方出资请来专人为郑芝虎举行了盛大的衣冠招魂仪式，并追赠参将衔。按照崇祯的指示，官府又当众宣布了令郑芝虎子孙荫袭总旗之职的谕令（郑芝虎生前未婚，并无子嗣。郑芝龙将其留在日本的次子过继与芝虎为子）。后来朝廷可能还觉得不够激励人心，又下旨赠予郑芝虎镇国将军、署都指挥同知的职位并升其子孙（在原荫袭上升为一级百户）。

而对于郑家军的其他人，朝廷也是大加奖励，重点培养。就拿郑芝龙后来那个也很有出息的三弟郑芝凤（即郑鸿逵）为例，在崇祯二年的武科成为举人、十三年的考试中又成为武进士后，朝廷特意将他调到当时较有作为的天津巡抚郑宗周处担任部将，挂职学习。后来又将郑芝凤转隶都督孙应龙麾下，继续深造。而且因为郑芝龙的关系，郑芝凤的仕途是相当顺利的，先因郑芝龙的军功荫袭锦衣卫千户；中进士后，进为都指挥使、授副总兵衔。如此顺风顺水，实在是羡煞旁人。

虽说在灭掉刘香后中国的东南海面上再无海盗，但是这并不意味着郑芝龙从此再无敌人。相反，郑芝龙要面对的是一群比之前所遇到的一切对手都要强大、难缠的敌人。挡在郑芝龙通往海上霸业之路上最为厉害的敌人，当然，也是最后的敌人。

最后的敌人即是最初的朋友——荷兰人。

# 第二十章　最后的强敌

如果要详细地述郑芝龙与荷兰人之间的分分合合、是是非非，这字数大概够得上一篇论文的，名字可以叫《从郑芝龙集团与荷兰的关系演变看十七世纪东亚海上霸权的转移》。鉴于本人比较懒，且相信即便写出来也应该没有几个人爱看，所以这里就不展开了。

不过要把事情简单化其实也很容易的。总而言之，这可以说是一段由爱生恨的故事。

起初，郑芝龙与荷兰人的关系那是相当好的。由于郑芝龙曾经在荷兰政府全权委任的殖民机构东印度公司干过兼职，所以与公司中的许多人都是铁哥们儿。有一个在东印度公司工作的荷兰人就在自己寄回国内的一封信中如此说道："这支有四百只船、七万人的首领名叫一官，他曾在台湾公司当过译员，后来当了海盗，一瞬间获得如此伟大的成就，中国官府对他束手无策。他长期与我们有良好的友谊，我们对他有莫大的信任。"

所以本着互信互利的原则，郑芝龙集团与东印度公司（荷兰）设在台湾岛的分公司一直保持着长期的友好往来。大家有钱一起赚，有船一起抢，相互配合相互扶持，在通向共同富裕的共同目标之路大步前进。

"没有永远的朋友，只有永远的利益。"当郑芝龙的势力逐渐壮大，大到可能威胁到荷兰人自身利益的时候，铁哥们儿终于生锈了。

荷兰人开始向郑芝龙下手的时间比较早，而最早则可以追溯到天启七年

（1627）。前面讲过当时的福建总兵俞咨皋奉命灭掉以郑芝龙为首的海盗集团，但是俞总兵接到命令后深感自身实力不济，就派人邀请在台湾的荷兰舰队共同出击讨平郑氏海盗军。而当时的第二任荷兰驻台最高长官迪·韦特在接见了俞咨皋的人后，就立即同意了出兵的请求。只因为实在没有不接受的理由！

俞总兵开出的价码实在是太诱人了。除了答应在消灭郑芝龙后平分其全部财产外，俞咨皋还给出了荷兰人期盼多年、梦寐以求的条件：事成之后同意开放荷兰与大明的海上贸易。

虽然以俞总兵的地位和能力，全面解除实施了多年的海禁基本是瞎扯，而且很可能是为了忽悠荷兰人出兵而编出来的，但即便如此，这句话也足以让荷兰人欣喜若狂了。于是在约定好时间与地点后，东印度公司上至负责业务经营的高层下至身负保持环境卫生的老大爷都纷纷行动起来，积极准备对当年的老朋友开战。

当驻台总督韦特亲率荷兰船只匆忙开到了福建铜山岛，打算与明朝水师一道围剿郑芝龙时，韦先生傻眼了。因为在铜山等待着荷兰人的并非是明朝的大队政府军，而是明朝的大队海盗船——郑芝龙的船队。

见到了远道而来的老盟友，郑芝龙也是比较客气的，马上下令全军开炮迎敌。郑芝龙船队霎时间万炮齐发，与此同时，大量行动更为方便灵活的小船迅速向敌船聚拢过来，准备跳上船给荷兰人更多的惊喜。见到郑芝龙的大军向着自己打过来了，韦特总督倒是十分自觉，一炮未发便领着维蕾德号、伊拉斯莫号船等主力舰率先跑路了。据说这次跑路还是比较彻底的，一行人为了防止郑芝龙船队的追击，一直跑到了爪哇才停了下来。其他没来得及反应过来的荷兰船只就很凄惨了，在郑芝龙坚船利炮的打击下，损失惨重。荷兰人的船舶多艘被焚毁，士兵被杀被俘数百人。为了给荷兰人一些教训，郑芝龙追得也比较彻底，一直把溃败的荷兰人追到厦门才算罢休。

被人追着打的滋味很不好受，于是愤怒之中的韦特向俞总兵派出了使者，严词谴责对方的行径，痛斥明军没有合作的诚意。可是没有想到的是，明朝方面似乎更加愤怒：搞什么搞，要不是因为你们来晚了，我们至于全军覆没，连军事要地中左所都丢了吗？

毕竟连当时与自己谈条件的俞咨皋都因打了败仗被上头抓进了牢里，面对明朝方面如此回复，韦特先生此时也真是无话可说，只好自认倒霉。

但是愚蠢终究还是要付出代价的。铜山海战后郑芝龙彻底对荷兰人失去了信心，因此在他的默许下郑氏海盗把生意做到了荷兰老友的身上，开始公开在海上劫掠荷兰商船。很快，荷兰人的一艘搭载八十五名水手的大帆船就被郑芝龙截获，船上的一干人等乖乖当了人质。接着又有一艘装载有价值一万八千里尔货物的荷兰商

船同样被劫走，另外至少还有五艘荷兰船只也落得同样下场。公然翻脸劫船还不算，更严重的是郑芝龙还威胁阻绝外界与台湾南部的航线，并真正地落实到行动上。

一定要把你们这些不讲信用的“红夷”胖的饿瘦，瘦的饿死。

郑芝龙的断粮计划成功实施了一年以后，荷兰人终于受不了了。新任荷兰驻台总督彼得·纳茨更是因前任的愚蠢行为倒了大霉，人活活被饿瘦了一圈。于是沮丧到极点的纳茨不得不写信向驻守在巴达维亚的荷兰同胞求援：“因为我们的船只不能在中国的海岸露面，一露面就要被一官（郑芝龙）截获，我们三百五十人只好坐困此间，无能为力。一官（郑芝龙）完全控制了这些地区……如果我们不能得到救援，我怀疑尊敬的阁下除了一艘待修补的船只外，恐怕无法从我们这里获得任何东西……”

总之，千言万语汇成一句话就是：您再不派人帮手，俺们就全完了！

可是总等待其他地方的救济也不是个办法，在仔细权衡利弊后，纳茨做出了一个重要的决定：向郑芝龙服个软，认个错。好汉不吃眼前亏嘛。

应该说纳茨的这个决定是十分明智的，因为当时郑芝龙的身份已经发生了改变，就在荷兰人被郑芝龙的船队强制圈养在台湾岛的这段时间里，郑芝龙已经接受了朝廷的招安，由不上道的海盗成为大明的正式公务人员。所以现在与郑芝龙恢复关系，不仅可以解除郑氏的海上封锁，还能以郑芝龙为中介，解决荷兰人长期苦于无法与明朝政府沟通的问题，实在是一箭双雕，一举两得，所以一定不能错过这个好机会！

在荷兰人的主动示好和明朝政府的居中斡旋下，郑芝龙终于同意归还荷方的快艇西卡佩尔号和相关款项，接着又相继归还了烧酒等货物，并允许荷兰人的船只停泊于厦门港，通过自己与中国内地进行贸易。而作为回报，荷兰人也派出军队在郑芝龙剿灭李奇魁与钟斌的战斗中帮了忙。

然而，虽说荷兰的货船可以再次大摇大摆地在台湾海峡附近游弋，虽说荷兰的商人可以开始与中国大陆做生意，但是荷兰的外国朋友们还是相当的不满。因为荷兰商人只是得到了对华海上贸易的许可，而令荷兰客商倍感郁闷的是，每次做生意都要经过郑芝龙这道中间环节，而且荷兰人未经允许还不得擅自上岸！

在十七世纪的西方，最为流行的一大商业基本原则就是贸易自由，自由贸易。现在荷兰人觉得郑芝龙为他们划定的活动范围已经严重挫伤了自己的经商积极性，所以开始有越来越多的荷兰商人写信给纳茨和荷属东印度公司，要求对这个姓郑的开战。

要知道，当时的荷兰可并不像今天的荷兰，虽然富裕但是极为低调、不起眼。

在1581年由北方七省成立的乌得勒支联盟正式宣布脱离西班牙独立后，荷兰经过短时间的发展，成为继西班牙之后世界上最大的殖民国家，一个颇具实力的航海和贸易强国。据相关史料记载，荷兰的商船数目甚至曾一度超过欧洲所有国家商船数目总和（当时，全世界共有两万艘船，仅荷兰就有一万五千艘）。而且作为世界上第一个建立资本主义制度的国家，荷兰通过海外贸易与殖民活动积累了大量的财富，也在此过程中训练出一支拥有近代化武器装备、海战经验十分丰富的强大海军。

更让荷兰人自豪的是，他们在世界各地几乎都建立了殖民地和贸易据点：

在东亚，他们占据了中国的台湾岛南部（北部是郑芝龙的势力范围），独家垄断了日本的对外贸易；

在东南亚，他们把印度尼西亚变成了自己的殖民地，建立的第一个殖民据点巴达维亚城，即今天雅加达的雏形；

在非洲，他们凭借战斗力极为强悍的海军，从葡萄牙人手中夺取了新航线的要塞好望角；

在大洋洲，他们用自己国家的一个省的名字命名了一个新的国家——新西兰；

在南美洲，他们占领了巴西；

在北美大陆的哈得逊河河口，荷兰的东印度公司建造了新阿姆斯特丹城。今天，这座城市的名字叫纽约。

于是乎这段时期在荷兰被称为“黄金年代”；于是乎荷兰被欧洲同行们羡慕地称颂为“海上马车夫”；于是乎荷兰的殖民者已经自信地认为在这片海洋上他们已经无人能敌。

所以当有越来越多的请战信送达驻台荷军最高长官纳茨的案头时，纳茨的头脑也终于发热了。

是啊，堂堂的欧洲殖民强国怎么能受这个出身卑贱的中国海盗的欺负？这件事要是传了出去，兄弟我以后还怎么在这片海上混！现在唯一可行的就是对中国开战，迫使明朝政府允许我们上岸自由贸易！

于是，继上任长官迪·韦特之后，纳茨决定再次将对郑芝龙的态度转为强硬。当然，后来的事实也证明，这同样是一个相当错误的决定。

崇祯元年九月的一天，荷兰驻台长官纳茨亲自坐船来到厦门，以致谢和协商贸易的名义把郑芝龙骗到了战舰上。郑芝龙一登舰，荷兰人就翻脸了。纳茨胁迫郑芝龙与自己签订了一项为期三年的海上贸易协定。鉴于郑芝龙信奉天主教，所以为了防止郑芝龙下船就不认账，纳茨强迫郑芝龙向上帝郑重发誓，许诺“每年以生丝一千四百担以及砂糖、丝织品等供应荷方，并向荷方购买胡椒一千担”之后，才把

人给放了。

但是纳茨不知道的是，对于郑芝龙而言，天主教徒不过是为了拉近与外国人关系的一个身份而已，至于郑芝龙到底是不是打心眼里相信上帝，向上帝撒了谎是否真的会下地狱，这个恐怕只有郑先生本人才知道了。所以虽然发了誓，赌了咒，然而协议嘛，基本是从来没有完整执行过的。

因此在安安静静等了一段时间，却连一条破帆船也没看到后，纳茨至少清楚了一点：自己被人家给耍了。

于是，胁迫导致欺骗，欺骗导致愤怒。实在是怒不可遏的纳茨最终下达了命令：进攻！

崇祯三年（1630），荷兰人派出大队人马入侵厦门。作为以保家卫国维护国家海上安全为使命的大明水师，郑芝龙军当然不可能让荷军的侵略行为得逞。因此当巡海的明朝海军船只发现了图谋不轨的荷兰舰队后，就马上向这群不速之客发动了猛烈攻击，荷军措手不及，被迫撤退。

偷袭厦门失败后，荷兰人也感到，似乎自己的力量尚不足以同郑芝龙的军队相抗衡，因此荷兰方面开始积极寻求盟友。

两年后，荷兰人终于找到了这个合适的盟友。而在此之前，可以说是同病相怜的两方都已经被郑芝龙打得很惨，所以他们同仇敌忾，将郑芝龙视为自己前进道路上最大的敌人。

荷兰人找到的这个合作伙伴就是在小埕之战中败给郑芝龙的大海盗刘香。刘香认为荷兰人的坚船利炮等先进武器装备可以用来对抗郑芝龙海军的大船和重炮，而荷兰人则认为刘香手下数以万计的海盗可以充分弥补自己手中兵力的不足，于是双方一拍即合，决定同呼吸共命运，和郑芝龙拼个鱼死网破。

客观地说，刘香拥有作战经验丰富且人数众多的海盗，再加上荷兰先进武器的支持，这些对于郑芝龙来说确实是一个极为巨大的挑战。

而且正如刘香所料，当时荷兰人的船只的确比大明海军的船只性能要优越得多。荷兰人的战舰不仅高大，船体也极为结实。由于其船壳通常选用坚实的橡木板制造，而且是双层，所以一般火枪弓箭的攻击基本上起不到什么作用。但如果你真的以为荷兰人的船仅仅是抗击打能力超强且比较高大，那就大错特错了。别看这些庞然大物似乎很笨重，一旦航行起来，在航速上也比郑芝龙体积相近的战船占据优势，而且每艘船上至少配备有十六或二十门大炮，有的主力舰上的大炮总数甚至多达三十六门。

顺便提一下，荷兰人船上装配的并不是普通的火炮，而是当年袁崇焕等人对后金作战时使用的同一种炮——红夷大炮。而在 1637 年，荷兰更是拥有了制造排水量高达一千五百吨、装有一百门大炮的三层甲板的战舰“海上君主”号的能力。

所以说刘香与荷兰人的联合，堪称当时东亚海上武装的最强组合。

崇祯六年（1633）六月初一，荷兰东印度公司派出的一支约有二十余艘各类战舰的舰队抵达南澳。初六，在刘香的帮助下，荷兰人也不把自己当外人，很快就投入战斗之中。

荷兰人不宣而战，就派出八艘战舰，对刚刚追剿刘香准备返回厦门、毫无戒备的明朝官兵发动了突袭。在荷兰人船上的大炮率先开火后不久，虽然明军也开始反击，但由于有刘香的夹攻，明军还是吃了一些亏，在港内停泊的二三十艘战船被击沉或烧毁。而这些船只属于郑芝龙手下最精锐部队的，也是当时中国最先进的海上武装船队最高级配备，船上设施完善，同样是架有十六到三十六门大炮的大船。只可惜还未出战就全部完了。

在敌军的夹击下，明朝南澳守军浴血奋战。激战中，明军战船被烧毁五只，把总范汝耀被射成重伤。不过入夜之后，明军在守将带领下出动五艘战船，趁着夜幕的掩护偷袭了荷兰舰队，发动火攻，小胜荷军，明军方面则没有任何损失。

南澳海战的结果是明军有十七人阵亡。但荷兰人也没有占到太多便宜，荷军有三艘哨船在战斗中被焚毁，其伤亡人数也与明军大体相同。基本上算是势均力敌。而事实证明，这只是一次试探而已，是一系列为了验证明军与荷刘联军军事力量对比试验中的第一次尝试。

因为这时候荷兰方面的驻台长官又换人了。这次来的这个名叫普特曼斯，比较强硬，向来主张以武力强占大陆沿海的方式迫使明朝开放贸易，并且自上任之初就开始积极加强与刘香海盗集团的联系，时刻准备对明军开战。而南澳一战中荷军很轻松就焚毁了郑芝龙部战船的这一捷报，又使普特曼斯更为相信自己做出的那个极为致命的决断失误：距离决战的时刻已经为期不远了。

由于在南澳没有占到大便宜，六月初七，荷军连夜北上，转而进攻厦门。当时在此驻防的是游击张永产。

不过当荷兰人到达张大人的防区时，张大人却不在这里。

之所以出现这种情况倒不是因为张永产擅离职守，在上班时间开了小差，而是因为在之前张大人就已经做出了判断：短时间内荷军是不会来袭的。张大人的依据是，中左所与南澳相距数百海里，即便是顺风行船也得需要两三天才能到达。所以基于这个判断，张永产便前往泉州处理军中器械的相关问题去了。

现在以科学的方法看来，张大人的这个判断在理论上确实是完全正确的，但不幸的是，其正确性仅仅停留在理论上。

众所周知，六月初正值夏季，厦门岛、台湾海峡一带海域正好盛行南风，加上

前文介绍过的荷兰船只本身航速又快，所以荷军很快便在攻打南澳的第二天就抵达了厦门，并对厦门岛的大明海军基地发动了突然打击（中左去南澳数百里，夷船乘风卒至，出于意料所不及）。

厦门守军没料到荷军会突然袭来，只好仓促应战。在荷兰人强大火炮打击下，明军损失惨重，其中郑芝龙部的船只损失了十艘，其他部的战船也损失了五艘。荷兰突袭厦门港的战役取得了重大的成果。与此同时，郑芝龙的商务船队也正好从广东回来在此地岸边修理，由于突然遭到荷军袭击，又有总计十只船被焚毁。

荷军在中左所尝到甜头后，又转掠青澳港，但这里的守将韩登坛却不是白给的。在被韩登坛击毙两人之后，荷军主动撤离了青澳，不过进而又在刺屿攻打石澳。可是石澳的守将袁德和韩登坛差不多是一个类型的角色，荷军在收获了被袁德等击毁的沉船一只、死尸一具后就慌忙离开了。而且由于跑得太快，连之前与葡军交战时掳获的十六名葡萄牙人也不要了。倒霉的葡萄牙兄弟们遇上了这么一帮不妥善处理俘虏的主儿，只得再受回委屈，又成了明军的阶下囚。

荷军在青澳、石澳两地都没能取得预期中的成功，所以几个将领一合计，还是厦门好玩。于是荷兰人当即决定第二次进攻厦门。

奇迹永远不会发生两次。荷兰人这次进攻对厦门，得到的却是他们做梦都想不到的惨败。

听说自己的防区被荷兰人光顾且损失惨重的消息后，游击张永产几乎连跳海喂鱼的心都有了。但是作为一个真正敢于承担责任的武将，张永产还是马上由泉州赶回了中左所视察受损的情况，并静下心等待上级的惩罚。

就在荷兰人远远在船上望到厦门的土地、露出灿烂的微笑的同时，得到荷军再次来犯的报告的张永产也露出了久违的微笑。

荷兰人的战船刚刚接近厦门的附近海域，早有准备的守军就在张永产与同安知县熊汝霖的督率下发起了奋勇的迎击。明军将士无不像打了鸡血一样兴奋，积极而不失沉着地划桨、操舵、瞄准、开火，刹那间就接连击沉数艘荷兰船只，并当场击毙十余名荷兰人，还有一艘装备先进的尖尾船因没能扛住明军的集中火力而被一举焚毁。

见到上次被自己打得惨败的明军突然变得如此疯狂，对方上下似乎都是只要赢不要命，死命发起一轮又一轮的进攻，荷兰人率先神经崩溃了。各艘战船在荷军将领的带领下，纷纷掉转船头，仓皇奔逃。明军见到敌人溃退，也没有乘胜收兵，而是主动出海追击。虽然最后经过两昼夜的追赶，因为荷兰人的船速太快而没有追上，但是我们有理由相信，这一仗明军打得是很解气，荷军被打得是很丧气。

荷军从厦门撤离后，一众船只曾漫无目的地在海上游弋了二十多天。据当时一名参战者后来的回忆，虽然曾有人叫嚣要再回中左所报仇雪恨，但由于荷军士兵们已经被打出了“恐夏症”，一提中左所（厦门）就浑身发抖，所以这帮荷兰人一直没敢逼近厦门，而是转而从料罗湾出发进窥海澄县。可是，得到消息的海澄知县梁兆阳率兵夜渡语屿（金门），再次袭破了荷军，焚其小舟三艘，获船五艘。因此最后这帮倒霉的荷军不得不就此打道回府。

虽然这次明朝方面的损失很大，荷兰那边也伤亡不小，但是福建巡抚邹维涟还是愤怒了：“红夷（荷兰人）之行岂独八闽一大患，且为中国一大耻！”于是震怒的邹大人传谕各地文武将吏，不许再谈“互市”二字，而要“誓以一身拼死当夷”。

当屡次的宽容和隐忍不能换来相应的些许歉意与感激时，这就说明，挥动拳头的时候到了。

对待武力的极端崇拜者而言，暴力是他们唯一听得懂的语言。现在正是抡出拳头的时刻！

八月十二日，决心与荷兰人展开海上决战的巡抚邹维涟自省城抵达漳州，檄调诸将，大集舟师。而当福建全境部队都集结完毕时，邹维涟向众人公布了他亲自部署的战斗计划。

邹巡抚命当时已升任五虎游击的郑芝龙担当明军的先锋，以南路副总高应岳为左翼，泉南游击张永产为右翼，澎湖游击王尚忠负责游兵（即带领机动舰队接应各军），副总兵刘应宠、参将邓枢掌管中军舰队，分守海南道施邦暇、分巡兴泉道曾樱为监军，有临阵退却者，立斩！

全军务必准备充足，此战必灭红夷！

安排停当后，邹维涟将自己制定的海战焚敌方略亲手交给各位将领。他用坚定的眼神注视着眼前的诸位，似乎已经从他们的眼中看到了即将到来的胜利。

八月十三日，邹大人又亲自渡过海澄，誓师督战，与诸将歃血为盟，发誓同心协力，拼死剿敌。随后各部在巡抚大人的计划下分头相机出击。

在此次的作战计划中，郑芝龙的角色是先锋，所以在与荷兰人的第一战中，郑芝龙务必要发挥模范带头作用。换句话说，郑芝龙身上的担子很重。能不能激励起全军的士气，挫一挫荷兰人的锐气，就要看郑家军的表现了。

事实证明，郑芝龙果然是能信得过的。就在郑芝龙率舟渡过漳州海澄、誓师出发后不久，邹大人就收到了捷报。

九月一日，郑芝龙部在澎湖大屿与敌展开遭遇战，焚毁荷军大型夹板船一只，焚溺死敌兵数百，生擒荷军首领一人、士兵六人，并将三名勾结荷兰人的海贼斩首示众。接着又焚烧敌军夹板船一艘。

之所以这么快就有捷报传来，除了因荷兰人偷袭厦门岛一役致使郑芝龙的舰船

被击沉了十艘，再加上荷兰人一而再再而三地与郑芝龙对着干令郑芝龙十分生气的原因外，间谍工作做得好也是郑芝龙能够一再发现并击破荷军的一大法宝。

在对原来的老朋友有着充分了解的基础上，郑芝龙很清楚，荷兰人身上有一个致命的弱点，只要能够充分利用这一点，击败他们就并非难事。

要知道，虽然荷兰人的殖民据点几乎遍布世界各大洲，但荷兰不是大明，整个荷兰也不过几十万人，没有大明如此丰富的人口资源，所以在世界进行殖民活动或贸易的过程中，荷兰人是必须找些帮手的。这些帮手的主要来源就是当地人。

希望你还记得，荷兰人在东亚的主要据点就是台湾岛，所以荷兰人手下的主要来源就是岛上的台湾居民（主要是有点文化或特长的中国人，当地土著基本不要）。希望你还能回忆起一件事，那就是在这些或当翻译或做向导或是水手的中国人中，大部分是在天启到崇祯年间由福建逃荒过来的，而当时运这些人到达台湾的船起初全部属于一个叫颜思齐的人，而后来这些运送移民的船只又共同归属于另一个人，他的名字就叫郑芝龙。

这下事情就再明白不过了。一句话，荷兰人身边的任何中国打工仔都有成为郑芝龙线人的可能。而他们中的大多数，都是自觉自愿成为间谍的，并将自己掌握的荷兰舰队动向与方位完全告诉了郑芝龙。对于这些人而言，这是他们为自己的恩人所能做到的最好的报答。

帮助别人的时候，其实就是在帮助你自己。初上小学之时我的老师常常这样说，当时本人还不能完全理解，但当后来读到了郑芝龙的这段史料时，我这才豁然开朗。

做好事的人最终是不会吃亏的。

于是在九月一日，郑芝龙接到了老乡（间谍）发回的情报：一支荷兰舰队正停泊于澎湖岛一带。在确认了情报的准确性后，郑芝龙马上派出将领林显忠率海军主力出海，进逼澎湖。这一次，舰队上的武器装备是清一色的西洋货，使用的船只也是经过改进的新型战舰，再加上这次又是隐蔽性极强的突袭，所以澎湖一战明军几乎没有失手的可能。事实也确实如此，初战的明军取得了令人振奋的结果：击毁一艘荷兰大型夹板船，被杀死与淹死的荷军人数更是突破了数百人，一名荷兰将领与六名士兵也成了明军的俘虏。剩余的荷兰人则匆忙向南撤退，与刘香的海盗军会合。

九月十一日，两艘海盗船在海边停泊时被明军发现，明军战船随即冲上去与登岸的海盗厮杀。经过战斗，海盗被杀死五人（包括一名荷兰人），其余的海盗上船逃生。

九月十六日，两艘荷兰战船出现在铜山以东的洋面，把总黄斌卿当即出动七艘战船、四艘火船出击。荷兰人见明军人多船多，不敢迎战，立刻一面撤退，一面以大炮还击。明军在黄斌卿的带领下展开追击，结果在逃跑中荷兰人的一艘夹板船触礁。明军则趁此机会，对这艘夹板船发起猛攻。或许是西方人不存在“船在人在，船亡人亡”的觉悟，所以当无数的炮弹、火罐不断落到甲板上，荷兰人眼看自己快要撑不住时，便解下小船，弃大船而逃。

明军再获全胜。此战明军又斩杀十三名荷兰人，溺死于海中者无算。原本黄斌卿是想把那艘触礁的荷军夹板船作为战利品拖回去留个纪念，但由于当时海风比较大，明军进攻时扔上去的易燃易爆物品又太多，所以随着风越吹越大，火越烧越旺，到最后明军快要抵达水寨时，那艘船也基本只剩下了灰烬和几块废木料，可以直接送到炊事班当柴火使了。

虽然战利品展览的愿望未能如愿实现，但是好在自明军首战以来，几乎是连战连胜，所以明军的士气一直很高。士兵们都在等待着，等待着真正的决战时刻的到来。

同样，郑芝龙也在等待着。作为这次战略计划的真正执行者和战场最高指挥，郑芝龙很清楚，前面的那些胜利只不过是小胜而已，荷兰人与刘香组合的真正实力其实还并未得到展现。

后来发生的事情证明，郑芝龙的这一判断是相当准确的。

几天后，当郑芝龙亲自督舟师扼制要地乌纱头时，正好与九艘荷军夹板船和五十余只自南北上的刘香集团海盗船不期而遇，但是双方并未发生大规模的战斗。因为荷方认为现在还没有准备好（刘香的大队人马还未到达，人手不足），而郑芝龙则认为即便当时出击了也未必打得赢。

郑芝龙之所以会做出这种看似很怂的判断，很可能是在目睹了荷兰人的夹板船那一刻产生的。

荷兰人此战的主要战舰夹板船，在中国方面的史料是这样描述的：“其舟长五十丈，横广六七丈，名曰夹板。内有三层，皆置大铳外向，可以穿裂石城，震数十里，人船当之粉碎，是其流毒海上之长技有如此者。”

由此可见，相对于明朝水师的战船，荷兰人的夹板船有非常明显的优势，特别是其火力极为强大。想当年，努尔哈赤那样的牛人都因为红夷大炮的功劳而过早地离开了后金民众，明军士兵们又并非都像努先生一样牛，更不是什么超人、钢铁战士，所以面对如此厉害的武器，明军无论是船还是人，只要挨上一炮，肯定是吃不消的。

其实几百年前的海战并非像有些人想象的那样简单，两拨敌对的舰队相遇，接着摆好阵势，开始用大炮、火枪、弓箭等远程武器进行攻击，等到离得稍微近了就

用撞杆撞击对方，要是再近些水手们就借用缆绳以荡秋千一样的方式荡到敌船上或在两船之间放上木板，在船长“兄弟们，跟我上”的呼喊下冲上敌船，与对方展开激烈的肉搏战。两方的人到底谁能获胜，主要是取决于谁的船更坚固，谁的炮更生猛，还有谁的水手更能砍人。海战的胜负看来似乎就是由这几点组合决定的，谁的水平高，谁就是最后的赢家。

但是，虽说坚船利炮和勇猛善战的好水手是决定海战胜负不可或缺的重要因素，不过在本人看来，除了以上这些外，还有一个极为关键的因素左右着战争的成败，那就是海战的战略与战术。

当时荷兰人在海上混饭吃的日子要明显多于在陆地上的时间，因此在海上战术方面，荷兰人的思路已经到达一个相当的高度。

在发动攻势时，大型夹板船先动用火炮对敌方的阵地和人员密集区域进行狂轰滥炸，等到敌人的阵型由于大炮的轰击变得松散、指挥系统陷于瘫痪、人员死伤也达到了一定程度时，荷兰人就将夹板船以数艘结为一序列，按次序向前推进。遇到受创较重的敌船就直接冲上去，凭借坚固的船体和锋利的撞杆将它撞沉；要是遇到受伤较轻或基本没有受损的，再就近给它补上两炮。反正一阵杀下来，作为荷军对手的战船不是当场中弹被击沉，就是受伤被撞沉，总之，下场是相当悲惨的。所以当时的欧洲国家（英国这时尚未崛起）对于荷兰佬都是能不惹就不惹，尽量避免与这种可怕的对手发生正面的军事冲突。

然而让人感到恐怖的事情还不止这些。

荷兰人的船上还往往存在着这样的一批人：他们一般将自己隐蔽在不易被人发现的地点，每当战斗开始时并不像其他普通的水手一样发动冲锋与敌肉搏，而是原地不动静静地等待着，一旦对方有战斗人员把头伸出掩体或将身体暴露在这些人的视线范围之内，就会被突然射来的铅弹射杀。

对了，这种人在今天被人们习惯称为狙击手，而在明代中国海军官兵口中则被称为“猫儿眼”。当时为了重创明军，在荷兰驻台长官普特曼斯的强烈要求下，荷属东印度公司就将这样一批训练有素的火枪手派往中国，并参与后来那场惊天动地的大战。

大有大的好处，但与此同时，大也有大的缺点。具体说来就是由于船只的体积太大，所以机动性往往不好，敌人完全可以利用小船的灵活性采取“群狼战术”，几只小的围住一艘大的轮番上阵，多角度多方位配合对大船发动齐攻，以达到以小制大、四两拨千斤之效。而事实上郑芝龙部之所以得以连续打败荷军并接连焚毁敌军的夹板船，所采用的就是这一战术。但是到了决战之时，情况肯定会大大不同。因为之前几次荷军出动的夹板船数量有限，不会超过个位数，但是真正到了决战的那一天，荷兰人很可能拿出全部家当，也即至少是两位数的夹板船与明军拼命。所以到那时以数艘小船击毁大船的可能性无疑是微乎其微的。

而且荷兰人也不傻，在战斗实践中他们也意识到大船作战时会遇到的这种尴尬，所以荷兰人采用一种简单的方法解决了这个问题。那就是每只夹板船上配备数只可搭载六七人的小船，而这些小船既可以在大船快沉时充当救生船方便跑路，也可以在敌人以小船来袭时放下去用于战斗，实在是方便快捷，真正地实现了一船两用。

在那次不战而退的遭遇后不久，郑芝龙再度接到了间谍发回的密信。在这封信件中，福建老乡极有耐心且极负责任地将自己收集到的所有情报，都详细地汇总并报告给郑芝龙，其中包括荷兰人与海盗军的船只数量及其具体动向。

郑芝龙认真读完这封长信后，也马上意识到决战即将在不久到来。所以郑芝龙即刻派人以最快的速度将要展开决战的消息传达给明军各部，并下达集合所有明军船只的命令。

九月十七日，郑芝龙的所有船只、明军各部主力集结完毕。

果然不出郑芝龙所料。明军刚刚完成集结的第二天，荷兰人的舰队就抵达了料罗湾并在那里与刘香的海盗军成功实现会师，布置好营寨，准备与明军决战。

郑芝龙与明军其他各部将领如高应岳、张永产、王尚忠、刘应宠、邓枢等人召开海上军事会议，进行了商议。所有将领也都同意郑芝龙的想法，认为应当兵贵神速，马上投入战场与荷兰人展开海上决战。

一致的意见有了，所以各路海军编队均下达了作战命令：于二十日凌晨扬帆启航。目标料罗湾！

料罗湾是位于金门岛东南部的面向台湾海峡的一个海湾，港阔水深，但平时风浪不大，水下又少有暗礁。所以毫无疑问，这里对于双方来说都是一个极其理想的决战战场。

而且为了这场决战，明朝方面投入了战舰一百五十多艘，士兵七万人。同样，荷兰人方面由印支殖民总部带头，派遣了当时荷兰人手中最为强大的军队，还有共计数十艘最新式带加农炮的大型战舰。

对手同样是欧洲人，武器同样是落后于西方，战场同样是位于中国东南沿海。这些情况在我们现代人的眼中都似乎似曾相识。没错，无论是从各方面的条件上来看，还是从战争的规模来看，这次决战都像极了二百多年后的鸦片战争。至于最后的结果嘛，却大不相同。

郑芝龙不是刘伯温，不能未卜先知，所以在决战的前夜，郑芝龙心中思绪纷起。

即将到来的这场海战即是一场必然的大战、恶战，也是一场意义重大的战役。输的人将会丢失他的一切，包括船只、军队、地盘甚至是他的生命。赢的人则不仅会继承败者的一切，还会真正成为这片辽阔海域的最强者，毋庸置疑的真正的海上霸主。

这就像是一个赌局。虽然明知道它的危险和残忍，却叫人欲罢不能！然而更为残酷的则是，郑芝龙明明知道这场赌博既可以给自己带来巨大的利益和无比的荣光，或者是相反的军破身死的悲惨下场，但是自己却无法拒绝。

一切只因为此时的郑芝龙已经不是十多年前的郑芝龙。不再是那个为求得一口饱饭而远行千里寄人篱下的郑芝龙；不再是那个孤苦伶仃在异国他乡辛苦打拼的郑芝龙；不再是那个带领海盗兄弟们乘风破浪横行海上的郑芝龙；更不是一个普通的商人、地主或拓荒者。

因为此时此刻郑芝龙的身份已经是大明的将领，他的手下是数以万计的大明海军，而他的背后则是他所深深热爱的故土，无论他走到哪里都唯一不能忘却的祖国——大明！

来吧，来吧！今天的郑芝龙不再是为自己的利益而战了，我还有我要守护的东西，而为了他们，我愿意赌上自己的信念以及所有的一切！

要么成为民族的英雄，要么就战败身死，葬身于这片美丽的大海之中！

我经历了许许多多的风风雨雨，尝试了各种各样的身份与角色，忍受了常人不曾经历的苦难，这就是决定我最后命运的时刻。

一定要胜！必须要胜！

刘香、荷兰佬，准备好了就来以命相搏！料罗湾！决死战！

黎明时分，大明水师的庞大舰队出现在料罗湾海域。此时的荷兰人也已经出动了九艘大型夹板船，背靠岸岩一字排开，摆好阵势准备迎战。在荷兰人大船附近游弋、负责保护荷军侧翼的则是郑芝龙的老对手刘香的五十艘海盗军团哨船。这种荷兰战舰居中、海盗船四散策应的防御阵形，是刘香与荷兰总督等人悉心研究讨论后的最为合理的阵型部署。这样一来，不仅可以防止明军小艇的骚扰，使得荷兰的夹板船可以专心致志地发炮，又可以使刘香手下的海盗们惯用的小船突袭战术不受大船的束缚而自由发挥。所以在刘香等人看来，这是最佳的组合，借此一定会得到最终的胜利！

明军方面似乎还是老一套：大明全军照旧分为前锋、左翼、右翼、游兵、中军五个舰队，以实力最强的郑芝龙的前锋舰队为主攻。其余舰队的任务则是配合郑芝龙舰队围剿荷兰人，以及攻打刘香较为普通的海盗船。

总体部署上没有啥新意，但具体到先锋郑芝龙的主力部队上，总该有所创新了吧。

按理说是该与时俱进的，不过从郑芝龙的军事部署上，倒真难以看得出来。

为了应对这次决战，郑芝龙将舰队分为三部分，采用三波相继能够形成持续打击的形式，准备向荷兰人发动进攻。按照郑芝龙的安排，由参将陈鹏率领，辖郑然、林察、陈麟、杨耿、苏成等人的数十艘战船形成第一波攻势，主要目标是冲破刘香海盗船的保护层，不惜一切代价靠近荷军大船并对荷兰人的大夹板船发起冲击；第二波是由哨官蔡骐指挥的舰队，则要适时作为接应，应机而动，主要作战任务是在陈鹏等人对荷军夹板船造成一定损伤后，跟上去焚毁敌船；由哨官林习山指挥的第三波攻势，任务就相对比较简单了，配合蔡骐共同摧毁荷兰人任何一艘还能发炮的大船！

作为总指挥，郑芝龙则统领剩余船只，随时准备救应并进行主攻方向的指挥。

实事求是地说，郑芝龙派出的第一波人和那几十艘船其实就是给人当靶子的。所谓什么冲破海盗船、冲击夹板船不过是说说而已，因为荷兰人的炮可不是吃素的，就那么几艘破船，别说是靠近夹板船，就连能否有机会与刘香的海盗船打上照面都是个问题，没等冲到阵前交锋，没准儿就全军覆没了。所以郑芝龙的真实意图是让这支小部队去分散荷兰人的注意力，以达到使明军主阵地免于遭受集中炮击、减少人员伤亡的目的。

往高了说，这叫牺牲小我，成全大我；往俗了说，这就是叫人主动当炮灰。

所以当郑芝龙在战前的最后一次会议上公布这一部署时，觉察出郑芝龙真正用意的人都通过眼神达成了一个共识：这小子真黑，够狠，不够意思。

但当这些人听到郑芝龙接下来的那句话时，之前的所有想法都在一时间烟消云散。

只见郑芝龙挥了挥手，几个水手马上快步走了下去，不一会儿就接连搬出了十来个沉甸甸的箱子，然后接下来响起的就是郑芝龙坚定而诚恳的声音：这些箱子中所放的就是郑某人的全部家产。现全军将士听令。但凡参战者每人给银二两，若战事延长，额外增五两。若有火船能烧了荷兰船，给银二百两（每只火船十六人，十六人平分）。一颗荷兰人的首级给银五十两！

一颗人头价值五十两，是个什么概念呢？

当时朝廷委任的知县（七品官）的月俸，是白银五两左右，而将崇祯年间的通货膨胀和物价起伏等市场因素考虑在内，并套用购买力平价理论估算一下，再推算一下（鉴于其过程比较复杂，具体该怎么估、如何推这里就不详细写出啦），三百多年前的一两银子可以当成我们今天的八张百元大钞花，也就是说一两约等于八百元人民币，那么五十两就是四万。可见这个价位还是相当之高的。

顺便说一句，这还只是郑芝龙个人给出的奖赏。而按照传统，明军士兵斩敌首级后政府也是明码标价、按功奖赏的，政府的标准不多不少也正好是白银五十两。杀敌一人得银八万。这也就是说，明军的士兵只要上阵就能先拿到一千六，而如果时间拖久了还能领加班费（四千），而能砍死一个敌人的那就更要恭喜你了，因为这标志着你已经正式跨入了万元户的行列。

一边是抱有不亚于二百年后的英国哥们儿打开中国大门的热情的荷兰人，一边是既有卫国英雄的名誉可得又有数万元实惠可拿的明军将士。因此双方的决斗必将使得料罗湾的这场大战被永久地载入史册。

明军的舰队是在料罗湾的东南角展开的，所以顺东风的优势使得陈鹏带领的战船以极快的航速向荷刘联军的阵地冲去。看到直奔自己而来的明军，荷兰舰队果然不出所料用大炮轰击。对于距离已经较近的明军战船，荷兰人则组织火枪队用毛瑟枪进行密集射击。虽然荷舰的炮火非常猛烈，但明军凭借着战船数量上的优势和小船灵活性强的特点，仍在逐渐地向敌人阵地逼近。明军暂时占据明显的上风。

参将陈鹏是一个有着多年海战经验的将领，也有过与荷兰人作战的经历。所以在他的指挥下，那些没有被荷军炮火击沉、没有被大炮所引起的巨浪掀翻的明军战船们很快又重新集结在一起，并成功突破了由海盗船组成的保护层，顺利杀到了荷军夹板船的跟前。

虽然此时明军的先发部队已经伤亡了近三分之二，但事实再次证明，能在惨烈的战场上坚持下来的，都是军队的精华。

作为精华中的主力，陈鹏的战舰在其他三艘战船的配合下，率先击毁了一艘荷兰夹板船。郭熹、胡美、林察等人的七艘战船也正在加紧对两艘荷兰夹板船的围攻。陈鹏、陈麟在击沉敌船后也赶来加入围攻行列，所以最终这两艘荷兰战船也全部被明军焚毁。众将在废掉了三艘荷军大船的同时，还捉了个活的。荷军将领呷泌啤吧哇（这个名字很个性）逃跑不及，被明军士兵俘虏。张梧、郑彩、黄胜等三艘船则与一艘荷兰战舰展开肉搏战，将士们跳到荷兰船上与荷兰人厮杀，最后将这只战船成功掳获，终于实现了对夹板船完整俘获的零的突破。

里面的明军打得虽然很漂亮，实际上处境相当危险。因为就在这些战船击败守在外层的海盗船突入敌阵后，海盗们在刘香的指挥下又再次振奋起来，将被明军打开的突破口很快补上了，而且任随后赶来的第二波、第三波明军如何奋力攻打，海盗们就是死战不退。

刘香的意图很明确：等将冲进去的那部分消化了，就用炮炸飞你们！

眼见计划赶不上变化，先发部队将被在敌阵内部全歼，而后续部队陷入长期的胶着，明军的大本营也越来越临近被加农炮集中轰击的危险。

生死只在一念之间！

就在大家都极为慌张的时候，郑芝龙下达了第二个命令：火船上！

郑芝龙这时采用的是荷兰人在欧洲战场从未见过的打法——火海战术。就是说，明军的一百艘条火船，在五十艘炮舰火炮的掩护下蜂拥而上，遇到敌船就搭钩点火，以求使得敌阵陷入一片火海之中，扰乱其指挥系统，瓦解其军心。

欧洲人虽然平时打仗也使用火船，但最多不过是几艘，而即便是欧洲一流的使用火船战术的行家的荷兰人，也从来没有遭遇过这种场景：数以百计的火船铺天盖地而来，就如大海之上的一大片红云，飘到哪里就烧到哪里。

火借风势，风助火威！

火船乘东北风向荷军舰队发起了冲击，炮火与硝烟将一天前还极为宁静的港湾烧成了沸腾的地狱。其场景之恐怖不可名状。据一位荷兰目击者描述："有三艘战船包围了 Brouckerhaven 号，其中有一条船的战士不顾一切把自己的船点火焚烧向荷舰撞击。他们的行为正如狂悍而决死之人那样……完全不理会我们的枪炮和火焰。荷舰尾部起火，火药库爆炸，立即下沉。又一艘荷舰 Sioterdijck 号正在近岸处，被四艘兵船迫近，虽然在接舷战中两度打退了敌人，但终被俘获。其余荷舰狼狈逃入大海，借大炮和东北风之助，逃到台湾。普特曼斯在战斗和台风中丧失了四艘大兵船，还有其他三艘兵舰不知去向。"

这位目击者的观察还真仔细，记录得还真详细。确实如他所言，经过一番殊死搏斗，参战的全部九艘荷兰大型战舰中，有两艘在刚一开战即被火船搭住焚毁，另外两艘则在双方对轰的炮战中被击沉（郑芝龙用的也是洋炮，系英国原装进口大炮，有英文说明书为证），此外加上被明军俘获的那一艘，几乎是全军覆没了。其余几艘虽然没有被俘获或者击沉，但也是在受重伤后仓皇逃走。

相对于盟友荷兰人，刘香的下场更惨。所有参战的五十艘海盗船几乎无一例外地全赔了进去，全部沉没在料罗湾，永远成为水下"陈列品"。刘香自己只能带着几只小破船和数十个海盗逃走。

看到荷兰人以五艘大船为首向外洋逃窜，郑芝龙下达了第三道命令：追击！

务必要将荷军歼灭，把荷兰人打服，叫任何人都不敢再窥视我中华海上领土！

大明水师在郑芝龙指挥下乘胜追击，紧追不舍，荷兰人则是叫苦不迭。荷军中就有一艘船被明军千总陈豹的战船死死咬住不放。陈豹船上的火炮屡屡命中敌船，使其船尾起火。然而可能是陈豹追得太紧的缘故，这时风向突然发生了改变，明军由顺风变成了逆风，明军之前引发的大火反而烧到自己的船上，因此陈豹等人才不得不退出追击。

另一艘荷兰船也很惨。当时它被林宏、郑成、洪辉、吴拱等四艘战船围追堵

截，眼看就要完蛋。此时已经认定无路可走的虔诚的荷兰基督教徒们也不再反抗了，而是做起了祷告：主啊，阿门！

没想到这一“阿门”还真有效果，台湾海峡附近海域顿时风云突变，狂风大作，波涛叠起。荷兰人的船只毕竟是专为远洋航行而设计的，在抵御风浪的能力上要比明军船只强多了，所以荷兰人便借着向上帝祈祷而得到的这一良机，在风浪的掩护下成功脱逃，其余三艘荷兰战船也在荷军的拼死努力下陆续突围。

虽然没能按照预期实现全歼，但是荷兰人确实是被打惨了。吃了大败仗而狼狈退回台湾的普特曼斯也不安生，不仅余惊未了，更糟的是很快就遭到了国内舆论的批评和荷兰政府的问责。因此在强大的精神压力下，台湾总督兼舰队司令普特曼斯在海战后随即辞去总司令之职，离开了太平洋这片伤心的海域。

料罗湾海战，郑芝龙部共击毁三艘荷兰夹板船、掳获一艘，俘虏荷兰官兵八十四人，烧死与淹死不计其中。此外还缴获大炮六门，小炮二门，枪支十三把，剑十把，火药六筒，还有海图等其他战利品。配合郑芝龙部的明军其他各部也多有斩获。泉南游击张永产指挥的右翼舰队击沉三艘荷兰尖尾船（即大型夹板船上的救生船），俘虏十名荷兰人，击沉刘香的海盗船只六艘，斩杀刘香副将一员，生擒海盗六十四人；指挥中军舰队的刘应宠等生擒海盗三十七人；高应岳的左翼舰队以及王尚忠的游兵舰队也各有斩获。郑芝龙一方，阵亡八十六人，重伤一百三十八人，将领中除去把总郑然中弹阵亡外，其他将官仅仅是受了点伤（非致命）。

崇祯六年（1633）十月，历时三个多月的战斗终于在料罗湾海战以明军大败刘荷联军，取得大捷为最终结果，画下了圆满的句号。在这场关键的决战中，郑芝龙集中优势兵力，大量使用西式大炮对敌轰击，并采用中国人最为擅长的火攻战术，凭借火船贴身近战，大破武器装备比自己先进得多的荷军，确实打得确实漂亮。

对于明朝而言，虽是场大胜仗，但因为被打败的既不是四处造反的民军也不是虎视眈眈的清军，所以不会在根本上影响大明的国运，没有必要宣传。对于郑芝龙而言，这场战役只不过是自己辉煌生涯的亮点之一，也没有必要铭记。且因为后来指挥此战的郑芝龙晚节不保，当了汉奸不久又被清廷因故杀死，结局不太光彩，所以后世的史家和史书上很少有人提及这场极为重要的料罗湾海战。而对于被击败的荷兰人而言，曾无敌于天下的马车夫被一支海盗出身的部队打得大败，就更没有什么可炫耀的了。

因而在这许许多多因素的综合影响下，到了今天也很少有人知道、很少有人提及，当然更不会有人去纪念这场战役。但是事实上，料罗湾海战确实值得我们铭记在心中。

因为这是中国人又一次在海上创造的传奇。

就在料罗湾海战结束的整整二百年前（1433），随着另一位姓郑的传奇人物——郑和在古里病逝，其副手王景弘将庞大的舰队与郑和头发、靴帽带回中国。接着皇帝陛下下诏，下洋悉令停止。中国历史上最伟大的海上探险活动由此戛然而止。

记得那是一个盛夏的傍晚，当郑和的宝船再次驶入龙港后，就永远停泊在那里。

大明帝国的船队消失之后的几十年间，西方冒险家的舰队乘虚而入，向东方海域扩张。

沧海桑田，天地翻覆。

当中国的船队退出外洋后，葡萄牙舰队凭借弟乌海战彻底消灭了穆斯林船队，经由古里等地的商船被迫开始向葡萄牙人、荷兰人领取航海护照，并交纳贸易税金以求相安无事。郑和下西洋时所经过的那些港口，如今也都耸立起欧洲人的城堡与教堂，悬挂着西方特色旗帜的战舰商船游弋在海面上。葡萄牙人窃据了澳门，西班牙人占领了菲律宾，荷兰人经营着巴达维亚与台湾岛。

一时之间，从西非海岸到好望角，从印度海岸到马六甲，从大西洋到美洲大陆，乃至太平洋的马六甲、吕宋岛、巴达维亚和中国的近海海岸的各主要航线上，已经看不见当年宣谕天下、示中国富强的宝船和大明的船队，取而代之的是欧洲人重炮满帆的军舰和商船。

郑和之后，再无郑和！

中国的领海已经很少看到中国船只的身影，而中国人的海上冒险也看似即将宣告结束。

然而就在这时，郑芝龙出现了。

事实证明，成功之路虽然不可复制，但是成功所展现的辉煌却可以重现。

这个出身于海商（或海盗）的中国人再次将中国的势力带回了那片原属于我们的海洋，以一种并非来自大明帝国而是源于民间力量的新形式，在郑和之后创造了中国的另一种海上传奇。通过广泛吸取西方海军的先进经验与技术，组建强大的水师，首开东方国家在海战中击败西方殖民国家的先例，重建了远东水域的中国霸权。

料罗湾海战后，福建广东一地海域日趋平静，海外贸易日趋繁荣，在陆上丝绸之路与海上丝绸之路同时绝迹了百余年之后，中国东南沿海再次在郑芝龙的参与下搭起了中国人通向世界的海上丝绸之路的桥梁。

所以即便郑芝龙后来对不起隆武，对不起大明，但他无愧于一个身份——中华民族的民族英雄！

“闽粤自有红夷来，数十年间，此捷创闻！”

老百姓听到明军在料罗湾海域取得大胜的消息后极为兴奋，据说还派出了居民代表，带上大量的酒肉等慰问品前往明军水师驻地犒军。

朝廷在听闻捷报之后，也是一片欢呼雀跃之声，纷纷给予郑芝龙高度的评价，诸如“芝龙慷慨男子，幡然悔悟，誓天剿夷，破家赏士”，“虽借力于诸将，已拚死于前冲，劳苦功高”，等等等等。

总之一句话，全国上下无不欢喜，郑芝龙的威望也达到顶峰。

在得到皇帝陛下的嘉奖后，郑芝龙再接再厉，乘胜追击，又连续与荷兰人发生了几场小规模的海战，直到把荷兰人打到缩在台南不敢出头为止。而接下来，郑芝龙就集中全力收拾刘香，在金门外洋迫使先前跟随刘香的李旦之子李国助倒戈投降。崇祯八年，在郑芝龙的指挥下，明军在广东田尾洋彻底击溃了以刘香为首的海上武装走私集团，击毙其头目刘香，使得台湾海峡再次恢复了往日的安宁与和睦。

不过即便如此，远东的广阔海域却还不能确切地说已经迎来了永久的和平，因为“车夫”们并不想放弃再次夺回海上统治权的任何一次机会。

而最后的战役也即将在不久再次打响。

荷兰人由于在料罗湾那场战斗中，主力基本被消灭，一时间还无法缓过来，暂时无力像以前那样以武力在东南亚耀武扬威。但是为了继续在中国沿海立足混饭吃，遭到重创的荷兰人被迫与郑芝龙重修旧好。

要知道当时在海上混的人都比较讲究义气，特别是对曾在荷属东印度公司台湾分公司打过工的郑芝龙来说，一下子便断了许多老上级老同事们的饭碗实在说不过去，于是在荷方的请求下，郑芝龙同意派船运货至台湾，重启了海峡两岸的商业活动。福建地方也再次允许商人赴台互市。

崇祯八年（1635）三月，新任巡抚沈尤龙走马上任。不久就准允福州、泉州等海道向三名商人颁发特许的赴台贸易凭证的要求。台湾也就此开始成为中荷海上平等贸易的中转基地。

然而没过多久，一向对现状不太满足的荷兰人又开始对于眼前这种毫无暴利可图的贸易方式产生了强烈的不满足感，开始在贸易的过程中有意无意地制造些小摩擦。料罗湾海战六年后，好了伤疤忘了疼的荷兰人决定再次挑战郑芝龙，重新夺回失去的幸福生活。

崇祯十二年（1639）六月，双方的战争再度爆发。

此时被赋予击败郑芝龙、重建荷兰远东海上霸权的荷军将领名叫郎必即里哥。据路边社爆料，此人不但力大无比，而且精于剑术，有相当丰富的海战经验，是东印度公司中比较能打的一位勇将。于是在勇敢的郎必即里哥的率领下，胆壮了的荷兰人再次派出数艘夹板船进犯福建、浙江一带沿海。荷兰舰队凭借着强大的火力与船只高水平的机动能力，使得闽浙两地的明朝守军大吃苦头。

荷兰人的进犯使得沿岸老百姓的人身财产安全再次遭受严峻的挑战。所以彻底讨平荷兰人的重担再次落到郑芝龙的身上。

虽然与荷兰人交手多次且胜多败少，郑芝龙对这帮宿敌却依然十分小心谨慎："夹板厉害，非比我们的船，凡事当先觑方便，可战则战，勿得恃勇，徒自损灭耳。"

"我们要在战略上藐视敌人，在战术上重视敌人。"所以当郑芝龙的舰队在湄州岛外海域与荷兰舰队相遇时，郑芝龙果断率领舰队包围了荷兰人，并率先发动了攻势。但是在先前的战斗中吃过亏的荷兰人这回也学精明了。荷兰人不仅在船舷两侧加厚了木板，使得船只在整体上更加坚固，与此同时还开始注重使用密集的火炮，对郑氏舰队进行集中性轰击并时刻防范明军的火攻。一旦有可疑船只驶来，荷兰人的舰队就会立马散开。而且比起普特曼斯指挥的荷军舰队来，郎必即里哥领导下的荷舰更加讲究配合互助、共同进退，所以明军常用的群殴落单荷舰的战术一时之间也派不上用场。

因此一场遭遇战打下来，荷军虽然最终被迫扬帆撤退，但明军也多有损失（伤者甚重）。在战斗中，郑芝蟒、郑芝鹤的战船均被荷军战船上的重炮击毁，且连郑芝龙本部的舰队也因为伤亡较大的缘故而不得不暂时退到枫亭港进行休整。

艰苦无比的料罗湾海战都坚持了下来，并且取得了最后的胜利，难道我郑芝龙会因为荷兰人改变了战术装配了更加坚固的船、更加猛烈的炮而屈服认输吗？

不，绝对不能输！只要肯想，办法总会有的。

于是郑芝龙召集众将集思广益，号召大家一起想办法。有的将领指出了问题的关键所在：今日荷军舰队不同于以往，见到火船袭来必定及时散开，见小船来包围则会迅速聚拢反击，所以再像以前一样"乱拳打死老师傅"或火烧荷舰，可能性几乎为零，因此我军只好另想破敌之策。

是啊，眼前荷军又不是当年的曹军，会傻到主动将战船连到一起等着变烧烤。要彻底解决这群四处乱窜的荷舰，一定要有个新法子才可以。

对了，连锁船！郑芝龙狡黠地一笑，他发现了这个制胜之道。

次日，双方再次开战。郑芝龙决定要将昨日想出的新战术付诸实践。

按照郑芝龙的要求，部下们从明军队伍中挑选出五十余名精通水性的水手并给他们配发了特别的准备：两个大药筒。接着，这些水手分别走上八只装有易燃的油料的小船。他们的任务就是对荷舰发起火攻。明明知道火船一来，荷兰战舰就会马上散开躲避，但是你还采取这种比较原始的海上作战方案，难道是脑子进水了不成？

有些将领已经流露出无比怀疑的神情，但郑芝龙看上去却依旧自信而坚定。

郑芝龙一声令下，八艘火船同时出动，一起冲向了荷军舰队。然后按照常情，这些小船只凭借着航行速度快、个头小、不易被敌人的火炮击中等优势，在其他战舰的掩护下迅速接近了荷军阵地。然后同样是按照常理，在小船靠近的同时荷兰人的战船纷纷及时疏散并躲开了火船。至于再然后嘛，荷兰人的船只就着了，荷兰舰队中的五艘加强版夹板船起火，荷军的阵地也变成了一片火海。

就像没有人能随随便便成功一样，奇迹也不是随随便便就能发生的。

之所以会出现这一奇迹，是因为此时在明军火船之上多出一件看似并不起眼的事物，而正是这些东西带领明军走向了最终的胜利。

无数的历史经验教训都曾告诉我们这样的一个真理：小物品往往有大用处。我们生活中的那些本来看似不起眼的事物，只要我们能够发现它的价值，它就能在关键的时刻帮上大忙。

而在对付郎必即哩哥统领的荷军舰队时，帮助郑芝龙获得又一次胜利的也是一件很不起眼的事物：铁链。

此次出击的火船其实与其他的明军火船没有太大区别。但是在准备时，有细心的明军士兵还是能发现一个不同点的，那就是这些火船的船头无一例外都系有一条铁链。事实证明，正是这些铁链成了决定战斗胜负的关键，并将这个原本带有极大落后色彩的作战方案变得十分有效，真正做到了传说中的化腐朽为神奇。

当五十余名水手驾着火船直冲向荷兰船只的时候，荷舰确实在郎必即哩哥的指挥下迅速散开了。但是令郎必即哩哥没有想到的是，火船的目标并不是一把火，一大片，而是紧紧盯上了荷军中最为显眼的几艘夹板船。待火船开到这些夹板船边上时，火船上的明军就以最快的速度，用斧钉将船头的铁链牢牢钉在了荷兰战舰的外板上，然后又迅速地拿出硝磺等易燃易爆物品，从容不迫地完成了点火、引爆、跳海逃生等一系列动作。

船上的荷兰士兵还没弄清楚这些人在搞些什么名堂时，船上的火药筒罐与油料已经应声爆炸，突如其来窜起的熊熊火焰很快蔓延到荷兰人的战船上，紧接着附近的几艘荷军主力舰也遇到了完全相同的情况。荷兰人再次尝到了水火两重天的滋味。

郑芝龙看到荷兰舰队中的五艘夹板船已经起火，而上面的荷兰人都在忙着扑火，随即下达了全军总攻的指示。很快，数十艘大小船只在震耳欲聋的喊杀声中，冲向被烧得焦头烂额的荷军阵地，使用弓箭大炮和火枪有序地进攻荷军。在这样的情况下，荷兰将领郎必即里哥只好下达了那个之前有无数人下达之后又将有无数人下达的高频命令：撤退！

郎必即里哥率领舰队奋力拼杀，终于在全军覆没之前顺利实现了突围。

九艘大型战舰被带出去拉练，没想到却损失过半，而他们曾寄以厚望的勇将朗必即里哥也同样大败而回。荷兰人的舰队从此打死也不敢入闽境海域一步或在海上与明军对垒。

湄州外洋之战，明军再次告捷，不但负责放火的那五十名水手全部安全地浮浪而归，而且还再次烧毁了荷军的主力夹板船五艘，获得了全胜。

再败荷兰之后，郑芝龙向荷属东印度公司的驻台最高部门派去使者，传达了几句话，那意思是说有再一再二不能有再三再四，如果荷兰人再不老实听话，我们大明军队就见丫一次打一次，直至将把你们逐出台湾，撵回老家为止。

这样一来，一向不服气的荷兰人终于服了。

其实不服也不行，因为当时荷兰人为了彻底取得独立，还在欧洲大陆上和原来的宗主国西班牙干仗，而且这场战争一直持续到了 1648 年。当时在位的西班牙国王菲利普四世与荷兰政府正式签订了《明斯特条约》，宣布承认七低地尼德兰七省联合共和国（即荷兰）时，荷兰才真正有了独立国家的身份。

且因为之前发生的料罗湾等一系列战役已经使得远东海域的荷军势力大减，而如果要继续坚持与郑芝龙较劲拼个鱼死网破，就意味着荷兰人的其他据点除了预留一个荷兰人做最高管理长官再留下几个荷兰人当卫兵之外，所有据点的荷兰人都要被拉到中国战场与地大物博、人口资源丰富的大明作战当炮灰，直到打到最后一个人为止。

傻子都能看出来这是极不靠谱的事儿，所以为了将自己的损失降到最低，荷兰人终于做出了最为明智的选择：与郑芝龙讲和。

崇祯十三年（1640），经过长时间的讨价还价，荷兰方面最终与郑芝龙达成了关于海上航行和对日贸易的若干协议：郑方须将生丝及其他中国特产运到台湾，由荷兰以相当价格收购后转贩日本，一并每年给予信用贷款一百万佛兰棱萨金币，每月取回 2.5%的利息，为期三个月，等等等等。而整个台湾海峡乃至整个远东、印度洋海域此时此刻也重新恢复了近二十年的和平。

实事求是地说，在彻底认输之后，荷兰人确实从中获得了不少好处。比如说，荷兰人的商船可以正大光明地把巴达维亚出产的大量胡椒、香料、琥珀、锡、铅等经过台湾海峡输入中国，同时将台湾的土特产大量卖往中国大陆。回程时还可以顺便带上从中国购买的丝绸、陶瓷等高技术含量的商品，再向巴达维亚等地转销并从中再赚一大笔。

以前依靠武力不能得到的利益，现在却凭借着平等协商的手段实现了。所以历史再次告诉了我们这样的一个道理：武力并不能够解决所有的问题。

荷兰商人得到了实惠，荷兰的政府自然也乐得向郑芝龙示好。于是在打了几年

仗后，荷兰人再次展示了他们对于郑芝龙独有的恭敬之情。

当时荷兰人已经把郑芝龙看成是中国东南沿海特别是福建地区的最高统治者（事实上也确实如此），他们开始向郑芝龙派遣使节，并献上各种各样的礼物，表现自己对于郑芝龙的无比崇敬。据说有一次荷兰的使节甚至送给了郑芝龙一支王杖、一顶金冠作为礼品。而这些行为在当时应该是件性质极为严重的事。这就意味着在荷兰人的眼中，郑芝龙已经是一位国王而不是明朝的一个中级将官。这是对北京的皇帝陛下最大的不敬。

即便如此，朝中内外仍然有人知道了这件事。但就连平常喜欢没事找事的广大言官朋友们也置若罔闻，出现这一奇怪现象的原因其实也很简单，那就是郑芝龙已经搞定了上到崇祯下到文武百官的所有人。

奋斗了多年的郑芝龙，此时此刻终于赢来了新生活。